ABECEDARIO

DE

P. J. MARIETTE

ET AUTRES NOTES INÉDITES DE CET AMATEUR

SUR

LES ARTS ET LES ARTISTES

OUVRAGE PUBLIÉ

D'APRÈS LES MANUSCRITS AUTOGRAPHES CONSERVÉS AU CABINET DES ESTAMPES

DE LA BIBLIOTHÈQUE IMPÉRIALE, ET ANNOTÉ

PAR MM.

Ph. DE CHENNEVIÈRES ET A. DE MONTAIGLON

— – —

TOME CINQUIÈME

ROBUSTI — VAN OYE.

—

PARIS

J. B. DUMOULIN, QUAI DES AUGUSTINS, 13

—

1858-1859

ARCHIVES

DE

L'ART FRANÇAIS

X

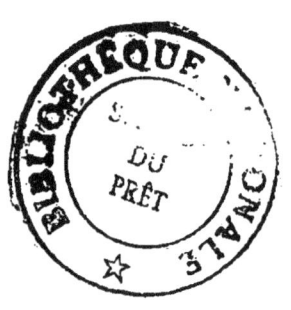

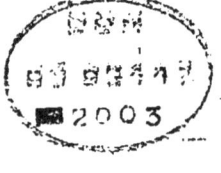

IMPRIMERIE DE PILLET FILS AINÉ, RUE DES GRANDS-AUGUSTINS, 5.

ABECEDARIO

DE

P. J. MARIETTE

ET AUTRES NOTES INÉDITES DE CET AMATEUR

SUR

LES ARTS ET LES ARTISTES

OUVRAGE PUBLIÉ

D'APRÈS LES MANUSCRITS AUTOGRAPHES CONSERVÉS AU CABINET DES ESTAMPES
DE LA BIBLIOTHÈQUE IMPÉRIALE, ET ANNOTÉ

PAR MM.

P.H. DE CHENNEVIÈRES ET A. DE MONTAIGLON

TOME CINQUIÈME

ROBUSTI — VAN OYE.

PARIS

J. B. DUMOULIN, QUAI DES AUGUSTINS, 13

—

1858-1859

ABECEDARIO
DE P. J. MARIETTE

ET

AUTRES NOTES INÉDITES

SUR LES

ARTS ET LES ARTISTES

TIRÉES DE SES PAPIERS

Conservés à la Bibliothèque Impériale.

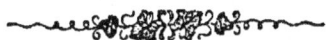

ROBUSTI (JACOPO). Messer Jacopo Tentoretto era un di quei piacevoli ch'anno gusto di beffare altrui. Vestiva egli da gentilhuomo veneziano. Un giorno piovoso che le strade erano piene di fango, uscì fuori vestito di gentilhuomo veneziano, e la moglie, conoscendolo poco curioso di suoi habiti: « Tirate sù, » gli disse, « la veste per la strada, che la sporcarete tutta. » — « Lo farò, » rispose il Tentoretto, « e, per assicurarvene, mettetevi alla finestra di casa che riguarda il ponte vicino, mi vedrete caminar pulito. » Quando vi giunse il marito, e che s'accorse ch'era osservato, alzo la veste da dietro, lasciandola strascinare nel fango dalla parte di davanti. « Che fate, misero », gridò la moglie; « tirate in presto la veste da davanti; l'è gia, mi pare, sporca assai. » — « Benissime, » il rispose, e, per continuar la burla, nel scendere dal ponte, lascio cadere la veste da dietro, alzandola dall' altra parte, di sorte che fu sporcata da ogni banda.

A quelli che venivano per impiegarlo, diceva : « Di che penelli volete che mi servi? N'ho ad ogni prezzo, » e, secondo che veniva pagato, o terminava, o strapassava le sue opere. Per questo si vedono tante cose deboli del Tintoretto, dipinte pure nel tempo della sua piu gran bravura.

— Le génie impétueux du Tintoret ne lui a presque jamais permis de faire des desseins de ses tableaux. Il se contentoit de modeler de petites figures qu'il disposoit sur un théâtre ; il les éclairoit ensuite, et, lorsqu'il s'étoit assuré de l'effet des lumières et qu'il étoit content de la disposition de ses groupes, il se mettoit sur-le-champ à peindre. Cette pratique lui étoit devenue si familière que, dans la concurrence qu'il y eut entre lui et les principaux peintres de Venise pour les ouvrages de l'École de St Roch, le Tintoret, au lieu d'un dessein, fit un tableau, et l'apporta le jour même que les autres peintres produisirent leurs desseins. Il est donc étonnant qu'il y ait dans la collection de M. Crozat un si gran dnombre de desseins de ce maître. (Catalogue Crozat.)

— Son Véau d'or (*Catal. Tallard*, n° 99, *acheté par Joullain* 1602 liv.) m'a fait un grand plaisir ; la touche en est excellente. C'est en petit la même composition que le Tintoret a peint en grand à Santa Maria dell' Orto, à Venise.

— Jésus chassant les marchands hors du temple, gravé à l'eau forte par Séb. Vouillemont. — L'épreuve qui estoit icy étoit sans lettres, mais le graveur y avoit écrit luy-mesme son nom et celuy du Tintoret, de sorte que je ne doutte pas que l'on n'en trouve des épreuves où ces deux noms soient gravés ; ce qui est de vray, c'est que la manière du Tintoret y est bien deguisée.

— Les disciples de Jésus-Christ transportant son corps mort dans le sépulcre, gravé au burin par J. Matham, en 1594. — C'est un très beau tableau qui a été envoyé d'Espagne à S. A. R. Mgr le duc d'Orléans, régent. — Ce tableau étoit autrefois dans l'église de S. François de la Vigne, à Venise, d'où il fut volé. Voyez ce qu'en dit Boschini, et le Ridolti, dans la Vie du Tintoret, p. 32, 2ᵉ partie.

— Diane, ou plustost la Lune assise dans son char et accompagnée de trois des Heures, dont il y en a une qui luy met une couronne sur la teste, gravé à l'eau forte par un anonyme que l'on croit estre Marc Boschini. — Cela n'est point douteux. — Cette estampe est gravée d'après ce qui est peint par le Tintoret dans le Fondaco de' Tedeschi. On ne trouve à cette pièce ny nom de peintre, ny nom de graveur; pour le premier de ces artistes, il n'y a point à en douter, elle est d'après le Tintoret. A l'égard du 2ᵉ, je ne doute pas non plus que ce ne soit le Boschini qui soit le graveur, cette pièce étant du mesme qui a gravé les figures de son Navegar Pitorico et de ses Riche miniere; reste à sçavoir si ces dernières sont gravées de luy, car il n'y a pas mis son nom; on pourra s'en assurer en voyant une estampe de S. François Xavier que Boschini dit avoir gravée d'après un tableau du cavalier Liberi; dans son livre *Riche miniere*, à l'article de l'église des Jésuites.

— L'Aurore embrassant Titon avant que de le quitter. — Boschini, dans son livre *Riche miniere*, etc., explique ainsy ce sujet, et l'inscription qui est au bas y est conforme; mais que veut dire ce paon qui est mis dans cette composition? N'est-ce pas plustost Jupiter qui ranime son amour pour Junon qui s'est parée de la ceinture de Vénus? Il y a grande apparence; mais je ne sçay pas pourquoy le peintre auroit mis un dard entre les mains de cette déesse; cela ne luy convient nullement, non plus qu'à l'Aurore.

— Les Venitiens enlevant d'Alexandrie le corps de S. Marc, gravé à l'eau forte par André Zucchi, d'après le tableau que l'on voit à Venise, dans la grande salle de l'École de S. Marc.

— De la suitte des tableaux de Venise; celuy-cy gravé sur un dessein de Fil. Manaigo. M. Zanetti, bibliothécaire de S. Marc, a fait observer dans la nouvelle Description des peintures qui se trouvent à Venise dans les lieux publics, p. 540, que cette pièce n'avoit pas été gravée sur le dessein de Manaigo, mais sur celui d'un *Zanoni* qui a excellé dans les copies qu'il a faites des tableaux du Tintoret.

ROBUSTI (DOMENICO), fils de Jacopo. Dominique Tintoret, suivant l'inscription qu'il a mise sur un de ses tableaux qui se voyent dans l'École de S. Jean l'Evangéliste, à Venise, étoit agé de 66 ans en 1628, et à ce compte, il devoit estre agé de 75 ans lorsqu'il mourut en 1637. — Voyez le livre *Della pittura veneziana*, p. 258.

ROETTIERS (LES). — « Les trois frères Roettiers sont nez « à Anvers.

« Ils ont etez attirez en Engleterre par le roy Charles 2e en « leurs donnant à tous les trois le brevet de graueurs general « des monnoyes et le privilege du balancier des medailles et « jettons.

« L'ené des 3 Roettiers se nomoit Philippe.

« Le second se nomoit Joseph et fut attiré en France par « M. Colbert, et nomé graveur général des monnoyes de « France (1).

« Le troizième nommé Jean, fut rapelé au Paiy Bas, pour « la place de graveur general des monoyes.

« François Roettiers, peintre et dessinateur, est fils de Jean « Roettiers et est né à Anvers, fut atiré chez l'empereur, « qui le nomma chevalier de l'Empire en ajoutant un aigle « à ses armes. Il a été attaché à l'electeur de Baviere comme

(1) Notre M. Roettiers est son fils (*Note de Mariette*).

« son premier peintre ; cette electeur de Baviere éloit celuy
« qui a abité S. Cloud et qui y a fait de si belles festes. Fran-
« çois Roettiers est mort en Almagne ; il avoit quelques an-
« nées au-dessous de 60.

— « François Roettiers est né à Londre (1) en 1685 ; il a
« été élevé au Paiy Bas. Il fut fait chevalier par l'empereur
« Charles six, en 1720 ; il est mort en 1742, agé d'environ
« soixante ans (2) ; il a été directeur de l'Académie, à Vienne.
« Les académiciens on fait faire un tombeau à sa memoire,
« qui se trouve dans l'église des Dominicains, à Vienne. »

— Suivant un mémoire qui m'a été communiqué par la famille, Philippe seroit l'ainé des trois frères, Joseph seroit le
second et Jean le troisième ; mais je m'en tiens à ce qu'a
écrit M. Walpole, sur ce qu'en avoit appris Vertue qui, sur
cela, me paroit avoir été très bien instruit. (*Notes sur Walpole.*)

— Il y a une estampe du portrait de Joseph Roettiers, par
Corn. Vermeulen, en 1700, d'après le tableau de Nic. de
Largilière. Il étoit venu fonder un établissement en France
et y a laissé postérité. Son fils Joseph-Charles, né en 1694, vit
encore et a succédé à son père dans l'emploi de graveur général des monnoyes de France. Il est conseiller dans l'Académie royale de peinture depuis 1748 ; il y avoit été admis
en 1717. Il avoit un fils qui promettoit de le remplacer, et
peut-être même de le surpasser ; nous avons eu le malheur
de le perdre en 1772. (*Notes sur Walpole.*)

— Jean Roettiers eut un fils nommé François, qui est né à
Londres en 1685, mais qui a reçu son éducation aux Pays-
Bas. Avant que d'entrer au service de l'Empereur, il avoit été
à celui de l'Electeur de Baviere, dans le temps que ce prince

---

(1) Mariette a effacé le mot *Londres* et a mis au-dessus *Paris*.
(2) De cinquante-sept ans (*Note de Mariette*).

étoit gouverneur des Pays-Bas, et il fut fait chevalier en 1720, par l'empereur Charles VI, qui l'avoit attiré à Vienne, où il fut élu directeur de l'Académie de peinture. Il étoit peintre et dessinoit dans la manière de la Fage, mais d'une manière dure et seche. On a érigé un tombeau à sa mémoire dans l'église des Dominicains, à Vienne, où il est mort en 1742, âgé de 57 ans. Mémoire envoyé de Vienne, et qui est conforme à celui que la famille m'a fourni. (*Notes sur Wolpole.*)

— François Roettiers, fils de Jean Roettiers, qui avec ses deux frères Philippe et Joseph, tous trois d'Anvers et habiles graveurs de monnoyes, avoit été attiré en Angleterre par le roi Charles 2e, nacquit à Londres en 1685; mais, son père ayant été rappellé aux Pays Bas pour y remplir la place de graveur général des monoyes, le fils l'y suivit et y reçut l'éducation qui convient à quelqu'un qui se destine à la peinture. On l'a vu à Paris — il étoit alors attaché à l'Electeur de Bavière — où il a fait nombre de desseins à la plume dans la manière de la Fage, qui, étant plus roides et plus maniérés que ceux de ce dernier dessinateur, n'ont eu qu'une vogue passagère. L'empereur Charles VI le fit venir à Vienne et le fit chevalier du Saint Empire en 1720. Il a été directeur de l'Académie de peinture établie à Vienne et est mort dans cette ville en 1742. Il a eu sa sépulture dans l'eglise des Dominicains; on y voit son tombeau, que les academiciens lui ont fait élever. Il étoit oncle de notre M. Roettiers, graveur général des monnoyes de France. Mémoire communiqué par la famille.

— Joseph Charles Roettiers, graveur général des monnoyes et conseiller dans l'Académie royale de peinture, où il fut admis en 1717, doit être né à Paris en 1691, suivant l'inscription qui se lit au revers de sa médaille, qui a été gravée par J. Charles Hedlinger; *Vies des peintres suisses*, t. III, p. 115.

· — Jacques Roettiers, mieux conseillé, a quitté la gravure en creux pour se faire orfèvre, profession qu'il exerce avec distinction. Il est orfèvre du roi; en 1773, il a desiré estre admis dans notre académie de peinture, ce qui lui a été accordé sans difficulté. (*Notes sur Walpole.*)

— Jacques Roettiers, orfevre du roi, a demandé à être reçu de l'Académie en qualité de graveur de médailles, talent qu'il avoit commencé d'exercer autrefois etant en Angleterre, et il a produit quelques medailles qu'il fit alors. Il y a longtemps qu'il n'en fait plus sa profession, mais celle d'orfevre dans laquelle il se distingue; et, comme il est aimé et merite ce titre, on le reçut sans difficulté, et en cela l'on a repondu aux desirs de son oncle, graveur de nos monnoies et medailles, qui a été bien aise de voir assis son neveu dans un lieu où lui-même occupe une place avec estime. En 1773. — . . . . qui y avoit esté admis est mort fort jeune.

ROMANELLI (JEAN-FRANÇOIS), de Viterbe, élève de Pietre di Cortone.

— Raffaellino Bortelli, amico et condiscipolo del Romanelli appresso P. da Cortona, il qual Bortelli mori giovane assai; Baldinucci, Vita del Romanelli, p. 541. Le Ratti prétend qu'il est question de Gio. Franc. Bottala de Savone, dont le Soprani a fait mention, et qu'il fait mourir en 1644, âgé de 31 ans. De la façon dont s'exprime Baldinucci, sa mort dut arriver plus tost, car il l'appelle un giovinetto di grande speranza et la di cui morte segui l'intrata del Romanelli nelle stanze del Cortona. Il est pourtant vrai qu'il étoit encore vivant en 1637, qui est la date de la lettre où P. de Cortonne fait mention de ce jeune peintre; mais à quoi il faut prendre garde, c'est que le Passeri, dans la vie qu'il a écrit de Romanelli, dit précisément que le Romanelli, dans sa jeunesse, mérita qu'on le surnommât *Raffaellino*, et il se

pourroit faire que ce fût de lui et non du Bortelli qu'il fût
question dans la lettre, d'autant que P. de Cortonne en parle
au cardinal Barberini comme d'un sujet que le cardinal avoit
pris sous sa protection, et qu'au contraire le Bortelli ou le
Bottala, comme l'écrit le Soprani, étoit sous celle de la maison Sacchetti.

— Romanelle vint en France à la suite du cardinal Antoine
Barberin (1), et il y séjourna huit ans. M. Crozat avoit eu
du s^r Pio le portrait de ce peintre dessiné. Je l'ay vu dans sa
collection. M. le comte de Tessin l'a achetté, ainsi que tous
les autre portraits qui venoient originairement du s^r Pio, et
les a fait passer en Suède. — Le Cinelli, dans son livre *Belleze
di Firenze*, p. 307, le nomme simplement *il Viterbese*.

— La S^e Vierge présentée au temple par ses parens, dessinée et gravée à l'eau forte par Christophe Lederbusch,
d'après le tableau qui est dans l'église de S_t Pierre, au Vatican. — C'est le plus beau tableau de Romanelle que l'on
connoisse à Rome.

— Jésus-Christ apparoissant à S. Gaetan de Thiene, gravé
au burin par Nic. Poilly. — Il y a un petit fond de paysage
gravé à l'eau forte, par Perelle.

— Saturne, accompagné de Bacchus, de Cérès et de
Flore, qui lui offrent chacun les prémices de leurs richesses;
et, pour achever de donner une idée avantageuse de l'âge
d'or, qui a été celui de Saturne, la Paix, la Justice, la Piété
sont représentées dans la même composition par trois femmes
qui en portent les attributs. Cette pièce, dont le dessin est
incontestablement de Romanelli, ne porte aucun nom d'artiste et n'est pas d'un graveur excellent. Elle a été exécutée
en France pour servir à une thèse, et, dans l'épreuve que

----

(1) Cf. t. IV, p. 235.

j'ai sous les yeux, il y a les armes du marquis de Louvois.

— Jupiter assis dans l'Olympe, attirant à luy tous les dieux par le moyen de chaisnes de fer auxquelles ils se tiennent attachés. Pièce emblématique qui a rapport à l'encyclopédie de toutes les sciences; gravé à l'eau forte d'après Romanelli, par Claude Goyrand. — Le paysage dans le lointain est du dessein de Jean Francesque Bolognèse.

— Un jeune homme se jettant au devant d'un prince barbare qui veut immoler une fille; gravé à l'eau forte, par Gerard Audran (1), d'après Romanelli, pour le poême de St Louis du Père Le Moyne. — J'en ay le dessein original, que j'ay eu à la vente de M. Crozat (2).

ROMANINO (GIROLAMO). Sur un de ses plus beaux tableaux dans l'église de S^e Justine, à Padoue, on lit : *Hieronimi Rumani de Brixia opus.* Il faut bien que ce soit un excellent peintre, car M. Cochin, qui n'est pas prodigue de louanges, en parle fort avantageusement, et le Rossetti, auteur de la Description des peintures de Padoue, n'en donne pas une moins bonne idée. Il le compare, pour la couleur, aux ouvrages du Titien. — Paolo Pino, de qui l'on a un dialogue sur la peinture, imprimé à Venise en 1548, étoit un de ses disciples, et voici comment il s'y exprime en parlant de son maître : Gierolimo Bresciano, huomo raro nell' arte della pittura ed eccellente imitatore del tutto, ho espesa la vida sua in poche espere e con poco preggio del nome suo; vero è ch'un tempo fu proviggionato dell' ultimo duca di Milano. Il ne faut donc pas s'étonner si ce peintre n'a pas percé; il a

---

(1) N° 202 du catalogue de M. Le Blanc.
(2) N° 662 de la vente de Mariette. Acheté quatre cents livres un sou par François.

partagé ce malheur avec beaucoup d'autres de ses semblables qui, réduits à travailler dans des lieux moins fréquentés, sont restés dans l'oubli, quelques parfaits qu'ayent été leurs ouvrages. Dans un autre endroit du dialogue ci-dessus cité, p. 30, l'auteur, P. Pino, fait marcher le Romanino de pair avec le Titien, quant à la façon de traiter les paysages dans le grand stile et de les rendre interessans en y introduisant des effets singuliers de la nature, tels qu'un lever de l'aurore, un temps sombre et qui annonce un orage, ce que n'ont point sçu faire les peintres des Pays-Bas, quelqu'excellens qu'ils soient dans la représentation des campagnes dont ils sont, dit-il, si soigneux d'enrichir les fonds de leurs tableaux.

RONCALLI (LE CHEVALIER CARLO), peintre d'Urbin et garde des tableaux du Vatican. Ce fut par son entremise que M. Crozat fit le marché des desseins qui se trouvoient chez M. Viti, à Urbin. Ils sont tous paraphés de sa main. — Il étoit très bien venu auprès du pape Innocent XIII, et avoit le talent de restaurer les anciennes peintures et de les faire revivre. Le Domenici, auteur des *Vies des peintres napoli tains*, t. III, p. 633, fait mention de lui dans la vie de Paolo Mattei, et parle d'une chapelle dans l'église de la Minerve, à Rome, qui avoit été anciennement peinte par des maîtres florentins, et qu'il avoit si bien rétabli qu'on l'eût cru peinte toute fraîchement. J'en infère, et je ne crois pas me tromper, que cet homme, dont M. Crozat me parloit comme d'un vrai charlatan, les avoit repeintes à neuf et les avoit par conséquent achevé d'anéantir tout à fait.

RONCERAY (MARGUERITE-LOUISE-AMÉLIE DE LORME, veuve de M. DE).

RONDANI (FRANCESCO-MARIA). Le Corrége s'en servit pour

peindre, d'après ses desseins, la frise qui règne au pourtour de l'église de St Jean, à Parme. On y voit représenté les douze prophètes, les sybilles et des sacrifices, d'une très-belle exécution. Le Vasari en fait mention au commencement de la vie du Corrége. J'ai quelques-uns des desseins que le Corrége fit pour cet ouvrage, qui ne permettent pas de douter qu'il n'y ait beaucoup de part. — Fiori nel 1525. Vedi *Pitture di Parma*, fol. 35.

ROOS (JEAN-HENRY), agé de 52 ans en 1684. Inscription autour de son portrait, gravé par Philippe Kilian. Il est né à Otterberg, dans le bas Palatinat ; mais la ville où il a fait un plus long séjour, et où je crois qu'il est mort, est Francfort sur le Main. C'est dans cette ville qu'il a gravé plusieurs planches d'animaux qui sont extremement estimées et qui meritent de l'être. Elles sont gravées avec beaucoup de goût, et l'on ny voit gueres representé que des vaches, des chevres et des moutons. C'est aussi l'espece d'animaux que Roos faisoit le mieux. Ces planches ont paru aux environs de l'an 1660. Sandrart, ce me semble, est le seul qui ait fait mention de cet habile peintre, mais il ne dit point qu'il ait jamais peint à fresque. Le P. Orlandi sommeilloit lorsqu'il l'a écrit. Je ne connois point les deux peintres sous lesquels Sandrart dit que Roos fit son apprentissage. L'un deux ne peut être Carle du Jardin, qui etoit plus jeune que Roos de 9 années. Est-ce que du Jardin seroit fils d'un peintre nommé Julien ? c'est ce que personne n'a dit. Roos eut un fils qui alla à Rome et qui y contracta avec la fille du Brandi un mariage qui le rendit malheureux pour le reste de ses jours. Le père se maria en 1657, avec une fille de Saint Goar, petite ville du cercle de la Hesse, partie du haut Rhin. — Houbraken, qui a écrit sa vie, le fait mourir d'une chûte, mais il ne dit pas en quelle année.

ROOS (FILIPPO PIETRO), peintre surnommé à Rome *Monsù Rosa de Tivoli*, naquit à Francfort, en 1650. Le père, Jean Henri, qui se distinguoit dans son art et qui etoit au service du prince de Hesse-Cassel, qui l'avoit fait chevalier, lui apprit à peindre et les premiers principes du dessein. Lorsque celui-ci mourut, le fils étoit déjà très habile ; son principal talent étoit de peindre des chasses et des batailles ; il réussissoit surtout à peindre des chevaux, et il en fit toute sa vie une étude singulière. Peu de peintres ont été plus expeditifs que lui. Il vint à Rome après la mort de son père, et il y a fait un très grand nombre d'ouvrages considerables. On y admire dans l'église de St Adrien, à Campo Vaccino, un tableau représentant une bataille donnée par les chevaliers de la Redemption contre les Maures, où l'on voit briller un feu merveilleux. Comme il travailloit avec une grande vitesse, il lui étoit aisé de gagner beaucoup. Mais, ayant pris un carrosse et voulant figurer plus que ses forces ne lui permettoient, pour se faire valoir auprès de Giacinto Brandi, dont il avoit épousé la fille sans le consentement de ce peintre, il se vit bientôt réduit dans une assez triste situation, chargé de famille et gagnant à peine de quoy vivre. Il avoit pris une maison à Tivoli, lieu très propre à faire des études de paysages, et il croyoit y travailler plus tranquillement; mais, ayant été obligé de revenir à Rome, et ses affaires devenant tous les jours plus mauvaises, il en conçut un si cruel chagrin qu'il en mourut en 1704, dans l'hôpital des Frères de la Charité, où il s'étoit retiré. C'étoit un homme de beaucoup d'esprit, bien fait, et qui avoit un très beau pinceau et très ferme. Le prince de Lamberg, ambassadeur de l'empire à Rome, étonné de sa promptitude, le surnommoit *le Foudre*. Il a gravé à l'eau forte une grande planche qui représente un paysage et des animaux. Il a fait plusieurs élèves. *Mss. de Pio.* — Houbraken place sa naissance en 1655. — Sandrart, dans la vie de Theodore Roos, frère de Jean Henry, père de Philippe Pierre, met le mariage de Jean Henry en 1657; si cela est, Philippe Pierre n'a pu naître en 1656. Ce sera en 1658. — Houbraken place sa naissance en 1655.

ROOS (JOSEPH). Joseph Rosa, dont le véritable nom de famille est Roos, puisqu'il est un descendant de J. H. Roos de Francfort, a préféré le nom de Rosa, que s'étoit donné en Italie son ayeul Philippe-Pierre Roos, plus connu sous le nom de *Rosa di Tivoli*. A l'exemple de ses ancêtres, il s'est fort attaché à peindre des animaux dans la manière du fameux J. H. Roos. Je n'ai point vu de ses tableaux, mais bien de ses desseins qui m'ont fait avoir une très bonne idée de ses talents. Né à Vienne le 9 octobre **1728**, son père, nommé Gaetano, qui étoit peintre, lui mit le pinceau à la main, et, pendant plusieurs années qu'il a établi son séjour à Dresde, il y a été occupé par le prince; aujourd'hui j'apprends qu'il vient d'être appellé à Vienne pour être le directeur de la galerie des tableaux de S. M. Imp. Il est fait mention de lui dans le livre de M. Hagendorn, intitulé : *Lettre à un amateur*, imprimé à Dresde, en 1755, p. 342 (1).

ROOS (TEODORO). J'ai quelques-uns de ses portraits gravés par Barthelemy Kilian; il nacquit à Vesel et non à Varsovie, ce qui est une des beveurs dans lesquelles tombe à chaque instant le P. Orlandi. Il fit son principal talent de peindre des portraits, et il eut grande vogue. Il s'étoit établi à Strasbourg, et de là il se repandoit dans les cours voisines des princes d'Allemagne.

---

(1) Le Jean Roos, dit aussi Rosa, dont M. Fétis a écrit la vie dans les *Mémoires de l'Académie de Bruxelles*, t. XXIII, p. 596-603, n'est pas de cette famille. Il était d'Anvers et n'a travaillé qu'à Gênes.

ROSA (SALVATOR). Voici l'inscription qui est sur son tombeau, dans l'église des Chartreux, à Rome :

D. O. M.

SALVATOREM ROSAM NEAPOLITANUM
FICTORUM SUI TEMPORIS
NULLI SECUNDUM
POETARUM OMNIUM TEMPORUM
PRINCIPIBUS PAREM
AUGUSTUS FILIUS
HIC MŒRENS COMPOSUIT
SEXAGENARIO MINOR OBIIT
ANNO SALUTIS MDCLXXIII
IDIBUS MARTII

Cet épitaphe, dont on a trouvé le ton un peu trop emphatique, est, à ce qu'on prétend, de la composition du père Oliva, general des jesuites. Ce jugement est conforme à celui qu'en a porté le Crescimbeni, ce qui ne peut tomber que sur ce qui regarde le poete. Le goût de Salvator Rosa pour la poesie l'avoit lié d'amitié avec un excellent poete florentin (François Baldovini), auteur de cette jolie chanson intitulée *Lamento del cecco da Varlungo*. Ils s'étoient connus à Florence, et cette amitié devint plus forte lorsque Baldovini, attiré par le card[al] Chigi, vint à Rome. Il y trouva Salvator Rosa, gagna sa confiance, et sçut si bien s'insinuer dans son cœur qu'il en fit à sa mort un homme pénitent, et qui eut le bonheur de rentrer dans le bercail dont il s'étoit égaré. C'est ce qu'on apprend de la lettre que Baldovini écrivit à cette occasion à Baldinucci, et que celui-ci a fait imprimer à la suite de la vie de Salvator Rosa. Baldovini survequit longtemps à son ami ; il est mort à Florence le 18 novembre 1716, âgé de 81 ans et demi, prieur de Ste Felicité.—Trois auteurs ont écrit la vie de ce peintre, Baldinucci, Passeri, et en dernier lieu Domenici.

— L'on estime fort, parmi les curieux, les desseins de Salvator Rosa : une fougue de génie, souvent peu mesurée, a fait produire à ce peintre des idées neuves et singulières, qui piquent infiniment le goût ; mais ce qu'il a fait de plus admirable, sont ses paysages. Il les dessinoit avec tout l'esprit possible. Ceux qui recherchent les desseins de ce maître, trouveront ici de quoi se satisfaire. (*Catalogue Crozat.*)

ROSA (BARTOLOMEO DEL) est, à proprement dire, le seul disciple qu'ait fait Salvator Rosa. Il n'a gueres peint que des tableaux de chevalet, et seulement des paysages, dont quelques-uns ont passé dans le cabinet (*sic*) et ont été regardés comme des ouvrages de son maître ; il est vrai qu'il en avoit assez bien imité la manière, et comme il ne sçavoit pas faire la figure, il avoit coutume d'emprunter pour celles dont il meubloit ses tableaux la main d'un Flamand que le Baldinucci nomme *Antoine de Wael*, mais qui doit être *Jean Baptiste de Wael*, celui de qui l'on a une suite de petites planches de pastorales dans le goût de Jean Miel, que ce de Wael a gravé etant à Rome, et qu'il a dédié à Gaspard Riomer (?). Baldinucci del V della part. 1 del. secol. v, p. 591.

ROSATI (FERRANTE). La Se Vierge offrant à Dieu son fils unique qui est couché près d'elle sur un coussin et qui luy tend les bras ; derrière elle est St Joseph occupé à lire ; ces figures en demi corps dans une forme ovale. Gravé à l'eau forte, *labore Ferantis Rosati a Polimartio*. Il y a une estampe de Carrache, gravée par lui, qui a du mérite.

ROSE (MONSIEUR) étoit un joaillier de Londres, grand curieux de tableaux et de desseins. (*Notes de Mariette sur Walpole à l'article de Geldorp.*)

ROSLIN (ALEXANDRE), né à Malmoë, en Suède (1).

ROSSETTI (DOMINIQUE BIANCHINI, dit), a travaillé aux ouvrages de mosaïque de l'église de St Marc, à Venise.

ROSSI (ANGELO DEI). Il promettoit beaucoup ; le bas relief
sur le devant du tombeau du pape Alexandre VIII est un
chef d'œuvre ; il sert d'étude à tous les sculpteurs pour cette
partie de leur art. Les autres figures du même tombeau ont
été exécutées par d'autres mains et sont plus foibles. Il a fait
des desseins très spirituels, ce qui n'est pas donné à tous les
sculpteurs.

ROSSI (PROPERZIA DE). Le philosophe Diogène assis au devant de son tonneau, faisant avec une baguette quelque dé-
monstration et ayant auprès de luy le cocq plumé qu'il envoya par raillerie à Platon, lorsque celuy cy eut deffiny
l'homme un animal à deux pieds, sans plume. Gravé au burin par un très habile maistre, qui à toujours passé pour estre
Caralius, et cependant l'on y trouve une marque inconnue
qui n'a aucun rapport avec le nom de ce graveur. — Cette
pièce est très bien gravée dans la manière de Caralius. On
y trouve sur un caillou cette marque qui m'est inconnue.
(Elle est composée d'un P, d'un R, d'un T et d'un L ; voir
Brulliot, 1re partie, n° 2828) — J'ay tout lieu de croire que

---

(1) Voilà un bien petit article ; mais il faut se souvenir que
Roslin a survécu de longues années à Mariette, et que c'était déjà
quelque chose que de noter un lieu de naissance aussi sauvage.
L'un de nous a, du reste, publié sur Roslin, dans la *Revue universelle des Arts* (Bruxelles, tome III, p. 384-423, 481-505 et tome V,
p. 129-137), une longue étude spéciale, où il a essayé de réunir
tout ce qu'on pouvait savoir sur cet habile portraitiste.

cette marque est celle de Propérzia de Rossi, qui a gravé cette planche. C'est une découverte qui avoit échappé à tous nos curieux. — Ce mesme dessein du Parmesan a été exécuté en clair obscur par Hugues de Carpi.

ROSSO. J'ay veu chez M. Crozat un dessein d'académie du Rosso, où ce peintre estoit surnommé *de Bonsi*. — Peut-être a-t'on écrit *de' Bonsi* pour *de' Rossi*.

— Dans les comptes des bastimens du roy il est toujours nommé *Maître Roux de Roux ;* ainsi il paroit comme certain que son véritable nom etoit *Rosso de' Rossi*.

— Le Guide et l'Albane asseuroient avoir veu une lettre de François Caccianemici de Bologne, élève du Primatice, — il estoit en France lors de la mort du Rosso, — où il racontoit à un de ses parens la mort funeste de Rosso d'une manière fort différente de celle qu'a rapporté Vasari. Il y disoit que le Rosso, pour se faire valoir davantage, demandoit avec empressement quelqu'un qui pût le seconder dans le nombre prodigieux de tableaux qu'il avoit à conduire, mais que, lorsqu'il vit le Primatice arrivé pour cet effect d'Italie, il en conçeut tant de jalousie qu'il persuada à François Ier de l'envoyer à Rome pour y achetter des statues antiques et mouler celles qui y étoient en reputation ; que cependant le roy, ayant paru mécontent de quelque ouvrage de Rosso et luy ayant dit que le Primatice auroit beaucoup mieux fait et qu'il falloit absolument le rappeler de Rome, il en prit tant de chagrin qu'étant retourné chez lui il prit du poison et mourut ainsy de desespoir. Malvasia, parte seconda, p. 162.

— Susanne surprise dans le bain par deux vieillards ; gravé au burin par René Boyvin, qui a beaucoup travaillé d'après maistre Rous ; sa manière étoit seche et dure, et souvent il est tombé dans le lourd, parce qu'en voulant imiter trop servilement ses originaux, il appesantissoit ses ouvrages par trop de travail, ce qu'on peut remarquer dans cette Susanne mieux que dans aucune autre de ses pièces. Vasari en parle cependant comme d'un graveur excellent; mais il le faut entendre par rapport au temps, où l'on n'avoit pas encore rien veu de gravé avec plus de soin et de propreté, surtout par des François.

— L'ange Gabriel, accompagné de plusieurs anges, descendant du ciel pour annoncer à la S^e Vierge le mistère de l'annonciation; gravé au burin par René Boyvin. — Elle me paroit incontestable de ce graveur, et l'on y voit cependant cette marque (*Brulliot*, 1re *partie*, n° 199) qui n'est pas la sienne, — ou bien voudroit-elle dire *Andegavensis*, qui est son pays? car je ne sache aucun graveur qui se soit servy de cette marque.

— La S^e Vierge assise au milieu de S^e Elizabeth et de St Joseph, lequel présente une poire à l'enfant Jésus, qui est assis sur les bras de sa mère, en demy corps; la manière de maistre Rous se fait bien ressentir dans cette estampe, qui est gravée au burin avec art; on la croit de Domenique del Barbiere, peintre florentin qui s'étoit attaché à maistre Rous et qui le suivit en France, où il a exécuté plusieurs choses sur ses desseins, surtout des ornements de stuc.

— Le martyre de St Etienne, lapidé par les Juifs. Gravé à Rome en 1575, d'après maistre Roux, par Cherubin Albert, dans le gout de ses premières manières : *Rubeus Florentinus in*.

— St Pierre et St Paul debout dans un cartouche, au haut duquel deux anges sont assis aux côtés des armes de France, gravé à l'eau forte par un anonyme qui en a exécuté plusieurs autres d'après maistre Rous. — J'y vois en bas des lettres fort effacées, qui veulent, ce me semble, dire : M. R. INVENTEVR; mais il y en a encore quelques unes par delà qui sont sy effacées que je ne les puis absolument lire; ce sera sans doute le nom du graveur.

— Les divinités des anciens payens, sçavoir Jupiter, Junon, Saturne, Ops, Pluton, Proserpine, Neptune, Thétis, Apollon, Diane, Mars, Venus, Mercure, Cérès, Hercule, Hébé, Arcadie, Bacchus, Minerve et Vulcain, en vingt pièces gravées au burin en 1526, par Jacques Caralius, de Verone, et retouchées depuis par Fr. Villamène avec beaucoup d'art et de soin. — Il y en a des copies par Jacques Binck, qui sont bien, et il y a, outre cela, du mesme graveur Jacob Binck, une pièce qui est détachée de la suite et qui, sur un dessein de Rosso, représente dans un âge décrépit la déesse Ops, et dans des formes si dégoutantes qu'il y a toute apparence que la planche a été rejettée et n'a pas été jugée digne d'être présentée; et ce qui achève de me le faire croire, c'est qu'il n'y a point d'inscription au bas de la planche comme aux autres planches, et, de plus, elle est rare à rencontrer.

— Europe enlevée par Jupiter changé en taureau; les Amours de Cérès et de Neptune métamorphosé en cheval; gravés au burin par René Boyvin. — Ces deux sujets sont peints dans la gallerie des Réformés, à Fontainebleau, aux cotés d'un tableau qui représente un emblème où est un éléphant, dont il y a une estampe gravée par Fantuzzi.

— La dispute de Neptune et de Minerve; le premier tient le cheval qu'il vient de faire naistre de la terre; l'autre, ayant auprès d'elle le dieu Mercure, est couronnée par la Victoire. Cette pièce, gravée à l'eau forte par le même maistre que Vénus et les Grâces pleurant la mort d'Adonis, est composée dans la même manière que les tableaux de la gallerie des Reformés. Je ne crois pourtant pas qu'elle en soit; du moins le Père Dan n'en fait point mention. — Elle n'en est point.

— Apollon jouant de la lyre auprès du dieu Pan; l'on y a écrit très mal à propos le nom d'Annibal Carrache, car la figure d'Apollon est entierement dans le gout de maistre

Roux, bien opposé à celuy du Carrache; et, ce qui prouve encore davantage qu'elle ne peut estre de luy, c'est que ce même morceau se trouve dans la composition d'un montant d'ornemens qui est incontestablement du dessein de maistre Rous. Au reste cette pièce paroist estre gravée par P. de Jode, à l'eau forte.

— La Dispute des Muses et des filles de Pierus sur le Parnasse, en présence d'Apollon et des autres divinités qui président aux sciences, gravé au burin par Jacques Caralius. Quelques-uns prétendent que l'invention de ce sujet est de Perin del Vaga, et qu'il y en a mesme un tableau de sa main au cabinet du roy de France. Cependant Vasari assure que maistre Rous en est l'inventeur; et en effet elle est si fort dans sa manière qu'il paroist plus à propos de s'attacher à ce dernier sentiment (1). Cette estampe, au reste, est très rare et très bien exécutée. — M. Zanetti, à Venise, a une épreuve de cette estampe de Caralius, qui n'est pas entierement achevée, et où les divinités qui environnent Apollon sont dessinées de la main de maistre Rous, preuve que cette pièce est certainement de son invention. — Il y en a une autre estampe gravée par Chauveau, d'après le tableau qui est à présent dans le cabinet du roi.

— Les Muses assises sur le Parnasse; au milieu d'elles et sur le devant, est un homme assis et veu par le dos, qui tient à la main des feuilles de laurier. Cette pièce est gravée à l'eau forte par Ant. Fantuzzi. Je la crois du dessein de Rosso, quoyque je n'en aye aucune preuve, sur ce qu'elle est composée à peu près de la même manière que les tableaux de la gallerie des Réformés.

— Diane se reposant au retour de la chasse auprès d'une

(1) Voyez le livret de M. Villot, *École italienne*, 2ᵉ édit., nº 369.

fontaine, ou pluslost la nymphe de Fontaine-Bleau, appuyée sur son urne, où des chiens de chasse viennent se desaltérer. Ce tableau, de forme ovale, est environné d'ornemens de stuc exécutés dans le château de Fontainebleau, sur les desseins de maistre Rous ; l'estampe qui en est icy est gravée au burin avec assez de succèz, par René Boyvin. — Les ornemens de stuc qui environnent ce sujet de Diane sont exécutés dans la gallerie des Réformés, à Fontainebleau, où ils environnent une Danaé qui a été gravée par Léon Davin.

— Les amours de Mars et de Vénus. L'on y voit cette déesse parée de sa ceinture et servie par les Grâces pendant que Cupidon aide au dieu Mars à se dépouiller de sa cuirasse. Cet excellent dessein, que maistre Rous fit à Venise, pour le fameux Pierre Aretin, est gravé au burin par Jacques Caralius de Verone, avec beaucoup d'esprit et de légèreté ; le goût de dessein de l'auteur y est parfaitement bien rendu et c'est une des principales pièces de son œuvre, et il est bien difficile d'en trouver de si belles épreuves que celles-cy. — Il y en a une copie assez fidèle, tournée de l'autre coté et de même grandeur, faite par Jacques Binck, qui s'y est désigné par sa marque qui se trouve dans le fonds.

— Vénus, les Grâces et sa suitte pleurant Adonis mort. Vénus descend du ciel dans son char ; une femme tenant un manteau est assise auprès d'elle ; elle représente, à ce que je crois, la Nécessité. C'est un des tableaux de la gallerie des Réformés, et, s'il est vray que ces tableaux representoient sous des emblêmes la vie de François Ier, celui cy aura rapport à la mort du Dauphin arrivée à Valence. L'estampe a été gravée à l'eau forte assez mal par le même que le Naufrage et d'autres de la même galerie.

— Un homme tenant un masque, accompagné de trois autres figures et de quatre animaux qui représentent les vices, tels que l'Envie, la Gourmandise, l'Ignorance. Gravé à

l'eau forte, en 1543 — par le même graveur anonyme qui
a exécuté aussi, avec la date de 1543, le dieu Silène porté
sur les bras de deux faunes. — Dans un petit cartouche sus-
pendu à une branche d'arbre, la date 1543. — Je ne crois
point cette pièce du dessein du Rosso ; il me paroist que c'est
un pillage ; j'y vois une figure couchée qui paroist avoir été
prise de Michel Ange.

— Cinq estampes représentant des travaux d'Hercule, gravés par Jacques Caralius, d'après maistre Rous. — Ce sont
sans doute de ces estampes dont Vasari entend parler quand
il dit que Bavière faisoit faire des desseins à Rosso, qu'il faisoit ensuitte gráver par Caralius.

— L'histoire de Jason et de la conqueste de la toison d'or,
representés en vingt-sept pièces, gravées au burin en 1563,
par René Boyvin, sur les desseins de Leonard Thiri, Flamand,
l'un des disciples de maistre Rous en France. — Vasari fait
mention à la fin de la vie de Rosso, parmy le denombrement de ses disciples, d'un Leonardo Fiamingo, pittore molto
valente. C'est celuy cy certainement.

— Amphinomus et Anapius portant leur père et leur mère
sur leurs épaules pour les sauver de l'embrasement de Ca-
tane. Ce tableau est encore un de ceux de la gallerie des Réformés, que le père Dan, dans la description de Fontainebleau, explique mal à propos par l'embrasemement de
Troye. — Il a été gravé à l'eau forte par le même que Vénus
et les Grâces pleurant la mort d'Adonis. — Il a été aussy
gravé par René Boyvin.

— Des gens malades et estropiés environnans un autel sur
lequel un prestre payen offre un sacrifice. Peint à Fontainebleau, dans la gallerie des Réformés, par maistre Rous, et
gravé à l'eau forte. — A FONTANABELEAU A. F. Ces deux
dernières lettres qui suivent le mot de Fontainebleau, et qui
paroissent un A et un T et un F joints ensemble, peuvent

désigner le nom du graveur. — C'est Antoine Fantuzzi.

— Des mariniers repoussans à coups d'aviron dés hommes qui cherchent à entrer dans leurs barques pendant une tempeste ; gravé à l'eau forte par le même anonyme que le Silène et l'homme accompagné de quatre animaux. — Tableau peint dans la gallerie des Réformés, à Fontainebleau.

—Un empereur romain tenant en main une grenade et écoutant un homme qui luy fait un discours accompagné de gestes démonstratifs, en présence d'une assemblée de sénateurs et de soldats. Gravé à l'eau forte, par un maistre anonyme. — Sans marque aucune, ny du peintre ny du graveur, et imprimé en rouge. — C'est un des tableaux de la gallerie des Réformés, à Fontainebleau.

— Pièce emblématique où François Premier, roy des François, après avoir surmonté la volupté, l'ivrognerie, l'erreur et les autres vices ou passions qui sont tous aveugles, entre dans le temple de l'Immortalité. Gravé au burin, par René Boyvin. C'est une des pièces qu'il a exécutées avec le plus de propreté. — C'est encor un des tableaux de la gallerie des Réformés, à Fontainebleau. — Vasari en fait mention et dit que c'est le roy François Ier. Il y en a une copie gravée par Domenico Zeno, et j'en connois une troisième sans nom de graveur, aussy au burin : toutes les trois sont de même grandeur.

— La Gloire représentée par une femme aislée qui est élevée sur un globe et qui tient une trompette dans chaque main. Gravé au burin par Dominique del Barbieri. — Peint par le Rosso, au coté gauche de l'arcade qui donne entrée dans un cabinet où est la cheminée de la gallerie de François premier, nommée la gallerie des Réformés, à Fontainebleau.

ROTA (MARTIN), natif de Sebenico en Dalmatie, et graveur

à Venise, estoit fort considéré à la cour de Rodolphe second, qui étoit grand amateur des beaux arts (1).

— Les notes marquées d'un M sont de mon père.

— Martin Rota est mal nommé par le père Orlandi Sabinese. Il étoit de Sebenigo en Dalmatie. C'est le sens de *Sebenzanus* et de *Sibinicensis*.

— Le massacre des Innocens, gravé en 1569 ; on en attribue l'invention au Titien avec peu de fondement [1]. — Cette pièce est assez commune ; la composition en est assez mauvaise et très froide, et tient plus de la manière florentine que d'aucune autre. — Elle est gravée d'une manière fort insipide. — Martin Rota Sebenzan. F. Appresso Luca Guarinoni, 1569.

— La Sᵉ Vierge se reposant à l'ombre d'un arbre ; elle tient l'enfant Jésus entre ses bras, et est assise au milieu de Sᵗ Joseph et de Sᵗ Jean-Baptiste qui luy apporte des fruicts. Gravé en 1569, d'après le Titien [2]. — Le tableau doit être merveilleux ; l'estampe, toute mal exécutée qu'elle est, le promet ; il est, je pense, à l'Escurial.

— Jésus-Christ tenté dans le désert par le démon. Gravé d'après l'estampe originale de Corneille Cort [5]. — C'est une fort jolie pièce de Rota ; il n'y a pas mis son nom et il a laissé la marque de Corneille Cort, qui est un rochoir.—Cette pièce est rare. (M.)

— Dix-huit sujets de la passion de N. S. Jésus Christ, ran-

_____

(1) A cet article comme à celui de Raimondi, nous avons ajouté entre crochets les numéros de Bartsch pour qu'on puisse facilement y recourir, et, s'il en était besoin, avoir une nouvelle preuve de tout ce que Bartsch doit à Mariette ; l'on verra encore combien, malgré ses emprunts, comme Bartsch n'a pas eu entre les mains les mêmes papiers que nous extrayons, Mariette reste toujours, non-seulement plus intelligent, mais plus complet et plus neuf.

gés sur une mesme feuille, gravés au burin, à Venise, en 1568, d'après Albert Durer [15]. — Mon père m'a dit n'avoir jamais vu cette pièce que cette seule fois. — Venetiis, Nicolai Nelli formis An. sal: 1568. — Ces dix-huit sujets sont la Cène, la Prière au jardin, la Prise, devant Caïphe, devant Anne, dans le prétoire, devant Pilate, Flagellation, devant Hérode, Couronnement d'épines, montré au peuple, livré à la mort, Portement de croix, Crucifiement, Crucifix, Descente de croix, mis dans le tombeau, Résurrection. Ces sujets sont tirés de la passion en bois, qu'a copié Marc Antoine; ils sont icy disposés autour d'une espèce de frontispice où est cette inscription : *Redemptionis humanæ misteria*, et plus bas un passage tiré du prophète Jeremie.

— Jésus Christ attaché à la colonne et fouetté par ses bourreaux. Gravé en 1568, d'après le Titien [7]. — A été aussy gravé par Baptiste Franco, et il n'est pas sûr que ce soit d'après le Titien.

— Jésus Christ crucifié au milieu de deux larrons; S⁰ Magdelaine est à genoux au bas de la croix, et d'autre coté est la S⁰ Vierge et S¹ Jean. Cette pièce, qui est fort rare, est d'après un dessein du Titien [8]. — S⁰ Magdeleine est veue par le dos, et sur le devant est un squelette estendu par terre.

— Le nom de Lucas Guarinoni est dessus un coin de la planche. — Le nom du Titien n'y est pas; elle est cependant bien d'après lui, mais mal exécutée.

— Autre crucifix au pied duquel est S⁰ Magdelaine, et des deux cotés la S⁰ Vierge et S¹ Jean. On ne connoist pas le nom du peintre (M), — dont l'estampe ne donne pas une grande idée [9].

— La S⁰ Vierge assise au pied de la croix, au milieu de deux enfants qui soutiennent sur ses genoux le corps mort de Jésus Christ. Cette pièce est d'après Michel Ange Buonaroti [25]; Martin Rota l'a gravée avec beaucoup de soin, et ca n'est pas une des moins rares de son œuvre. — C'est en même temps une de ses bonnes pièces (M).

— Jésus Christ mis dans le tombeau en présence de la S⁰ Vierge [10]. Cette pièce est encor fort rare, mais elle n'est pas aussy bien conditionnée qu'on le pourroit désirer. — Elle est d'après Batista Franco.

— Autre du mesme sujet, traitée differemment, d'après Luca Penni [11]. — Un des disciples soutient le corps de J. C. étendu sur le tombeau; au pied est la Madeleine à genoux qui tient un vase de parfums. La composition est froide et très-médiocre.

— Dieu le Père portant entre ses bras le corps mort de son Fils unique. Il est environné d'anges qui pleurent et qui portent les instruments de la passion du Sauveur. Cette pièce est gravée par Martin Rota, en 1566, et doit estre un de ses premiers ouvrages. C'est une copie d'une des pièces de la grande passion d'Albert, gravée en bois; Martin Rota y a laissé la marque du peintre, en y ajoutant seulement la sienne ainsi figurée : 1511 A D (en monogr.) MAR (en monogr.) S. F. Nicolo Nelli Vene. exc. 1566. Cette pièce est du reste assez proprement gravée, mais toujours d'une manière sèche [26].

— Jésus Christ resuscitant et sortant glorieux du tombeau. Gravé, à ce que l'on conjecture, d'après Frédéric Zuccharo [12]. — Du moins le père Orlandi dit que Martin Rota a gravé d'après ce peintre. Je voudrois pourtant en avoir des preuves plus concluantes. Il est assez bien gravé, mais avec secheresse et ce qu'on appelle de fer. — C'est une des pièces où il a le plus cherché à imiter, ce semble, la manière de C. Cort.

— La resurrection de J. C. Il sort glorieux du tombeau, l'étendard de la resurrection à la main; les soldats, au nombre de sept, se reveillent avec frayeur. MAR (en monogr.) Seben f. 1569. Apud Joannem Franciscum Camotium, cum privilegio. On en attribue l'invention au Titien, mais cela ne me paroist pas sûr. — J'en ay veu depuis une estampe originale gravée à l'eau forte, avec tout l'esprit possible, par Baptiste Franco (1); elle ne laisse aucun lieu de douter qu'il n'en soit l'inventeur; ainsi j'avois raison de penser que c'estoit à tort qu'on la donnoit au Titien.

— La résurrection de Jésus Christ, gravée en 1577, avec beaucoup de soin, d'après un dessein d'un goût extravagant et d'une fort mauvaise composition. C'est une des pièces de l'œuvre que l'on a plus de peine à trouver bien imprimée. — On ne la trouve ordinairement qu'usée (M). — Je vois sur le fer d'une hallebarde, près de ce soldat couché et endormy, cette marque $\frac{M}{M}$; peut-estre est-ce la marque du peintre, que je ne connois pas; c'est sans doutte le même maître qui a inventé l'histoire de Marsias écorché par Apollon. — Le nom de Rota n'y est pas, mais seulement l'année sur la lame d'une épée, sur le devant. Il y a bien du goût allemand (2).

— St Dominique terrassant le démon. Cette pièce a de la manière du Titien; elle paroit estre de son invention. —

---

(1) Bartsch, n° 18 de l'œuvre de Franco, t. XV, p. 125. Ni à l'article de Franco, ni à celui de Rota, Bartsch ne parle de la copie faite par ce dernier, et on ne peut la considérer comme attribuée seulement par Mariette, puisqu'il en rapporte la signature.

(2) Mariette, comme on voit, a eu plus que des doutes, et dans d'autres notes, il reviendra encore sur ce maître ainsi confondu avec Martin Rota. Bartsch, plus heureux, a trouvé sur une épreuve du Marsyas, de la collection du comte de Fries, une inscription manuscrite qui a dissipé tous les doutes que Mariette avait seulement soulevés : *Anno 1582, 6 decemb. Ex liberali donatione Melchioris Meiers hujus tabulæ autoris Joannes a Palm.* (XVI, 247). Ainsi, l'auteur du Marsyas et de cette résurrection s'appelle Melchior Meier, ce qui donne encore une fois de plus raison au sûr instinct de Mariette, qui, malgré son apparence italienne, déclarait l'auteur allemand. — Cf. sur Meier ce qu'en a dit M. Renouvier dans ses *Types et manières des maîtres graveurs.* 4e fascicule, p. 78-79.

Lucæ Bertelli formis. Martinus Rota F.—Elle n'est pas commune [17].

—S⁺ Jean Baptiste debout, montrant l'Agneau de Dieu, d'après le tableau du Titien qui est dans l'église de S⁰ Marie Majeure, à Venise. Gravé par Martin Rota; il n'y a mis ni son nom ni sa marque, mais seulement le nom de Titien : *Ticianus inventor* et celui du marchand : *Claudii Duceti formis* (1).

—S⁺ Jérosme meditant sur le jugement dernier, dont il est averty par un ange qui est près de luy [18]. — Elle n'est pas commune ; du reste, c'est assez peu de chose pour l'invention, et même la graveure est sans goût.

—S⁺ Pierre martir, religieux dominicain, écrivant sur la terre les premières paroles du symbole [19]. — Lucæ Bertelli for. Le nom de Martin Rota n'y étoit écrit qu'à la plume. — Cette pièce a encore beaucoup de la manière du Titien, mais on ne l'oseroit l'assurer, et elle est rare à trouver.

— Le martyre de S⁺ Pierre, de l'ordre des Freres prescheurs. Cette pièce est parfaitement bien exécutée, et d'après un des tableaux du Titien de la plus grande réputation [20] — qui est à S⁺ Jean et Paul, à Venise. — Lucæ Guerinoni formis. Le nom du Titien et de Martin Rota tout au long, se trouvent sur une table pendue à un arbre. C'est une des plus belles pièces de M. Rota.

— Jésus Christ apparoissant à saint Pierre, près de la ville de Rome et luy prédisant qu'il y sera crucifié. Gravé en 1568, d'après le tableau de Raphaël d'Urbin, qui est au Vatican [6].

— S⁰ Magdelaine à genoux priant devant un crucifix, à l'entrée d'une caverne. Cette estampe est d'après un peintre

---

(1) Bartsch n'a pas catalogué cette pièce.

venitien dont on ignore le nom, et elle est très rare [21]. —
T. M. V. I; c'est sans doute la marque du peintre, qui est
de l'école venitienne. M. R. F., marque de Martin Rota.
NN. exc. C'est le nom du marchand, qui est Nicolo Nelti,
établi à Venise.

— Se Magdelaine pénitente dans le désert, en demy corps.
— Ant. Venantio episcopo Agriensi dicat Titianus. Mart. Rota
Sibinicensis. Il a gravé un portrait de ce personnage [23].
— C'est une copie de celle de Corn. Cort; aux bonnes
épreuves on trouve le nom de *Lucæ Guerinoni form.*, ce qui
a été effacé dans la suite; et alors on trouve gravée sur la
planche une petite tablette sans rien dedans; il en est de
même de la pièce suivante. — Autre du mesme sujet, traité
differemment, aussi en demy corps [22]. D'après Titien et
rares.

— Se Magdelaine a genoux regardant deux anges qui sont
dans une gloire et qui luy offrent une palme. Gravé en
1570 [24]. — C'est du moins la date de l'année que la planche
a esté mise au jour. — L'on tient que le Titien est inventeur
de cette pièce. — Si cela est, le graveur a tellement déguisé
la manière du peintre qu'il est méconnoissable. — Joan. Del-
phino Torcellen. episcopo (1). D. Claudi Ducheti formis 1570.
Le nom de Martin Rota y est tout du long.

— Le jugement universel. Gravé en 1569, d'après la cé-
lèbre peinture de Michel Ange Buonaroti, qui est au Vatican.
Cette pièce est la plus considérable de l'œuvre de Martin
Rota, et on la peut regarder avec justice comme un chef-

---

(1) Torcello, une des nombreuses îles des lagunes de Venise.
Et à propos de traduction de noms géographiques latins, nous re-
viendrons, grâce à M. l'abbé Pascal, sur une opinion de Mariette,
dans l'article de Roberté : *Biturgia* est bien en Italie; c'est le nom
latin de *Borgo San Sepolcro*, près Florence.

d'œuvre de l'art. L'épreuve qui en est icy est dans sa plus grande perfection [28]. — C'est la plus considerable pièce de M. Rota. M. — Ser° Emmanueli Phil. Duci Sabaudiæ dicatum. Lucæ Guarinoni formis. — Aux secondes épreuves, il n'y a plus le nom *Lucæ Guarinoni*, mais en place une petite table, et ce changement n'a pas trop tardé à être fait. Je remarque qu'on a fait la même chose à plusieurs planches de Martin Rota, qui ont appartenu à Guarinoni, sans que j'en puisse penetrer la cause. — Contr'epreuve de cette mesme pièce, qui est fort estimable en ce qu'elle la représente du même sens que le tableau ; cette pièce est peut-être unique.

— Le mesme sujet traitté differemment et gravé en 1576, d'après le Titien. C'est encor une des pièces de l'œuvre faite avec le plus de soin. — Rodolpho II Rom. Imp. à Martino Rota dicatum. MDLXXVI [29].

— Autre encore du mesme sujet. L'on en attribue l'invention à Martin Rota ; mais, s'il y a mis quelque chose de son génie, ce ne peut être que les portraits de plusieurs princes de la maison d'Autriche, à qui il cherchoit de faire sa cour, qu'il a placés dans la gloire du paradis ; car pour le reste, il est pillé pour la plus grande partie dans les Jugements de Michel Ange et du Titien, qu'il avoit déjà gravé. Au reste, cette pièce est d'un mérite fort inférieur, tant pour la composition que pour la graveure, aux deux précédentes. Elle n'est pas même entièrement gravée par Martin Rota, car elle n'estoit pas encor finie lorsqu'il mourut, et ce n'est qu'après sa mort que Boèce de Boodt, medecin de l'empereur Rodolphe II, prit soin de la faire achever par un autre graveur. Les portraits des princes et princesses de la maison d'Autriche, qui sont representés dans le ciel, paroissent très-ressemblans dans leur extrême petitesse. — Opus à Martino Rota inventum fereque exsculptum Anselmus Boetius de

Boodt Rod. Rom. Imp. med. sibi et amicis perfeci curavit
cum pri. sac. Cæs. maj. [30]. — Il se pourroit bien que
ce fût Gilles Sadeler qui eût été chargé de faire racheter
cette planche par quelques-uns de ses disciples, car de Boodt
étoit son intime amy ; il en a gravé le portrait, et l'écriture
qui est au bas de cette planche ressemble fort, pour le caractère, à celles qui se trouvent au bas des portraits de Gilles
Sadeler. Cette conjecture, qui est très foible, mérite d'être
examinée.

— Prométhée attaché sur le mont Caucase et déchiré par
un vautour. Gravé en 1570, d'après le Titien [106]. Ce mesme
sujet avoit déjà été gravé quatre années auparavant par Corn.
Cort ; celle cy en est une copie.

— Vénus tachant de retenir Adonis qui s'en va à la chasse,
d'après le Titien ; c'est une des pièces de l'œuvre que les curieux recherchent davantage et l'une des plus difficiles à
trouver, surtout bien imprimée [108]. — *Martinus Rota
formis*. C'est la seule pièce de son œuvre avec une pareille
inscription. — C'est une des pièces les plus considérables
de l'œuvre. — Aux moindres épreuves, le nom de *L. Bertelli formis* et huit vers italiens au bas de la planche.

— Apollon montrant au roy Midas et au dieu Pan la peau
du satyre Marsias, qu'il vient d'écorcher ; l'on ne voit rien
dans l'œuvre de Martin Rota qui soit gravé avec tant de soin
ny rien de si fini, ni même d'aussi empaté. C'est dommage
qu'il n'ait pas travaillé d'après un meilleur dessein, car celuy cy est d'un peintre assez mediocre dont on ignore le
nom. — Elle est gravée en 1581. — La planche est dans le
cabinet du grand duc ; elle est toute au burin. — On y trouve
cette inscription : FRANC. MED. — MA. ETRUR. — D. II. P.
B. M. — 15. D. D. 81. — MM. — Ces trois lettres P. B. M. sont
apparemment les trois premieres lettres du nom du peintre
ou de celui qui dédie l'estampe, — ou plustost : Principi bene

mereuti dat dicat. — Je ne sçais ce que signifient ces deux lettres M. M. Ce ne peut estre que la marque de M. Rota, puisque celte estampe passe pour estre incontestablement de lui. J'ay déjà remarqué à une Resurrection cy-dessus, gravée en 1577, que sur le fer d'une hallebarde il y avo't cette même marque $\frac{M}{M}$ dans cette autre disposition. Cette Resurrection, ce Marsias et les portraits d'Alexandre et Cosme de Medicis, avec la marque $\frac{M}{S}$ cy-après, sont de la même manière, et toutes attribuées à Martin Rota; il y a une cinquième pièce avec la marque $\frac{M}{F}$ qui est encore de même manière; ce sont les cyclopes d'après le Titien, gravé en 1572, que quelques-uns donnent mal à propos à C. Cort, et une cinquième qui est une Danaë, d'après le Titien. Si ces cinq pièces ne sont pas de M. Rota, ce qu'il faudra examiner avec grande attention, elles sont toutes cinq du même graveur, qui ne m'est donc pas encore connu. Il y a aussi, ce me semble, du même graveur un portrait de Cosme Ier, grand duc (1).

— La bataille de Lépante, — donnée en 1571. — Cette pièce est, à ce que l'on croit, de l'invention de Martin Rota. L'on y voit sur le devant une barque conduite par des diables et remplie des âmes qu'ils viennent de gagner, et, dans le haut, Jupiter qui lance ses foudres, ce qui est une bizarre imagination du graveur. — Martinus Rota Sibinicensis Venetiis faciebat [114]. —Si on l'examine de près, on trouvera sur une des principales galères l'exécution d'un criminel à

_____

(1) Voir plus haut la note 2. page 27. Bartsch n'attribuait à Melchior Meier que deux pièces. Mariette, comme toujours, nous en apprend plus que lui.

qui on coupe la teste; il faudra lire les descriptions de cette bataille pour voir ce que cela signifie, et le remarquer.

— Le Temps tournant la roue de fortune, du haut de laquelle un Turc est renversé, au lieu que de l'autre côté les princes chrétiens, représentés par l'empereur et le doge accompagnés par un ange tutélaire, arrivent heureusement au sommet de cette roue. Cette pièce emblématique a été faite en 1572, peu après la deroutte des Turcs à Lepante; elle est gravée à l'eau forte par Martin Rota, et de son invention. — Mart. Rota Sibinicen. inv. [107].

— Antoine Abundius, en demy corps dans un ovale [56] — Ant. Abundius A. F. anno æt. sue 36, 1577, avec le nom de Rota. — Les simboles qui sont aux quatre angles conviennent à un magistrat, la Force, l'Éloquence, la Prudence et la Prévoyance. — Nous en avons des épreuves avant qu'on y eût fait des changemens considerables dans la teste et surtout dans le nés, aparemment pour rendre le portrait plus ressemblant. L'inscription est aussi différente. Voici comment elle est disposée : M. D.LXXIIII. — Antonius Abundius – anno suæ ætatis — XXXVI, au lieu que, dans les épreuves qu'on trouve ordinairement, elle est disposée de cette sorte : Antonius Abundius A. F. — anno suæ ætatis XXXVI. — MDLXX VII; on voit pourtant qu'il y avoit encore LXXIIII, et que des deux premiers I on a fait un V (1).

— Un squelette debout, revêtu d'une cuirasse, de cuissards et de tout l'assortiment d'armes, portant de la main droite son casque au bout d'un baton avec cette inscription : *Etiam ferocissimos domari. Per feroce che sia, convien esser domato.* Cette pièce est gravée à l'eau forte assez mal, sans nom ni marque de graveur, mais je ne vois personne à qui elle

---

(1) Bartsch n'indique qu'un état, celui avec la date de 1574.

convienne qu'à Martin Rota (1). Au bas de l'épreuve que j'ai veue, il y avoit *Nicolo van Aelst form: Romœ*, mais ce sont les moindres épreuves, les premières sont avec le nom du marchand..... Cette pièce représente, dit-on, le connétable de Bourbon dans l'estat et la situation que les Espagnols le conservoient dans la citadelle de Gaëte, et je le crois. — On y distingue fort bien dans la teste, au-dessus de l'œil, la fracture que causa la balle qui le tua. — On l'y voit encore; mais il est présentement seulement habillé d'étoffe et à l'espagnole ; c'est ainsi que je l'ay vu lorsque je suis passé par Gaëte, en 1719.

— Charles Clusius, d'Arras, fameux botaniste en demy corps, gravé en 1575. — Carolus Clusius Atreb. æt. an. 49. 1575. Martinus Rota fecit [62]. — C'est un des plus parfaits portraits du Rota.

— Je connois encore le portrait de Coglioni, grand capitaine vénitien, gravé par Martin Rota, Je l'ay veu à la teste de sa vie in-4°, imprimée à Venise. — Historia della vita et fatti di Bartolomeo Coglione, scritta da Pietro Spino, in Venetia, 1569, in 4°. — Et il y avoit aussi dans le mesme livre une autre pièce de M. Rota, gravée à l'eau forte. M. le baron d'Hoëndorff avoit ce livre dans sa bibliothèque. — Barthelemy Coglione, général des troupes d'Anjou et de Bourgogne, buste de profil dans une forme ovale environnée de génies et de femmes qui portent des étendards où sont représentés les devises et les armes du général. Ces accompagnemens sont à l'eau forte, et le portrait, qui est bien au burin, a cette marque sur l'armure : MAR (*en monogr.*) (2). — Ces accompagnemens pourroient avoir été gravés par

---

(1) Bartsch n'a pas cru devoir la comprendre dans son catalogue.
(2) Bartsch ne parle pas de cette pièce.

Fontana. — L'autre pièce représente des trophées d'armes et six étendards aux armes de Milan, de Venise et des autres princes dont le general Coglione a eu la conduite des armées, ce qui est signifié par cette inscription qui est au bas de la planche : *Virtuti delata armorum imperia.* Elle est à l'eau forte, et je n'oserois asseurer qu'elle soit de M. Rota ; je la crois plus tost de Fontana.

— On donne encore à Martin Rota, deux portraits de François Duarenus, jurisconsulte, l'un gravé en 1555 et l'autre gravé en 1556, qui est une copie du précédent, mais c'est mal à propos ; ils ne sont pas certainement de lui, et je le crois plustost gravé en France.

— Wolff Christophe ab Enzestorff, célèbre musicien, en demy corps, dans un ovale gravé en 1575. — Avec le nom de Martin Rota [65]. — Ce portrait est très-beau, je l'ay adjouté. Dans une inscription manuscrite qui étoit au bas, il y est nommé ab Enzendoff, et c'est là où j'ay appris qu'il étoit musicien, né en 1543, et mort en 1594. — Wolffangus Christophorus ab Enzendorff musices peritissimus et famigeratissimus, n. 1543, θ 1594 (1).

— Jean Fichard, jurisconsulte de Francfort, en demy corps. Ce portrait est gravé avec beaucoup de soin. — C'est un de ses bons portraits.—Anno ætatis 69 ; obiit anno salutis 1581 ; Martinus Rota. — Donc Rota étoit encor vivant et travaillant alors [69].

---

(1) Bartsch; qui de ces catalogues de Mariette n'a connu que le premier texte sans les additions (cf. IV, page 237), a appelé aussi Enzestorff célèbre musicien. Il ne le savait pas par la pièce, puisque cette qualité ne figure pas dans l'inscription. Mariette, lui, le savait par une inscription manuscrite ; ses additions seules nous la donnent ; Bartsch, qui n'avait sous les yeux ni les additions de Mariette, ni l'inscription manuscrite, a donc forcément pris cette qualité de musicien au premier texte de Mariette.

— Arnould van Grunbvelt, âgé de 44 ans en 1558 ; Jean Vanden Broeck, âgé de 31 ans en 1559 ; Ferdinand de Gonzague, gouverneur du Milanois pour Charles V [32,58,71] ; ces portraits sont dans des ovales au milieu d'ornemens apellés *grotesques*. — Ces portraits sont sûrement d'une plus nombreuse suitte ; le premier est coté 49, le deuxième 32, et le troisième 42 ; mais je ne sçais pas s'il y en a davantage gravés par Martin Rota. Je ne connois pas les noms de ces deux capitaines, qui sont veus de profil et sont bien gravés. Je les ay adjoutés icy ; Martin Rota n'y a pas mis son nom, mais seulement cette marque MAR (*en monogr.*) S. F. ·

— Jean de la Valette, grand maistre de l'ordre de Saint-Jean de Jerusalem, en demy corps dans un cartouche de forme octogone, au haut duquel sont deux anges qui soutiennent une couronne de laurier, et au bas deux femmes, dont l'une représente la Religion et l'autre l'Espérance. Ce portrait est gravé en 1565, d'après le Titien [100] — Titianus inv. — et les ornemens qui sont autour et qui sont aussy d'après le mesme peintre, sont gravés en partie à l'eau forte et en partie au burin. — C'est une de ses moindres pièces ; gravé sans goût. — C'est une copie d'une planche gravée à l'eau forte, de mesme grandeur, par Marco del Moro.

— Martin, eveque de Breslau, agé de 52 ans en 1579, qui est aparemment l'année de la gravure ; en buste. C'est un des plus beaux portraits de M. Rota, et des plus terminés qu'il ait faits ; on n'y trouve ni son nom ny sa marque. On y lit au bas : Cum gra. et præ. Cæs, ad V annos 1592 ; mais il est certain que cette inscription est postérieure à l'année de la gravure (1).

— Pierre André Mattiole de Sienne, conseiller et medecin

---

(1) Bartsch ne parle pas de cette pièce.

de l'empereur ; en buste dans une forme ovale ; ce n'est pas un des moindres portraits de M. Rota. A l'epreuve que j'ay, je ne trouve ni son nom ni sa marque, mais il se peut faire que l'epreuve ait été coupée pour n'en conserver que l'ovale (1) —Pierre André Mattiole vivoit à Prague en 1561, et je ne suis pas étonné qu'étant alors au service de l'empereur, Martin Rota ait été chargé de graver son portrait, lui dont le burin paroit continuellement occupé à graver des portraits de personnes illustres qui, par leurs employs ou par leurs talens, étoient attachés à cette cour. Celui de Mattiole n'auroit-il pas été fait pour être mis à la tête d'une nouvelle édition de Dioscoride, que cet auteur avoit dessein de faire imprimer à Prague, et dont il est fait mention dans le second volume de la bibliothèque de Lambecius, page 607, en citant Val. Cordus.

— La déesse tutelaire de la Toscane — ou plustost de Florence — élevée sur un lyon et soutenant des couronnes au-dessus de deux médailles, dans l'une desquelles est représenté le portrait d'Alexandre de Médicis, premier duc de Florence, et dans l'autre celuy de Cosme de Médicis, premier grand duc de Toscane. — Cette pièce est rare ; au bas, d'un côté, la veue de Florence, de l'autre celle de Sienne. — J'ay pris garde qu'au dessous des armes de la famille de Medicis, il y a dans le cartouche ces deux lettres ainsy disposées $\frac{M}{S}$; c'est la marque, sans contredit, du graveur Martinus Sibinicencis [105]. — Je ne doute nullement que cette pièce ne soit gravée d'après le mesme maistre qui a inventé l'histoire de Marsias écorché ; elle est dans le mesme gout et mesme gravée dans la mesme manière ; les lointains, le pay-

---

(1) Bartsch ne parle pas non plus de cette pièce.

sage, tout me confirme dans cette opinion et dans celle que ce peut estre un Florentin, car l'une est dediée à un grand duc, et celle cy est à la gloire de la maison Medicis.

— Jean Jacques de Medicis, marquis de Marignan, dans un ovale placé au milieu d'une peau de lion [86]. — Sans son nom, et gravé avec fierté. — Je le croirois plustost de Pietre de Jode le vieux. — Il est certainement de P. de Jode et a servi dans l'histoire des actions de ce général, composée en latin par Juste Lipse ou Ericius Puteanus, volume in-4° imprimé à Anvers (1).

— Ludovicus de Molinus de Rochefort Blesas M., et cette devise grecque EYTYKI AXPI OPΩN BIOY (Felici usque ad terminium vitæ). Buste de profil dans un ovale renfermé d'un cartouche. C'est un des plus beaux portraits de Marin Rota, et je suis étonné qu'il n'y ait pas mis son nom (2). — M. de Thou, dans le premier livre de ses Memoires, dit qu'étant à Turin en 1573, le commerce des belles lettres lui fit lier une amitié fort étroite avec Guy (*N. B.* Il est appellé *Louis* dans l'inscription autour de son portrait) de Moulins de Rochefort, de Blois, déjà fort agé ; qu'après son retour en France, il continua ce commerce par la liaison qu'il eut avec le frère de Rochefort, et la renouvella quelques années après avec lui-mesme à Basle, où ce savant homme mourut. Il adjoute que le duc et la duchesse de Savoye avoient une considération toute particulière pour ce medecin, qui avoit une grande connoissance de l'histoire naturelle. Monsieur de Thou alla à Basle en 1579.

----

(1) La bibliographie biographique de M. Œttiger n'indique pas cette histoire, mais seulement *Vita di Gio. Jacomo Medici, marcese di Marignano... descritta da Marc Antonio Missaglia. Milano,* 1605, in-4°. J'en ai sous les yeux un exemplaire, mais qui ne paraît pas avoir jamais eu de portrait.

(2) Bartsch n'en parle pas.

— Dom François Pifferius de Savone, dans un ovale enrichi d'un cartouche d'ornemens. Quoyque ce portrait soit
fort beau et dans la maniere de Martin Rota, on n'oseroit cependant assurer qu'il soit de luy. M. [91]. — Ætatis suæ 56.
C'est un moine camaldule. Don Francesco Pifferi dal Monte
San Savino camaldolense, dottore teologo, autore del libro in-
titolato : Brieve discorso sopra i misteri della corona del
Signore in Sienna, 1602. Il y a dans ce livre 39 figures gravées en bois. Catalogue de l'abbé de Villeloin, 8°, p. 161.

— Rodolphe second, empereur des Romains, en demy
corps. — Cette pièce se trouve toujours fort pasle ; l'epreuve
qui est ici est toute des premières, et cependant elle n'est
pas fort noire ; elle est avant qu'on eût gravé au bas sur la
planche : *Cum priv. Cæsar. ad V. annos*, 1592. — L'ho mu-
tato in meglio. Il est couronné de laurier et en cuirasse, sur
laquelle sont gravés les médailles de plusieurs princes de la
maison d'Autriche [96].

— Autre portrait jusques aux genoux du mesme empereur Rodolphe second, armé de toutes pièces ; gravé en
1577 [97]. Cette mesme pièce a été gravée depuis deux fois,
en 1604 et 1608, par Gilles Sadeler, mais avec des changemens considerables dans le portrait. — Les armures sont
gravées avec une propreté infinie, mais la teste est bien mauvaise.

— Octavien de Strada, de Mantoue, fils de Jacques, antiquaire de l'empereur, en demy corps, gravé en 1574 ; anno
æt. 23 [99]. — Nous en avons une epreuve où le nom de
Rota n'est pas encore ; l'attitude en est fort mauvaise, et il
y a peu d'art dans la graveure.

— Antoine Verantius, archevesque de Strigonie et primat
de Hongrie, en demy corps, Ce portrait, et généralement
tous ceux qu'a gravés Martin Rota, sont fort rares et fort recherchés [102]. — L'ho adgiunto di nuovo. — Il est très beau ;

il tient à la main une épée et un sabre entrelacés d'olivier. Sans doute que ç'à été un des plenipotentiaires pour la paix des Turcs après la bataille de Lepante, et de là on pourroit sçavoir à peu près l'année de la gravure. — Dans un ovale, de chaque coté duquel sont représentés Mercure et Minerve debout ; cet ovale est placé au milieu d'un frontispice d'architecture terminé par deux anges qui portent les armes dudit archevêque. Au bas est un emblème de la paix faite avec les Turcs, dont aparemment ce prélat fut un des négociateurs ; l'aigle romain et le dragon othoman croisent leurs armes, qui sont liées par un laurier.

ROTARI (PIERRE), né à Verone en 1708, est élève de Balestra, dont il a pendant quelque temps suivi la manière. Ses voyages dans le reste de l'Italie, l'étude qu'il a fait sur les ouvrages des peintres modernes qui avoient le plus de reputation, et le desir de plaire lui ont depuis fait prendre une manière qui a du brillant, mais qui n'en a pas plus de solidité et qui n'est faite que pour jetter de la poudre aux yeux. Son pinceau trop flou ne connoit point cette précision et cette fermeté de touche qui, chez les grands maitres, mettent la veritable expression dans leurs ouvrages ; ses teintes ne sont plus vrayes. Ce que j'estime le plus chez lui, ce sont certains effets qui rendent ses compositions piquantes et assez intéressantes. Il a peint un grand nombre de bustes de femmes, à chacune desquelles il donne des caractères particuliers qui ont beaucoup été goutés, surtout en Allemagne, où ce peintre a fait sa fortune. L'on m'a assuré qu'il étoit actuellement, en 1758, à la cour de Russie. Je sçais qu'il a demeuré à Dresden et qu'il y a été employé par le roi de Pologne, qui lui a fait beaucoup de bien. Il étoit encore chez le Balestra lorsqu'il grava quelques petits morceaux d'apres ce maître et quelques-uns d'après son propre dessein, qui sont assez bien.

— On lui a donné dans sa patrie le titre de comte, qui à Verone n'est pas difficile à obtenir. Voy. *Eclaircissements historiques* à la suite d'une lettre d'un amateur, imprimée à Dresden, en 1755.

— Il est mort l'an 1762, à St Petersbourg. — Voyez la table à la fin du catalogue des tableaux de la galerie de Dresde ; l'auteur de la Nouvelle description des peintures de Padoue (page 44) place sa mort en 1764.

ROTENHAMER (JEAN) *et autres peintres contemporains des Pays-Bas et d'Allemagne.*

Ce peintre avoit étudié à Venise sous le Tintoret ; on s'en apperçoit dans ses desseins, qui sont agreablement composés.

Vers la fin du seizième siècle tout avoit dégéneré en manière dans la peinture. C'étoit une peste dont les plus grands ravages se firent sentir dans les Pays-Bas. Les ouvrages n'y étoient prisés qu'autant qu'ils s'eloignoient de la noble simplicité de la nature. Il falloit, pour avoir de la réputation, outrer les caractères, charger inconsidéremment les muscles, donner à ses figures des contorsions et des attitudes aussi fausses que bizarres. On faisoit passer ces défauts pour des coups de l'art, et l'on admiroit les Sprangers, les Goltzins et leurs semblables. Heureusement cette manière barbare est tombée dans un oubli où il faut espérer qu'elle restera éternellement. (*Cata'ogue Crozat.*)

ROULLET (JEAN-LOUIS), graveur au burin. Après avoir appris la graveure chez Jean Lenfant et s'estre ensuite perfectionné sous la discipline du célèbre François Poilly, Jean-Louis Roullet resolut d'aller étudier en Italie pour se former le goût ; ce voyage luy paroissoit d'autant plus utile qu'il

avoit devant les yeux l'exemple de Poilly qui, étant allé à
Rome déjà habile, en étoit revenu bien plus excellent. Roullet portoit avec luy toutes les dispositions nécessaires pour
profiter de ses études, un amour extrême pour le travail et beaucoup d'assiduité, nulle attache au plaisir, une
patience et une docilité à toute épreuve. Un si aimable caractères ne contribua pas peu à luy procurer les ouvrages considérables qu'on luy confia presques à son arrivée à Rome, et
Cyro Ferri, fameux peintre italian, qui en avoit fourni les
desseins, fut si satisfait de la manière dont il les avoit exécutés
qu'il resolut de ne plus employer d'autres graveurs que luy.
Il ne faisoit pas même difficulté de le mettre au dessus de
Spierre, dont il s'estoit servy jusqu'alors avec tant de succès, et
de le luy préferer en toute occasion; mais Roullet, persuadé de
l'habileté de Spierre et charmé de sa belle manière de graver,
n'en faisoit pas moins ses efforts pour se la rendre familière
et se l'approprier, ce qui fait que ses ouvrages ont tant de
conformité avec ceux de cet habile graveur; il a comme luy
un beau burin, dont la couleur douce et harmonieuse plaist
infiniment; il est leger dans son travail, il imite son original
avec exactitude, et il ne laisse rien échapper où il paroisse la
moindre négligence. Il étoit même si scrupuleux sur ce point
que, pour se mieux imprimer dans l'esprit toutes les parties
de son original, il en faisoit souvent un desséin fort terminé
avant que de se mettre à le graver. Ce double travail, et le
temps qu'il mettoit à finir ses ouvrages, est en partie la
cause que l'on en voit un si petit nombre. Sa fortune luy
tenoit moins encore que sa réputation. Il avoit été agréé par
l'Académie royale de peinture et de sculpture; la mort l'empecha d'estre reçeu dans cet illustre corps.

— Jean-Louis Roullet, natif d'Arles en Provence, disciple
de François de Poilly, et imitateur de François Spierre.

— Il vint à Paris, apprit à graver chez Lenfant et ensuite

chez Fr. Poilly, et puis alla à Rome en 1673 et de là à Naples, d'où il retourna en France en 1683 ; il séjourna à Arles une année et revint ensuitte à Paris, où il travailla jusqu'à sa mort qui arriva en.....— On prétend qu'elle fut causée par le chagrin qu'il eut de se voir maltraité de parolles et mal recompensé d'un portrait qu'il avoit gravé pour un grand seigneur (M. de Villacerf, pour lors disgracié) (1).

— Roullet, sorti de chez Lenfant, entra chez M. Poilly, et celuy cy commença par luy donner à graver quelques pièces au chapelet, pour l'exercer à couper le cuivre. Le Sᵗ François Xavier mourant en est du nombre ; il le fit d'après l'originale de Poilly ; il grava encore quelques pièces au chapelet ; le Sᵗ Jean dans l'isle de Pathmos est du nombre—de même que le Sᵗ Ignace.

— Ce fut en gravant ces derniers morceaux chez Poilly (*le mariage de Sᵗᵉ Catherine de Mignard, et le Sᵗ Jean à Pathmos de le Brun, d'après les estampes de Poilly*) que Roullet a appris toute sa science ; la veue des ouvrages de Spierre à Rome a achevé de l'éclairer. — Je crois que ces copies des estampes de Poilly n'ont été faites que depuis le retour de Roullet à Paris.

— La visitation de la Sᵉ Vierge d'après le Dominiquain, gravé par Lespingola, le sculpteur, et terminée par Roullet.

— La Sᵉ Vierge visitant Sᵗᵉ Élisabeth, d'après P. Mignard. — Ce tableau est chez les religieuses de Sᵉ Marie, à Orléans (2).

— La Sᵉ Vierge sur des nuées, tenant un écriteau ; titre de

(1) Cette note n'est pas de l'écriture de Mariette.
(2) Le tableau de Mignard s'y trouve encore, et nous l'y avons vu il y a quelques années ; mais ce n'est nullement une invention, mais une copie arrangée de la *Visitation* de Raphaël.

livre d'après J. de la Borde. — Du Diurnal parisien. — Roullet avoit connu à Rome ce de la Borde, et il s'en servoit encore, de retour à Paris, pour lui fournir des desseins, et s'adressoit assez mal.

—La S^e Vierge à demy corps dans un paysage, tenant l'enfant Jésus entre ses bras, d'après An. Carrache. — Gravé à Rome et retouché ou plutost rachevé à Paris. — Il apporta la planche avec luy à Paris et la vendit à Poilly, son ancien maître, qui la lui fit terminer.

— La Ste Vierge à demy corps, presentant une grappe de raisin à l'enfant Jésus, qu'elle tient sur ses genoux, d'après P. Mignard. — Roullet fit lui-même le dessein d'après le tableau. Il est d'un fini étonnant, lavé à l'encre de la Chine et rehaussé de blanc; c'étoit sa coutume. Il falloit avoir bien de la constance pour demeurer si longtemps sur un même ouvrage. Il ne faisoit que ce qu'avoit pratiqué Spierre avant lui. — Le tableau est en Espagne.

—La Ste Vierge tenant sur ses genoux l'enfant Jésus, à qui Ste Claire présente le St Sacrement, d'après A. Carrache. — M. de Dieu m'a dit qu'elle avoit été gravée à Rome. — L'inscription qui est au bas le dit. Jo. Lud. Roullet sculp. Romæ. C'est un nommé Leroy orfevre qui a cette planche.

— Jesus Christ mort étendu sur les genoux de la S^e Vierge acompagnée des saintes femmes, d'après An. Carrache. — D'après le beau tableau de M. de Seignelay, qui est présentement chez M. le duc d'Orléans. — Roullet l'avoit gravé pour M. de Montarsis; la planche fut vendue, à la mort de ce curieux, à un brocanteur nommé Lacroix. Je ne sçais ce qu'elle est devenue depuis.

— L'ange annonçant aux trois Maries la resurrection de J. C. D'après An. Carrache. — Gravé à Naples; ce tableau est chez le prince della Torre à Naples; il appartenoit pour lors à Ascagne Philamarini, duc della Torre. — Gravé sur le des-

sein de Jerosme Trudon, aux dépens et pour Jacques Raillard, marchand françois établi à Naples.

—Apothéose d'Hercule, grande thèse soutenue à Rome dans
le collége romain par Joseph Cincio, inventée par Ciro Ferri
et dessinée par P. Lucatelle. — Dediée au pape Innocent XI
et gravée en 1678. — Toutes les épreuves que mon père avoit
eu de Roullet sont dans la dédicace au pape Clement X et
non avec la date 1675. — Ou la planche a servi deux fois à
la mesme personne, ou — et c'est ce que je crois — le pape
Clement X étant mort et la thèse n'ayant pu luy estre présentée, on aura différé à la soutenir jusqu'en 1678 sous le
pontificat d'Innocent XI. — Les conclusions de 1678 com-
mencent ainsy : Ex logicis. 1º Universalia dantur solum. Il
faudra en faire la vérification avec celles de 1675.

— Bellerophon, monté sur le cheval Pégase, combattant
la Chimère; d'après Cyre Ferre, sur le dessein de P. Lucatelle.
—Pour une thèse ou conclusions. Gravé en 1679 et dédié
au cardinal Azzolino par Paul Jacobin, d'Assise. — Persée
coupant la teste de Méduse, qui se reflechit sur le bouclier
que tient Minerve. D'après les mêmes. — Aussi pour une
thèse; gravé en 1679, dédié au cardinal Rospigliosi par Antoine Vincent Mutius. — Ces deux pièces sont au commencement de deux brochures qui contiennent les conclusions, et
c'est de là que j'ay appris la datte de l'une et de l'autre, car
elle n'est point marquée sur les planches.

— Numa Pompilius consultant la nymphe Egérie. Cette
grande thèse est dédiée à Ferdinand, eveque de Paderborn
et de Munster, et l'on voit en haut le portrait de ce prélat
d'après Cyre Ferre, sur le dessein de P. Lucatelle. — Dedié
par Adolphe Bernard, baron de Mervelde, pensionnaire du
collége germanique, pour sa thèse soutenue à Rome, sans
marques de date. — Au bas de la planche on lit *Viterbii*. Est-
ce que Roullet auroit fait quelque séjour à Viterbe, pendant

lequel il auroit gravé cette planche?— Il y a toute apparence. Roullet, né extremement delicat, se sera trouvé incommodé ; on lui aura conseillé les eaux de Viterbe, qui sont en grande réputation auprès des médecins. Il y aura été, et, pendant son séjour à Viterbe, il aura gravé cette planche, qui étoit un morceau de commande et un morceau pressé et qui ne pouvoit se remettre à un autre temps.

— Le songe d'Annibal, dans lequel il voit la ville de Rome sous la protection d'un dragon, ce qui le détourne d'en entreprendre le siége. Gravé à Rome en 1674 d'après Cyre Ferre. Thèse dédiée à Jean-Baptiste Borghèse par P. Paul de Vechis. C'est une des premières pièces qu'il ait gravé à Rome, y étant venu en 1673 — et en même temps une de ses plus belles choses. Il n'y a point de date sur la planche ; je l'ay prise sur les conclusions imprimées qui composent une brochure in-folio, au commencement de laquelle est cette estampe. M. de Dieu, sculpteur, en avoit un exemplaire.

— Un homme assis — Aristomaque, ancien philosophe — observant avec attention le travail des mouches à miel, au travers de quelques ruches de verre qui sont éclairées par le soleil. — Avec cette inscription ayant raport au soleil, qui pénètre partout : Omnia recludit. — Aristomachus Solensis duo sexaginta annos in apum contemplatione desumpsit. Plinius libro XI, cap. 9.

— Deux petites médailles antiques, au trait, avec leurs revers ; c'est à Arles qu'il les a gravées à son retour de Rome ; son nom n'y est pas ; les testes en sont veues de face. — Elles n'ont jamais tiré que deux ou trois épreuves et n'ont qu'une ligne de haut.

— Les quatre saisons de l'année d'après les estampes du Bassan, gravées par les Sadelers, sont des premiers ouvrages de Jean-Louis Roullet dans le temps qu'il étoit en apprentissage chez Jean Lenfant. Elles sont en grand ; les planches s'imprimant sur le chapelet (1), son nom ne se trouve à aucune des quatre, seulement celuy de Jo. Lenfant excu. Mais il est pourtant certain que Roullet en est le graveur; il y a déjà de la coupe et de la propreté de burin, mais nulle touche, et l'on reconnoist que l'ouvrage a été conduit par Lenfant, car il y a beaucoup de sa manière; quoyque ce ne soit pas des ouvrages bien parfaits, c'est toujours beaucoup pour un jeune apprenty. — Elles sont fort rares à trouver de belles épreuves comme elles le sont dans l'œuvre du roy de Portugal.

— Vignettes d'après Ciro Ferri pour le livre : Difesa della divina Providenza. *Voir tome 1, p.* 375, *et ajouter* : M. de Dieu a ce livre. Comme ce n'est qu'une première partie, il n'y a qu'une partie des vignettes et culs de lampes. — Ces vignettes sont des chefs d'œuvres; gravées en 1679. — Il n'y a de dattes à aucune; je l'ay prise du livre imprimé. — Je trouve ce livre, où ont été employées les vignettes de Roullet, cité dans le catalogue de la bibliothèque Capponi, sous ce titre :

---

(1) On a déjà vu p. 43 cette expression une première fois, et, quoiqu'elle soit dans le même sens d'idées, elle n'a pas dans les deux cas exactement la même signification; imprimer sur le chapelet et graver au chapelet ne sont pas la même chose. On voit par le tarif du poids et de la dimension des espèces de papier, publié en 1751 et réimprimé dans l'*Encyclopédie méthodique*, qu'il y avait du papier appelé, et cela comme tous les autres à cause de sa marque, le *chapelet* et un autre le *petit chapelet*; mais, outre qu'il est dans les belles sortes, ce n'est pas à cause du papier qu'on ne signe pas une chose. On voit seulement qu'il s'agit de gravures gravées sur un seul cuivre, imprimées ensemble sur une seule feuille de papier comme on fait des images de sainteté, qui ne portent qu'au bas de la feuille le nom de l'éditeur et se découpent ensuite; les choses au chapelet sont de l'imagerie plus que de la gravure, et ce qui fait qu'on ne le trouve pas dans les ouvrages techniques, c'est que c'est moins un terme de métier qu'un terme d'apprentissage qui ne me paraît guère employé aujourd'hui, car nous l'avons demandé en vain. On voit ce qu'il veut dire; mais ce n'est pas assez, et il faudrait comprendre de quelle façon il le dit et quelle en est l'origine et la raison d'être.

Difésa della divina Providenza contro i nemici d'ogni religione, da Nicolo Maria Pallavicino et Francesco Rasponi, in Roma, per Angiolo Bernabo, 1679, in folio. — Padre Nicolo Maria Palavicino ; il étoit Génois et jésuite et est mort le 15 X° 1692. Le catalogue des Arcades, à la fin de l'ouvrage du Crescimbeni, me fournit cette date.

— Un enfant se terminant en rinceaux d'ornements et soutenant les clefs de l'Eglise ; autre enfant couronné d'une thiare et supportant les mesmes clefs. — Ces deux culs de lampes sont fort rares ; gravés à Rome. — Je crois pour le bréviaire à l'usage des chanoines de Sᵗ Pierre.

— Une montagne, dont le pied est émaillé de différentes fleurs, représentée dans un cartouche, aux cotés duquel sont deux enfants qui se terminent en poissons et qui aident à supporter une corniche servant de base aux armoiries de la famille Aldobrandine avec ces mots *sponte sud*, qui sont ceux de la devise de l'Académie des Vogliosi, sous les auspices desquels cette thèse a été soutenue à Rome, en 1676, dans le collége Clémentin. Toute cette ordonnance pose sur un piedestal sur le devant duquel sont imprimées les positions de la thèse, et l'on y lit sur le socle le nom de Jean Louis Roullet, et celuy de R. Levieux qui en a donné le dessein (1). — A une taille ; rare.

— Alexandre VIII à demi corps dans un ovale. — Roullet, à l'avenement du pape Alexandre VIII, grava precisement ce portrait d'après un dessein qui lui fut envoyé, mais qui, n'étant pas ressemblant, le mit dans l'obligation d'effacer presque sur le champ la tête, pour la rendre telle qu'elle devoit être.

---

(1) Cette note et quelques autres sont écrites par Mariette sous ce chef: Supplément extrait de l'œuvre de M. de Dieu, sculpteur, qui estoit l'amy particulier de Roullet et de la mesme ville.

—Carolus Celanus, canonicus neapolitanus, à demy corps dans un ovale, gravé par Albert Clouvet; c'est Roullet qui en a gravé la teste à Naples pour M. Raillard, qui l'a dit luy mesme à M. de Dieu.

— La teste de Ste Catherine de Sienne, de l'ordre de St Dominique, telle qu'elle se voit encore à Sienne chez les Dominicains, possesseurs de cette relique. — *Sup. permissu Lud. David del. et sculp. Aven.* Le nom de Roullet n'y paroist point, mais l'on reconnoit bien à la manière qu'il y a travaillé.

— Profil en bas relief d'Edouard Colbert, chevalier, marquis de Villacerf, surintendant général des bastimens; gravé en 1698. — Le portrait en médaille élevée sur un piédouche. — D'après un portrait en médaille de Girardon. — C'est une des dernières choses qu'il ait fait; lorsqu'il l'eut gravé, il alla la présenter à M. de Villacerf, qui le reçeut assez mal, et, lorsqu'il luy eut demandé la permission de présenter ce portrait à l'Académie pour son chef d'œuvre, luy repondit que, puisqu'il avoit eu ce dessein, il n'avoit qu'à garder la planche; il en prit du chagrin et ce fut cela qui fut cause de sa mort. C'est M. de Dieu dont je sçay cela.

— Un solitaire retiré à la campagne et s'y occupant de la lecture. L'on a eu en veue M. le Pelletier, ministre d'Estat, retiré à sa maison de campagne après avoir quitté le ministère. Cette vignette a été gravée d'après J. de La Borde, — et se trouve à la teste de l'edition du *Comes Rusticus*.

— M..... femme, en premieres noces, d'Hilaire Clement, procureur au parlement, et en secondes, de M. Le Riche, —. curieux d'estampes, — secrétaire du roy, gravé en 1693 d'après J. Cotelle. — J. Cotelle pinxit, 1682.

— Camille le Tellier de Louvois, abbé de Bourgueil, d'après le portrait de M. de Largilière, — peint en 1697.

— Louis XIV, roi de France, animé du zèle de la religion

et accompagné de la France, victorieuse sous son règne, allant à la rencontre de ses ennemis, composés de presque toutes les puissances de l'Europe, que l'Envie excite contre lui. Gravé par François de Poilly, qui s'y est fait aider en plusieurs endroits par Jean Louis Roullet; d'après Pierre Mignard. — Le Génie des sciences et des arts arrestant Bellone en fureur qui sort du temple de Janus. Cette pièce, qui a été faite pour une conclusion, sert de bas à la pièce précédente; elle est pareillement du dessein de Pierre Mignard. François de Poilly avoit entrepris de la graver; mais, quelques indispositions l'en ayant empêché, il eut recours à Jean Louis Roullet, comme à celuy qu'il croyoit le plus capable.

— La vénérable mère Marie Magdelaine de la Sᵉ Trinité, fondatrice des religieuses de Notre Dame de Miséricorde d'Avignon. — Gravé par Roullet lorsqu'à son retour de Rome il s'arrêta à Arles.

— François Michel, mareschal ferrant, natif de Salon en Provence, qui vint l'an 1697 à la cour de France pour communiquer au roy quelque chose de secret — sans que l'on ait jamais pu découvrir de quoi il s'agissoit (1). — Cette planche avoit été saisie dans le temps par le commissaire. Je pense que le roy ne vouloit pas que l'on parlât de cet homme là. Mais depuis elle a été rendue à M. de Dieu, qui l'a présentement.

— François de Poilly, graveur du roy, gravé en 1699 sur le dessein de ce fameux graveur, par Roullet son disciple. — Les héritiers de Fr. Poilly en ont la planche. Roullet avoit commencé de la graver par un motif de reconnoissance, et il en vouloit faire un présent aux enfants de Poilly son ancien

---

(1) Cf. Saint-Simon, dans la nouvelle édition in-12, tome II, p. 15-18.

maistre, mais il mourut sur cet ouvrage et le laissa imparfait. P. Drevet se chargea de le rachever, et le voulut aussi faire gratuitement; l'on reconnoist aisement son travail dans la perruque et dans plusieurs parties de la teste. C'est M. Poilly, le fils de François, qui m'a appris cette particularité.

—Un diamant, devise de M. le duc de St Aignan. — Avec vers au bas; n'est pas commun. —Nous en avons présentement la planche, qui nous est venue de M^r....., académicien d'Arles.

—Mars et Minerve présentant à l'Académie d'Arles le portrait de M. de Beauvilliers, duc de St Aignan, protecteur de cette académie. — Inventé et gravé par J. Louis Roullet, d'Arles. —Titre d'un livre intitulé : Rethorica, poetica et historica. Theses. Arelate. 1683.

—Une pomme de pin dans un cartouche; enseigne d'un parfumeur de Rome. Avec ces mots :

Hic viror æternus dulcem diffundit odorem.

—Peu commun. Honorato Savageri, profumiero, all' insegna della Pigna verde, Roma.

—Portrait anonyme d'un cardinal à demy corps dans un ovale; gravé à Rome. —Au bas : Bonum virum facile crederis, magnum libenter. Rare. — Est-ce bien un cardinal? — Les armes de ce cardinal, dont j'ignore le nom, sont d'or à la bande d'azur. Ce ne sont point celles de la famille Capuzucchi, comme je le croyois, ny celles de Copponi et de Morosini, que j'ay trouvé à deux épreuves différentes de ce portrait. —Ce sont les armes de la famille Vendramini à Venise; il y a un cardinal Vendramini mort à Venise en 1619.

ROUPERT (LOUIS), de Metz, vint s'établir à Paris, et a conservé parmi les meteurs en cuivre la reputation du graveur qui a le mieux seu refendre des feuillages d'ornements et promener son burin sur les metaux avec le plus de netteté. Encore aujourd'hui le peu qu'il a donné au public sert de modele aux ouvriers qui travaillent de sa même profession.

ROUQUET (ANDRÉ), de Genève, peintre en émail, connoissoit parfaitement la pratique de son art ; l'étude qu'il avoit fait de la chimie dans le tems qu'il étoit à Londres, et ses liaisons avec de très habiles chimistes, lui avoient fait faire des découvertes, qui sont demeurées ensevelies avec lui ; car il étoit peu communicatif et d'un caractère qui ne le rendoit pas fort aimable dans la société. Il étoit plus que caustique, et dans bien des occasions il ne sçavoit menager personne. N'auroit-il pas mieux valu pour lui qu'il eût moins d'esprit? sa chutte auroit été moins terrible. Un an avant sa mort il étoit devenu fou, et si fort qu'il fallut l'enfermer. Il est mort à Charenton dans le commencement de 1759; on croit qu'il pouvoit avoir 56 ans. Il y a de lui un petit ouvrage qui est fort plaisant, et qui a pour titre l'*Art nouveau de la peinture en fromage ou en ramequin;* c'est une des bonnes plaisanteries que je connoisse et qui a principalement en veue l'*Hisoire ou le secret de la peinture en cire,* ouvrage de M. Diderot. Rouquet étoit agréé de l'Académie royale de peinture. L'*Etat des arts en Angleterre* est encore un ouvrage de Rouquet, et dans lequel on a trouvé qu'il se montroit trop partisan du génie anglois (1).

ROUSSEAU (JACQUES), de Paris, a excellé à peindre des

(1) Cf. Senebier, *Histoire littéraire de Genève,* t. III, p. 317, et le recueil de renseignements relatifs à la culture des beaux arts à Genève, par J. J. Rigaud, dans les *Mémoires de la société de Genève,* tome V, 1847, p. 54-55.

paysages et surtout de grands morceaux de perspective à fresque, telles qu'etoient celle de l'Orangerie de Sr Cloud, celle de Mr Fieubet près de l'Arsenal, celle de M. le marquis de Dangeau à la Place-Royale, qu'il peignit en 1679 et dont il eut 4000 fr., et plusieurs autres (1), mais qui sont presque toutes detruites presentement, parce que cette sorte de peinture resiste peu en France aux injures de l'air. Il est mort à Londres le 16e X^{bre} 16$\frac{93}{94}$, âgé de $\frac{62}{68}$ ans. — Il étoit disciple d'Herman Van Swanevelt, son allié. Il vit l'Italie dans son jeune age, et de retour en France il fut employé par Louis XIV à peindre les facades du chateau et des pavillons de Marly. La révocation de l'édit de Nantes et la crainte d'être troublé dans l'exercice de la religion P. R. qu'il professoit l'obligèrent à s'expatrier. Il se refugia en Suisse, passa bientost en Hollande, et tout de suite, sur les sollicitations du duc de Montagu, il vint à Londres, et non seulement il enrichit de ses peintures le bel hotel que ce seigneur faisoit construire à Londres, mais il presida aussi à la construction de ce palais, dont plusieurs parties furent elevées sur ses desseins. Voyez les Anecdotes sur la peinture en Angleterre, t. 3, p. 99.

— Suite de six paysages, dessinés et gravés à l'eau forte par Jacques Rousseau qui a aussy excellé dans le talent de peindre des perspectives. — Il avoit une très belle pointe, extrêmement ferme, d'une égalité et d'une netteté merveilleuse, mais un travail sec et une manière de feuiller assez pesante (2).

---

(1) Notamment celle de l'hôtel de Saint-Pouange, rue des Petits-Champs. Cf. Brice, édit. de 1852, t. I, p. 448.

(2) M. Robert Dumesnil a catalogué son œuvre gravé, et la *France protestante* a sur lui un bon article. Mais ce qu'on peut citer sur lui de plus touchant et de plus vivant, c'est ce qui se trouve à son propos dans les Lettres de la Palatine.

ROUSSELET (GILLES), de Paris, graveur au burin, de l'Académie royale de peinture. — S'il est vrai, comme on n'en peut douter, que la partie du dessein soit fort au dessus de ce qui concerne la pratique du burin, et qu'il y ait plus de science et par conséquent plus de gloire à s'y appliquer qu'à faire son unique soin d'un arrangement de tailles suivies et bien prises, dont la régularité produit une couleur douce et harmonieuse qui plaist aux yeux sans satisfaire l'esprit, l'on ne peut disconvenir que Gilles Rousselet n'ait été un des plus habiles graveurs qui ait paru en France. Sa graveure, il faut l'avouer, est dénuée de tous les agréments qui séduisent; les mêmes tailles règnent partout sans variété, sans beaucoup d'ordre, sans aucune égalité; elles semblent partir d'un burin conduit avec peine par une main tremblante et peu hardie. Mais ce sont de légers deffauts si on leur oppose cet excellent goût de dessein, si mâle, si précis, si arrêté, qui se fait ressentir dans tout ce qui sort des mains de cet artiste. L'étroite amitié qu'il avoit contracté dès sa plus grande jeunesse avec l'illustre Charles le Brun, avoit beaucoup contribué à luy former le goût; cette amitié s'étoit acrue avec les années, et, comme elle étoit uniquement fondée sur l'estime, ces deux amys en devinrent presque inséparables. C'est pour cette raison que Rousselet a gravé un si grand nombre de pièces d'après les desseins de Le Brun; il luy en avoit fait faire plusieurs dans le temps de sa jeunesse, et le Brun, parvenu au comble de la fortune, fut bien aise à son tour, par reconnoissance, de procurer de l'ouvrage à son amy autant qu'il luy fut possible. Insensiblement Rousselet se rendit si familière la manière de dessiner de ce fameux maître qu'il la faisoit passer dans tout ce qu'il gravoit, même d'après d'autres maîtres, et par là il doit être encore regardé comme un des disciples de le Brun. Celuy cy lui fit donner un logement dans l'hotel royal des Gobelins destiné pour les artistes qui se distinguent dans leur profession, et, lorsque Mr Colbert eut entrepris de faire graver les tableaux du roy, il eut soin de lui en faire distribuer plusieurs des principaux. Gilles Rousselet perdit la veue peu de temps après et mourut dans un âge assez avancé, étant pour lors conseiller de l'Académie royale de peinture établie à Paris.

—La S^e Vierge ayant entre ses bras l'enfant Jésus, à qui elle montre un oyseau, en demy corps d'après J. Stella. —C'est la même pièce qu'a gravée Poilly, où la Vierge tient une rose.

— La S^e Vierge ayant sur ses genoux l'enfant Jésus et faisant approcher S. Jean, qui luy présente un agneau, d'après Fr. Mazzoli, dit le Parmesan. —Gravé en 1667. —Dedié par Rousselet à M. de Chirat, avocat du roy de la ville de Paris, qui avoit ce tableau.

' — St Jean Baptiste à genoux présente une croix à l'enfant Jésus, qui est assis sur les genoux de la S^e Vierge, d'après An. Carrache. —Les lointains sont de Perelle. —C'est faussement qu'on l'attribue au Carrache ; elle est du Guide.

—Vierge assise au bord d'une fontaine, au milieu de St Joseph et de St Jean et de plusieurs anges qui s'empressent à apporter des fruicts à l'enfant Jesus, qu'elle tient entre ses bras, d'après Seb. Bourdon. —Avant 1661, en ayant veu une épreuve où étoit écrit le nom de mon grand père et cette date.

— La grande S^{te} famille de Raphaël, gravée au burin par Gilles Rousselet (1). C'est une des moindres pièces de ce graveur, et où il semble qu'il se soit négligé dans le dessein, qui étoit cependant sa principale partie.

— Vierge écoutant avec dévotion Jésus, qui luy explique les saintes Écritures, d'après le Brun. —Avant 1660, en ayant

---

(1) Cf. t. IV, p. 280.

veu une épreuve où mon grand père avoit écrit son nom suivi de cette datte.

— Jésus Christ, l'homme de douleurs, vêtu d'un manteau de pourpre, et la S⁴ Vierge en regard. Ces deux pièces sont du dessein de Laurent de la Hyre. — Dédié par Charles Humbelot au cardinal de la Rochefoucault ; à l'*Ecce homo* il y a : Desiderius Humbelot *invenit* ; mais il est pourtant sûr que c'est de la Hyre qui en a donné le dessein (1).

— La S⁶ Vierge considérant avec douleur le corps mort de nostre Sauveur qui est étendu sur ses genoux à l'entrée du sepulchre ; d'après un excellent tableau de Charles le Brun qu'il a peint pendant son séjour à Rome, et qui est présentement dans l'hôpital de l'Hôtel-Dieu, à Lyon. Dédié au chancellier Séguier par Rousselet ; c'est de son plus beau et a deu être gravée avant 1660, en ayant veu des épreuves où mon grand père avoit écrit son nom avec la datte 1660.

— Un ange soutenant le corps mort de J. C. à l'entrée du sépulcre, d'après Charles le Brun.—Paroist du mesme temps que le Christ flagellé, d'après Périer, gravé en 1634.

— Vierge de pitié ayant les mains croisées sur la poitrine, en demy corps dans un ovale. — Je la crois d'après quelque maistre italien.

— J. C. servant de pilote au vaisseau de son Eglise, pièce allégorique d'après Fr. Chauveau. — Marque d'un libraire, et je crois de Vitré, par rapport à sa charge d'imprimeur du clergé.

— S⁶ Agnès debout tenant une palme, d'après Claude Vignon. Le lointain, où est représenté le martyre de cette sainte, est gravé à l'eau forte par Vignon.

— S⁶ Magdeleine pleurant ses péchés et se dépouillant des

(1) Cf. t. III, p. 388, les notes de l'article *Humbelot*.

vains ajustemens du siècle, en demy corps dans un ovale, d'après Ch. Le Brun, tiré du tableau de la Magdeleine, qu'a gravé Edelinck.

— J. C. apparoissant à S° Thérèse, d'après le tableau de Jean François Barbieri, surnommé il *Guercino*, qui est dans l'église des Carmes déchaussés, à Lyon.

— Les femmes illustres par leurs vertus qui ont paru avec éclat parmy les Juifs, les Grecs, les Romains et les chrestiens (1), représentées en une suitte de vingt planches gravées conjointement, par Gilles Rousselet et Abraham Bosse ; les principales figures le sont au burin par le premier, et les sujets qui sont représentés dans les lointains le sont à l'eau forte par le second ; d'après des dessins de Claude Vignon. Se trouvent dans le livre : *la Galerie des femmes fortes*, par le P. Lemoyné, jésuite ; à Paris, 1647, f°.

— Hercule se reposant après ses travaux. C'est la marque de Vitré, imprimeur.

— Le cardinal de Bérulle, instituteur des prêtres de l'Oratoire, mourant à l'autel entre les bras de ses religieux. — Pour le frontispice de sa vie, in-4°. — Il y en a des premières épreuves où est représentée dans le ciel une âme qui y entre, ce qui a été effacé depuis.

— Frontispice d'architecture decoré des médailles de Louis XIII° et de celle de monseigneur le Dauphin, et de celle du cardinal de Richelieu, et de deux statues qui représentent la déesse de la Santé et la déesse Minerve. Titre de livre.

---

(1) Cette série avait grand succès alors, et on la trouverait peinte dans plus d'un château. A la Bibliothèque de l'Arsenal, l'oratoire de madame de la Meilleraye, dont le plafond est occupé par la Religion sur les nuages et par des anges portant les attributs de la Passion, offre sur ses lambris ces héroïnes en demi-corps, Judith, Sisara, Lucrèce, Thomyris, même Jeanne d'Arc, et d'autres encore.

—Dans le goût de Vignon.— Hippocratis Coi et Claudii Galeni opera à Renato Charterio, medico regis, in XIII tomos distributa, Parisiis, 1639.

— Le buste de Louis XIV élevé sur un piédestal, gravé par Gilles Rousselet; la veue de la place Royale à Paris et la marche des quadrilles du grand carrousel fait par le roy en 1662 qui sont représentées dans le fond de cette estampe, sont dessinées et gravées à l'eau forte par Israël Silvestre.

— Portrait du chancelier Séguier, d'après J. Valdor; dans un cartouche au haut duquel deux enfans soutiennent les sceaux de France, le tout renfermé dans une bordure ovale qui contient encore plusieurs autres choses, telles que les armes du chancellier et deux médailles représentant l'Équité et Minerve; sans nom de Rousselet, et il n'y a que le masque ou teste du chancelier qui me paroisse de luy, tous les accompagnemens n'en étant certainement point.

— Les habillémens de quatre des principaux comédiens françois qui représentoient autrefois des farces sur le théâtre de l'hôtel de Bourgogne à Paris, gravés sur les desseins de Grégoire Huret, savoir : Gautier Garguille (Hugues Guérin, sieur de Fléchelles, enterré à Saint-Sauveur le 6 décembre 1637);[Gros-Guillaume (Robert Guérin); Turlupin (Henry le Grand); le capitan Matamore (Mondory).—N... Lépy, faisant le personnage de Jodelet sur le théâtre de l'hôtel de Bourgogne. — Jodelet, comedien françois, se sauvant du milieu des flammes, d'après Charles le Brun.— Michau, Boniface, Philippin et Alison, anciens comédiens françois de l'hotel de Bourgogne, représentés sur une mesme planche gravée sur le dessein de Grégoire Huret.

— Jodelet, comédien de l'hôtel de Bourgogne, masqué et démasqué, dans un ovale.— D'après M. le Brun. Jodelet, homme de beaucoup d'esprit, étoit amy particulier de le

Brun et de Rousselet, qui se trouvoient volontiers ensemble à la Comédie.

— Briguel, comédien italien, jouant de la guittare, d'après Charles le Brun.

— Briguelles et Trivelin; cette planche est égarée; — Polichinelle et Pantalon. Ces deux pièces, où sont représentés les habillemens des premiers comédiens italiens qui vinrent en France, sont du dessein de Charles le Brun.

— Paphetin, comédien italien; il a l'habit de Trivelin et est représenté icy debout, mettant la main à son bonnet.

— Sans aucuns noms d'auteurs; est de Rousselet; d'après le Brun, et fort rare.

ROUSSELET (MARIE ANNE). Femme de Tardieu, qui grave (1).

RUBENS (PIERRE-PAUL). A ne considérer dans le fameux Rubens que son amour et son goût pour les belles lettres, sa dextérité dans le maniement des affaires, ses heureuses négociations, ses grands employs, tant de marques de distinction dont il fut honoré par tous les princes qu'il eut l'avantage de servir ou de connoistre; il y en auroit déjà assez pour le faire regarder comme un homme extraordinaire. Mais à ces rares qualités et à ces grands talents, il en joignit encore un autre qui ne le rend pas moins recommandable. Ce fut une connoissance parfaite de toutes les parties de la peinture, dans laquelle il s'est rendu si habile que personne ne luy conteste une des premières places parmy les peintres les plus illustres.

---

(1) Il en est naturellement question dans le travail de M. Alexandre Tardieu, sur la famille des Tardieu, des Cochin et des Belle; Cf *Archives, Documents,* t. IV, p. 52.

Les désordres des Pays-Bas avoient fait perdre à la famille
de Rubens, qui étoit une des principales d'Anvers, la plus
grande partie de ses biens ; luy mesme eut le malheur, dans
un âge fort tendre, de voir mourir son père, qui par son mérite auroit pu rétablir dans la suitte sa fortune. De si fa-
cheuses circonstances devinrent pourtant favorables au jeune
Rubens ; elles déterminèrent ses parents à luy laisser suivre
les inspirations de son génie, et à luy permettre d'embrasser la peinture, qu'il n'avoit commencé à étudier que par
amusement. La fréquentation d'*Otho Vœnius*, qui étoit pour
lors le peintre des Pays-Bas le plus estimé, acheva de le
déterminer. Rubens luy trouva le même goût qu'il avoit
luy même pour les belles-lettres et pour la vertu ; cette conformité de sentimens les lia étroitement d'amitié, et le maitre
fit part à son disciple de toutes les connoissances qu'il avoit
acquises. Rubens ne le quitta que pour aller en Italie s'instruire plus à fond de son art. A peine y étoit-il arrivé, que
le duc de Mantoue, Vincent de Gonzague, le prit sous sa
protection et voulut bien luy fournir les moyens et d'étudier,
et d'exercer ses talens. Il rencontra souvent de pareilles occasions pendant un assez long séjour qu'il fit dans ce pays.
Rome et Gênes sont dépositaires de plusieurs excellens tableaux qu'il y a peints, mais Venise fut le lieu où il étudia
avec plus de fruict. Il y apprit du Titien les règles du coloris ;
Paul Veronèse luy enseigna à composer avec richesse et à
peindre d'un pinceau facile et agréable ; le Tintoret, à sortir
des bornes ordinaires et à donner l'essor à son génie. Les
réflexions qu'il fit en étudiant les ouvrages de ces grands
maistres, contribuèrent plus que toutes autres choses à enrichir sa manière ; elles luy servirent surtout à se former des
principes certains sur la distribution des ombres et des lumières, et à acquérir cette intelligence du clair-obscur qui fait que
toutes ses compositions font tant d'effet et satisfont si agréa-

blement par l'harmonie qui y règne. S'il ne fit pas de si grands progrès dans la partie du dessein, ce ne fut ny manque de goût, ny faute d'avoir étudié l'antique et les ouvrages de Raphaël, mais c'est que, lorsqu'il commença à les étudier, il s'étoit déjà fait une manière, et, de retour dans les Pays-Bas, tous les objets qui se présentèrent devant ses yeux furent autant d'obstacles, qui l'empêchèrent de sortir du caractère flamand, qu'il avoit contracté avec la première éducation (1).

Il étoit du reste universel, il peignoit également bien les portraits, les paysages, les animaux, les riches drapperies, generalement tous les différents objets de la nature ; son génie étoit si fertile qu'il n'y avoit point de composition, quelque vaste qu'elle fût, dont il ne remplît toutes les parties, et son esprit étoit si cultivé que, soit qu'il représentât quelque sujet de l'histoire ou de la fable, ou des allégories, il le faisoit toujours de la façon la plus convenable. Sur quelque sujet que ce fût, il travailloit avec une extrême facilité. De là vient la quantité prodigieuse de tableaux qui sont sortis de

---

(1) La *Revue universelle des arts* a publié deux des poëmes produits par la querelle des Rubenistes et des Poussinistes qui s'ajoutent à ce que l'un de nous a dit de celle-ci dans le troisième volume des *Peintres provinciaux*. L'un est le *Banquet des curieux*, l'autre le *Songe d'Ariste à Philandre* (t. IV, 1846, p. 47-65 et 232-255). Dans le premier, Timart, qui représente Mignard et qui est le défenseur de Rubens, touche aussi ce point délicat :

De l'antique il a sçeu conserver la noblesse
Et n'en a point gardé l'ingrate secheresse ;
Rien n'est party de luy qui ne semble animé ;
Par la nature mesme il semble estre formé,
Et l'on croit tousjours voir des figures parlantes,
Tant ses expressions sont vraies et touchantes...
Tu dis dans ta Réponse, infortuné critique,
Qu'il a le goust flamand et tient peu de l'antique ;
Pantolme que d'erreur et que d'aveuglement ?
Je ne puis plus souffrir un tel raisonnement ;
Que ton principe est faux, que ton erreur est grande ;
On sçait bien que Rubens, peignant une flamande,
N'a pas fait une antique et n'a pas imité
D'un modèle romain les traits et la beauté.

son pinceau. Sa réputation augmentant, chacun s'empressoit d'avoir un morceau de sa main ; d'habiles disciples qu'il avoit formés exécutoient sous ses yeux ses pensées, qu'il retouchoit ensuite pour leur donner la dernière main. C'est ainsy qu'il a remply de ses ouvrages la plus part des églises de Flandre ; Paris met au nombre de ses plus riches ornements la galerie qu'il y a peinte dans le palais du Luxembourg ; l'on admire ce qu'il a peint dans le plafond de la salle des banquets, dans le palais de Whitehall à Londres ; il n'y a point de cabinets, pour peu considérables qu'ils soient, où il n'y ait quelques uns de ses tableaux. Au milieu de tant d'occupations, Rubens ne laissoit pas de trouver encore, dans la conversation des gens d'esprit, dans la lecture des bons livres, et dans l'intérieur de son cabinet, qu'il avoit remply de statues et de bustes antiques, de tableaux et de dessins de bons maistres et d'autres semblables curiosités, des momens de délassemens. Il sçavoit si bien arranger son temps que, sans rien diminuer de ses exercices de peinture, on le voyoit appliqué aux affaires les plus sérieuses, s'instruire des divers intérêts des princes, lier des négociation entreprendre différens voyages pour les faire réussir, toujours dans la veue de réunir les esprits et d'assurer à sa patrie la tranquillité qui en avoit été si longtemps bannie. La conduite sage qu'il tint en ces occasions luy acquit l'estime de tous ceux avec qui il eut à traiter. Le roy d'Espagne, voulant même luy donner des marques plus eclatans de sa confiance, luy donna la charge de secrétaire de son conseil privé, dont il lui fit expédier des lettres pour lui et pour son fils en survivance. D'un autre côté, Charles premier, roy de la Grande-Bretagne, le fit chevalier, honneur qu'il accompagna de grands présens. L'on ne finiroit pas s'il falloit entrer dans le détail de tous les honneurs qu'il reçeut. Quelque brillante que fût sa fortune, la modération, avec laquelle il en usa toujours, la rendit encore bien plus eclatante. Chery de tous les artistes de son temps et ne cherchant qu'à obliger ceux qui s'adressoient à luy, il les aidoit de ses conseils et les mettoit, autant qu'il le pouvoit, en estat de se rendre habiles. Aussy l'école d'Anvers devint elle très-florissante. Non-seulement elle devint féconde en excellens peintres; elle le fut aussy en habiles graveurs, dont Rubens se servoit pour mettre au jour ses belles productions.

Jusques alors l'on n'avoit point songé à imiter dans les estampes l'effect de la couleur, ny même à y observer les règles du clair-obscur. Il étoit réservé au génie sublime de Rubens d'apprendre aux graveurs à se servir de leur burin pour imiter par un nouveau travail la variété des teintes, le passage insensible des ombres aux lumières, l'accord des couleurs, la nature des divers objets, tout ce qui contribue à répandre la vérité et l'harmonie dans un tableau. Après leur avoir montré à fondre à propos le travail de leur burin, à le tenir sourd en certains endroits, à luy donner en d'autres de la legereté, à varier leurs tailles et à leur faire prendre les contours les plus propres pour faire paroistre les objets en relief, il prenoit encore la peine de conduire leurs ouvrages et de retoucher plusieurs fois les premières épreuves de leurs planches jusqu'à ce qu'ils fissent l'effect qu'il souhaitoit. C'est ainsy qu'ont été exécutées la plus grande partie des estampes qui composent l'œuvre de ce grand homme. Les plus parfaites ont été gravées par le fameux Luc Vorsterman, originaire de Gueldre, les deux frères Boëce et Schelte de Bolsvert, ville de Frise, Paul Pontius et Pierre de Jode, l'un et l'autre d'Anvers, et l'on ose assurer qu'il n'y a aucunes estampes où les règles de l'art ayent été observées dans un plus grand détail et qui donnent une meilleure idée de celuy qui en est l'inventeur et de celuy qui les a gravé.

Cette notice se trouve en tête du catalogue de Rubens par

Mariette et est precédée de ce titre : Table des œuvres de Pierre
Paul Rubens d'Anvers, chevalier, seigneur de Stein, envoyé
de Philippe IV, roy d'Espagne, auprès de Charles Ier, roy de
la Grande-Bretagne, et secrétaire de son conseil privé. Tóme
premier. *Et on lit en marge :* Pour abréger ce titre, on pourra
supprimer toutes les qualités de Rubens que j'ay soulignées,
les réservant pour les titres, ce qui sera, ce me semble,
plus convenable, et il en faudra faire autant à l'égard des
autres volumes.

— Né en 1577, mort en 1640.

— Rubens eut pour précepteur le fameux Juste Lipse ; Faber *in Hist. nat. Novæ Hisp.* Fr. Hernandez, page 831 (1).
(*Notes sur Walpole*).

— Si cette anecdote (*celle du duc de Bragance invitant le
peintre à venir le voir à Villaviciosa, et, effrayé de son train et
de la dépense de sa réception, le priant de retourner en lui fai-*

---

(1) Comme ce livre est un in-folio que peu de gens possèdent
dans leur bibliothèque, j'extrairai ce passage curieux ; Faber énu-
mère ses amis : « Petrus Paulus Rubenius demum, antiquitatum
in marmore et ære comus ac promus, qui et ipse Germanus, cum
fratre Philippo libris editis claro, ambo olim Lipsii discipuli, dig-
ni ipsius cathedræ successores esse poterunt. Sed et in hoc quoque rarissimæ fortunæ Petrus Paulus exemplum est insigne, quod
arte pingendi per Germaniam, Belgiam, Italiam, Galliam, Angliam
et Hispaniam adeo inclaruerit ut viginti circiter annorum spatio
Antwerpiæ sibi ultra ducenta aureorum millia ex hac ipsa nutricula
sua lucri fuerit. Hunc cum olim Romæ pleuritide graviter laboran-
tem, per Dei gratiam, sanitati restituissem, gallum mihi depinxit
gallinaceum, cui jocosa hæc verba, erudita tamen, subscripsit : *Pro
salute.* — *V. C. Joanni Fabro M. D. Æsculapio meo,* — *olim dam-
natus. L. M. votum solvo.* Verum quoque effigiem meam mihi simil-
limam in magna tabula coloribus expressit, quæ ob artis præs-
tantiam magni a pictoribus æstimatur. »
*Rerum medicarum Novæ Hispaniæ thesaurus, seu Plantarum.....
historia* ex F. Hernandez... relationibus a Nardo Ant. Reccho col-
lecta (cum notis et lucubrationibus variorum). Romæ, Mascardi,
1651, p. 831.

sant offrir cinquante pistoles) n'est pas une fable, on ne peut du moins la rapporter au premier voyage en Espagne, que le duc de Mantoue fit faire à Rubens ; car ce voyage s'est fait en 1605; et dom Jean, duc de Bragance, étoit encore dans les langes, puisqu'il naquit en 1604. Il faut donc, ou qu'on se soit mépris sur le nom et qu'il s'agisse de Théodore duc de Bragance et non de Jean, ou que cette aventure ait eu lieu dans le second voyage d'Espagne, en 1626 ou 1627 ; mais cinquante pistoles, offertes à un homme d'un rang tel que Rubens en tenoit un pour lors, n'étoient guère dignes de la majesté d'un prince du sang royal, et le refus que Rubens en fait me paroit une fanfaronnade trop éloignée de son caractère. (*Notes sur Walpole.*)

— Rubens étoit de retour en Italie en 1604. Une piece de vers latins, de la composition de Ph. Rubens, frère du peintre, qui se trouve dans un livre intitulé : *Electa Ph. Rubenii*, me fournit cette date (1) et m'apprend combien les deux frères s'aimoient, et qu'un même goût pour les belles-lettres resserroit les nœuds de cette union. (*Notes sur Walpole.*)

— Les palais de Gênes que dessina Rubens, qu'il fit graver

---

(1) La pièce intitulée Ad Petrum Paullum Rubenium navigantem, n'est pas à transcrire, mais seulement les quelques lignes qui les précèdent : « Corollarii vice attexam elegeidion ad suavissimum et optatissimum fratrem meum, non museum illud atque recens, *sed ante triennum*, cum in Italiam ex Hispania trajiceret, ad eum missum. Discupio enim aliquod hic exstare amoris et grati in ipsum animi monimentum, qui tum artifici manu (les planches d'antiquités gravées par Corn. Galle), tum acri certoque judicio non parum in Electis me juvit. » P. Rubenii Electorum *libri II in quibus antiqui ritus, emendationes, censura... Ejusdem ad Justum Lipsium poemata. Antwerpiæ, ex officina Plantiniana, apud Joannem Moretum.* 1618, in-4°, p. 121-124. Plus loin, dans les Carmina selectiora, et avant ceux de ses amis sur la mort de Philippe, on trouve, p. 118-120, un épithalame en l'honneur du mariage de Pierre Paul avec Isabelle Brandt.

et qu'il publia en deux volumes, furent imprimés pour la première fois à Anvers en 1622 (1). En donnant cet ouvrage au public, Rubens eut principalement en vue d'entretenir dans ses compatriotes le désir de voir renaître parmi eux le goût de la bonne architecture. C'est ce qu'il nous apprend lui-même dans un avis qu'il a mis en tête du livre. (*Notes sur Walpole.*)

— Les beaux tableaux que Rubens a laissés à Gennes dans plusieurs palais, et en particulier ceux qu'il a peints dans l'egise des Jésuites de cette ville, suffisent pour montrer le peu de fondement de ce que M. Walpole ose avancer ici, que Gennes ne lui fournit pas d'occasions d'étendre et de faire valoir ses connaissances. (*Notes sur Walpole.*)

— Boschini lui fait faire un séjour de six ans et demi à Rome, d'où il le fait passer à Venise, et, pendant trois années qu'il lui fait consacrer à l'étude des plus célèbres peintres vénitiens, et en particulier du Titien, il prétend qu'il devint un homme nouveau, que sa façon de peindre s'améliora et que Rubens regretta tout le temps qu'il avoit perdu à Rome. Boschini, *Carta del navegar*, p. 60.

— S'il en faut croire le Boschini, Rubens séjourna à Rome pendant six ans et demi, et n'en sortit point aussi content des études qu'il y fit que de celles que lui valurent dans la suite la vue des ouvrages des peintres venitiens, qui lui ouvrirent les yeux, surtout ceux du Titien, dont il se rendit un parfait imitateur. Le Boschini ajoute qu'il demeura trois ans à Venise. Cela mérite d'être approfondi. Boschini, *Carta del navegar pittoresco*, pages 59 et 60. (*Notes sur Walpole.*)

— Dans le temps de son séjour à Rome, Rubens essuya une pleurésie qui pensa le conduire au tombeau. Le méde-

---

(1) Le privilége est daté d'Anvers et du mois de mai 1622.

cin Faber, qui l'en tira, nous apprend cette circonstance de sa vie dans ses notes sur Hernandez, page 831 (1). (*Notes sur Walpole.*)

— Comme Walpole cite une lettre du 6 mars 1630 : « *Milord Carlisle a traité magnifiquement deux fois en une semaine l'ambassadeur d'Espagne et aussi M. l'agent Rubens, qui est sur son départ,* » *Mariette ajoute* : Cet ambassadeur étoit dom Carlos Coloma, seigneur espagnol, dont Van Dyck a peint le portrait, qui a été gravé par (Pontius) pour la suite des cent portraits. Il est nommé dans l'intitulé de cette gravure *de Columna;* c'est une faute qu'on doit corriger. (*Notes sur Walpole.*)

— Vue de la maison Hilverwe ou hôtel de Rubens, **1684.** Il y a dans le haut le portrait d'un abbé à qui cette maison appartenoit pour lors, et au bas ses armes. Peut-être cet abbé s'appelle-t-il Hilverwe. Je le croirois assez. — Autre vue de la même maison du coté du jardin, en 1691.

— L'hotel de Rubens. J. Van Croes del. Harrewyn fecit. Aux epreuves posterieures est le portrait du prêtre à qui la maison appartenoit alors; il est au haut de la planche. Veue de la même maison du côté du jardin avec la coupe du cabinet et chambre de Rubens. Titre : *Parties de la maison dite Helwerve à Anvers. Harrewyn fecit.*

— Les Jésuites d'Anvers avoient les planches des veues de la maison de Rubens; elles ont été portées à la Monnoye au commencement de la dernière guerre et fondues avec plusieurs autres qu'ils avoient.

— *Comme Walpole parle d'une copie, montrée à la Société des antiquaires de Londres par un de ses membres, M. Johnson, d'un manuscrit de Rubens qui se trouvoit à Paris puisqu'il*

---

(1) Cf. plus haut la note de la page 64.

étoit annoncé en **1744** *dans le catalogue Lorangère, Mariette ajoute :* Le ms. qui est à Paris et que j'ai vu entre les mains du Sʳ Huquier, marchand d'estampes, n'est lui-même qu'une copie. L'original appartenoit au Sʳ Boule, et a péri dans l'incendie qui consuma la maison de ce fameux artiste et une infinité de precieux desseins et d'estampes en **1720** (1). Il l'avoit achetté à la vente de M. de Piles. — Je ne sçais pas si l'original doit être mis sur le compte de Rubens ; je ne l'en trouve pas digne. On en prepare une edition, qui, lorsqu'elle paroistra, donnera peut-être quelque poids à ma conjecture. Cet ouvrage (*celui que décrit Walpole*) n'a du reste rien de commun avec un autre mss. original de Rubens que M. de Piles avoit acquis aux Pays-Bas, et qu'il avoit apporté à Paris. Dans celui-ci le peintre parloit en homme pénétré de son art, ainsi que j'en puis juger par un fragment qu'en a fait imprimer M. de Piles concernant les statues antiques (2). Rubens s'y rendoit compte des compositions poetiques que son imagination lui suggéroit. J'en conserve un feuillet qui a échappé aux flammes ; car ce manuscrit, qui a appartenu au Sʳ Boule, a péri dans l'incendie qui consuma, en **1720**, l'atelier de ce fameux artiste, avec infinité de précieux desseins et d'estampes qu'il avoit rassemblés. (*Notes sur Walpole.*)

— Le beau génie de Rubens et sa parfaite intelligence se manifestent pour le moins autant dans ses desseins que dans ses tableaux. Dans ses plus légères esquisses, ce grand maître met une ame et un esprit, qui denotent la rapidité avec laquelle il concevoit et executoit ses pensées. Mais lors-

---

(1) Cf. cet Abecedario, t. I, p. 167, et les *Archives*, Documents, t. IV, p. 334-49.

(2) L'un de nous a traité dans une note de ses *Peintres provinciaux*, p. 225-29, la question de ce manuscrit de Rubens.

qu'il les met au net, alors, sans rien perdre de cet esprit,
qui devient seulement plus réglé, il y ajoute tout ce qu'un
homme, qui possédoit dans un éminent degré les différentes
parties de la peinture, et singulièrement celle du clair
obscur, etoit capable d'imaginer pour en faire des ouvrages
accomplis.

Son goût de dessein n'est point celui de l'antique; Rubens
représentoit la nature telle qu'il la voyoit dans son pays,
mais c'étoit toujours avec une vérité, et même avec une
science, auxquelles les personnes qui ne sont touchées que
de belles formes, ne peuvent refuser leur admiration. Au
reste, si M. Crozat a été riche en desseins d'Italie, on peut
dire qu'il l'a encore été davantage en desseins de Rubens.
M. Jabach, Antoine Triest, évêque de Gand, et M. de Piles,
l'ont mis par leurs collections en état de former un aussi
precieux assemblage. (*Catalogue Crozat*, page 98.)

— Aucunes des belles estampes de Rubens, qui ont été
gravées de son vivant, ne l'ont été d'après ses tableaux, mais
d'après des desseins très terminés ou d'après des grisailles,
peintes à huile en blanc et noir, qu'il avoit l'art de préparer
et d'amener à l'effet de clair obscur que devoit produire la
gravure, qui ne tire de l'effet que de l'opposition du blanc
et du noir. Son expérience et sa grande intelligence lui
avoient appris que les tons, qui sont produits par l'assemblage des différentes couleurs qu'un peintre habile employe
dans ses tableaux, ne pourroient, étant imités et rendus par
le graveur, que produire des dissonances, dont on ne pouvoit
se garantir qu'en prenant souvent un parti différent et qui
ne pouvoit être bien senti que par le maître même, et encore
falloit il qu'il fût aussi versé que l'étoit Rubens dans la
science du clair obscur pour l'exécuter avec succès. Il y a
bien paru lorsque nos graveurs ont gravé les tableaux de la
galerie du Luxembourg, et qu'ils n'ont pas eu pour les con-

duire un si bon guide (1). J'ai vu nombre de morceaux préparés par Rubens pour les gravures, et j'en possède plusieurs que M. Crozat avoit rassemblés et que Jabach avoit fait achetter autrefois à la vente du cabinet de Rubens qui se fit après la mort de ce grand peintre. Il y en a deux en Hollande chez M. Braancamp, qui lui ont coûté 1350 florins d'Hollande, à la vente de Tonneman. L'un est celui de la Cène et l'autre celui de la resurrection de Lazare, qui tous deux ont été gravés par Boece de Bolswert. Le Bellori a écrit, dans la vie de Van Dyck, que Rubens s'étoit souvent servi de cet élève pour lui préparer ces desseins et ces grisailles, et je suis fort porté à le croire; son pinceau délicat et facile y étoit tout à fait propre.

— Le catalogue des œuvres de Rubens qu'a donné Hecquet, est beaucoup plus ample et plus exact que celui donné par Florent le Comte dans son Cabinet des singularités d'architecture, quoyqu'il soit encore chargé de grand nombre de fautes. Celui que Descamps a donné des tableaux de Rubens est lui-même fort imparfait. (*Notes sur Walpole.*)

— St Michel combattant contre les anges rebelles. Gravé au burin par Jacques Neefs. Etoit peint dans l'église des Jésuites, à Anvers, et a été brulé. Mal exécuté.

— Autre estampe du même sujet d'une composition différente. Gravé au burin par Luc Vorsterman. C'est un des plus parfaits ouvrages de cet habile graveur, et l'une des plus heureuses compositions de Rubens. La lumière et les ombres y sont distribués avec un grand artifice, et tel qu'on le peut desirer pour faire un bel effet en graveure. Rubens prit un soin extrême à conduire le travail de son graveur, et celuy

---

(1) Cf. cet Abecedario, article *Nattier*, t. IV, p. 49.

cy le fit avec tant d'application que l'on asseure que son esprit s'en affoiblit très-considérablement. — Cum privilegiis
Regis Christianissimi, Principum Belgarum et Ord. Bataviæ
A° 1621. Je préjuge que cette date, que je trouve à quantité
d'estampes de Vorsterman et mesme aux plus belles, est celle
des priviléges, et non pas le temps de la graveure. — J'en ai
une première épreuve sans lettre de toute beauté. Il y en a
une belle copie par Ragot; elle est tournée en sens contraire.

— La chute du dragon et des mauvais anges. Gravé à l'eau
forte, en 1642, par Pierre Soutman, l'un des élèves de Rubens
— ou plus tost sous sa conduitte, par J. Louis. — Pet. Soutman effigiavit; en deux planches.

— St Michel précipitant dans l'abîme Lucifer et les autres
mauvais anges. Gravé au burin, en 1642, par J. Suyderhoef,
sous la conduite de Pierre Soutman. — Aux moindres épreuves *F. de Wit exc.*, et je pense que ce fut alors qu'il fut ajouté
des draperies pour couvrir des nudités trop apparentes.

— Le même sujet traité différemment, et dans la composition duquel il entre une grande multitude de figures. Dessiné par Jean Van Orley, d'après le tableau original, et gravé
à l'eau forte par Richard Van Orley. — C'est plutôt la chute
des réprouvés dans l'abîme après le jugement dernier. — Le
tableau est chez l'électeur palatin; mais cette estampe a été
faite d'après un petit tableau de Rubens que nous avons vu
à Paris, en 1756, chez Colins, à qui on l'avoit envoyé pour
le vendre, lequel est différent, en quelques parties, du grand
tableau, et entièrement conforme à l'estampe.

— Melchisedech offrant un présent de pain et de vin à
Abraham. Gravé au burin par H. Witdouc, en 1638. — Il veut
signifier sans doute *Hans*, car en un autre endroit il se
nomme *Johannes*, et je ne sache pas qu'il y ait d'autres graveurs de ce nom. — Il y en a des premières épreuves avec

un fond différent, et d'autres aussi sans lettres, avant que la planche n'eût été retouchée par le graveur pour y mettre plus d'effet. — M. Crozat avoit le dessein de Rubens sur quoy cette estampe a été gravée; il a été acheté par M. Hequet. Le fond est différent de celuy de l'estampe, et il y a aussi dans le dessein quelques testes de plus. C'est un très beau dessein.

— Loth et sa famille sortant de Sodome. Gravé au burin par Luc Vorsterman, en 1620. — Le tableau est chez milord duc de Malbourough, à Londres. — A ce qu'on m'a dit; cela mérite encore d'être recherché.

— Loth avec ses filles, tableau un peu douteux du cabinet de Boyer d'Aiguilles, dont il y a deux estampes, une première gravée en manière noire par Sébastien Barras, dont la planche a été détruite et qui est très-rare, et une seconde gravée par J. Coelemans.

— Jacob et Esaü se réconciliant. Gravé au burin, à Anvers, par Pierre de Balliu, en 1652. — Martino Kretser, artis pictoriæ admiratori, Joan. de Heem DD. Antuerpiæ 1652. — Le tableau est dans la galerie de l'électeur palatin.

— Moyse elevant le serpent d'airain dans le desert. Gravé au burin par Schelte à Bolswert. — Très-belle estampe gravée en maître qui possède son art et qui dessine bien.

— Le jeune David coupant la teste de Goliath. — Ex inv. Rubeni fec. ejus discipulus Guil. Panneels Coloni. Agrip. 1630. — C'étoit un des tableaux peints dans le plafond de l'église des PP. Jésuites, à Anvers. — Fr. V. Vyngaerde exc.
— On en a des épreuves avant que ce marchand eût acquis la planche et y eût fait mettre son nom, et ainsi de presque toutes les petites pièces gravées par Guillaume Panneels, disciple de Rubens, d'après des desseins ou premières pensées de cet habile peintre.

— Abigaïl se présentant devant David et luy apportant un secours de provisions. Gravé au burin par Adrien Lommelin.

— Extremement mal exécuté. — 1° Gillis Hendricx exc.;
2° Gaspar Huberti ex.; 3° Cor. Van Merlen exc. Antuerpiæ.
— Le tableau estoit en France; M. le duc de Richelieu en fit
présent à M. de Piles, et depuis il est passé entre les mains
de.....

— Salomon jugeant avec sagesse deux femmes qui se dis-
pu'oient sur le fait d'un enfant mort. Cette admirable estampe est une des plus parfaites de l'œuvre de Rubens. Elle
a été gravée au burin par Boëce de Bolswert. — Dédié au sénat de Bruxelles par Bolswert. — Je crois que c'étoit un des
tableaux de l'hôtel de ville de Bruxelles qui aura été brûlé
dans le bombardement de 1695.

— Dalila faisant couper les cheveux de Samson, qui s'est
endormy sur ses genoux. Gravé au burin par Jacques Matham. — Dédié par Matham à Nicolas Rocoxius, bourgue-
mestre d'Anvers, qui en avoit pour lors le tableau.

— L'armée de Sennacherib frappée par la main invisible
de l'ange. Gravé à l'eau forte par Pierre Soutman. — Le tableau est à Dusseldorff. — J'en ai le dessein original de Rubens, de la plus grande beauté, mais la composition est plus
étendue. Soutman n'a même proprement gravé que le groupe
du milieu.

— Le prophète Elie recevant le pain et le vin qu'un ange
luy apporte. Gravé au burin par Conrad Lauwers — qui en
étoit aussy le marchand. — Ce dessein paroist avoir été fait
pour être exécuté en tapisserie. — Cela est vrai (1).

— Le prophète Jonas jetté à la mer. Gravé à l'eau forte
par P. J. Tassaert, en 1767, d'après un tableau de Rubens
que je soupçonne être à Malines et être un des volets sous

(1) La peinture est au Louvre. Cf. l'excellente note du livret d e
M. Villot. Ecole flamande, 1re édition, 1853, n° 426.

lesquels étoit renfermé le beau tableau de la pêche de saint Pierre.

— Le saint homme Job insulté par sa femme et tourmenté par le démon. Gravé au burin sous la conduite de Luc Vor-sterman, — qui y a certainement beaucoup travaillé. — Ce tableau étoit dans l'église de S. Nicolas, à Bruxelles, selon Bellori, p. 225. Ce sera ce beau tableau qui aura été brûlé dans le bombardement et qu'on regrette si fort à Bruxelles; cela n'est point douteux.

— Job sur le fumier, insulté par sa femme et par ses amis. Gravé ou plus tost mal charpenté par J. L. Krafft, dans ces dernières années, sur un dessin fait par Horst d'un tableau de Rubens, différent pour la composition de celui du même sujet qu'a gravé Vorsterman. L'estampe est dédiée par le graveur à Jacques Berge, sculpteur et directeur de l'Académie de peinture et sculpture à Bruxelles, et ne seroit point regardée si elle avoit été gravée d'après un tableau moins recommandable.

— Suzanne surprise dans le bain par deux vieillards. Gravé au burin par Luc Vorsterman, en 1620. — Dédié par Rubens même à Anne Roëmer Visschers. — L'on ne sçauroit assez admirer l'intelligence qui se trouve dans cette estampe. Comme Rubens s'étoit fait d'excellentes règles de clair obscur, ses tableaux réussissoient parfaitement bien en gravure; mais, lorsqu'il se donnoit la peine de conduire les graveurs, comme il l'a presque toujours fait, ses estampes ne le cedoient point à ses tableaux pour l'accord des ombres et de la lumière, et surtout quand elles ont été exécutées par d'excellents graveurs tels que Vorsterman, Bolswert, etc.

— Judith coupant la teste d'Holopherne. Gravé au burin par Corneille Galle, le père. Cette estampe est bien exécutée; c'est la première qui ait été gravée d'après les ouvrages de Rubens. — Elle dut lui faire pour lors beaucoup d'honneur;

il arrivoit d'Italie. — La dédicace est singulière ; il en faudra faire l'extrait.

— St Joseph épousant la Se Vierge. Gravé au burin par Schelte de Bolswert. — Ce tableau est dans le couvent des religieuses de Se Elisabeth — ou de Sion — à Bruxelles. Catalogue de Rubens envoyé de Bruxelles. — M. Crozat avoit le dessein sur lequel cette planche a été gravée ; M. l'évêque de Tournay l'a acheté.

— L'ange Gabriel annonçant à la Vierge le mistère de l'incarnation. Gravé au burin par Schelte de Bolswert, d'après le tableau de Rubens qui est dans la chapelle de la Congrégation, dans la maison professe des Jésuites, à Anvers. Dédié par Martin Vanden Enden à la congrégation des gens de lettres, qui fit faire ce tableau par Rubens *quondam*, ce qui semble désigner que l'estampe a été gravée après la mort de Rubens.

—*L'Annonciation. On lit au bas quatre vers latins, puis :* Francisco de Steen S. C. M. sculpcit. — Ceci est une epreuve avant que François Luyck, qui a fait graver la planche, y eût fait mettre son nom, suivi du mot *delineavit*, ce qui pourroit faire croire que l'invention lui en appartient. Cependant elle passe dans l'esprit de bien des curieux pour venir d'après un tableau de Rubens, et l'on y trouve en effet toute sa manière. Luyck qui, en même temps qu'il étoit peintre, étoit garde des tabl. de la galerie impériale, ne se seroit-il nommé que pour avoir fait, d'après un tableau de Rubens, le dessein qui a dirigé le graveur dans l'execution de sa planche? Je ne suis pas éloigné de le croire, et c'est sans beaucoup de scrupule que je range cette est. dans mon œuvre de Rubens. Il s'en faut bien qu'elle soit commune. On me l'a envoyée de Vienne comme un morceau rare.

— La Se Vierge rendant visite à sainte Elisabeth. Gravé au burin par Pierre de Jode le jeune. — Je croy que c'est ce qui est peint sur un des volets qui ferment le sujet de la Descente de croix, dans l'église cathédrale d'Anvers. — M. Colins m'assure que ce que je préjugeois est véritable, mais le tableau est beaucoup plus étroit, et il est composé d'un moindre nombre de figures. — Il y en a une très-belle copie gravée par F. Ragot, même grandeur, mais en sens contraire à l'original; les bonnes épreuves sont avec son adresse : Au Palais, gallerie des Prisonniers.

— Les mages se prosternans devant l'enfant Jésus, qui est entre les bras de sa sainte mère. Gravé au burin par Jean Witdoeck. H. Witdouc sculp. A° 1638, ce qui veut, à ce que je croy, signifier Hans Witdouc (1) ou plutost Witdoeck, comme il est escrit au bas de plusieurs autres belles estampes et dans le livre de Corn. de Bie, où il est fait mention de ce graveur. — Le tableau est à Louvain, dans l'église des religieuses Blanches ou Norbertines. Voy. le *Peintre amateur*, t. I, p. 275.

— L'adoration des mages, d'une composition différente, gravée au burin par Schelte de Bolswert. — Le tableau est dans l'église des Annonciades, à Bruxelles — près la porte de Louvain. — Cat. envoyé par M. l'amb\u1d63 de Portugal. — Cela est vrai. Voir le *Peintre amateur*, t. I, p. 21. — L'auteur du livre le *Peintre curieux*, etc., s'est hasardé de critiquer ce tableau; il blâme l'attitude du roi mage qui est sur le devant du tableau, et prétend que la figure pèche par l'ensemble. Je ne le vois point. — C'est, à ce qu'on m'assure, un des plus beaux tableaux de Rubens, et l'on prétend que c'est un présent fait par l'archiduchesse Isabelle à cette église, qu'elle a fait construire.

— Autre adoration des roys. Gravée au burin par Luc

---

(1) Cf. plus haut, p. 71.

Vorsterman, en· 1620. — Dedié, par Rubens, à l'archiduc
Albert. — Il regne une si grande intelligence dans cette es-
'tampe qu'on ne sçauroit assez l'admirer. — Ce tableau est
dans l'église de S. Jean, à Malines. Catalogue envoyé par
M. l'amb^r de Portugal. — Voyez ce qui en est dit dans le
livre *le Peintre amateur*, t. 1, p. 70. — Rubens en fut payé
1400 florins. On a sa quittance. — Le dessein de Rubens, sur
lequel cette estampe a été gravée, est chez le roi et est de
toute perfection.

— Adoration des mages, dont le tableau est au maître
autel de l'abbaye de St Michel, à Anvers. Gravé au burin par
Adrien Lommelin, en 1664. — Ce tableau a été peint, dit-on,
en très-peu de temps, et Rubens, pour fermer la bouche aux
moynes, qui mesuroient leur argent sur le temps qu'il y avoit
employé, et qui par là s'imaginoient avoir beaucoup trop
donné, fut obligé de leur faire présent du portrait de leur
abbé Mathieu Irselius, mort en 1629, lequel se voit dans leur
église à l'épitaphe de cet abbé. Cela fait voir encore que le
tableau de Rubens a été fait avant cette année 1629. — C'est
le mesme tableau qui a été gravé par R. Eynhouedts. Dédié,
par Gilles Hendrick, à Henry Vander Werve, bourgemestre
d'Anvers. Très mal exécuté. Gasp. Huberti ex., 2es épreuves;
Corn. Van Merlen ex., 3es épreuves.

— Autre adoration, où l'un des mages baise avec respect
les pieds de l'enfant Jésus. Gravé au burin par Nicolas Lauwers. — Très-bien exécuté; elle l'a été seurement sous la
direction de Rubens. M. Crozat a le dessein de Rubens, sur
lequel elle a été gravée. — Il est à l'huile et colorié. Il appartient à M. de Thiers et ne peut être plus parfait. — Ce
tableau est chez M. Françolet, à Bruxelles. — Il a été exposé
en vente après sa mort, en 1764, et retiré par la famille. —
On le soupçonne de n'estre pas original.

— Le tableau de l'adoration des roys, qu'a gravé Lauwers,

étoit à Bruxelles chez le sieur Francolet, et a été exposé en vente après sa mort. Des gens connoisseurs, qui l'ont vu, m'ont assuré que ce n'étoit qu'une copie, et il faut bien que cela soit, car il n'a pas trouvé d'acheteurs.

— L'adoration des mages, d'une composition différente, représentée en travers. Gravé en 1663, par Adrien Lommelin. — Très-mal exécuté. — Il y en a une estampe de même grandeur et de même sens, gravé par un anonyme ; l'enfant Jésus y est vu de trois quarts, au lieu qu'ici il est de profil. La Vierge a le sein découvert, son voile jetté en arrière, sa drapperie autrement disposée ; pour titre : Ecce magi ab oriente, etc.

— L'adoration des mages, aussi en travers et d'une composition qui ne tient rien des précédentes. Gravé au burin par Luc Vorsterman, en 1621. L'habileté avec laquelle cette estampe est exécutée la rend une des plus considérables de l'œuvre de Rubens. — Dédié, par Rubens, à Maximilien, duc de Bavière. — Une des plus difficiles à trouver belle épreuve ; la difficulté consiste surtout à rencontrer les deux planches égales de couleur ; l'une se trouve assez ordinairement plus pasle que l'autre.

— *L'Adoration des rois.* — 7500 #. Le roy de Prusse. On le trouve lourd de composition, et on a esté jusques à dire qu'il n'estoit pas de Rubens. Je ne suis pas de cet avis. Je conviens pourtant que Rubens a mieux fait et que ce morceau n'est pas de sa grande manière. Le tableau est beau, mais il n'est pas heureux. On le vit avec tant d'indifférence, à la vente que fit M⁰ Godefroy de ses tableaux, qu'elle fut obligée de le retirer, et sans le duc de Talard, auquel elle le vendit 8000 #, elle auroit couru risque de le garder très-longtemps. (Catalogue Tallard, n° 140.)

— La Sᵉ Vierge présentant au temple l'enfant Jésus, et Siméon bénissant le Seigneur de luy avoir accordé la grâce

de voir le Messie. Gravé au burin par Paulus Pontius, en 1638.
— Peint sur un des volets qui servent à couvrir le tableau de
la Descente de croix, à Anvers; mais le tableau est beaucoup
plus etroit que l'estampe, qui a été gravée sur un dessein où
Rubens a ajouté plusieurs figures pour remplir des places.

— La circoncision de J. C. Gravé au burin par Adrien
Lommelin. Très mal exécuté. — Tableau qui est au maître
autel de l'église des Jésuites, à Gennes.

— Herodes faisant massacrer les enfans de Bethléem. Gravé
au burin en 1643 par Paul Pontius avec une grande facilité.
L'on n'en peut pas desirer une plus parfaite épreuve. — En
deux planches.—Dédié à Ant. Triest, evesque de Gand, par Antoine Tassis, qui avoit le tableau original et qui avoit fait graver la planche par Pontius. — Le tableau est à Munich, chez
l'Électeur. (M. Collins.)

— La sainte Vierge fuyant en Egypte pendant la nuit, accompagnée de S. Joseph et escortée par les anges. Gravé au
burin par Marinus. — Le tableau est à la Haye, chez le gref-
fier Scuylenbourg. Catalogue envoyé par M. l'ambassadeur de
Portugal.

— L'enfant Jésus retournant d'Egypte en Judée avec ses
parens. Gravé au burin par Luc Vorsterman en 1620. C'est
une des pièces qu'il a gravé avec plus de legereté. — Dédié
par Rubens à Jean Velasco, secretaire du roy d'Espagne et
du marquis Spinola.

— Le mesme sujet d'une composition différente et où est
représenté Dieu le père et le St Esprit. Gravé au burin avec
tout l'art possible par Schelte de Bolswert. — V. Enden exc.
— Gilles Hendricx exc. Il y a peu de différence entre la
qualité des épreuves. — Tableau qui est dans l'église des Jesuites à Anvers. Voyez le *Peintre amateur*, t. I, p. 218.

— S. Joseph regardant le ciel et portant entre ses bras
l'enfant Jésus. Demie figure gravée par F. de Roy, aussi mal

que tout ce qui est sorti de la pointe de ce graveur ignorant.

— La Se Vierge se reposant au pied d'un arbre, dans un paysage, et ayant entre ses bras l'enfant Jésus endormy. Gravé au burin par quelque disciple de Corneille Galle, et sous sa conduite, d'après l'estampe en bois de Michel Jegher, sur le propre dessein de Rubens. — J'en ai le dessein original, qui est très-beau et où Rubens a fait des changemens considérables dans le dessein de la Vierge.—Ils sont judicieusement faits.

— La sainte Famille en demie figure. La Se Vierge aide à l'enfant Jésus, qui est debout sur une table près d'elle, à se soutenir. Se Elisabeth a sur ses genoux le jeune St Jean, qui joint les mains en signe d'adoration. Gravé par P. J. Tassaert, d'après le tableau de Rubens du cabinet du prince Charles de Lorraine. On désireroit qu'il fût mieux gravé. — Il l'est pourtant beaucoup mieux que ce qu'a gravé, d'après le mesme tableau, F. de Roy; ce dernier morceau est une horreur.

— La Se Famille. La Se Vierge, assise au pied d'un arbre, tient entre ses bras l'enfant Jésus, à qui Se Elisabeth, suivie de S. Joachim, présente le jeune St Jean, qui tient un fruict; gravé par F. de Roy d'après le tableau de Rubens qui est dans l'eglise de S. Jacques del Coudenbergh à Bruxelles, et qui servoit autrefois de volet à celui de St Hildefonse dans la même église. On n'en peut rien dire sur une telle estampe, qui surpasse tout ce qui a jamais été fait de plus mauvais.— Le même graveur, F. de Roy, s'est avisé de regraver le tableau de S. Hildefonse, dont il y a une estampe de Vitdock; et c'est encore une image misérable et qui fait honte à l'œuvre de Rubens lorsqu'on l'y admet.

—La Vierge ayant auprès d'elle l'enfant Jésus couché dans son berceau, qui caresse S. Jean Baptiste en présence de S. Joseph et de Se Elisabeth en demy corps. Gravé au burin sous la conduite de Luc Vorsterman. — Ce graveur y a certainement travaillé, mais je ne crois pas que le fonds de la graveure soit de luy. Le Grand-Duc a ce tableau et l'a fait graver.

— Trois enfans, dont un est une petite fille, jouant avec un mouton que leur amène un petit ange. Ce groupe est au pied d'un arbre dont le tronc est chargé d'une vigne et de raisins, et sur le terrain sont d'autres fruicts. C'est un des plus beaux tableaux de Rubens. On croit en Angleterre avoir l'original et qu'il est à Wilton. — Voyez Walpole, *Vie de Rubens*. L'estampe n'est pas trop mal exécutée; elle l'a été par P. Spruyt, qui s'est contenté d'y mettre sa marque.

— Le tableau de la collection du château de Wilton, de quatre enfans : le Christ, un ange, S. Jean et une petite fille, représentant l'Eglise, a été gravé depuis peu d'années aux Pays-Bas par un peintre nommé P. Spruyt. (*Notes sur Walpole.*)

— *L'œuvre de Rubens du Cabinet des estampes, au bas de cette gravure de Spruyt d'après Rubens, représentant quatre enfans nus, dont l'un tient une grappe de raisin et l'autre un mouton, a cette note de Mariette* : L'original appartient au comte de Pembroke et est dans son château de Wilton. On prétend qu'il tient le premier rang entre les tableaux de Rubens qui sont en Angleterre.

— S. Jean baptisant J. C. dans le Jourdain. Gravé au burin par Adrien Lommelin. Cette pièce est si mal exécutée que l'on y reconnoist à peine le goût de Rubens. — Précisément le même dessin qui a été gravé en petit par Panneels.

— St Jean baptisant Jésus-Christ dans le Jourdain. Gravé à l'eau forte par Guillaume Panneels en 1630. — Aux premières épreuves : Guill. Panneels dire. Rubenii inv. et fecit Francofurti 1630. La planche étant passée ensuite entre les mains de J. Van Wingarde, qui mit au bas les initiales de

T. V.   *f*

son nom, il effaça tout ce que Panneels avoit mis à la suite de
son nom et restitua le morceau à son véritable auteur en
mettant le nom : P. P. Rubens in.

— Une teste de Christ, qui est estimée être son propre
portrait; il est veu de profil, et l'inscription porte qu'il a été
dessiné par Rubens d'après une ancienne peinture pour laquelle S. Ignace avoit une singulière devotion, et qui, ayant
été apportée en Flandres par un de ses disciples, étoit parvenue entre les mains de J. Vaverius, d'Anvers, qui l'avoit fait
placer sur son épitaphe dans l'église de N. D. de Halle, en
1633. La planche gravée par Paul Pontius.

— Jésus Christ ressuscitant Lazare. Gravé au burin par
Boece de Bolswert. Très-excellement exécuté. — Le tableau
est à Paris chez un marchand de tableaux qui l'a trouvé dans
une chapelle de château de province. 1747.

— Le tableau de la Resurrection de Lazare, que j'ai vu à
Paris, n'est point tel que l'estampe. Il n'entre dans sa composition que six figures : celles de Jesus Christ, de Lazare, de
Marthe et de Marie, de celui qui retire Lazare du tombeau et
d'un disciple dont on ne voit que la tête; toutes les autres figures ont été ajoutées, et je préjuge que Rubens, conservant
les principales figures de sa composition, l'aura étendue dans
le dessein qu'il avoit fait pour donner au graveur et dans lequel je vois plusieurs changemens dans la distribution des
lumières, faits avec toute l'intelligence possible, et nécessaires pour mettre dans l'estampe une harmonie qui n'y eût
point été si l'on s'en fût tenu à l'effet que produit la couleur
dans le tableau. Je n'en veux que ce seul exemple : le bras
du Christ, qui dans l'estampe est le bras gauche, est teinté
et du même ton que le reste de la figure; au contraire, dans le
tableau ce bras est vêtu d'une draperie blanche qui le fait paroître très-clair. Ce bras se tiroit en clair sur le fond, qui est
un ciel en cet endroit; dans l'estampe, où ce n'est plus le

ciel qui sert de fond à ce bras et où il y a des figures, il falloit faire masse et éviter la tache qu'auroit produit ce clair. En homme intelligent, Rubens a donc éteint ce grand clair, et il est ainsi de presque toutes les autres parties du tableau. Exemple mémorable et qu'on ne peut trop exhorter les peintres et les graveurs d'avoir continuellement sous les yeux. Ils y apprendront qu'une estampe doit être traitée pour les lumières autrement qu'un tableau, que ce qui réussit dans l'un feroit dans l'autre un effet tout contraire, et ils en concluront, s'ils sont autant jaloux de leur réputation que Rubens l'a été de la sienne, qu'il ne faut pas plaindre la peine, qu'il faut, comme ce grand peintre, préparer aux graveurs la besogne telle qu'elle doit être pour eux, et qu'il vaudroit mieux n'être point gravé que de l'être mal, comme il arrive presque toujours à ceux qui s'en reposent sur les graveurs et qui négligent ou qui ne savent pas les diriger.

— La Madeleine aux pieds du Christ (*citée par Walpole comme à Houghton*) est le tableau qu'avoit M. le comte de Morville et qu'avoit possédé avant lui le chancelier de Pontchartrain. On en a l'estampe gravée par Michel Natalis (*Notes sur Walpole*).

— La Magdelaine arrosant de ses larmes les pieds de J. C. qui est assis à table chez Simon le pharisien. Gravé au burin par Michel Natalis, sous la conduite d'Abraham Diepenbeke, l'un des disciples de Rubens. Ab. a Diepenbeke excud. Antuerpiæ. — Il y en a une épreuve dans la collection du roi, avec des additions de chaque côté de la planche, dessinées à la pierre noire par un bon maître, apparemment dans l'intention d'agrandir la composition et de faire une nouvelle planche, ce que je n'ai pas vu exécuté. — Le tableau a été dans le cabinet du duc de Richelieu; il est présentement dans celuy de M. le comte de Morville, qui l'a acquis de M. le chancelier Pontchartrain. — Il a été acheté 15,000 livres par mi-

lord Valpole des héritiers de M. de Morville en 1732. — Il y
en a une planche gravée par Monaco d'après un tableau qui
est à Venise et qu'on prétend être original, dont je doute.

—Jésus-Christ jugeant la femme adultère, que lui amènent
les princes des prêtres. Les figures sont en demi corps et le
tableau paroit beau. C'est dommage qu'il ait été si mal gravé.
Il l'a été par P. J. Tassaert, qui, voyant qu'il n'y avoit pas
réussi, a effacé la planche après en avoir seulement fait tirer
un certain nombre d'epreuves, ce qui les rend rares. L'epreuve
que j'ai est sans aucuns noms d'artistes. — Le tableau est
dans le cabinet d'un chanoine à Anvers.

— Jesus Christ lavant les pieds à ses disciples. Gravé au
burin par Adrien Lommelin, mais si peu heureusement que
l'on n'y reconnoit point le goût de Rubens. — Je crois que
le tableau est à Malines dans l'église cathédrale et placé près
du maitre autel, où l'on voit le tableau de la Cène par Rubens.

— Jesus Christ instituant le saint sacrement de l'Eucharistie. Gravé au burin par Boëce de Bolswert. — Très belle
estampe et très rare à trouver belle épreuve. — Ce tableau
est dans la grande église ou la cathédrale de Malines, dans
une chapelle. Catalogue envoyé de Bruxelles. — Voyez le
Peintre amateur, t. I, p. 167. — Descamps s'est avisé d'en
faire la critique ; c'est être bien hardi, car c'est un des chefs
d'œuvre de Rubens.

— Jesus Christ tenté par le démon dans le désert. Gravé
en bois par Christophe Jegher sur le dessein de Rubens.
C'estoit un des tableaux du platfond de l'église des Jésuites à
Anvers, qui a été brulée. — P. P. Rubens delin. et excud. C.
I. =. Ce qui suit les deux lettres est l'outil dont les graveurs
en bois se servent pour le travail de leurs planches.

— Un ange consolant J. C. qui tombe en agonie dans le
jardin des Oliviers à la veue du calice de sa passion. Gravé
au burin par Pierre de Bailliu. — Autre estampe du même

tableau, gravée au burin par Antoine Coget; assez mauvaise pièce; celle de Bailliu n'est guères mieux. — Une troisième, qui n'est qu'une copie des précédentes, gravée au burin par un anonyme, — *forsan* A. Melger; — on lit au bas quatre vers latins commençant par ces mots : Gaudet et audet, etc.

. —Les bourreaux fouettans J. C. qu'ils ont attaché à la colonne. Gravé au burin par Paul Pontius, et de ses moindres ouvrages. — Ce tableau est dans l'église des Dominiquains à Anvers, — et d'une grande fraicheur. Voyez le *Peintre amateur*, t. I, p. 200.

— Jesus Christ couronné d'épines et revêtu d'un manteau de pourpre, au milieu de Pilate et d'un soldat romain en demy corps. Gravé au burin par Corneille Galle le père, peu après son retour d'Italie — et, je pense, aussitost que Rubens en fut revenu. — Gravé dans le goût de la Judith.— J'ay vu le tableau à Paris, M. de Jullienne l'a possédé; il est un peu dur de couleur et d'une touche un peu pesante. — Je le crois peint par Rubens en Italie. — Il y a une épreuve de cette estampe dans la collection du roi, laquelle est retouchée en une infinité d'endroits par Rubens même, et, par l'examen que j'en ai fait, j'ai trouvé que le graveur les avoit toutes suivies, ce qui est une preuve que la planche a été gravée sous la conduite du peintre, qui étoit alors nouvellement arrivé d'Italie.

— Jesus Christ portant sa croix au Calvaire. Gravé au burin par Paul Pontius en 1632.—Le tableau est dans l'abbaye d'Afflighem, ordre de St Benoist, près de Bruxelles. — Il a, dit-on, été peint en seize jours. Voyez le *Peintre amateur*, t. I, p. 152 (1).

---

(1) Voir le *Musée de Bruxelles*, par l'un de nous. 1850. In-8°, p. 32.

— L'elevation de J. C. en croix. Gravé au burin en 1638 par Jean Vitdoeck, en trois grandes planches qui se joignent ensemble et qui ne composent qu'un mesme morceau. D'après le celebre tableau de Rubens qui est dans l'église de Bourg ou de Ste Walburge à Anvers. — Voyez ce qui est dit au sujet de ce tableau dans le *Peintre amateur*, t. I, p. 250.

—Dédié à Corneille Vander Geest,—dont le portrait est dans la suite de Van Dyck.

—Le centenier perçant le côté de Jesus Christ et les soldats rompans les jambes des larrons. Gravé au burin par Boèce de Bolswert. Cette pièce est une des mieux exécutées de l'œuvre de Rubens. — Ce tableau est dans l'église des Récollets à Anvers. Les mêmes religieux en ont l'esquisse. Catalogue envoyé de Bruxelles. — Voyez le *Peintre amateur*, t. I, p. 204.

— Ce Bolswert mettoit plus dans la manière de Worsterman que son frère. — Sa manière étoit plus fondue, celle de l'autre est plus artiste et plus touchée. — M. Crozat avoit le dessein original de Rubens sur lequel cette estampe a été gravée; il est du même côté que l'estampe, sans doute à cause de la sujetion des armes. C'est M. Hequet qui a eu ce dessein. — Il est passé en Hollande.

— Jesus Christ, par sa mort sur la croix, demeurant victorieux de la Mort et du demon. Gravé au burin par Paul Pontius en 1631. Il est bien difficile de trouver cette pièce aussy bien imprimée que l'est celle cy. — On le connoist parmi les curieux sous le nom du crucifix aux coups de poing, et il est rare de le trouver bien imprimé. — M. Crozat avoit le dessein original de Rubens —qui appartient présentement à M. de La Live. — Il a été achetté à sa vente par le graveur M. Wille, très-cher, mais aussi est-ce un beau morceau.

— Les disciples détachans le corps du Christ de dessus la croix, traité différemment. Gravé au burin par Luc Vorsterman en 1620, d'après le tableau de Rubens qui est dans

l'église cathédrale d'Anvers, et qui passe avec justice pour un
des plus beaux qu'il ait peint et celuy dont la disposition est
peut-être la plus heureuse; elle a été gravée avec toute l'intelligence possible, et l'on n'en peut pas desirer une plus par-
faitte épreuve. — Voyez le *Peintre amateur*, t. I, p. 229. —
Dédié par Rubens à Dudley Carleton, ambassadeur d'Angleterre auprès des états généraux. — On dit que Rubens fit ce
beau tableau pour la confrairie des fusiliers, en reconnaissance de ce qu'ils lui avoient cédé un petit terrain pour
l'agrandissement de sa maison. L'esquisse est à Anvers chez
les Récollets. Voyez le *Peintre amateur*, t. I, p. 205.

— Je ne crois point que cette date (celle de 1620) soit celle
de la gravure de la Descente de croix par Lucas Vosterman,
mais celle du privilége qui avoit été accordé au graveur, ou
peut-être encore plustost à Rubens en l'année 1620. J'ai un
pressentiment que la planche de la Descente de croix où cette
date se trouve, et qui a paru avec le nom de milord Carleton,
auquel elle fut dédiée, n'a été publiée que depuis l'année où
Rubens fit sa connoissance, c'est-à-dire en 1627, quand Rubens, étant en Hollande, vit et connut à la Haye ce ministre
anglois. (*Notes sur Walpole.*)

— M. Walpole, qui copie cette dedicace, ne le fait sans
doute que pour montrer combien Rubens étoit attaché à la
nation angloise. Autrement je ne vois pas la nécessité de la
rapporter, non plus que l'inscription qu'on lit au bas du
portrait du même chevalier Carleton, gravé par Delft d'après
Mirevelt, laquelle dernière inscription M. Walpole transcrit
en entier dans une note particulière. (*Notes sur Walpole.*)

— Les disciples détachans le corps de Jésus Christ de dessus la croix sur laquelle est attaché Jesus Christ. Gravé au
burin par Conrad Waumans.—Aux deuxièmes épreuves le
nom de Meyssens, qui terminoit la dédicace, est supprimé, et
celui de Corn. Galle y est mis en place; ces dernières épreuves

sont moindres que les premières.—Le tableau est aux Capucins d'Arras. — M. Lempereur le fils m'assure qu'il est dans l'église de l'abbaye St Wast à Arras.

— Jésus Christ descendu de la croix, la tête appuyée sur le giron de la S^e Vierge, et ayant à ses pieds la Madeleine, ui fait remarquer la playe d'une des mains du Sauveur à S. Jean, qui est debout derrière elle; une vieille femme apporte un vase rempli de parfums, etc. Gravé d'après le tableau original qui est dans le cabinet du s^r Fricx, imprimeur à Bruxelles, par F. de Roy. On ne peut rien voir de plus mauvais, et sur une si mauvaise estampe on a peine à se persuader que le tableau soit de Rubens, tant sa manière est déguisée.

— Jesus Christ étendu sur les genoux de la S^e Vierge dans l'interieur du sépulcre, où se trouve St François d'Assise, qui considère les playes de son divin maistre. Gravé au burin par Schelte de Bolswert, d'après le tableau qui est au maistre autel de l'église des Capucins à Bruxell (1).

— Autre estampe du même tableau, gravée au burin en 1628 par Paul Pontius. Elle est beaucoup mieux exécutée que la précédente; c'est aussy une des plus belles pièces de l'œuvre. — Paul Pontius n'a gueres gravé de pièces aussy moelleusement. Il a voulu imiter la manière de Vorsterman, mais ce dernier n'a rien gravé de si leger. — Il y en a une belle copie, plus grande que l'original et dans le sens contraire, par F. Ragot, avec son adresse : Quai qui regarde la Mégisserie ou dans les galleries des Prisonniers au Palais.

— La S^e Vierge fermant les yeux de Jésus Christ qui est dans le sépulcre et que les disciples vont ensevelir; la pluspart des figures qui composent ce sujet sont représentées en

---

(1) Au Musée de Bruxelles; voir p. 32-33 du même ouvrage.

demy corps. Il est gravé à l'eau forte par Pierre Soutman.—
P. Soutman effigiavit et excudit.—Scavoir si ce mot *effigiavit*
signifie *gravé* ou seulement *dessiné*, car je trouve des pièces,
dont Soutman n'a fait que le dessein, où il met effigiavit.—
Tableau sur une épitaphe à Anvers, je pense dans l'église
St Jacques.

— On dit que la planche du Christ mis dans le tombeau,
gravé par I. S. d'après Michel Ange de Caravage, a été gravée
sur un dessein fait par Rubens; je ne suis pas éloigné de le
croire.

— Dieu le père portant dans son sein Jésus Christ son fils,
mort pour le salut des hommes. Gravé au burin par Schelte
de Bolswert. — M. v. Enden excud. Ensuite Gillis Hendricx
exc. Les deux espèces d'épreuves diffèrent peu.—Le tableau
de Rubens dans l'église des Grands Carmes à Anvers. Voyez
le *Peintre amateur*, t. I, p. **190**.

—Le Christ sortant du tombeau, qu'a gravé Eynhowdts,
est peint par Rubens dans l'église de Ste Valburge ou l'église
du port, et le tableau est perdu; on n'y voit presque plus rien
par la négligence des marguilliers et des personnes qui en
devoient prendre soin; car ce tableau sert d'épitaphe à une
famille d'Anvers.

— J. C. victorieux de la Mort et du serpent qu'il tient
écrasés sous ses pieds; il est assis sur son tombeau et tient
l'étendard de la croix. A côté de lui est un ange qui sonne
de la trompette; de l'autre côté deux jeunes anges, dont l'un
luy met sur la teste une couronne de lauriers; l'autre tient
une palme. Gravé à l'eau forte par Remond Eynhouedts.—
Ce tableau est dans l'église de S^e Walburge à Anvers et
accompagne l'épitaphe de la famille de Cock; c'étoit un beau
tableau, mais que la négligence des propriétaires et des mar-
guillers a reduit dans un état pitoyable.

—La resurrection glorieuse de Jésus Christ. Gravé au burin avec tout l'art possible par Schelte de Bolswert. — Il me semble que c'est ce tableau qui est sur la sépulture de Jean Moretus et de Martine Plantin sa femme, dans l'église cathédrale d'Anvers (1). — Ouy. — Voyez le *Peintre amateur*, t. I, p. 234.

— Jésus-Christ et les pelerins d'Emmaus. Gravé au burin, en 1611, par Guillaume Swanenburg. — Je doute que Rubens fût arrivé aux Pays Bas dans cette même année 1611;

---

(1) On voit au musée de Tours un beau portrait par Rubens, d'une couleur gaie et légère, qui représente un homme et une femme vêtus de noir et en buste; ils adorent la Vierge, vêtue de rouge, qu'on voit en buste dans un nuage et accompagnée d'un enfant Jésus qui tend ses petits bras de la façon la plus adorablement enfantine. Il est désigné dans les deux éditions du livret (n° 128, édition de 1838; n° 131, édition de 1856), comme le portrait de Plantin et de sa femme. Dans l'état des tableaux envoyés à Tours par l'Empire et conservé au Louvre, il est désigné de même : « Rubens. Les époux Plantin; *ex voto.* » Christophe Plantin, le célèbre imprimeur d'Anvers, passant pour être né à Montlouis, près Tours, on conçoit que l'attribution y ait été acceptée plus que nulle part ailleurs; mais elle est certainement fausse. Plantin est mort en 1598, à 75 ans; d'un côté, Rubens, né le 29 juin 1577, n'avait en 1598 que 21 ans, et de l'autre, l'homme représenté n'a pas plus de 50 ans. Mariette ne parle, il est vrai, sur le tombeau de Moretus et de sa femme, que du tableau de la Résurrection; mais Mensaert, auquel il renvoie, ajoute, après avoir parlé du tableau et de ses volets : « Dans le frontispice on voit le portrait de Moretus. » Quand on sait combien ses descriptions sont toujours sommaires et incomplètes, il n'y a pas à s'étonner qu'il n'ait parlé ni de la femme ni de la Vierge. Mariette, en prononçant le nom de la femme de Moretus, nous donne l'explication de l'erreur; les commissaires impériaux qui ont pris cet *ex voto* ne se sont souvenus que du nom le plus fameux, celui de Plantin, qui s'est étendu de la femme au mari, et c'est sans doute cette erreur qui a fait envoyer le tableau à Tours plutôt que dans tout autre musée. Si donc Tours doit renoncer à la pensée d'avoir le portrait de Christophe Plantin, elle doit se consoler de n'avoir que le portrait de Moretus, en pensant que sa femme était de la famille de Christophe, et surtout en étant fière d'avoir à montrer un aussi beau portrait de Rubens, ce qui est une compensation plus que suffisante pour un nom perdu.

il étoit encor, à ce que je crois, en Italie; c'est ce qu'il faudra examiner.. — Une copie de cette estampe faite par Adrien Lommelin, *Mariette exc.*, dans le sens contraire à l'original. Sans nom de graveur; mais l'on sçait que c'est un ouvrage d'apprentissage de Bernard Picart, le Romain.

— Le mesme sujet traité differemment. Gravé au burin par Jean Wildoeck, en 1638. — On en trouve des estampes imprimées en clair obscur, et cela s'est fait sous les yeux de Rubens même et sous sa direction; on voit dans la collection des estampes de ce peintre chez le roi, une épreuve de la planche en cuivre sur laquelle Rubens a cherché avec le pinceau l'effet qu'il vouloit que le clair obscur fît. — Cette estampe réduite en plus petite forme, et copiée au burin avec assez de liberté par un graveur dont on ignore le nom. — Cette épreuve étoit sans lettre; peut être un des premiers ouvrages de Vermeulen.

— St Pierre recevant les clefs du royaume des cieux, que luy donne Jésus-Christ. Toutes les figures qui entrent dans la composition de ce sujet sont en demy corps; il a été gravé au burin par P. de Jode le vieux. — Le tableau se trouve à l'épitaphe du vieux Pierre Breughel et de Marie Kock, sa femme, dans l'église de Notre-Dame de la Chaussée, à Bruxelles. — Il n'y est plus; il a été vendu en 1765, et il se trouve actuellement dans le riche cabinet de M. Braamcamp, à Amsterdam; il est peint sur bois et porte 6 p. de h. sur 3 p. 3° de large. — L'estampe est dédiée, par P. de Jode, à Jean Breugel, fils du vieux Breugel, qui avoit fait peindre ce tableau. P. de Jode se nomme, dans cette dédicace, *Breugelii affinis*. — Une epreuve de cette même planche retouchée au burin par Schelte de Bolswert. Ce graveur habile en a oté toutes les secheresses et y a mis une intelligence de clair obscur qui n'y étoit point. — Aux premières epreuves de la planche retouchée, où la dédicace est supprimée : *Eras-*

mus Quellinus excudit, sans nom de Rubens ni du graveur; on en peut inferer que la retouche a été faite sous la conduite de Quellinus. *M. V. Enden excudit* aux épreuves qui viennent ensuite, et où l'on a mis le nom de Rubens à la place de celui de Quellinus, et depuis encore on a ajouté le nom de *Pet. de Jode sculp.* au milieu de la planche, au dessous de l'inscription. Toutes sont bonnes.

— *Au bas d'une estampe représentant Jésus-Christ donnant les clefs à St Pierre, gravé d'après Rubens par F. Eisen, Mariette ajoute* : Tableau qui est dans l'église de S^e Gudule, à Bruxelles. — Celui qui a gravé cette pièce est le père de M. Eisen, qui vit à Paris et est peintre de l'Académie de St Luc.

— Jésus-Christ instituant St Pierre chef de son Église et lui en confiant les clefs. Gravé à l'eau forte à la peintre par F. Eisen, peintre à Anvers, et père d'Eisen qui vit à Paris, d'après un des plus beaux tableaux de Rubens qui est à Bruxelles, dans l'église de S^e Gudule. Les figures sont en demi corps. — Une autre estampe de la même composition, gravée en Angleterre en 1728, par H. Winstophy, d'après un des tableaux de la collection du comte de Derby, dans son château de Knowsley, qui n'est pas aparemment regardé comme original, puisqu'il est gravé sous le nom de Van Dyck.

— Jésus-Christ instituant St Pierre chef de son Église. Ce tableau de Rubens, qui est dans l'église de S^e Gudule, à Bruxelles, avoit été gravé par Eisen le père. Il a été regravé, toujours sur son dessein, par J. L. Krafft, et cette dernière planche est bien inférieure à celle qu'avoit donnée Eisen. — Suivant un catalogue mss. qui m'a été communiqué, il y a une estampe du Christ donnant les clefs à St Pierre qu'a gravé à l'eau forte S. P., *id est* Spruyt. J'ignore si c'est le tableau de S^e Gudule ou un autre. — On m'a dit que ce n'étoit point le tableau de S^e Gudule.

— Le Saint-Esprit descendant sur les apostres le jour de la Pentecoste. Gravé au burin par Paul Pontius, en 1627. — M. Hecquet a eu à la vente de M. Crozat le dessein sur lequel cette estampe a été gravée; il est très-beau et renvoye l'estampe bien loin. — Le tableau est chez l'électeur palatin, à Dusseldorff.

— Assomption veue en plafond, gravée en bois par Christophe Jegher, sur un dessein de Rubens, qui a été peint par cet habile maistre dans un des plafonds de l'eglise des Jésuites, à Anvers. Mal exécutée et nullement digne du graveur; il faut que ce soit une œuvre de sa vieillesse.

— Tableau représentant encore l'Assomption de la Sᵉ Vierge, gravé au burin en 1639, par Jean Witdoeck. — Dans l'église des Chartreux, à Bruxelles. Voyez le *Peintre amateur*, t. I, p. 111.

— Autre Assomption de la Sᵉ Vierge, d'une composition différente, gravée par Schelte de Bolswert. C'est une des plus parfaites estampes de l'œuvre de Rubens. — M. Descamps, dans son voyage de Flandres, annonce cette estampe de Bolswert comme venant d'après le tableau de Rubens, au maître autel de la cathédrale d'Anvers, mais ne faut-il pas s'en rapporter plustost à l'inscription qui se lit au pied de l'estampe qu'a gravée Jacques Neefs, et où il donne une représentation de cet autel avec son tableau qui, pour la composition, tient en effet beaucoup de celle-ci, mais qui pourtant n'est pas la même.

— Celle-cy est encor très-bien exécutée ; elle a été gravée par Paul Pontius, en 1624, d'après un tableau de Rubens, différent de tous les précédens. — M. Crozat avoit le dessein original sur lequel cette planche a été gravée; il est présentement chez M. Hecquet — et est passé depuis en Hollande. Le même tableau gravé en bois et en petit par Jeghers, sous la conduite de A. Sallarts, qui, au lieu du nom de Rubens y a fait mettre de sien. — Une autre planche de ce dernier tableau gravée au burin par Antoine Masson. Ce graveur, habile d'ailleurs, et dont on voit de si beaux ouvrages, n'a point du tout réussy dans celuy-ci. — Il y en a une belle copie par Ragot.

— Autre Assomption, dont le tableau est sur le maistre autel de l'église cathédrale d'Anvers. Gravé au burin avec peu de succès par Adrien Lommelin.

— Une autre estampe de ce tableau parfaitement bien exécutée; elle est gravée au burin par Schelte de Bolswert. — C'est le tableau qui est dans une chapelle de l'église des Jésuites, à Anvers. Il est de toute beauté.

— La Sᵉ Vierge enlevée au ciel par les anges, en présence des apostres, gravée à l'eau forte par Guillaume Panneels, d'après un tableau de Rubens d'une excellente composition. — N'est-ce pas celui qui est en Angleterre chez milord Pembrock, à Wilton, et que Rubens a peint pour le comte d'Arondel? — Je ne le crois point.

— Au bas du tableau de Rubens, qui représense l'Assomption de la Vierge, chez les Carmes déchaussés, à Bruxelles, on voit les apôtres et deux femmes qui tiennent le linceul, où sont répandus des fleurs. Est-ce une de celles qui ont été gravées? *Inquirendum* (1).

— La Vierge couronnée par la Sainte-Trinité, gravée par P. Pontius. Le tableau est aux Recollects d'Anvers.

— Le couronnement de la Vierge, à peu près dans la même intention que ce qui a été gravé en bois par Jegher; celle-cy gravée par Paul Pontius. Elle est si mal exécutée que, si on n'y lisoit pas son nom au bas, on ne pourroit pas croire qu'elle fût de ce graveur. — Toute mauvaise qu'est celle

---

(1) Voir le *Musée de Bruxelles*, p. 33.

gravée par Lommelin, celle de Pontius ne luy est guères preferable.

— La Se Vierge, reine du ciel, écrasant la teste du serpent. Gravé au burin par Schelte de Bolswert. — Ce tableau est dans l'église paroissiale de N. D. de *Finis-Terræ*, à Bruxelles. Cat. envoyé de Bruxelles. — Cela est faux.

— La Se Vierge assisé dans le ciel au milieu d'une multitude d'enfans, dont quelques-uns portent des palmes, et d'autres luy mettent sur la teste une couronne de fleurs. Gravé à l'eau forte par un anonyme. *F. L. D. Ciartres excud.* — On en trouve des premières épreuves sans lettres. — Monsieur Crozat a le dessein sur quoy cette planche a été gravée ; on dit qu'elle l'a été par Vignon.

— Une autre estampe en grand, du même tableau, gravée au burin par Corneille Visscher, sous la conduite de Pierre Soutman. — Le tableau est au cabinet du roy ; si la composition répondoit à la beauté du pinceau, ce seroit un morceau qui n'auroit pas son pareil (1).

— Jean-Just Preisler, peintre à Nuremberg, a donné en 1735 une suite des peintures que Rubens, aidé par Van Dyck, son disciple, avoit peint dans les plafonds de l'église de la maison professe des jésuites d'Anvers, et qui périrent dans l'embrasement de cette église, en 1718, par un coup de foudre. Ce peintre a cru que ce seroit rendre un service au public que de remettre sous ses yeux des ouvrages qui attiroient l'admiration de tous les curieux, et dont ils sont aujourd'huy privés, et il a pour cela profité du travail du sr Muller, peintre de Dresden. Celuy cy, dans le cours de ses voyages, avoit pris à Anvers de légères idées de ces peintures pour son étude particulière, et ce sont sur ces esquisses assez

---

(1) Au Louvre, n° 428 du livret de l'Ecole flamande, 1re édition.

légères que M. Preisler a gravé la suite d'estampes dont il est question icy. On s'en aperçoit aisement pour peu qu'on connoisse la manière de Rubens, car on a assez de peinne à y retrouver son goût. Aussi le graveur avoue-t-il qu'il a été obligé quelquefois d'y mettre un peu du sien, lorsque les desseins qu'il avait devant les yeux n'étoient pas assez arrêtés, et il n'a donné son ouvrage que comme une idée générale des tableaux de Rubens, et seulement pour en faire connoitre les compositions, qui en vérité sont dignes du Corrége, de Paul Veronèse et de tous les meilleurs compositeurs. La suite est composée de 20 planches en travers, y compris celle du titre, où sont les portraits de Rubens et de Van Dyck ; mais je ne pense pas que tous les tableaux ayent été gravés. Il s'en faut beaucoup. — Tous ont été gravés depuis en Hollande par Punt, qui s'occupe autant à jouer la comédie en public qu'à graver, quoyque ce ne soit pas un graveur sans talent ; il a gravé d'après des desseins qu'en avoit fait autrefois Jacob de Witt, peintre hollandois, et qu'il avoit commencé lui-même de graver à l'eau forte, mais, après en avoir gravé dix planches, il en demeura là, et ses planches n'ont jamais été terminées. — Jean Punt a commencé de graver les premières planches en 1747, et après avoir beaucoup fait attendre le public, il n'a terminé qu'en 1763 la dernière, qui est le frontispice de la suite et où est le portrait de Rubens avec des genies du dessein de de Witt. Je trouve que Rubens y perd beaucoup ; sa manière y est fort déguisée. — Il faudrait encore .. ou .. morceaux pour que tout fût gravé ; mais il n'y a pas espérance de les avoir.

— Je connois trois éditions de la suite des Apôtres de Ry-mans. Les premières sont celles qui portent l'adresse du graveur *Ryckmans sculp. et exc.*, qui se trouve seulement à la première planche, qui est celle du Christ. Aux secondes épreuves, à la suite du nom de *Ryckmans sculp. et excud.*, on trouve celui de F. de Wit, et ces epreuves different peu des premières. Les troisièmes different des précédentes en ce que les noms du peintre et du graveur, qui se lisoient sur la première planche à la suite du nom *Salvator mundi*, en ont été effacés et reportés sur le côté gauche de la planche, à la suite du passage latin, et que vis à vis, à la suite de l'écrit en flamant, on lit la nouvelle adresse du marchant : *Wilh. Engelb.. Koning excud. Amstel.*, etc. Outre cela on a substitué un passage de l'Écriture sainte en langue flamande sur la 1re, la 2e et la 4e f., à la place des intitulés latins : *Salvator mundi, S. Petrus* et *S. Paulus*, lesquels intitulés ont été reportés au haut de la planche et se lisent dans le fond noir, mais pour cela il y faut apporter attention, sans quoi on a peine à les apercevoir. On a aussi ajouté au haut de la 2e planche, qui est la représentation de St Pierre, un intitulé que voici : Het Christen GHELOOVE van de H. APOSTOLEN in XII Artyclen gestelt, en te vooren door de heylighe Propheten verkondight. Les épreuves de cette troisième édition, que j'ai eu entre les mains étoient presque d'aussi bonne qualité que les premières, mais j'en ai vu d'autres qui étoient bien moindres et qui n'étoient noires que parce que l'imprimeur avoit lâché son noir et elles en étoient boueuses.

— Jesus Christ et les apôtres représentés debout, en une suite de 16 pièces, mises au jour à Anvers, par Corneille Galle le jeune. Il faut que celles gravées par Bolswert soient de ses derniers ouvrages ; il estoit très decheu dans sa vieillesse.

— La suite des apôtres, représentés en demies figures, sur des dessins de Rubens, les mêmes qui ont été gravés par Ryckmans. Ceux-ci, qui ne sont qu'à l'eau forte, sont cependant encore d'une plus mauvaise execution. Ils sont gravés grossièrement, avec une pointe large et sans esprit, et, ce qui est de pis, ils pèchent encore plus par le coté du dessein. Les figures sont sur des fonds blancs, et les estampes ne s'en trouvent pas communement. — Ce sont ceux d'Isselbourg.

— Les apôtres, par P. Isselbourg, de Cologne. Ce sont les memes pour les ordonnances que ceux de Ryckmans; le graveur a seulement pris la liberté d'augmenter les chevelures et les barbes et de prononcer les draperies à sa manière.

— Cette mesme suite d'apostres a été gravée au burin assez proprement, mais sans goût et encore moins dans la manière de Rubens que les planches désignées ici. Il y a à celles-ci des fonds d'architecture et des paysages, et en bas de chaque planche, qui sont cottées, le nom de *P. P. Rubens pinxit* et *Caspar Huberti excudit.* Sans nom de graveur.

— Les docteurs et les Pères de l'Église assemblés pour établir la présence réelle du corps de J. C. dans le saint sacrement de l'Eucharistie. — Gravé au burin en 1643, par Henry Snyers, sous la conduite d'Abraham Diepenbeke, d'après le tableau de Rubens qui est dans l'église des Dominiquains, à Anvers. — Voyez le *Peintre Amateur*, tome I, p. 203. — Cela n'a pas l'accord des gravures faites sous la direction de Rubens; il s'en faut beaucoup. — On y prétend voir Luther lisant dans un livre avec des lunettes sur le nés; mais c'est sans le moindre fondement.

— La Se Vierge assise dans un lieu élevé, au bas duquel sont représentés St Augustin, St Laurent, St Nicolas de Tolentin, St Georges, St Sebastien et autres saints et saintes dans différentes attitudes. Ce tableau, d'une admirable composition, se trouve à Anvers, dans l'église des Augustins, au maitre autel. — Il a été gravé au burin par Henry Snyers, sous la conduite d'Abraham Diepenbeke. — Voyez sur ce tableau ce qu'a écrit l'auteur du livre du *Peintre Amateur*, t. I, p. 184. — Une autre epreuve de cette planche, retouchée avec beaucoup d'intelligence de clair obscur. Il paroît que ce travail a été fait par le même H. Snyers, et que c'est toujours Diepenbeck qui l'a dirigé.

— Autre Vierge, environnée de St Dominique et de plusieurs autres saints à qui elle distribue le rosaire. Gravé au burin par un maistre anonyme de peu de merite, et qui a furieusement défiguré son modèle. — Cette pièce est conforme, pour la composition, à la description qu'a donnée Descamps d'un tableau de Rubens qu'il indique, p. 135 de son *Voyage*, à Lhierre, dans l'église de l'Hermitage.

— S. Jerosme, St George et S^e Magdelaine accompagnans S. Bonaventure, cardinal de l'Eglise romaine, qui adore l'enfant Jésus entre les bras de la S^e Vierge. Gravé au burin par Paul Pontius. — Des ouvrages les plus négligés de P. Pontius, et paroist gravé du même temps que le Massacre des Innocens, c'est à dire de ses dernières choses. — D'après le tableau de Rubens qui est dans l'église de St Jacques, à Anvers, dans le lieu mesme où ce celèbre peintre a eu sa sépulture en 1641. Voyez le *Peintre Amatemr*, t. I, p. 246.

— St André attaché sur une croix. Gravé au burin par Alex. Voet le jeune. — Le tableau est à Madrid, dans l'église de St André de l'Hopital des Flamands. Palomino, tom. II, p. 298. J'en ay le dessein de Rubens.

— St Cristophe. Il aborde de la mer et met le pied sur le rivage. Un hermite luy eclaire avec une lanterne. Ce sujet est peint par Rubens sur les volets qui servent à enfermer le tableau de la Descente de croix; il est peint en dehors.

— On dit que le tableau du maître autel des Recollets de Gand, représentant le monde préservé de la colere de J. C. par l'intercession de la Sainte Vierge et S. François d'Assise, a été gravé; mal, dit-on; il faut s'en informer. — Seroit-ce l'estampe de Panderen? Voir la description du tableau par Descamps. — Je l'ai vérifié; l'estampe de Panderen n'a rien de commun avec le tableau. — Jesus Christ a la toudre en main ; la Vierge, à ses pieds, lui montre son sein ; St François intercède pareillement.

— S. François d'Assise, prest de mourir, se faisant porter dans l'église pour y recevoir le viatique. Gravé au burin par Henry Snyers, sous la direction d'Abraham Dœpenbeke. — Bellori, p. 224, dit que ce tableau est dans l'église de St François, à Anvers. — Il s'y trouve dans l'église des Recollets. — Voy. le *Peintre amateur*, t. I, p. 205.

— Crucifix au pied duquel est un S. François. Gravé à l'eau forte (en 1764) par J. de Meere, d'après le tableau original qui est au cabinet de M. Dubois, à Gand. — On ne peut pas faire plus mal; c'est le seul morceau que ce jeune artiste a gravé, et il fera bien d'en demeurer là.

— S. François Xavier prêchant la foy aux Indiens et rendant la vie à des morts. Ces deux pieces, dont on ne sauroit assez admirer la composition, ont été gravées au burin par Marinus, d'après les tableaux originaux, qui sont dans l'église des Jésuites, à Anvers. — Ils ont été heureusement sauvés de l'incendie. Voyez le *Peintre amateur*, t. I, p. 217. Les esquisses, qui sont de toute beauté, se voyent dans la même église.

— *Walpole parlant des deux St Georges de Rubens, et disant que l'un des deux se trouve dans la collection du comte de Lincoln, Mariette ajoute :* M. Walpole pouvoit ajouter que l'autre se voit à Paris, au Palais-Royal. (Notes sur Walpole.)

— St Georges à cheval combattant contre le dragon. Gravó à l'eau forte en 1638 par Panneels, avec cette inscription : *Ex inven. Rubenii fecit discipulus ejus Guill. Paneels M. Baden,* 1638. Peut-être Panneels étoit-il alors à la cour du margrave de Bade.

— Dans l'église de S. Michel, à Anvers, on voit un tableau de Rubens représentant S. Grégoire, pape, ayant à sa droite St George et St Sebastien, et à sa gauche S. Domitille, accom-

pagné de ses eunuques. Dans le haut est une image de la
Vierge environnée d'anges. Ce tableau, que Rubens apporta
de Rome et qu'il exposa aux yeux du public dans cette église,
devint un sujet d'admiration et contribua beaucoup à établir sa reputation. C'est le même dont on a l'estampe par
Eynhouedts. Il est peu différent de ce que Rubens a peint à
Rome dans l'église neuve.

— S. Grégoire le Grand, pape, inspiré par le S. Esprit; il
est revêtu des habits pontificaux et est accompagné de deux
saints guerriers qu'on dit à Anvers estre S. Georges et S. Sébastien, et d'une sainte martyre, sainte Domitille, dame romaine; dans la partie supérieure, des génies environnent une
image de la Sᵉ Vierge. Ce tableau se trouve dans l'église de
S. Michel, à Anvers, et c'est le premier morceau que ce grand
peintre, à son retour de Rome, où le tableau a été peint,
exposa aux yeux du public, et qui commença sa réputation.
Voyez *Sanderi Brabant. illust.*, article de S. Michel. On voit
que, lorsqu'il en ordonnoit la composition, il étoit plein des
idées magnifiques de Paul Veronèse. On en a une estampe
gravée à l'eau forte par Remoldus Eynoveldt. Il y a une autre
estampe plus petite de la même composition, assez mal exécutée par un maître inconnu, qui diffère en plusieurs points
de la précédente, et je crois que cette dernière estampe est
conforme au tableau de Rubens qui est à Rome, dans la
Chiesa nuova. Les deux saints guerriers sont S. Achillée et
S. Nerée, suivant la description de l'abbé Titi.

— Les deux merveilleux tableaux de Sᵗ Ignace et de
Sᵗ François Xavier opérant des miracles, qui se voyent dans
l'église des Jésuites, à Anvers, ont échappé aux flammes qui,
en 1718, le 18 juillet, ont réduit en cendres la plus grande
partie de cette église. Heureusement le feu, qui commença
par attaquer le bas de l'église, ne pénétra point jusqu'au
rond point occupé par le maître autel, et l'on eut le temps

de sauver ces tableaux, qui sont d'autant mieux conservés que de tout temps on a eu le soin de les tenir enfermés derrière l'autel, sous des volets, où ils sont comme dans une boette, d'où on les tire toutes les fois qu'on les veut exposer, ce qui se fait alternativement l'un après l'autre.

— S. Ignace de Loyola et S. François Xavier, représentés en deux planches, tels que Rubens les a peints dans l'église des Jésuites, à Bruxelles. Ils sont gravés au burin par Schelte de Bolswert. — Voyez le *Peintre amateur*, t. I, p. 42. — Le S. Ignace a été copié, même grandeur et même sens que l'original, par Elie Du Bois, *J. Le Clerc, exc.* Cette copie, d'un graveur sans nom et peu connu, n'est point mal.

— Il y a une vie de St Ignace, publiée à Rome en 1609, en 79 planches 8°, sans le frontispice, dont les planches sont, à ce que je crois, gravées par Barbé. Le plus grand nombre de ces planches n'est pas du dessein de Rubens; mais il y en a au moins 17 dont il est l'inventeur, et, s'il en faut juger par un exemplaire des premières épreuves que j'ai, toutes lui sont passées par les mains, et il n'y en a presque aucune de celles dont il n'est pas l'inventeur auxquelles il n'ait fait quelque correction. Cela se voit dans cet exemplaire, où même il se trouve quelques pièces, sur les marges desquelles Rubens a écrit en flamand quelques observations, et d'autres sur lesquelles il a dessiné ce qui, dans les corrections qu'il faisoit sur la planche, n'étoit pas assez intelligible. Dans cet exemplaire on trouve le nom de Rubens mis au crayon sur les planches dont les desseins lui appartiennent, et à la fin est la planche de la canonisation de S. Ignace, dont j'ai le dessein, qui n'a point paru. Il y a aussi l'épreuve d'une planche qui a été supprimée; c'est la 69°. — Les planches où l'on a mis le nom de Rubens sont celles numéros 13*, 14*, 43, 46*, 48*, 49, 50*, 54, 55*, 56*, 64ᵇ, 67ᵇ, 69ᵇ, 73*, 74*, 76,* 77, 78 et 79*. Il me reste cependant quelques doutes sur celles au-dessus du numéro desquelles j'ai mis ici une croix (1); les trois que j'ai accompagnées d'un B sont ceux dont j'ai les desseins de Rubens.

— La cérémonie de la canonisation d'un saint. Le pape, assis dans son trône, accompagné du sacré collége, reçoit la supplique que luy font ceux qui sont chargés de demander la dite canonisation. C'est une très jolie petite pièce, que je crois d'une plus grande suite. — M. Crozat en a le dessein dans sa collection des desseins de Rubens. — Je l'ay eu, c'est un fort bon dessein. — Elle devoit entrer dans la suite de cette vie de St Ignace qui a paru à Rome en 1609, et faire la 80e planche. J'ignore la raison qui l'a fait disparoître, car on ne la trouve jamais à la suite de cette vie. Elle est très rare.

— Un homme couché dans son lit et battu par trois diables. — Gravé à l'eau forte par Gérard Audran, sur un dessein que ce celebre graveur croyoit de Raphaël, mais que beaucoup d'autres donnent, avec beaucoup de verité à P. Paul Rubens. — Et il n'en faut même pas douter. J'ai le dessein, qui a été fait pour une suite de la vie de St Ignace, gravée à Rome par Corn. Galle. Je ne comprends pas comment M. Audran a pu tomber dans un pareil écart.

— St Ildefonse, archevesque de Tolède, recevant la chasuble que luy donne la sainte Vierge. Gravé au burin par H. Witdouc, en 1638. — Le tableau est dans l'église de S. Jacques de Cauberghe, abbaye de chanoines réguliers, à Bruxelles. Cat^e envoyé de Bruxelles. — Le tableau est couvert de deux volets sur lesquels sont peints l'archiduc et l'archiduchesse Isabelle, à genoux; et ce tableau, qui est d'une conservation parfaite, est une des plus belles choses de Ru-

---

(1) Nous l'avons remplacée par un astérisque.

bens. M. D'Argenson le fils en a offert 27,000 livres sans l'avoir pu obtenir. — J'en ay le dessein.

— Herodiade apportant à Herodes la teste de S. Jean Baptiste. Gravée au burin par Schelte de Bolsvert. — M. Chuéré dit qu'il en a veü le tableau original à Naples, chez le prince de Belvedere, en 1730. — M. Crozat avoit le dessein original sur lequel cette estampe a été gravée; Huquier l'a eu.

— St Jean l'evangéliste en buste; il tient un calice d'où sort un serpent ailé. Le nom de Rubens est gravé sur la planche, mais il faut avoir de la foi pour croire que ce grand peintre est auteur d'une si mauvaise production. Celui qui l'a gravé est un vrai ignorant, et je n'ai pas eu le courage de mettre sa mauvaise gravure dans mon œuvre. Elle a été faite, je pense, à Bruxelles.

— Le jeune St Just, martyr, se présentant devant ses parens portant sa teste entre ses mains. Gravé au burin en 1639, par Jean Witdoeck, d'après le tableau original qui est dans l'église des Annonciades d'Anvers. — Voyez le *Peintre Amateur*, t. I, p. 215. — Aux secondes épreuves, au lieu du nom *Jean Witdoeck excud.*, sur la terrasse est celui de *Franc. Vanden Wyngarde excud.* Ce que dit Hecquet, que la planche au nom de Vanden Wyngaerden est retouchée, est faux.

— St Laurent étendu sur un gril pour y estre roty. Gravé au burin, en 1621, par Luc Vorsterman. Il y a peu d'estampes gravées avec autant d'intelligence que celle cy; c'est asseurément une de celles où Vorsterman a mieux fait connoître sa grande habileté. — Le tableau est dans la galerie de l'électeur palatin à Dusseldorp. — Bellori, p. 225, prétend que ce tableau est dans l'église de Notre Dame de la Chapelle, à Bruxelles. — Et cela est vrai. Il en a été tiré par l'électeur palatin, qui y a fait substituer une copie.

—St Livins, evêque de Gand, environné de bourreaux qui luy arrachent la langue et qui luy font souffrir le martyre pour la foy de J. C. Gravé au burin, en 1657, par Corneille Van Caukercken, d'après le tableau original qui est dans l'église des Jésuites, à Gand. — Voy. le *Peintre Amateur*, t. 2, p. 48 (1).

— A. Blooteling a gravé trois études de têtes en trois planches ; deux représentent des enfants avec des toques, d'après des tableaux ou desseins qui sont indubitablement de Rubens, quoique son nom ne soit pas sur toutes les planches (il est sur celle d'un des enfants). La troisième teste est celle d'un homme infirme ou d'un mendiant, qui ressemble assez par le caractère à la tête du boiteux que Raphaël a mis dans une de ses tapisseries des Actes des Apôtres, et j'ai quelque pressentiment que cette teste est celle du pauvre qui se trouve dans un tableau de Rubens représentant St Martin, que le feu prince de Galles avoit eu de M. Bagnol. M. Walpole, qui a parlé le premier de ce tableau, a fait observer le rapport qu'il y avoit entre ces deux testes, et c'est d'après ce qu'il en dit que j'ai établi ma remarque et que je fonde ma conjecture.

— Le tableau de St Martin, qui a été vendu au prince de Galles pour un ouvrage de Rubens, et qui, vient d'être gravé par Th. Chambars, toujours sous le nom de ce maître, n'est certainement point de lui. C'est, à peu de choses près, une repetition du tableau fameux de Van Dyck, qu'il a peint pour l'église de Salvelthem, près de Bruxelles, et qui s'y voit encore (2). La tête du pauvre a été gravée par Ab. Bloetelingh. (*Notes sur Walpole.*)

---

(1) Voir le *Musée de Bruxelles*, p. 34.
(2) En fin de compte, il paraît tout à fait acquis maintenant que le tableau gravé par Chambars est bien un original de Rubens, d'où

— S Pepin et Ste Begge, sa fille, ducs de Brabant, représentés en demy corps dans une mesme composition. Gravé
au burin par François Vanden Steen, d'après le tableau que
Rubens en avoit fait sur d'anciennes peintures. — Il y a un
portrait de S^e Bègue gravé par Matham, d'après une ancienne
peinture d'Hubert Van Eyck, et il est entierement conforme
à celui qui est dans cette composition, ce qui doit faire penser
que Rubens n'a fait que copier ce qui avoit été peint par
l'ancien peintre flamant, et c'est ce que j'avois déjà remarqué
en indiquant cette pièce.

— S. Pierre, saisy de frayeur, se jettant aux pieds de Jesus
Christ, qui le rasseure en luy disant que desormais il ne sera
plus employé qu'à prendre des hommes. Gravé au burin —
en trois planches, — par Schelte de Bolswert. Ce graveur a
pris un soin particulier à graver cette belle estampe, qui peut
passer non seulement pour une des plus parfaittes de Rubens,

---

l s'ensuivrait que le tableau de Van Dyck, qui sortait alors de son
atelier, se serait inspiré de la composition du maître. L'un de nous,
dans le *Musée de Bruxelles*, p. 35-38, a décrit, il y a huit ans, le
Van Dyck de Saventhem, village à deux lieues de Bruxelles, dont
la froide et solitaire église est comme un tombeau pour ce tableau
élégant qui était sorti un instant de cette nuit lorsqu'il a figuré sous
l'empire au musée du Louvre. D'un autre côté, M. Burger, dans
ses *Trésors d'art à Manchester*, un livre très-curieux, très-intelligent, très-vivant, très-passionné même, et par là très-injuste
quand il n'est pas complétement dans le vrai, a parlé longuement et
très-bien du Saint Martin de Rubens, et de la façon dont il faut reconnaître que c'est bien Van Dyck qui a suivi Rubens (p. 178-183).
Je rappellerai seulement, pour venir à l'appui d'un détail donné
par lui, qu'une note de l'*Etude sur le Musée de Bruxelles* contenait
ce fait, que le tableau de Van Dyck fut commandé et payé 300 florins par Ferdinand de Boichot, seigneur de la terre de Saventhem,
érigée pour lui en baronnie le 17 mars 1621, et en reconnaissance
de la réception que les habitants lui avoient faite. Ce fait précis,
qui coupe court à tous les contes, se trouve dans un recueil de
notes flamandes et françaises, rassemblées au dernier siècle en vue
d'une histoire de Van Dyck restée en chemin, recueil acquis par
le musée du Louvre à la vente de M. Goddé.

mais aussi pour une des plus belles qui aient été jamais exécutées d'après aucun maître. — Il y en a une copie en petit gravée chez Corn. Galle le jeune, avec cette inscription : *Ait ad Simonem Jesus*, etc. Le nom de Rubens n'y est pas; seulement, à un coin de la planche : *C. Galle*. Elle n'a rien d'intéressant. — Le tableau est à Malines, dans l'église collégiale de N. Dame. Catalogue envoyé par M. l'amb. de Portugal. — Sur l'autel des marchands de poisson. Voy. le *Peintre Amateur*, t. I, p. 168. Le tableau est recouvert par des volets, sur l'un desquels est peint le denier trouvé dans la bouche d'un poisson.

— S¹ Pierre trouvant une pièce d'argent dans la bouche d'un poisson, suivant ce que Jesus Christ luy avoit dit. Gravé au burin sous la conduite de Luc Vorsterman, qui y a retouché en plusieurs endroits. — Je soupçonne que c'est ici ce qui est peint sur un des volets du tableau de la Pêche miraculeuse qui est à Malines. Voyez le *Peintre Amateur*, t. I, p. 168.

— Le même sujet. — *Nicolaus Lauwers excudit en Anvers*. — Traité presque de la même façon, et où il y a une figure de plus sur le devant, représentant un pêcheur à genoux qui tient la corde du filet; d'une assez mauvaise exécution au burin.

— S¹ Roch, invoqué par des malades affligés de la peste. Cette belle estampe a été gravée au burin par Paul Pontius, en 1626. — Le tableau est dans l'église paroissiale de S¹ Martin d'Alost(catalogue envoyé de Bruxelles), et cela est vrai.—Voyez le *Peintre Amateur*, t. 2, p. 5. — M. Crozat avoit le dessein sur lequel cette estampe a été gravée, mais presque point retouché par Rubens. — M. de la Live, qui en avoit fait l'emplette, en fit présent au comte de Cobentzel, et, celui-ci ayant vendu son cabinet à la czarine, le dessein est passé entre les mains de cette princesse.

— Sᵉ Anne ayant auprès d'elle la sainte Vierge, qu'elle instruit. Gravé au burin par Schelte de Bolswert. Le tableau original est à Anvers, dans l'église des Carmes déchaussés. — Voyez le *Peintre Amateur*, t. I, p. 243. Il appelle cette église celle des Religieuses de Sᵉ Thérèse, mais je crois qu'il se trompe.

— Sᵉ Catherine, vierge et martyre, représentée dans le ciel, tenant une palme et une épée. Cette figure, qui est veue en raccourcy, étoit peinte dans un des compartimens du plafond de l'église des Jésuites à Anvers. C'est Rubens luy mesme qui en a gravé la planche à l'eau forte. — *P. Paulus Rubens fecit.* Le graveur qui a retouché cette planche au burin l'a fait avec beaucoup d'art et de science; je croy que c'est Bolswert.

— Sᵉ Catherine ayant auprès d'elle le bourreau qui luy doit trancher la teste, et d'un autre coté plusieurs femmes qui luy veulent persuader de sacrifier. Gravé à l'eau forte par W. Leeuw. — Le tableau est à Lisle en Flandres, — dans l'église Sᵉ Catherine. — Catalogue envoyé de Bruxelles.

— La Sᵉ Vierge ayant sur ses genoux l'enfant Jésus, qui couronne Sᵉ Catherine, laquelle est accompagnée de Sᵉ Marguerite et de Sᵉ Apollonie. Gravé au burin par Pierre de Jode le jeune. — Le tableau est dans l'église des Augustins à Malines. Voyez le *Peintre Amateur*, t. I, p. 175. — Ce tableau ne se trouve plus à Malines. Il a été acheté par M. le Rev. Verhuls, qui le tient à Bruxelles. *Voyage de Descamps*, p. 122.

— Une autre estampe du même tableau, gravée à Dresde, par Laurent Zucchi, pour le roi de Pologne, qui en fut si mal satisfait qu'il a ordonné que la planche fût rompue, ce qui rend les épreuves rares. — L'estampe porte le nom d'Erasme Quellinus. Apparemment que l'on a jugé que le tableau de Dresde n'est qu'une copie faite par le disciple de Rubens.

— *Sainte Cécile chantant les ouanges du Seigneur et s'ac-*

compagnant sur un clavecin. — 20050 #. Le Roy de Prusse.
C'est un très excellent tableau mais qui n'est pas sans def-
faut. Les mains de la sainte sont insoutenables. La teste,
pleine d'expression, divinement peinte, n'est pas d'un caractère agreable, mais aussi je soupçonne que c'est un portrait.
Le bas de la figure ne va pas trop bien avec le haut; les
enfants sont de toute beauté. Avec cela le tableau est jugé
horriblement cher. On en a l'obligation au P^ce de Monaco,
qui dans cette occasion a encore tenu tête à S. M. Prussienne.
Le duc de Tallard ne l'avait payé que 12000 # à Araignon.
(*Catalogue Tallard.*)

— Le tableau de la mort de S^e Madeleine, qu'a gravé
P. de Bailliu, est à Gand, chez les Récollets, sur la gauche
du maître autel. 1° *Fr. vanden Wyngaerde exc.* 2°. *Jac. Moer-
mans exc.* — Voyez Descamps, *Voyage pittoresque*, p. 243.

— S^e Magdelaine assise au pied d'un rocher, ayant le
pied sur une teste de mort autour de laquelle est un serpent.
— Elle vient d'être mise au jour par un Anversois. Catalogue
mss. qui m'a été communiqué en 1766.

— Jesus Christ apparoissant à S^e Thérèse, qu'un ange soutient tandis qu'un autre prépare une flèche ardente pour
percer le cœur de la sainte. Gravé horriblement mal par
F. de Roy, d'après un tableau fameux de Rubens, qui est
dans l'église des Petits Carmes — ou Déchaussés, — à
Bruxelles.

— S^e Thérèse intercédant auprès de J. C. pour le salut
des âmes du Purgatoire. Gravé au burin par Schelte de
Bolswert. Ce tableau est à Anvers, dans l'église des Carmes
déchaussés.

— Trois femmes marchant en compagnie, accompagnées
des Amours, dont les uns leur offrent des fleurs, les autres
des couronnes. Cette piece, qui ne porte aucuns noms d'artistes, est certainement de Rubens et bien composée. Elle est

gravée à l'eau forte par le même maistre qui a exécuté le sujet des Cinq vierges sages, et se trouve pareillement dans
l'œuvre de Rubens de M. de Beringhen.

— La lumiere de l'Evangile dissipant les ténèbres du pa-
ganisme ; la Loy nouvelle triomphant de l'erreur et de la
fausse sagesse des philosophes payens ; le triomphe de la
S⁰ Eucharistie ; les quatre Evangélistes ; S¹ Thomas d'Aquin
et les autres saints qui ont été les principaux deffenseurs de la
realité du corps de J. C. dans la S⁰ Eucharistie ; le Temps re-
tirant la Verité d'entre les bras de l'Erreur ; le triomphe de
l'amour divin. Gravés par N. Lauwers, Schelte de Bolswert et
Adrien Lommelin. — Ces sept morceaux ont été gravés d'a-
près les cartons de Rubens, qui ont été exécutés en tapisseries.—Les tableaux originaux, d'après lesquels les tapisseries
ont été exécutées, sont dans l'église des Carmes déchaussés
de la ville de Loeches, près de Madrid, fondée par le comte
d'Olivarès. Palomino, *Vie des peintres espagnols*, p. 298. — Il
y en a des copies chez les Carmes, à Bruxelles ; les originaux
ont, dit-on, été brulés lors de l'incendie du Palais, en 1731.
Voyez le *Peintre amateur*, t. I, p. 8. Il compte dix tableaux ;
tous dix ont été gravés.

— La guerre intestine que l'Esprit a à soutenir contre la
Chair, représentée sous l'allégorie du soldat chrétien volant
vers le ciel, où il est attiré par un ange qui le tire à lui au
moyen d'une corde attachée à sa cuirasse, tandis que le démon, voulant en faire sa proye, le tire avec une autre corde,
dans le dessein de le faire tomber dans le gouffre infernal.
Cette pièce, dont Rubens a fourni le dessein, et que Paul
Pontius a gravé assez peu heureusement, se trouve dans
l'œuvre de Rubens, chez le roy, accompagnée d'écrits imprimés qui sont disposés au pourtour. Le titre au haut porte :
Bellum intestinum hominis exterioris et interioris, etc. Aux
deux côtés de l'estampe est une pièce de poésie latine rela-

tive au sujet. Au bas est la dédicace de la planche, faite par des chartreux au prieur de la Grande Chartreuse, et l'adresse de Plantin, qui a imprimé cette feuille à Anvers en 1628. — Je l'ai dans mon œuvre, très-belle épreuve sans l'imprimé, et l'on y a écrit anciennement le nom de *Rubens delin.* et celui de *P. Pontius sculp.* 1628.

— Junon s'entretenant dans l'Olympe avec le père des dieux; dans une forme ovale. Gravé à l'eau forte, à Francfort, en 1631, par Guillaume Panneels. Excellentissimi pictoris P. P. Rubeni olim discipulus Guillel. Panneels Francofurti ad Mœnum pinxit, excudebat in horas V. — Je crois que cela signifie *vespertinas* (1). — Cette inscription se lit aux premières epreuves. La planche ayant quelque temps passé à Van Wyngarde, il l'a ainsy reformée ; Excellentissimi pictoris P. P. Rubeni Invent. Guill. Panneels Francofurti fecit.

— Junon, Minerve et Vénus se disputant la pomme d'or au repas des noces de Thétis. Gravé à l'eau forte par François Van Wyngaerde. — Il y en a une epreuve dans la collection du roi, où se voit le soin que Rubens a pris en la retouchant pour y mettre de l'accord et de l'intelligence de clair obscur. Elle en avoit grand besoin, car Vanden Wyngarde, plus marchand que graveur, n'étoit pas un grand grec, et je doute fort que ce soit lui qui ait terminé la planche au burin et qui l'ait mise dans l'état où elle se trouve.

— Les trois déesses se présentant pour estre jugées par Pâris. Gravé au burin par Adrien Lommelin. — Mal compo-

---

(1) Je comprendrais plutôt *in horas quinque.* Il n'y aurait rien que de très-simple à ce que la pointe de Panneels n'ait été occupée que cinq heures à tracer ce dessein sur le vernis, et conserver le souvenir qu'il n'y aurait travaillé que le soir me paraîtrait moins intéressant. L'épreuve du second état du cabinet des estampes a de plus la date : Anno 1631.

sée et encore plus mal exécutée; mais on dit que le tableau étoit peint à miracle. L'estampe est recherchée et chère.

— L'alliance de Neptune et de Cybelle, déesse de la terre. Gravé au burin par Pierre de Jode le jeune. — Le même sujet plus riche de composition, mais où se trouve peu de différence dans le groupe principal des deux divinités. Gravé au burin à Paris en 1770 par Vincent Vangelisti, d'après un tableau un peu plus qu'esquisse du cabinet de M. Caulet d'Hauteville, secrétaire du roi, qui est de même grandeur que l'estampe, laquelle, pour en dire la vérité, n'est pas trop dans le goût de Rubens.

—Des satyres surprenant Diane et ses nymphes endormies à l'ombre et se reposant des fatigues de la chasse. Gravé au burin par J. Louys, sous la conduite de Pierre Soutmann. — Le tableau est à Londres. Catalogue envoyé de Bruxelles. — Soutman exc. et D. D. cognato suo Jacobo van Campen pictorum celeberrimo. Je ne connois point de peintre de ce nom, mais bien un architecte qui a été fameux.

— Vénus sortant du bain, dans une forme ovale. Gravé à l'eau forte et terminé au burin en 1712 par H. Simon Thomassin. — Thomassin le fils étoit pour lors en Hollande, où l'avoit attiré B. Picart, de qui il est le disciple.

— Vénus et l'Amour s'efforçant par leurs caresses de retenir Adonis, qui part pour la chasse. Gravé à Bruxelles par P. J. Tassaert, d'après un tableau de Rubens du cabinet du comte de Cobenzl. C'est dommage qu'un si beau tableau soit si mal gravé.

— Borée enlevant la nymphe Orythie. L'on y voit plusieurs petits amours qui remplissent l'air et jouent avec des petits morceaux de gresle. Ce beau tableau de Rubens est gravé passablement bien par P. Spruyt qui n'est désigné que par sa marque. — Il y a une autre planche de ce même tableau qu'a fait graver à l'eau forte en 1745 un avocat du

conseil de Brabant, M. Verspecht; mais il s'en faut bien qu'il
soit aussi bien que la précédente. Le tout appartenoit alors
à cet avocat. Le graveur n'y a pas mis son nom.

— Une bacchanale où l'on voit d'un côté le père Silène au
milieu d'une satyresse et d'une moresque qui luy aident à
se soutenir, et de l'autre coté une autre satyresse couchée
par terre qui donne à tetter à deux de ses petits. Gravé à
l'eau forte par un anonyme. — Le tableau est présentement
dans la galerie de l'électeur palatin à Dusseldorp. Cat° envoyé de Bruxelles.

— La bacchanale gravée par Van Orley. Le tableau est à
Dusseldorff, et c'est un des plus beaux que Rubens ait jamais
fait. M. de Piles en a donné une description dans ses disser-
tations.

— Des satyres offrant des fruicts à des nymphes qui reviennent de la chasse, d'où elles rapportent du gibier; en
demy corps. Gravé au burin par Schelte de Bolswert. — Le
roy de Pologne, électeur de Saxe en 1743, a fait achetter ce
tableau à Paris. Je l'ay vu et j'en ay été saisi d'admiration.
Les animaux sont peints par Sneydre, et les figures, qui ne
sont icy que jusques aux genoux, sont entières dans le tableau. On y voit aussi dans un des côtés un berger qui baise
une bergère, que Bolswert n'a pas jugé à propos de graver.
Ce groupe l'a été par Cor. Boël. — Les têtes des quatre nymphes ont été gravées séparément par Melini, d'après une
miniature faussement attribuée à Rubens, laquelle appartient à M. le landgrave de Furstemberg. L'inscription qui
est au bas de la planche nous apprend que la gravure, qui
est fort mauvaise et nullement dans le goût du grand peintre
dont l'on a emprunté le nom, a été faite sous les yeux du
comte de Lemberg.

— Le père Silène accompagné d'un satyre qui luy donne
des raisins, d'une moresque qui lui pince la cuisse et d'une

vieille femme qui porte une cruche de vin. Gravé à l'eau
forte par Pierre Soutmann ou sous sa conduite. Les figures
sont représentées en demy corps. — M. Crozat avait une
guazze sur laquelle cette estampe a été gravée, M. de Tessin
l'a eue à son inventaire et je la regrette.

— Une nymphe accompagnant un satyre qui porte un pa-
nier remply de fruicts, en demy corps. Gravé au burin par
Alex. Voet le jeune. — M. de Richelieu a eu ce tableau.
M. de Piles en a fait la description.

— *Comme Walpole reproche à Rubens de n'avoir pas traité
ses satyres assez poétiquement, Mariette ajoute :* Cette accusa-
tion me semble injuste et très-mal fondée. M. Walpole voudroit-il que Rubens eut representé les satyres autrement
qu'ils le sont dans tous les monumens antiques. Il ne s'en
est point ecarté, et par là il s'est mis hors de tout reproche.
(*Notes sur Walpole.*)

— La statue de la Nature ornée par des nymphes, pendant
que Comus et les divinités de la terre attachent des festons
de fruicts à des arbres pour celebrer les festes de cette deesse.
Gravé au burin par Van Dalen le jeune. — A. Blotelingh ex.
En deux planches. — Le tableau est en Angleterre et peut
tenir auprès de tout ce que Rubens a fait de plus beau. On
l'a vu acheter il y a quelques années un prix exhorbitant.

— Meleagre faisant présent à Atalante de la hure du sanglier de Calydon. Gravé par Bartsch d'après le tableau de
Rubens; assez médiocre pièce où les chairs sont pointillées,
preferable cependant à celle de Meyssens, qui est le mesme
tableau. — Ce Bartsch étoit (il y 'avait d'abord *est*), si je ne
me trompe, garde d'un cabinet de tableaux en Allemagne.

— Meleagre faisant présent à Atalante de la hure du sanglier de Calydon. Gravé au burin par Corneille Bloemaert;
les figures sont en demy corps. — Le duc de Tallard avoit ce
tableau, qu'avoit apporté des Pays-Bas Gersaint. Il est peint

sec et n'a pas plu à bien des gens. Le roy de Prusse l'a fait acheter à la vente du duc de Tallard. Je le crois peint en Italie. Rubens tomboit alors un peu dans le sec et n'avoit pas tout cet accord qu'il a mis depuis dans ses tableaux.

—*Méléagre et Atalante.*—669. Mettra pour le roy de Prusse. On veut que ce tableau ne soit pas de Rubens. Je n'en puis pas convenir ; mais il est vray que ce n'est pas de ses belles choses. Il est peint et dessiné lourdement ; c'est un de ses ouvrages où il a mis le moins d'esprit. (*Catal. Tallard*, n° 143.)

— Thésée combattant à la tête des Grecs contre les Amazones. Cette pièce a été gravée en France depuis quelques années d'après l'original de Vorsterman. Comme on n'a pu joindre ensemble les six feuilles dont elle est composée, parce qu'elles auroient trop excédé la grandeur du volume, on y joint celle-cy qui donne l'œconomie de toute la composition, aussy nouvelle qu'elle est bien imaginée. — L'estampe originale, de Luc Vorsterman, est composée de six grandes planches gravées au burin en 1623. Elle est considérable lorsqu'on la trouve aussy bien imprimée et si bien conservée.

— Dédiée par Rubens à Alathée Taboth, comtesse d'Arondel. Antuerpiæ, kal. januarii 1623. — Les mauvaises épreuves, à Paris, chez Van Merlen. — J'ay veu le dessein sur lequel cette pièce a été gravée ; il étoit au crayon noir, fait par quelque disciple de Rubens, et ce grand peintre s'estoit contenté d'y donner quelques coups de plume dans des testes. Ce seroit un morceau sans prix s'il avoit continué sur tout le dessein le même travail, car il étoit alors bien en verve. Le Bellori, dans la Vie de Van Dyck, prétend que ce dessein est un ouvrage de Van Dyck.

— Hercules écrasant l'Envie. Gravé en bois, avec tout l'esprit possible, sur le propre trait de Rubens, par Christophe Jegher. — C'est un des tableaux du plafond de la salle des banquets, dans le palais de Whitehall, à Londres.

— L'histoire d'Achilles représentée en une suite de huit pièces gravées à l'eau forte à Anvers, en 1679, par François Ertinger, d'après les desseins de Rubens faits pour estre exécutés en tapisseries. — Les mêmes gravés à Londres en 1724, par Bernard Picart, d'après les esquisses peintes par Rubens du cabinet du docteur Mead (1).

— Thomiris, reine des Scytes, faisant plonger la teste de Cyrus dans une cuvette pleine de sang. Gravé au burin en 1630, par Paul Pontius. Cet habile graveur s'est surpassé luy mesme dans cette estampe, qui est asseurement une des plus belles que l'on ait exécutées d'après les tableaux de Rubens. Celuy cy appartenoit à la reyne Christine de Suède. Monsieur le duc d'Orléans vient d'en faire l'acquisition (2). — Copie de cette estampe rendue de la même grandeur et du même sens que l'originale. Elle est gravée au burin par Ragot, qui avoit un talent particulier pour copier les estampes de Rubens. — M. Crozat a le dessein très fini sur lequel l'estampe de Pontius a été gravée. Rubens les faisoit faire par ses disciples et les retouchoit ensuitte, et donnoit toute l'intelligence. — Celuy cy mesme est presque tout de luy. — Rubens a changé plu-

---

(1) Sont-ce les mêmes que celles qui faisaient, en 1798, partie de la galerie du palais Barberini, à Rome, et qui passèrent alors entre les mains de M. J. P. Collot. Une note de celui-ci en tête de sa *Notice sur une collection de sept esquisses de Rubens représentant la vie d'Achille* (Paris, Didot, in-8° de 49 pages, sans date, mais publié en 1848 ou 1849, puisque M. Collot disait alors les posséder depuis 50 ans), nous apprend que les compositions étaient entourées d'encadrements peints, que les mouvements des personnages étaient représentés en sens inverse, particularités naturelles à des modèles de tapisseries, et que la vente des tapisseries du roi Louis Philippe faite à Monceaux en avait offert une faible copie. Les tapisseries originales faites pour Philippe IV (d'Argenville, III, 293) seraient, dit-on, à la cour de Vienne.

(2) Ce n'est pas le tableau du Louvre, mais celui de la collection du comte Darnley, en Angleterre. (Villot, école flamande, 1re édition, n° 433.)

sieurs choses dans le dessein qui a servi à graver, tant dans la disposition des figures que dans celle des ombres et des lumières, ce qui fait voir combien il estoit profond dans la science du clair obscur. Il voyoit qu'il n'avoit que du noir et du blanc pour tirer à l'effect, au lieu que plusieurs couleurs différentes y contribuoient dans son tableau, et dès lors il y sentit la nécessité de changer l'œconomie de lumières pour produire un effect piquant, et c'est ce qu'il a si heureusemen rempli dans toutes ses estampes qui ont été exécutées dan_s les mêmes principes. — J'ay acheté à la vente de M. Croza ce dessein, qui est d'une extrême beauté (1).

— La reyne de Saba devant Salomon. Gravé à l'eau forte vers 1763, par Spruyt, peintre à Anvers. Sans aucun titre.— Ce n'est point la reyne de Saba ; c'est la Continence de Scipion, que je croyois de Van Dyck.

— La continence de Scipion. Il est assis dans un trône au devant duquel sont à genoux les deux accordés. Le jeune homme donne la main à sa maitresse, dont une vieille supporte le voile ; derrière celle-ci un homme porte un vase, etc. Pièce gravée à l'eau forte assez mal d'après un tableau ou dessin.— L'invention est de Rubens et non de Van Dyck. — On m'assure que la gravure est de Spruyt, peintre établi à Anvers ; j'ai vu de meilleures choses de lui.

— Scipion l'Affriquain rendant à son epoux une jeune femme d'une grande beauté que l'on avoit fait captive et qu'on luy avoit amené. Gravé au burin par Schelte de Bolswert. C'est un des derniers ouvrages de ce graveur et qui se ressent de la foiblesse de l'age. — C'est une des plus mauvaises choses de Bolswert. Le tableau étoit chez la reyne de Suède. Il est de la mesme grandeur que la Thomiris et d'une

(1) Acheté à la vente de Mariette 1201 livres 1 sou par Basan.

grande beauté. — Il est au Palais-Royal et fait pendant à la
Thomiris. J'ai un extremement beau dessein de Van Dyck
pour le mesme sujet, qui sembleroit faire croire que le disciple avoit voulu jouter avec le maître.

— Deux têtes accouplées, dont une est celle d'un guerrier
en cuirasse. Gravé à l'eau forte par H. Gilisen, 1764, et dédié
par lui à F. Las, son ami, qui avoit le tableau. Ce Gilis,
pensionnaire de la cour de Vienne, l'a exécuté à Bruxelles, et
là dédicace porte que c'est sa première planche. Aussi n'est-
elle pas trop bien.

— Divers bustes antiques dessinés par Rubens, et gravés
au burin sous sa conduite en l'année 1638. — J'ai vu chez
M. Crozat deux desseins de Rubens pour ces bustes; ils étoient
à la plume et dessinés très ferme, mais peu ou point du tout
dans le goût antique. — Presque tous sont dans la collection
du roy, retouchés de la main de Rubens avec une intelligence
merveilleuse. Les graveurs étoient bien heureux d'avoir un si
bon conducteur; quelqu'habiles qu'ils fussent, ils n'auroient
jamais été capables par eux mêmes de leur faire produire un
si grand effect de clair obscur.

— Un buste de Seneque. Gravé par Corneille Galle le vieux;
il n'est pas de la suite précédente; il se trouve à la teste des
œuvres de Senèque, imprimées à Anvers en 1614. — Balth.
Moretus, dans un avertissement à la tête du livre, en donne
l'honneur du dessein à Rubens (1).

— Senecque expirant dans le bain. Gravé au burin par Corneille Galle le vieux, d'après la statue antique qui est dans

<hr>

(1) Lipsius avait publié une première édition de Senèque de son
vivant; cette seconde parut après sa mort, et comme le portrait de
la première était fautif, Moretus obéit au desir de Juste Lipse en
en donnant un nouveau : Defuncti igitur judicio merito lubenter
satisfacere conantem, opportune Petrus Paulus Rubennius, ævi

la vigne Borghèse à Rome, dessinée par Rubens. —Se trouve
dans l'edition des œuvres de Senèque, faite à Anvers par Moretus en 1605, aussi bien que le buste du même philosophe
qu'a gravé Corn. Galle.

— Ce mesme philosophe se faisant couper les veines et
ayant auprès de luy un de ses disciples qui recueille ses dernières paroles. Gravé au burin par Alex. Voet le jeune, d'a-
près un tableau de Rubens, où ce peintre s'est encore servy
de la statue antique que l'on vient de voir. — Aux secondes
epreuves *Corn. Galle exc.*, et l'on n'y voit plus le nom de
Voet. — Rubens a employé dans cette composition la statue
antique de Senèque, telle qu'elle se voit à la vigne Borghèse (1). Il n'y a de lui que les figures accessoires.

— Cimon allaité par sa propre fille dans la prison. Gravé
au burin par Corneille van Caukercken, et traité differemment que le mesme sujet gravé par Alex. Voet le jeune. —
Dédié à Carolo Vanden Bosch, Brugensium episcopo. Le tableau original étoit pour lors dans le cabinet du prélat.

—Constantin combattant contre le tyran Maxence; Maxence
tombant dans le Tibre; Constantin couronné par la Victoire
auprès des trophées qu'on luy a elevés. *Balthazar Moncornet
exc.* Le roy a cette tenture, qui consiste encore en plusieurs
pièces. — Aux deuxièmes épreuves, *Drevet exc.*; mais je ne
-sçais s'il a la planche de Constantin couronné par la Victoire.

— On voit au Palais-Royal une suite de petits tableaux es-

---

nostri Appelles, adjuvit qui cum uberrimum rei antiquariæ the-
saurum Roma Antuerpiam attulerit, nec eximii philosophi imagi-
nem præ aliis veteris ævi deliciis neglexit, atque adeo pro suo in
Lipsium atque ipsum Senecam affectu duplicem eam liberaliter sup-
peditavit.

(1) Cette statue est au Louvre; la cuve est moderne, et il est
maintenant établi que la figure ne représente pas Senèque, mais
un vieux pêcheur.

quisses qui ont été faits par Rubens pour toute la tenture. Ils ont été gravés par Tardieu.

— Une tapisserie dont le tableau, représentant sous des figures allégoriques la Paix et la Guerre, ou l'Age d'or e l'Age de fer, appartient au lieutenant général Campbell. L'on y voit à travers d'une ouverture ou porte un paysage, qui offre d'un côté une campagne riante et de l'autre une ville en feu; cette porte est à demi fermée sur le devant par des balustrades sur lesquelles posent deux trophées; celui qui est à droite est composé de fruicts et d'instrumens de labourage, l'autre est un amas d'armes; la même idée se soutient dans toutes les parties de la composition. L'estampe, dediée au prince de Galles, est gravée par G. Bickham le jeune à l'eau forte, et ce n'est pas l'ouvrage d'un habile graveur; il s'en faut beaucoup.

— L'homme vertueux s'elevant par la piété et par son courage jusque dans le ciel, où il est couronné par l'Industrie et par Minerve, déesse de la Sagesse. Gravé à l'eau forte par Luc Vorstermàn le jeune, d'après un plafond de forme ovale.

— Première pensée de Rubens pour le tableau du milieu du plafond de la salle des banquets, dans le palais de Whitehall à Londres.

— A l'egard de ce que dit M. Walpole que Rubens vint à Paris pour y peindre la galerie du Luxembourg, cela n'est pas dans l'exacte verité. Les tableaux furent exécutés à Anvers. Rubens, qui avoit fait un premier voyage à Paris pour prendre les ordres de la reine, y revint en 1625 pour mettre en place son ouvrage, et n'eut alors qu'à y donner la dernière main et à peindre d'après nature des têtes qu'il n'auroit pu autrement faire que d'invention. (*Notes sur Walpole.*)

— M. le baron de Thiers a quelques-unes des esquisses de Rubens pour les tableaux de la galerie du Luxembourg. Elles sont legerement faites à l'huile et en blanc et noir, sur de petites planches de bois. Voyez le catalogue de ses tableaux, pages 8 et 13. (*Notes sur Walpole.*)

— L'histoire de Marie de Medicis, reyne de France, peinte dans la gallerie du palais du Luxembourg, à Paris, en vingt-quatre tableaux, qui ont été gravés par les plus habiles graveurs de France, sur les desseins des sieurs Nattier (1).

— On dit que la reyne avoit dessein de faire peindre dans une autre galerie les actions de Henri le Grand, et que Rubens commençoit d'y travailler lorsque les malheurs arrivés à cette princesse derangèrent ce beau projet et le firent echouer. Voyez l'*Abregé de la vie des peintres*, vol. 2, p. 140. — On trouve dans les mss. de Béthune, à la bibliothèque du roi, une lettre originale de Richelieu, ecrite à la reyne du camp de Maurienne (1630), quelque temps avant qu'il eût perdu les bonnes grâces de cette princesse. Il lui propose, dans cette lettre, Josepin, pour peindre la seconde galerie de son palais du Luxembourg, et il assure Sa Majesté que ce peintre l'exécutera au même prix que le s^r Rébens; c'est ainsi que Son Eminence écrit le nom de notre artiste. Cet avis n'étoit guère capable de faire impression sur la reyne; son parti étoit pris. Rubens avoit déjà fait quelques esquisses (2). M. Coypel, mort premier peintre du roi, en avoit une qui représentoit le triomphe d'Henri IV. Madame la Dauphine la fit acheter à sa vente, en 1753, pour en faire présent au roi de Pologne, son père; elle est à présent dans la galerie royale de Dresde. (*Notes sur Walpole.*)

— Union d'Henry IV avec Marie de Medicis. Ce prince, qui tient une branche de laurier, marche auprès de la reyne,

---

(1) Cf. cet Abecedario, IV, 49 et 51.
(2) Cf. dans les *Archives* (Documents, I, 91-92), une note de l'un de nous sur ce sujet et le résumé de toute l'histoire de la galerie dans le livret de M. Villot.

son épouse, et l'Amour, qui vole derrière eux, les eclaire de son flambeau. Gravé d'après une esquisse originale de Rubens, qui est à Anvers, dans le cabinet de Monr Van Schorel, par P. Martenasie, que nous avons vu à Paris travailler sous M. Cars, et qui, à en juger par ce morceau, ne fera jamais un grand graveur.

— La ville qui a donné naissance à Henry IV, portant entre ses bras ce jeune prince qui tend la main pour recevoir une épée flamboyante que lui donne le Dieu des armées. Sur le devant est un fleuve couché parmi des roséaux, et dans le ciel des enfants portent la lance et le bouclier dont le prince doit se servir dans la suite. Gravé par le même P. Martenasie, d'après une esquisse de Rubens, qui est pareillement au cabinet de M. Van Schorel, à Anvers. Elle fait pendant avec la précédente, et l'une et l'autre paroissent avoir été faites pour une seconde galerie que Marie de Medicis avoit projeté d'orner de tableaux dans son palais du Luxembourg, et qui devoit seule être consacrée à la mémoire d'Henry IV.

— Le sénat d'Anvers ayant résolu de celebrer avec toute sorte de magnificence l'entrée que le cardinal Ferdinand, infant d'Espagne, devoit faire dans leur ville en l'année 1635, chargea Rubens du soin de faire dresser les arcs de triomphe et autres decorations convenables en pareille occasion. Il avoit fort peu de temps, mais son génie, facile à produire, luy en tint lieu, de sorte qu'il donna bientost tous les desseins, qu'il fit exécuter sous ses yeux par ses disciples, n'ayant réservé que deux seuls tableaux qu'il fit entierement de sa main. Theodore Van Thulden, qui estoit de son école, pris le soin de dessiner tout ce qui se passa à l'occasion de cette feste et le grava ensuite pour en transmettre la mémoire à la postérité. — Cette fête coûta plus de deux cent mille écus à la ville d'Anvers, qu'elle fut obligée d'emprunter, et dont elle fait encore aujourd'hui la rente.

— Le portrait de Ferdinand, cardinal et infant d'Espagne, gouverneur des Pays Bas, en demy corps. Gravé au burin par Jacques Neefs. On lit sur la planche : *T. Van Thulden del.*; et sans l'avoir vû, je gagerois que cet élève de Rubens a fait ses desseins d'après un tableau de Velasquez; l'ajustement du portrait m'en fournit la preuve.

— Neptune reprimant la violence des vents; l'entreveue du cardinal infant et de Ferdinand, roy de Bohême et de Hongrie. — Le Neptune, dont le tableau est présentement à Paris, est un excellent morceau. — L'entreveue est aussy un parfaitement beau tableau; les figures de devant sont de Rubens; tout le reste des fonds est peint par Van Dyck; le disciple n'y paroist pas inférieur au maistre. — Le Neptune est à present, en 1731, chez M. de la Fage — mort en aoust 1731; aujourd'hui ce tableau est dans la galerie de Dresde, et il y en a une estampe gravée par Daullé.

— J'ai vu dans l'œuvre qui est à la bibliotheque du roy l'epreuve de la représentation d'un arc de triomphe qui ne put être dressé pour l'entrée de l'archiduc dans Anvers, parce qu'on n'en eut pas le temps. Elle fut gravée depuis separement, mais très-mal, en une grande pièce, au bas de laquelle est ce titre : Arcus hic, destinatus ad quadrivium fori vulgo dicti Livii, non fuit erectus defectu temporis. P. P. Rubens pinxit, Gillis Hendricx ex. Cette pièce n'est que curieuse, car l'ordonnance même de l'arc n'est pas merveilleuse.

— Albert, archiduc d'Autriche, prince des Pays Bas; Isabelle-Claire-Eugénie, infante d'Espagne, princesse des Pays Bas, épouse de l'archiduc Albert. En demy corps, gravés au burin par Jean Muller, en 1615. — Rubens peignit ces deux portraits presqu'en arrivant d'Italie.

— Le portrait du comte d'Arundel, par Rubens, a été gravé par Houbraken, et fait partie du Supplement des portraits des hommes illustres de la Grande-Bretagne, publié par Birch, en 17.. (*Notes sur Walpole.*)

— Portrait du comte d'Arundel, en buste, gravé à l'eau forte par J. L. Krafft, d'après un dessein fait de mémoire par Rubens.

— Le portrait dont Hecquet fait mention dans son catalogue de l'œuvre de Rubens, p. 84, sous le n° 40, qu'il dit avoir trouvé dans l'œuvre du roi, et dont il n'a pu donner le nom faute d'inscription, est celui de Wolf. Guillaume de Bavière, comte palatin du Rhin. Il est représenté avec un simple collet, la toison suspendue à un ruban, et ayant pour habit un pourpoint de velours noir. L'épreuve qui est indiquée par Hecquet a été tirée avant que la planche fût entièrement terminée et lorsqu'il n'y avoit encore que le seul portrait de gravé. Depuis, Vorsterman, qui m'en paroît estre le graveur, a accompagné le portrait de quatre enfans, dont deux soutiennent une couronne de laurier au-dessus du portrait, et ces figures d'enfans, ainsi que tous les autres accompagnemens, sont, à n'en point douter, du dessin de N. Vanderhorst, quoyqu'on ne voye ni son nom ni celui du graveur sur la planche. On n'y lit point non plus le nom du prince, mais seulement dans un cartouche, au bas du portrait, quatre vers françois, dont le premier commence ainsi : *La vertu ne se peine*, etc., et dans la bordure du portrait : Hoc virtutis opus. La planche porte 5° 8′ h. sur 3° 10′ tr. Ce qui est chez le roi n'en est qu'un fragment qui a 3° 3′ h. sur 2° 6′ tr.

— Le portrait de N... (Corte-Real, à ce que je crois), femme ou mère de D. Manuel de Moura, marquis de Castel Rodrigo, gouverneur des Pays Bas, en buste, avec les armes de cette famille. Ce portrait est d'une plus grande suitte ; nous en avons quelques-uns dans notre œuvre, et M. le Premier en avoit aussi d'autres dans son œuvre, dont les épreuves, de même que celle de ce portrait de femme, étoient retouchées de Rubens. Celuy cy est fort bien gravé et fort rare; il est en buste. — D. Cristoval, marquis de Castel Rodrigo, en buste. — Ces trois portraits sont de même suite et fort rares; je ne crois pas qu'il y en ait d'autres de gravés. — J'ay des épreuves de ces deux portraits retouchées par Rubens, où Paul Pontius avoit écrit lui même son nom au bas et celui de Rubens. Toutes les épreuves que j'ay eu occasion de voir de ces trois portraits, tant celles de l'œuvre de M. de Beringhen que celles de M. Boule, de M. Chuberé et les nôtres, étoient toutes retouchées par Rubens même; il est singulier qu'il en ait retouché jusqu'à quatre épreuves.

— Charles Quint, empereur et roy d'Espagne, en demy corps, peint par le Titien, et gravé au burin, sous la conduite de P. P. Rubens, par Luc Vorsterman, qui en a fait un de ses meilleurs ouvrages. — E Titiani prototypo P. P. Rubens exc. Sans nom de graveur. — Tres belle estampe. — Rubens avoit apparemment copié ce tableau en Espagne.

— Charles d'Autriche, infant d'Espagne, fils de Philippe III, en buste, dans une forme ovale. Gravé au burin sous la conduitte de Pierre de Jode le jeune. — Je doute que ce soit le portrait de Charles, frere cadet de Philippe IV. J'estime que l'inscription mise au bas de la planche n'est pas vraye, et que c'est plustost le portrait de Philippe IV, roi d'Espagne; c'est précisément le même profil, les mêmes traits que dans le portrait de ce prince qui se trouve au frontispice de l'Entrée du card^{al} infant dans Anvers. — J'en ai le dessein de Rubens.

— On prétendoit que les testes des portraits de Christian IV, roi de Danemark, et du marquis Spinola, gravés par Muller, étoient de Rubens, mais j'en doute. — Ou plustost je suis convaincu du contraire.

— Isabelle d'Est, épouse de François de Gonzague, marquis de Mantoüe, en demy corps. Gravé au burin, avec tout l'art possible, par Luc Vorsterman, sous la conduite de Rubens, et d'après un excellent tableau de Titien. — E Titiani prototypo P. P. Rubens ex. Sans nom de Vorsterman, mais cependant de luy et de ses plus belles choses.

— Le portrait de Ferdinand d'Autriche, cardinal, infant d'Espagne, gouverneur des Pays Bas. Il est représenté en pied, armé d'une cuirasse et de cuissards, le chapeau sur la tête, et dans la main droite le bâton de commandement. Gravé en bois à Anvers, par Christophe Jegher, sur le dessein d'Erasme Quellinus, qui certainement a été fait d'après Rubens; les mêmes figures, à très peu de chose près, se trouvent employées dans un des arcs de triomphe de l'entrée dudit archiduc dans Anvers.

— Monument érigé dans l'église cathédrale d'Anvers à la mémoire de Jean Gevartius, jurisconsulte, mort chanoine de cette église; son portrait en buste est placé au dessus de l'inscription, et de chaque coté sont représentées la Paix et la Justice. Gravé au burin par Lommelin. — P. P. Rubenius delin. — Jean est le père de Gaspar Gevartius. — Ce monument est placé dans la chapelle de S. Cosme et S. Damien, en l'église cathédrale d'Anvers. Rubens en a fourni le dessein, et la sculpture est d'Arthus Quellinus, qui a exécuté celle de la maison de ville d'Amsterdam. Voir le *Peintre amateur*, t. I, p. 236, et la *Description des peintures d'Anvers*, p. 16.

— L'archiduchesse Isabelle-Claire-Eugénie, par P. de Jode, en buste; c'est d'après le portrait de cette princesse, qui a été gravé par Muller.

— Juste Lipse, en buste, dans un cartouche ovale, auquel sont adossées deux cornes d'abondance. Gravé au burin par Corneille Galle le vieux. — Il y a un portrait de Juste Lipse, la tête seule, qui ressemble fort à celui-ci, mais il est gravé par P. de Jode le vieux d'après Ab. Janssen, et peut-être

Rubens s'en est-il servi et n'a-t-il fait que composer les environs qui environnent ce portrait, qui a été fait pour être placé dans l'édition des œuvres de Senèque, par Juste Lipse, faite en 1614.

— François de Medicis, grand duc de Toscane, père de la reyne; Jeanne d'Autriche, grande duchesse de Toscane, mère de la reyne. Pour la galerie de Medicis de Nattier. Les testes de ces deux portraits ont été gravées au burin par Gérard Edelinck; tout le reste l'a été par Antoine Trouvain.

— Portrait de Michel Ophovius, eveque de Bois le Duc, et de l'ordre des Frères precheurs. Il étoit le confesseur de Rubens; les qualités se trouvent écrites en latin au bas de la planche qui a été gravée à Anvers, et a paru en 1761. N. V. D. (Nicolaus van den) Liden Bergh. f. acqua forti. Antw., apud PP. Præd.; c'est à dire que le tableau est chez les dominicains d'Anvers.

— Hecquet, dans son catalogue de Rubens, page 84, n° 41, fait mention d'un portrait sans nom, avec la Toison, qu'il a trouvé dans l'œuvre de ce peintre chez le roi, et qu'il estime être celui d'un grand d'Espagne. C'est celui de Philippe IV, roi d'Espagne. Il est en buste, avec la gorille à l'espagnole et le collier de la Toison; son habit est garni de boutons et de quantité d'ornemens en broderie relevée. C'est un simple buste dans un ovale. La gravure tient de celle de L. Vorsterman, et, quoyqu'elle ne soit pas tout à fait digne de cet habile graveur, je la crois pourtant de lui. Le portrait est le même qu'a gravé J. Louis pour P. Soutman. J'ignore si la planche est demeurée imparfaite. L'epreuve que j'ai n'est pas plus avancée que celle qu'on voit chez le roy. Seulement dans la mienne, il y a une bordure tracée à la plume autour de l'ovale, et le nom de Philippe IV écrit au bas pareillement de la planche. L'ovale seule a 4° 6′ h. sur 3° 6′ travers, et la planche entière porte 7° h. sur 6° tr. J'ai de même grandeur et de même gravure un portrait de Charles Ier, roi d'Angle-terre, qui semble fait pour être le pendant de celui-ci, de Philippe IV.

— Paul Pontius a gravé d'assez beaux portraits de per-sonnes de la famille Roelans, et il y a des gens qui prétendent que c'est d'après Rubens. J'en doute fort et crois qu'il faut être fort reservé à lui attribuer des ouvrages sans en avoir des preuves.

— Portrait de Pierre-Paul Rubens, en demy corps, peint par luy mesme, et gravé au burin, avec toute l'intelligence possible, par Paul Pontius, en 1630.

— Les deux portraits de Rubens qui sont dans la suite des portraits des peintres peints par eux mêmes dans la galerie de Florence, et surtout celui qu'a gravé J. M. Preisler, en 1737.

— Le portrait de Rubens, en demi corps. Gravé à Londres par Simon Wats, en 1768, d'après un dessein de la collection de M. Thomas Hudson, peintre. Celui d'Helène Forman, 2e femme de Rubens. Gravé en 1770, par le même Simon Wats, d'après un dessein appartenant au même Thomas Hudson. Cette figure a été employée par Rubens dans son sujet de la Conversation, et elle n'est ici que jusqu'aux ge-noux. L'un et l'autre dessein paroissent n'être faits qu'au crayon et ne sont guères que des ébauches peu arretées. Ils doivent faire partie d'un recueil d'estampes gravées d'après des desseins que se propose de donner au public un amateur nommé C. Rogers; mais si tous ne sont pas de meilleur choix, ce recueil ne sera pas fort interessant et donnera une assez mauvaise idée des desseins qui sont en Angleterre, ou tout au moins du goût de celui qui en a fait le choix. Il m'a envoyé ceux ci pour essai.

— Le portrait de Pierre Paul Rubens, en buste, dans un cartouche orné de guirlandes de fleurs. Gravé par Jean Audran, en 1710, d'après Ant. Van Dyck. — Le mesme qu'a gravé P. Pontius, mais avec cette difference qu'on luy a oté le chapeau (1).

— *Walpole appelant Elisabeth la femme de Rubens, Mariette ajoute* : Elle se nommoit Isabelle ; c'est ainsi qu'elle est nommée dans l'epitaphe de Jean Brant, senateur à Anvers et beau père de Rubens, qu'on lit dans l'eglise de S. Michel, à Anvers. (*Notes sur Walpole.*)

— La seconde femme de Rubens, Helene Forman. Elle est representée en demie figure, est habillée en bergère et presse de la main un de ses têtons. Le graveur anglois, Guillaume Elliot, qui a exécuté depuis peu (1764) cette planche à Londres, et qui y a mis plus de propreté que de goût, a feint une fenestre, à travers l'ouverture de laquelle paroît sa figure. Il a dédié sa planche au comte de Lichtfield.

— Helene Forman, femme de Rubens ; ce titre en anglois. C'est une demie figure, et elle est représentée en bergère, tenant de la main droite un bouquet de roses et sa houlete qui passe sur son epaule ; le sein à demi découvert. Cette pièce, gravée en manière noire par W. Pether, à Londres, en 1769, d'après le tableau étant dans la collection du docteur R. Bates.

— Rubens, accompagné de sa femme, qui tient un de ses enfans par la lisière. Ce tableau, qui est composé gracieusement dans le même goût que le sujet de conversation gravé par Jegher, est dans le château de Bleinheim, et appartient au duc de Malborough. Il a été gravé en manière noire à Londres, en 1758, par Jacques Mac Ardell.

— Le buste de Philippe Rubens, frère du peintre, posé sur

---

(1) Récemment M. de Bark a fait graver en fac simile, par M. Chenay, un charmant portrait de Rubens par lui-même ; c'est celui-ci qui avait été mal gravé pour l'histoire de Michel. Le dessin a figuré depuis à la vente Thibaudeau.

un autel antique au devant duquel on lit : *Piis manibus Philippi Rubenii*. Il mourut en 1611, âgé de 38 ans. Il avoit été secrétaire du président Richardot, étant à Bruxelles, et précepteur de son fils, qu'il avoit accompagné en Italie ; et, étant à Rome, il avoit été secretaire d'Ascagne, cardinal Colonne. Il étoit fils de Jean, citoyen et sénateur d'Anvers, et avoit étudié avec fruict sous le fameux Juste Lipse. Tout cela pris de son epitaphe, dans l'eglise de St Michel, à Anvers. On en trouve encore une dans le même lieu dont je suis bien aise d'extraire une note ; c'est celle de Jean Brant, sénateur à Anvers et beau père de Rubens. Ce peintre avoit épousé sa fille aînée nommée Isabelle. Le beau père mourut en 1637.

— Il faudra examiner dans le livre *De re vestiaria veterum*, autore Alberto Rubenio, Antverpiæ, 1665, s'il y a quelques morceaux dont son père ait donné le dessein.

— Les trois enfans de Rubens. Le plus âgé, qui est une petite fille, tient par le collier un gros dogue sur lequel son petit frère est monté et se tient à cheval, et le plus jeune des trois enfans est en robe et dans un chariot. Pièce gravée en manière noire à Londres, en 1767, par J. J. Tassaert, d'après un tableau qui est, dit l'inscription angloise au bas de la planche, à Anvers, et appartient à J. Bertils, brocanteur de tableaux. L'estampe est assez médiocre, mais elle vient d'après Rubens, et c'est un titre pour la faire payer cher.

— La famille de Rubens. *Ruben's family, L. Boydell excudit*. Assez médiocre. Gravée en manière noire par Tassaert, en 1768, d'après une miniature qui est au cabinet du roi d'Angleterre, qui est, dit-on, de Fruytiers, d'Anvers, et a été faite d'après un tableau capital de Rubens. L'on y voit quatre enfans, dont les deux premiers représentent un petit garçon qui donne la main à sa sœur. Un plus petit, qui vient ensuite et marche ayant entre les jambes un petit cheval de bois, en fait autant à une petite fille. Les enfans sont accompagnés de deux gouvernantes, dont une tient sous le bras une corbeille de fruicts. La composition, qui est d'un froid qui glace, n'est pas digne de Rubens, et je jugerois, sans avoir vu le tableau, qu'elle lui est faussement attribuée. On cherche de grands noms pour faire valoir et acheter les estampes qu'on met au jour, et Tassaert, plus qu'un autre, est accusé d'avoir souvent usé d'une pareille supercherie.

— Il y a dans l'œuvre de Rubens, au cabinet des estampes du roi, un portrait en buste d'un guerrier en cuirasse et avec une fraise autour du col, la main droite appuyée sur un bâton de commandant. Il est dans un ovale et sans nom ; on lit seulement dans un cartouche, au bas, quatre vers latins, dont les premiers mots sont : Fronte, oculis, vultu, etc. On le donne à Rubens ; il n'en est pas cependant ; mon père le croyoit gravé par Vorsterman, et moi je l'estime plustost de P. Jode, d'après le dessein de Vanderhorst. C'est le portrait de Rodolphe, marquis, duc de Saxe Lawembourg, mort au service de l'empereur, en 1647. L'ovale ne porte qu'environ 3° 6′ de h. sur 3° de large, et se trouve placé vis à vis des armes du prince, et sur la même planche, qui contient la généalogie de sa maison, sont aussi deux de ses devises. J'en ai une épreuve complette ; le portrait seul qui est chez le roi n'en est qu'un fragment.

— Il y a des gens qui pensent que Rubens a eu part au portrait du marquis Spinola, que J. Muller a gravé en 1615, d'après Mirevelt ; pour moi je n'en crois rien. Ils en disent autant du portrait de Christian IV, roi de Danemark, gravé par J. Muller, d'après P. Isaac, en 1625, et je n'en crois rien encore ; — car, si Rubens y avoit été pour quelque chose, auroit-on eu le front de graver sur les planches des noms d'autres peintres, et de peintres aussi connus et aussi renommés que l'étoient alors pour les portraits Mirevelt et Isaac ?

— Emmanuel Sueyro, — auteur d'un livre imprimé à

Anvers en 1624 (Annales de Flandres); le portrait de l'auteur s'y trouve, et le frontispice est pareillement gravé par P. de Jode le vieux. — Aux premières épreuves il n'y a point encore le nom de Rubens, qui y a été mis depuis.

— Hecquet, dans son catalogue de l'œuvre de Rubens, page 74, n° 38, employe une estampe qu'il a vue dans la collection du roi et qui représente, dit-il, un tombeau avec un prêtre en chasuble. Je l'y ai vû comme lui, et j'ai trouvé que c'étoit le tombeau de Roger de Tassis, doyen de la cathédrale d'Anvers, mort en 1593, que lui ont fait ériger, dans l'église des Begards de cette ville, où il est enterré, deux de ses frères, Jean Baptiste, mort en 1609, et Léon, mort en 1612. Ce doyen d'Anvers est représenté vêtu des ornemens sacerdotaux, c'est à dire en chasuble, soutenant sa tête de son bras droit, qui est appuyé sur un coussin, et il est couché sur son tombeau, qui se trouve logé dans un enfoncement percé en arcade. Cette pièce est du nombre de celles dont est parsemé le livre intitulé : *Marques d'honneur de la maison de Tassis*, imprimé à Anvers en 1645, folio, et l'on y lit ordinairement au pied les noms du dessinateur et du graveur : *N. Vanderhorst delin.* et *Corn. Galle junior · sculp.*, lesquels noms manquent sur l'epreuve que je possède, ainsi que sur celle du roi, parce que l'une et l'autre sont des premières épreuves avant la lettre. Quelque persuadé que je sois que Rubens n'a eu aucune part à cette planche, qui a paru dans un livre imprimé depuis sa mort, je l'ai pourtant rangée à tout hasard dans mon œuvre pour me conformer au sentiment de plusieurs curieux, et parce qu'on est dans la persuasion, aux Pays Bas, qu'il en a fourni le dessein, ou que du moins l'ordonnance du tombeau a été fournie par lui. On en croira ce qu'on voudra. La mesure de cette pièce donnée par Hecquet est fausse; elle doit porter 5° 10′ h. sur 8° 10′ travers.

— Le portrait du pape Urbain VIII, buste gravé par Corn.

Galle le vieux, pour une édition faite à Anvers des poësies du dit pape, dont Rubens a fourni le dessein du frontispice, et je crois qu'il a pareillement conduit le graveur pour son travail, et dans la copie du portrait du pape pointillé d'après le Bernin, auquel il a donné plus d'effet de clair obscur.

— Le B. H. Simon de Valence; buste dans une forme ovale; il tient un lys et un crucifix; nous en avons une epreuve sans lettres parmy nos portraits de Galle; le nom de Rubens n'y a jamais été mis, et il est douteux que ce soit d'après luy, quoyque le portrait soit bien.

— Un portrait de femme en buste. Ses cheveux frisés tombent par devant sur sa fraise, et par derrière ils sont liés et forment une queue qui tombe sur son épaule gauche. Ce tableau, qui est dans la gălerie electorale de Dresde, a été gravé par Joseph Canale, sur le dessein de C. Hutin. La planche n'est point entrée dans aucun des deux volumes de la Galerie de Dresde. Apparemment qu'elle estoit reservée pour un 3e volume, qui n'a pas eu lieu.

— Le portrait d'un vieillard, dont l'habit est boutonné par devant, et qui porte une fraise autour du col; demie figure gravée par J. Daullé. — Un portrait de femme faisant pendant avec le précédent. Elle a une fraise autour du col, et son corps de robe est boutonné. Demie figure gravée par P. Tanjé. Ces deux planches ont eu le même sort que celle de Canale, qui les précède, et viennent aussi d'après les tableaux de la galerie de Dresde.

— Une famille composée d'une femme qui, dans son négligé, est assise et tient sur ses genoux un enfant nouveau né, un autre enfant en robbe s'appuye sur les genoux de cette femme et est accompagnée d'un petit garçon plus âgé, dont le dernier, qui regarde la femme qu'on peut considérer comme sa mère, porte la main à un rideau. Ce beau tableau de Rubens, qui est en Angleterre, a été gravé à Londres en manière noire, par C. Mac Ardell, et la planche n'a pas tiré, dit-on, cinquante épreuves, encore toutes assez imparfaites. Celui qui la faisoit graver et à qui appartient le tableau, piqué d'avoir trouvé la planche chez un imprimeur à qui le graveur l'avoit donné pour en tirer quelques épreuves, l'a supprimé par une sorte de caprice qui ne peut trouver d'exemple que chez des Anglois.

— Une petite fille, coiffée en cheveux, portant des deux mains un panier dans lequel il y a des cerises; elle est accompagnée de deux petits garçons armés de fusils, et ces trois figures sont représentées seulement jusqu'aux genoux. La planche, assez mal gravée, l'a été par Exshau, en Angleterre, d'après un tableau de Rubens qui appartenoit à un marchand de tableaux et d'estampes d'Amsterdam nommé P. Eyver ou Yver. La planche n'a tiré qu'un petit nombre d'épreuves, qui sont devenues rares.

— Des dames, la pluspart accompagnées de leurs amants, rassemblées dans un jardin auprès d'une fontaine. Ce beau tableau de Rubens, que l'on nomme la Conversation, a été en France dans le cabinet de M. le duc d'Orléans. L'estampe en a été exécutée au burin par Pierre Clouwet. — Rumoldus Vande Velde exc. et D. D. Assez mal exécuté et rare à trouver de bonne qualité d'impression. — Aux secondes épreuves: A Paris, chez Van Merle. — Aux premières épreuves, les vers qui sont au bas doivent etre en flamand. Les meilleures épreuves ordinairement sur un papier au verso duquel il y a de l'impression. — Présentement dans le cabinet de made de Verrue, ensuite à M. le prince de Carignan, et après sa mort il a été acheté, à ce qu'on m'assure, pour la gallerie du roy de Pologne. — Avant que le tableau fût à madame de Verrue, il appartenoit à M. de Nocé. — On m'avoit mal informé; le tableau n'est point à Dresde; mais n'est-il donc pas au Palais Royal?

— Ce mesme sujet traité differemment, quoyque la pensée générale en soit la mesme. Gravé en bois par Christophe Jegher. Ce graveur mettoit parfaitement bien dans le goût de Rubens. — J'ay le dessein original de Rubens de la moitié de cette composition. — J'ai trouvé depuis l'autre partie chez M. de Thiers, et il m'en a fait présent. Il y a dans le dessein plusieurs changemens qui ont été faits par Rubens depuis la planche gravée et qui sont très judicieusement faits (1).

— Une estampe ou tableau de Rubens appelé la Conversation, nouvellement gravé par L. Lempereur et mis au jour par lui en janvier 1769. Il l'a exécuté d'après un tableau qui est à Paris dans le cabinet d'un curieux et qui ne passera jamais pour un original. Il n'est pas cependant tout à fait conforme à celui que Lauwers a gravé. C'est bien la même composition, mais avec quelques différences et quelques figures de plus. La planche est très proprement gravé, mais je trouve que Rubens y est bien défiguré. On n'y reconnait point du tout sa manière. Il y en a eu une vingtaine d'epreuve d'imprimées avant qu'il y eût un point sur l'*i* du mot *premier* et un accent circonflexe sur le mot *château* dans la dédicace. La mienne est de cette qualité.

— Une vieille femme tenant une chandelle allumée à laquelle un jeune homme vient allumer la sienne. En demy corps. Le fonds de graveure de cette planche a été fait à l'eau

---

(1) N° 994 de la vente Mariette. Acheté 979 livres 19 sous par Basan. Une note du catalogue de l'un de nous ajoute : « Regardés comme plus que douteux. » Voici au reste les prix les plus élevés : N° 991, Thomiris, 1201 livr. 1 s.; N° 992, la Défaite de Sennachérib, 1500 livr.; N° 999, le Martyre de St André, 1650 livr., par Boileau, pour M. de Boisset : « Bien des connoisseurs prétendoient que c'étoit le seul dessein original de Rubens. » N° 1000, Sainte Famille, 1300 livr.; N° 1006, Marché d'Anvers, 313 livr.

forte par Rubens mesme, et cet habile peintre a pris un soin particulier de la faire terminer au burin ou par Vorsterman ou par Paul Pontius, de sorte qu'il n'y a guère d'estampes dans son œuvre qui soit exécutée avec autant d'intelligence. — P. Paulus Rubenius invenit et excudit. Mon père a toujours ouy dire que cette estampe estoit gravée par Rubens même, et je ne vois rien qui doive faire croire le contraire. A l'égard du graveur par qui elle a été terminée au burin, je penche plustost pour P. Pontius que pour Vorsterman.— La vieille tient icy la chandelle de la main gauche. — On dit aux Pays Bas que le fonds de la graveure est à l'eau forte et est de Rubens, et que la planche a esté terminée au burin par P. Pontius, ce que je croirois assez volontiers. — Quelqu'un m'a dit avoir vu en Hollande une épreuve de cette pièce sortant de l'eau forte et non encore retouchée au burin. — Une copie de cette estampe si bien imitée que, si on ne voyoit auprès l'originale, il seroit aisé de s'y méprendre. — Mesme grandeur que l'originale. *P. P. Rubens inv.* Elle est tournée de l'autre coté que l'original; la vieille tient icy sa chandelle de la main droite. On ne sçait pas par qui elle a eté gravée. — On la donne à Corn. Vischer.

— Une tête d'homme qui a le visage tourné vers le ciel. Dessiné et gravé par F. Eisen le père, à l'eau forte, d'après une peinture de Rubens. — Le même Eisen a gravé à l'eau forte deux petites tetes sur deux planches différentes, mais je ne crois pas que ce soit d'après Rubens, quoyque M. Huquier le dise.

— La suite des têtes, dont j'ai les planches, et que M. de Caylus a gravées sous le nom de Van Dyck, d'après des desseins qui appartenoient à M. Crozat et que j'ai présentement, sont, si l'on en excepte deux dessinées par Van Dyck pour son tableau du Ravissement de St Augustin, indubitablement de Rubens, et des études faites d'après nature dont il s'est servi pour ses tableaux, et il y en a quelques unes qu'il a employées dans son beau tableau de la Dispute du saint sacrement. (Cf. II, 197 et la note.)

— Des soldats allemands faisant la débauche et maltraittans des paysans chez lesquels ils ont pris leur quartier. Gravé à l'eau forte par Francis Vanden Wyngaerde, d'après un tableau de Rubens qui doit faire un bel effet. — Il y en a un tableau dans la galerie de Vienne qui passe pour être de Jordaens et qui a été gravé par Prenner sous le nom de ce peintre.

— Il y a des curieux qui veulent ranger dans l'œuvre de Rubens l'estampe du combat des paysans, d'après le Brucghel, par Vorsterman. Est-ce que ce grand peintre en avoit eu la direction? Cela n'est pas impossible.

— C'est une opinion assez generalement admise aux Pays Bas que le combat entre des paysans ivres, dont on a une très belle estampe gravée par Luc Vorsterman, d'après le vieux Breughel, et dédié par ce graveur à Jean Breughel, fils de ce peintre, a été gravé sous la conduite de Rubens, et que c'est lui qui y a mis la belle intelligence de clair obscur qui lui fait faire tant d'effet. Pour moi, je n'en doute point et me range d'autant plus volontiers à cet avis, que je ne vois que Rubens seul capable d'avoir si bien guidé le graveur, lequel, tout habile qu'il étoit, n'auroit pu imaginer ces effets de lumière qui sont dans son estampe et qui n'étoient surement pas dans le tableau. On sçait jusqu'où alloit à cet egard la science du vieux Breughel.

— Trois cavaliers combattans un lyon qui se jette avec fureur sur un de leurs compagnons, pendant que deux autres à pied se deffendent contre une lyonne. Si jamais Rubens a fait connoistre l'etendue et la vivacité de son génie, c'est assurement dans les tableaux de chasses qui sont sortis de ses mains, et celuy cy tient le premier rang. Il n'y en a aucun où les lumières et les ombres soient disposés avec autant d'artifice, ny où les attitudes si bien contrastées concourent à former un aussy beau grouppe. Cet excellent tableau a été gravé au burin avec tout le succès possible par Schelte de Bolswert.

— Une autre chasse aux lyons, faite par quatre cavaliers, dont il y en a un renversé de cheval et terrassé par un lyon qui est prest de le devorer. Gravé à l'eau forte par P. Soutman. — J'ay vu le tableau qui a été acheté à Paris de M. de Cormery (en 1747) pour le roy de Pologne, électeur de Saxe. Il est bien gaté et a été raccommodé.

— Une chasse au sanglier. L'on ne peut rien de mieux que ce grouppe de chiens qui se jettent avec fureur sur la beste. Rubens avoit auprès de luy un homme excellent qui luy peignoit tous les animaux; c'estoit Henry Sneydre. Cette pièce a été gravée à l'eau forte en 1642, par P. Soutman.

— Romulus et Rémus allaités par la louve sur les bords du Tibre. Ce morceau, qui est bien composé, est tout à fait dans la maniere de Rubens, et bien des curieux le rangent pour cette raison dans son œuvre. On l'a mise dans celui qui est chez le roy. Il se pourroit pourtant bien faire que le peintre fût Juste d'Egmont, car c'est lui qui dedie l'estampe (dans cette dedicace il prend le titre de pictor regius — il l'étoit de Louis XIII) à Alfonse Loppez, fameux curieux, et il n'y fait aucune mention de Rubens. Il est vrai qu'il ne s'en attribue point non plus l'invention, et que, comme on ne voit point de nom de graveur sur la planche, on n'y trouve point non plus celui du peintre. On en pensera ce qu'on voudra. Ce qui est certain, c'est que l'estampe est belle, singulière et assez rare. Je la crois gravée par Jeremie Falck dans le tems de son sejour à Paris. J'observerai même que c'étoit le graveur dont se servoit Juste d'Egmont. Il lui a fait graver quelques uns de ses portraits. (J'en ai fait la verification, et je me suis parfaitement convaincu que cette gravure étoit de Falck.) La louve paroît estre de Sneydre; ce seroit une raison de plus pour mettre ce tableau sur le compte de Rubens. — Je l'ai examiné depuis avec attention, et je ne doute en aucune façon que ce ne soit une production de Rubens.

— Paysage où sont représentés des troupeaux qui traversent une rivière et un homme qui y mène boire deux chevaux. Gravé à l'eau forte par Luc Van Uden. — C'est le tableau de M. le duc de Tallard, qui est un miracle de l'art. — Il a été achetté par Remi; il a dit que c'étoit pour l'Angleterre.

— *Un paysage d'une belle et riche composition..... sur le devant on y voit une vache engagée dans un marais, qui est tirée de l'eau par un paysan.* — 9905 #. Remy. Que les prix ont changé. Ce tableau ne fut vendu chez M. d'Armagnac que 1650 #. Je n'ay point veu de plus beau paysage et je n'espere point d'en voir. La variété de la touche, les tons justes de couleur, l'ingénieuse distribution des lumières en font un morceau accompli, et où il n'y a rien à souhaiter. Le paysage, chez M. de Lassay, est bien beau, mais je trouve celuy cy plus agreable. (Cat. Tallard, n° 141.)

— Le paysage qu'avoit gravé L. Van Uden, où l'on voit un troupeau de vaches qui traversent une rivière et un homme qui y mène abreuver deux chevaux, gravé en 1770 par Jean Browne, pour la suite de Boydell et sous le titre de *The Watering place*, d'après le tableau original, qui est de toute excellence et qui se trouve dans la collection du duc de Montagu. C'est le même que nous avons vu à Paris chez le duc de Tallard. Il est gravé bien mollement, au lieu que le tableau est tout de feu.

— Jupiter et Mercure conservant Philemon et Baucis pendant qu'ils font périr dans les eaux les habitans du même bourg, qui avoient refusé de les loger. Paysage. Gravé au burin par Schelte de Bolswert. Le tableau original est dans le cabinet de l'empereur, à Vienne.

— Un berger assis auprès de sa bergère, écoutant un autre berger qui chante assis au pied d'un arbre. Ce tableau est présentement dans le cabinet du roy de France. — Dédié par M. Van Enden à François Van Enden, médecin d'Anvers, son frère; aux secondes épreuves : G. Hendricx ex.

— La veue d'une montagne, sur le haut de laquelle est baty un fanal au bord de la mer. Rubens a représenté sur le devant des gens qui, après estre echapés de la tempeste, se sèchent auprès du feu; il a pris cette veue près de Porto Venere, en Italie. L'estampe est gravée au burin par Schelte de Bolswert. — M. de Piles fait mention de ce tableau dans ses *Conversations de peinture*, p. 149. M. le duc de Richelieu a eu ce tableau.

— La veue de la ville de Malines. L'on y voit sur le devant un chariot et des paysans qui reviennent de faire les foins. Gravé au burin par Schelte de Bolswert. — M. de Piles, *Conversations,* p. 147. M. le duc de Richelieu avoit encore ce tableau dans son cabinet.

— La Sagesse divine apparaissant à Jesus, fils de Sydrach, et luy ordonnant de composer le livre de l'Ecclésiastique. Gravé au burin, en 1634, par Corneille Galle le vieux. — — Oliverii Bonartii e Soc. Jesu in Ecclesiastic. Comment. Antuerp. 1634, fº. — M. Hecquet en a le dessein.

— Frontispice pour le livre Summa conciliorum omnium, auctore R. P. Francisco Longo à Coriolano... Antverpiæ, 1623, fº. Sans nom d'artistes, mais il y a grande apparence que c'est d'après Rubens. — J'en ay vu le dessein original.

— Un vieillard et des génies faisant diverses operations d'optique, en cinq pièces gravées au burin par Jean Baptiste Barbé. — Il y en a encore une sixième, et je crois que toutes six ont été faites pour un livre d'optique. Fran. Aquilonii è

Soc. Jesu opticorum libri sex. Antverp. 1613, et dont le frontispice, gravé par Corn. Galle, passe pour être du dessein de Rubens.

— Les Éléments du dessein, ou le Livre de portraiture, composé de dix huit planches, savoir : le frontispice, trois feuilles de testes dans différens aspects, une de mains, une de pieds, huit figures écorchées pour apprendre la science des muscles, une représentant le centaure Nessus enlevant Déjanire, une autre l'Amour domptant le centaure, d'après l'antique, des chevaux dans une écurie, et la vingtieme feuille des vaches ; le tout gravé au burin par Paul Pontius et autres graveurs d'après des desseins de Rubens. — Le titre, où est une peau de bœuf etendue, sur laquelle est le nom de Rubens, est gravé par Paul Pontius. Antuerpiæ, apud Alexandrum Voet. — M. Crozat a quelques uns de ces desseins de figures ecorchées qui sont beaux, mais peu interessans.

— Le gouvernement de l'Estat, representé par une femme assise qui est appuyée sur un globe ; elle tient un gouvernail, et elle a autour du bras un serpent, simbole de la prudence. Gravé au burin par un anonyme. — Cette pièce a été prise pour servir de frontispice à une suite d'agathes dessinées par Rubens et gravées par Luc. Vorsterman et P. Pontius — ou plustost à la suite des bustes gravés par Vorsterman et P. Pontius.

— Zénon et Cleanthe, les deux plus celebres d'entre les philosophes stoïciens, et les medailles d'Hercule, de Pallas, d'Ulisse, de Seneque et d'Epiclète, représentés dans la composition d'un frontispice de livre gravé au burin, en 1615, par Corn. Galle le vieux. — L. Annæi Senecæ opera. Antuerpiæ, 1615 in folio. — Quelques uns prétendent que le dessein en est de Rubens, mais ils sont fort mal fondés. — Sans aucuns noms d'artistes ; n'est point d'après Rubens et mesme assez douteux de Galle. — La première edition pour laquelle ce titre a été gravé est de 1605. — Il a été gravé pour la première édition faite à Anvers, en 1605; Rubens n'étoit pas alors aux Pays Bas. On continua de faire servir ce titre dans les éditions subséquentes, et comme on y ajouta, en 1614 ou 1615, deux pièces d'après Rubens, la statue et le buste de Senèque, on s'en imagina que le frontispice devoit être aussi de luy.

— Le frontispice pour le livre De Justitia et jure, etc., est un des plus beaux qui ayent été gravés par Corn. Galle sur les desseins de Rubens, et il y en a deux planches, l'une gravée en 1627, et l'autre en 1632. Je les ai toutes deux. Elles sont surtout reconnoissables, en ce que, dans la première, la femme qui est assise dans le haut de la composition a le visage decouvert, et que, dans la 2e, il est ombragé par une gaze qui tombe au devant. Il en faudra faire la description.

— Un cartouche, aux cotés duquel sont deux femmes qui représentent l'Abondance et le Bon gouvernement. Gravé en 1624, par Corneille Galle le vieux. — Caroli Scribanii Politico-Christianus. Antuerp. 1624, 4°. — J'en ay le dessein original.

— Le génie de la Peinture alliant la Nature avec Mercure, dieu de l'éloquence. Gravé au burin en 1634, par Corneille Galle le vieux. — Symbola heroica à Silvestro Pietra Sancta Romano e Soc. Jesu. Ant. 1634, 4°. — J'en ay le dessein original.

— Apollon mettant la lyre sur un autel, et la Poësie prenant soin du jeune Hesiode, sur la bouche duquel des abeilles viennent faire leur miel. Gravé au burin en 1632, par Corneille Galle le vieux. — Mathie Casimiri Sarbievi è Soc. Jesu Lyricorum libri IV. Antverp. 1634, 4°. Je ne suis pas trop asseuré si c'est Hesiode. — Cette planche a servi à un autre livre, et pour cela on a effacé l'ancien titre pour écrire le nouveau sur un fond blanc.

— Le Temps et la Mort detruisant la mémoire des peuples et des héros, qui, à la faveur des médailles et autres anciens monuments, est ensuite rétablie par la Vertu et l'Industrie figurées par Hercule et Mercure. Gravé en 1645, par Corneille Galle le vieux. — Romanæ et græcæ antiquitatis monumenta eruta per Hubertum Goltzium. Antverpiæ 1645, f°. — J'ay le dessein original qui est très beau.

— La Victoire couronnant de laurier la déesse tutelaire de la ville de Rome, qui est elevée sur un piedestal environné d'esclaves et de trophées. — Numismata imperatorum Romanorum à Julio Cesare usque ad Valentinianum, opera Jacobi Bicei incisa Antverpiæ 1617. — Gravé au burin par Michel Lasne, — peut être disciple de Jacques de Bie. — Depuis l'on a fait servir ce titre à cet autre livre : Lud. Nonnii commentarius in numismata imp. Julii, Augusti et Tiberii, Huberto Goltzio sculptore. Antuerpiæ 1620.

— L'Histoire representée sur le haut d'un piedestal, et aux deux costés Mercure et la Noblesse attachans les médailles des empereurs et des papes à un laurier et à un palmier. Gravé en 1640 par Corneille Galle le jeune. — Luitprandi opera quæ extant, Antuerp. 1640, f°. E. Quellinus del., P. P. Rubens inv. — Apparemment que Rubens, mort dans cette année 1640, n'avoit préparé pour ce frontispice de livre que de legères esquisses qui furent mises au net et en estat d'estre données au graveur par Quellinus.

— Hercule représentant la valeur, et Minerve la vigilance, représentés debout aux costés d'un cartouche, au bas duquel la ville de Breda, assise sur des trophées, paroist extremement pressée par la famine. Gravé en 1626. — Sans nom d'artistes, mais de Rubens et de Corneille Galle le vieux. — Sitio de Breda rendida a las armas del Rey don Phelippe IV, etc. Antuerpiæ. 1627, f°. — Les meilleures epreuves ont servy dans l'edition latine *Obsidio Bredana*, etc., Antuerpiæ

1626.—J'en ay le dessein original, mais il n'est certainement point de Rubens. Je le crois de quelqu'un de ses disciples sur quelques legères esquisses du maitre. — Après l'avoir examiné plus attentivement, je change de sentiment. Le dessein est de Rubens; ce qu'il y a mis à la plume ne permet pas de le méconnoître (1).

— Mars et la Victoire, et au dessus un aigle en l'air tenant un serpent dans ses serres. Frontispice de livre gravé au burin par Marinus, en 1635. — Le voyage du prince don Fernand, infant d'Espagne, cardinal, à Anvers, 1635, 4°. — J'ay la maquette de Rubens en blanc et noir sur laquelle cette pièce a été gravée.

—Philippe quatre, roy d'Espagne, recevant les hommages que luy rend la ville de Dôle, accompagnée de son génie, qui porte les simboles de sa fidelité et de ses richesses. Gravé en 1638 par Corneille Galle le vieux — Le siege de la ville de Dôle et son heureuse delivrance, à Anvers, 1638, 4°. Sans nom de Rubens, mais bien asseurement de luy. — Il y a pourtant des gens qui en doutent et qui veulent que le dessein soit de Quellinus.

— Cybelle, mère des dieux, etc., pour le livre : Diverses pièces pour la defense de la reyne mere de Louis XIII, par Mathieu de Morgues, sr de St Germain. Sans noms d'artistes; il se pourroit bien qu'elle fût d'après Rubens.

— Presque tous ces titres de livres ont été faits pour des livres imprimés par Moretus, qui estoit curieux de faire de belles éditions et n'y négligeoit rien.

---

(1) No 1026 de la vente de Mariette: « Un titre in-folio, gravé sous le nom de Rubens pour le siége de la ville de Breda. Je crois bien que cet artiste (Rubens) a eu part à ce dessein, mais la composition est certainement de Diepenbeck. » Acheté 12 livres 1 sou par Beaufort.

— J'ay dans mon œuvre de Rubens quatre petits sujets d'emblêmes, dont M. Hecquet a donné la description. Quelqu'un m'a assuré en avoir encore vu douze, qui sont, à n'en point douter, de la même suite et de la même main. (Suit le detail des douze emblêmes.)

— Amstelredams — eer — ende opcomen door de — denck waer dighe mira — klen aldaer geschied — aen ende door — het H. Sacrament des — Altaers — anno 1345 — U Antwerpen — By Handrick Aertssens 1639 — door Boëtius à Bolswert. L'ouvrage est dédié à Pietro Paulo Rubens, chevalier, seigneur de Steen, etc. C'est un in douze dans lequel se trouvent seize petits sujets représentans l'histoire du miracle de la sainte hostie, arrivée à Amsterdam en 1345. On vouloit me persuader que les desseins en avoient été donnés par Rubens, parceque le livre lui avoit été dédié; mais il faut être bien peu versé avec la manière de composer et de dessiner de ce grand peintre pour mettre sur son compte un ouvrage d'aussi mauvais goût; il est aussi éloigné de sa manière que le ciel l'est de la terre. On vouloit m'en faire présent, et l'on me le vantoit comme un morceau rare; je l'ai renvoyé à la personne qui me le destinoit. Il y a eu deux éditions de ce livre; dans toutes les deux les figures, qui sont des copies l'une de l'autre, sont également mauvaises, et, quoyqu'on trouve le nom de Boëce de Bolswert au frontispice, il n'y mit jamais la main; il aura fait graver les planches chez lui par quelque élève.

RUGGERI (GUIDO). Malvasia s'est trompé quand il a fait de Guido Ruggeri un Bolognois; il étoit Veronois, et c'est lui même qui nous l'apprend sur une planche qui représente Jupiter dans l'Olympe, et Mercure qui le quitte pour aller exécuter les ordres du père des dieux. Il l'a gravé d'après une des peintures du Primatice qu'on voyoit à Fontainebleau

j

dans le plafond de.l'appartement des bains, et voici comme il y signe son nom : *G. R. Veronese F.* Il étoit un des peintres dont le Primatice employoit le pinceau, se contentant le plus souvent de faire les desseins.

— Jupiter plaçant dans le ciel, parmi les autres constellations, la nimphe Calisto changée en ours. Gravé au burin par Georges Mantuan, d'après un plafond d'une admirable composition peint à Fontainebleau par François Primatice. — *A Fontanableo. Bol. inventor.* Le nom ny la marque de Georges Mantuan n'y sont pas, et je ne suis pas trop assuré que cette estampe soit de luy ; il se pourroit qu'elle fût de Guido Ruggeri ; il faudra l'examiner.

— Un jeune homme porté entre les bras de deux autres hommes et d'une femme précédés de joueurs d'instruments et suivis de deux vieillards ; peint par François Primatice, de Bologne, dans le château de Fontainebleau, et gravé au burin par un de ses disciples nommé Guido Ruggeri. Jusques à présent l'on ne connoissoit pas la marque qui est au bas de cette estampe, et, comme la gravure a beaucoup de conformité avec celle de Georges Mantuan, on l'avoit toujours rangé parmy ses ouvrages ; mais à présent l'on a enfin découvert son véritable auteur. — Le père Orlandi apprend, tavola E, n° 34, p. 420, que cette marque est de Guido Ruggeri, et dit, à la page 422 : *Guido Ruggeri faceva.* Marca di diverse opere dipinte à Fontanableo dall' abbate Primaticcio ed intagliate dal sudetto che seco andò in Francia. (Cf. IV, 210-11.)

— Pénélope au milieu de ses femmes, qui font de la toile. Peint au mesme lieu par François Primatice et gravé, à ce que l'on préjuge, par le même maistre qui a gravé la précédente. — A FONTANABLEO BOL., sans autre marque ; je ne doutte nullement qu'elle ne soit du mesme Guido Ruggeri.

— La vestale Tucia se présente devant le consul, portant

un crible remply d'eau, pour prouver son innocence par ce
prodige. C'est une des plus belles compositions du Parmesan.
Elle a été gravée au burin par un excellent maistre que l'on
croit estre Guido Ruggieri, de Bologne. — Sans nom ny marque ; mais, l'ayant confronté avec le sujet de Pénélope,
l'Alexandre et Talestris et autres pièces gravées d'après le Primatice, elle m'a paru gravée dans la mesme manière ; l'on en
trouvera encore quelques autres d'après le Parmesan, qui
sont de mesme manière que celle cy et que j'attribue aussy
au Ruggeri ; du moins je ne vois aucun graveur auquel elles
conviennent mieux. Je crois pourtant que ce qu'il a fait
d'après le Primatice a été gravé depuis, car j'y trouve plus
de liberté dans la coupe du burin, mais c'est la mesme touche
et le mesme faire.

RUGGERI (GIO. BATTISTA). Il est un de ceux qui ont fourni
un plus grand nombre de desseins pour le livre de la galerie
Justinienne. Je ne sçais si le Malvasia en a fait l'observation ;
il le devoit pour ne rien obmettre, quoyque ce ne soit pas
sur cela qu'il faille établir la reputation de cet artiste. Il s'en
faut beaucoup que le goût de l'antique y soit conservé.

RUISCH (RACHEL), fille du celebre professeur d'anatomie
Ruisch, naquit à Amsterdam en 1664 et, devenue l'élève de
Guillaume van Helst, qui a peint les fleurs et les fruits dans
un haut degré de perfection, elle n'a pas acquis une moindre
réputation dans ce genre de peinture. Ses tableaux ont été
payés, de son vivant, au poids de l'or, et n'ont fait qu'augmenter de prix depuis sa mort, arrivée en 1750. L'électeur palatin
Jean Guillaume la fit beaucoup travailler, et lui prodigua les
honneurs et les récompenses. Elle avoit épousé en 1695 un
peintre de portraits nommé Jurian Pool, mort en 1745 âgé
de 80 ans, qui quitta la peinture une trentaine d'années avant

sa mort pour se faire marchand de dentelles, au grand regret des amateurs. Descamps, t. IV, p. 65 et 90.

RUSCONI (CAMILLE), Milanois, fameux sculpteur à Rome, né le 15 juillet 1658. Son portrait chez M. Crozat, de la collection de Pio. — Il est mort à Rome le 8 décembre 1728. Pascoli, qui l'a fort connu, a écrit sa vie dans un assez grand détail. Il en parle comme de l'un des plus grands sculpteurs qu'ait produit l'Italie, et il a raison. Bouchardon en pensoit ainsi; il lui trouvoit plus de verve qu'à M. Legros. Sa statue de S. André à St Jean de Latran est un ouvrage excellent; je l'ai, modelée en terre par Bouchardon (1); il l'avoit modelée pour son étude. On en fut si content à Rome, et il est pourtant vrai qu'il y entroit un peu de brigue, que Rusconi obtint la préférence sur tous ceux de ses confrères qui, dans le même lieu, avoient travaillé aux autres statues d'apôtres; il eut la récompense promise et fut décoré de la croix de chevalier du Christ, à la grande mortification de le Gros qui ne l'avoit pas moins mérité que lui. Le tombeau de Grégoire XIII, placé dans St Pierre, est le plus considérable de ses ouvrages. On lui reproche de s'être trop asservi, dans ses productions, aux conseils et même aux pensées que lui fournissoit Carle Maratte. Cela ne nuisoit point à sa fortune, car Carle Maratte jouissoit d'un grand crédit et son approbation étoit d'un grand poids; mais cela pouvoit faire croire que le Rusconi manquoit d'un certain génie, et voilà ce qu'il auroit du éviter. Son maître dans Rome fut Ercole Ferrata. Pendant longtemps il ne fut occupé qu'à travailler de sculpture en stuc. Il ne commença à manier le marbre que vers le commencement de ce siècle. Le marquis Pallavicini contribua beaucoup

---

(1) No 50 de la vente. Achetée 21 livres 10 sous par Pigache.

à le faire connoître, et les Anglois se sont fort empressés à recueillir ses ouvrages. Son tombeau de Grégoire XIII a été excellemment gravé par Frey.

RUTHART (ANDRÉ), qui, dans le catalogue des tableaux de la galerie de Dresde, est nommé Charles, peut-être faussement, car outre que l'abbé Titi, qui a pu le pratiquer, lui donne le nom d'André, ce nom de baptème lui est pareillement donné sur l'estampe qu'a gravée, d'après un de ses tableaux qui est à Venise, et qu'a insérée dans sa suite le Monaco. A en juger par ce morceau, il peignoit de préférence les animaux et suivoit en cela la méthode de Benedetti, dont il étoit le contemporain et qu'il avoit pu fréquenter à Rome ; peut-être aussi cherchoit-il plus volontiers à marcher sur les traces de Roos, car il me semble que les animaux qu'il peignoit tiennent beaucoup de la manière de ce dernier.

SACCHI (ANDREA). Monseigneur Bottari, dans la nouvelle édition des peintures de Rome de l'abbé Titi, place la naissance de ce peintre à Nettuno, petite ville maritime peu éloignée de Rome, et prétend en avoir des preuves incontestables, et que ce qui a fait croire qu'André Sacchi étoit né à Rome, c'est qu'il fut amené très jeune dans cette dernière ville. Son epitaphe le fait âgé de 61 ans lors de sa mort, arrivée en 1662. Il étoit donc né en 1599. On y voit son buste, et elle est placée dans l'église de St Jean de Latran.

— André Sacchi, disciple de l'Albane. La manière de dessiner d'André Sacchi est très-vague, et, quoiqu'elle ne soit pas sçavante, elle lui a réussi, principalement dans ses académies, qui sont fort vantées dans Rome ; mais cette manière a perdu un grand nombre de peintres de cette école. Ils ont voulu l'imiter, et ils ont fait des desseins si peu prononcés que ce n'est pour ainsi dire qu'une fumée. (*Catalogue Crozat.*)

— Adam pleurant la mort d'Abel, qu'il trouve étendu par terre et sans vie. Mauvaise estampe gravée à l'eau forte par un Ambrogio Coragioso, d'après André Sacchi. Elle n'est ni bien dessinée ni bien gravée. C'est le même tableau qu'a fait graver depuis M. Crozat pour son recueil.

— La mort d'Abel; son corps est étendu par terre, et Caïn, qui l'a tué, fuit. Gravé à l'eau forte et fort mal par R. Earlom, d'après le tableau d'André Sacchi qui est dans la collection de M. Reynolds. — Pour le second volume du recueil de Boydell.

— S. Romuald instruisant ses religieux. Gravé au burin par Jean Baronius — de Toulouze — sur un dessein de Pierre Lucatelli, fait d'après le tableau d'André Sacchi qui est à Rome dans l'église de S. Romuald. — Très-beau tableau. — Ce tableau a été depuis gravé par Frey et c'est une de ses plus belles pièces.

— La mort de Sᵉ Anne. Gravé à l'eau forte par Cesar Fantetti, d'après le tableau d'André Sacchi qui est à Rome dans l'église de St Charles à Catinari. — Ce tableau a été depuis gravé par Frey, et Nic. Edelinck en a gravé aussi une planche qu'il n'a pas encore terminée. — Elle l'a été et mise au jour par M. Beauvais.

— La Prudence divine, assise dans un throsne, au milieu de plusieurs femmes qui représentent les Vertus. Gravé au burin à Rome en 1662 par Jean Gerardin, d'après un plafond d'une des chambres du palais Barberin.

— Une femme coupant la teste à un général des Sarrasins, suivant l'ordre que luy en donne une autre femme qui est assise sur des nuées. Gravé à l'eau forte par G. Audran. Des soldats accourant au secours d'une jeune fille qui est abatue sous les pattes d'un tigre. Gravé par le même. Un guerrier combattant contre le démon. Gravé par le mesme. St Louis recevant dans le ciel la sainte couronne d'épines. Gravé à l'eau forte par Charles Simonneau. Ces quatre pieces avoient été faites pour estre mises dans le poëme de S\ Louis, du P. Lemoyne; mais, la suite n'en ayant pas esté finie, on s'est servy de celles qu'avoit gravées J. Le Pautre, quoyque les compositions de celles cy, le dessein et la graveure soient d'un bien meilleur goût. — Ces quatre pièces devoient servir pour une édition du poëme de S. Louis, du P. Lemoine, jésuite; mais, l'ouvrage étant demeuré sans effect, elles n'ont point eu de suite.

— Sacrifice fait au dieu Pan. Gravé par F. Aliamet, sans goût et encore plus mal dessiné, d'après le tableau d'André Sacchi de la collection du comte de Lincoln, à présent duc de Newcastle, pour le 1er volume du recueil de Boydell, dont il fait le 49e numéro. Quel dommage, car ce doit être un bien beau tableau.

SADELER *Justus Sadeler* (Orlandi, 508). Il n'y a jamais eu de Juste Sadeler. Les lettres J. S. sont applicables au nom de Jean Sadeler.

SAENREDAM (JEAN), Hollandois, graveur, disciple de Hubert Goltzius.

— Jahel enfonçant un cloud dans la teste de Sisara, général de l'armée des Chananéens, d'après Lucas de Leyden. — L, marque ordinaire que Lucas metoit à ses estampes et mesme à ses tableaux; la pièce porte aussy le nom de J. Saenredam; elle est dediée à Barthelemy Ferrerius par François Miéris, peintre.

— Judith donnant à sa suivante la teste d'Holoferne qu'elle vient de couper. — La mesme marque de Lucas qu'à celle cy dessus; dediée par P. Vander Landen à Adrien Stallaert. Gravée d'une manière plus fine qu'à l'ordinaire pour imiter celle de Lucas, de mesme que la pièce cy dessus.

— Jupiter assis dans l'Olympe près de la déesse Junon. Neptune et Amphitrite assis sur leur char conduit par des dauphins. Pluton recevant les caresses de Proserpine dans les enfers. Ces trois pièces, qui sont de même suite et de même grandeur, sont de l'invention de Henry Goltzius et sont gravées par J. Saenredam, quoyque son nom ne se trouve à aucune. — A chacune de ces trois pièces, la marque de Henry Goltzius sans autre chose, et cependant elles sont incontestables de J. Saenredam. Goltzius n'en est que l'inventeur. Ce sont mesme des pièces gravées avec le plus de liberté par Saenredam. Seroit-ce que Goltzius auroit supprimé le nom du graveur?

— Bacchus, Venus et Cerés représentées en demy corps avec les attributs qui leur sont convenables, en trois pièces, du dessein de H. Goltzius. — Cette suite est dediée par Goltzius à Corneille Corneli, peintre d'Harlem : *Xenioli lvco*. Ce sont des belles choses de Saenredam, et cependant son nom n'y est pas; il n'y a que la marque de Goltzius, qui en est seulement l'inventeur et qui en avoit les planches.

— Pallas appuyée sur son égide; Vénus accompagnée de l'Amour, qui luy perce le sein d'une de ses fleches, et Junon tenant un sceptre. Ces trois déesses représentées assises sur des nuées dans des formes ovales, en trois pièces, qui sont des plus beaux ouvrages de Saenredam, et qui, quoyqu'elles ne portent pas son nom, ont été cependant gravées par luy en 1596, d'après Henry Goltzius. — La marque seulement de Goltzius, et cependant elles sont incontestables de Saenredam et gravées dans la manière des trois pièces qui sont cy après et où est son nom. Aussy ce sera plus tost par oubly que par envie que Goltzius aura supprimé à celles cy le nom de Saenredam. Cette suite cy est dediée par Goltzius, qui en avoit certainement les planches, à Jean Barnitius, conseiller aulique de l'empereur.

— La déesse Cerés honorée par les laboureurs. Des amans et leurs maitresses implorans l'assistance de Vénus. Des buveurs demandant à Bacchus la continuation de ses dons. Ces trois pièces, qui sont d'une beauté singulière, ont été gravées en 1596, d'après H. Goltzius.

— Six nymphes de la suite de Diane, representées dans des paysages, en trois autres pièces, d'après H. Goltzius. — R. de Baudous exc. 1616, mais c'est certainement l'année de l'edition. Saenredam étoit mort dès l'année 1607, ainsy que l'assure Baldinucci.

— Niobé se faisant rendre par ses peuples les mêmes honneurs qu'à la déesse Latone, mère de Diane et d'Apollon, qui, pour se venger, percent de flèches les enfans de cette malheureuse princesse, ce qui est représenté en huit pièces, lesquelles, étant assemblées, ne composent qu'une même frise, qui a été peinte en clair obscur par Polydore de Carravage sur la facade extérieure d'une maison, à Rome (Frederico Cesi, duci de Aquæsparte, Henr. Goltzius opus Polidori Romæ exceptum typisque mandatum atque in lucem editum D. D.), et c'est sur ce dessein que les planches ont été gravées, en 1594, par J. Saenredam.

— Scipion, après avoir été blessé dans le combat du Tesin, est retiré de la melée par la valeur de son fils, P. Scipion, surnommé depuis l'Affriquain. Gravé en 1593, d'après ce qui est peint à fresque et en clair obscur sur la facade d'une maison, près du pont St Ange, à Rome, par Polydore de Caravage, et il y a apparence que c'est sur un dessein de H. de Goltzius. — Per H. Goltzium evulgatum ; depuis : Visscher exc. Gravé très librement. (Cf. 1, 256.)

— Furius Camillus survenant dans le temps que les Romains se rachetent du pillage des Gaulois, d'après une fresque peinte clair obscur à Rome, par Polydore de Caravage, sur la façade d'une maison située sur le mont Quirinal. — Gravé avec beaucoup de hardiesse et moelleusement. — Il y a encore bien de l'apparence que cette pièce a été gravée par Saenredam, d'après le dessein de Goltzius. Elle est dediée par Goltzius à la jeunesse qui s'attache au dessein, comme un morceau excellent pour les y dresser. (Cf. I, **256**.)

— L'antre de Platon dans lequel un petit nombre de philosophes se rassemblent autour de la lumière, pendant que le plus grand nombre des hommes preferent les tenebres et ne recherchent que l'ombre de la vérité et les vains plaisirs du siècle. Pièce emblématique gravée en **1664**, d'après Corneille Corneli d'Harlem. — H. L. Spiegel figurari et sculpi curavit. C'est le mesme dont Muller a gravé le portrait.

— La Diligence, la Patience et la Science, représentées sous la figure de femmes assises qui en portent les symboles; en trois pièces, qui sont du dessein de H. Goltzius et qui paroissent estre gravés plus tost par J. Saenredam que par aucun autre graveur.—J. Joan Janssonius, exc., **1615**. A toute la marque de Goltzius.—Quoy qu'elles ayent bien de la manière de graver de Saenredam, elles ont aussy beaucoup de celle de J. Muller, mais elles paroissent trop bien dessinées pour pouvoir estre de ce dernier. — Aux premières épreuves R. de Baudous, excudit.

— Les quatre Saisons de l'année représentées en quatre pièces. H. Goltzius inventor. Sans autre marque; elles ont de la manière de graver de Saenredam, et ont aussy beaucoup de celle de J. Matham.

— Pièce emblématique sur les victoires remportées sur les Espagnols par les Etats des Provinces-Unies, sous la conduite du prince Maurice de Nassau, à la fin du 16e siècle. Le lyon, symbole de ces provinces, y paroit dans un char de triomphe conduit par la Victoire et par la Concorde et précédé de la Renommée, et l'on y voit au devant l'amirante Mendoza et les autres prisonniers espagnols qui accompagnent avec cha-

grin le convoy de leur grandeur passée. Gravé par Saenredam en l'année 1600.—Je présume que cette pièce et toutes
celles où il a mis après son nom *fecit* sont de son invention
comme elles sont de sa gravure. — La pièce est dédiée au
prince Maurice et aux Etats par Herman Alardi.

— Le comte Ernest de Nassau et une infinité de peuple arrivant sur les côtes de Beuervick pour y considérer l'énorme
baleine, longue de soixante pieds, qui vint y échouer en l'année 1601, ce qui, joint à un tremblement de terre et à des
eclipses de soleil et de lune qui arrivèrent presque dans le
mesme temps, sembloit présager quelque chose de sinistre
à la Hollande, et c'est la raison pour laquelle le peintre a représenté dans son sujet la Fortune de cet État renversée par
la Mort, qui la perce de ses traits. Cette pièce est de l'invention et de la graveure de J. Saenredam, en 1602. — Il s'y est
représenté dessinant la baleine, et il a luy mesme dedié la
pièce au comte Ernest de Nassau.

—Autre pièce emblématique sur l'estat florissant des Provinces-Unies en l'année 1602. Les conquestes du prince Maurice de Nassau sur les Espagnols y sont figurées par une chasse
d'où ce prince revient, accompagné de ses generaux conduisant avec luy un riche butin, qu'il fait offrir par la Victoire
à une femme richement parée. Elle représente l'Estat des
Provinces Unies, et elle est environnée des Arts et des Sciences,
sous un chesne epais. — J. Saenredam, inv. et sculp. Ams-
telodami excudebat Hermannus Alardj, 1602. — Le chasseur
qui est sur le devant du tableau, à l'un des coins, et qui tient
sur le poing un oyseau de proye, est, si je ne me trompe, le
portrait de J. Saenredam.

SAENREDAM (Pierre). P V S (*en monog.*), marque dont
s'est servy Pierre Saenredam, peintre de paysages; je l'ay
remarqué du moins sur un de ses desseins chez le roy, qui

est dans la manière de Van Velde, mais touché avec plus d'esprit.

SAITER (DANIEL), né en 1650, après avoir appris les premiers elemens de la peinture à Venise sous Carlo Lot, vint à Rome en 1670, où il a peint quantité d'ouvrages considérables dans les églises pendant un séjour de quatre ans qu'il y fit. Le duc de Savoye, l'ayant fait venir ensuite à Turin pour peindre la galerie de son palais, le fit chevalier en 1696. Il mourut en 1705 dans le temps qu'il se préparoit à passer en Angleterre, où il étoit appellé par la reyne. — M. Crozat avoit son portrait dessiné qui venait de la collection de Pio.

SALAMANCA (ANT.). Le groupe de la Vierge soutenant le corps mort de Jesus-Christ, gravé d'après la sculpture de Michel-Ange au Vatican. Gravé au burin par Salamanque, avec cette inscription : *Antonius Salamanca quod potuit imitatus exsculpsit* 1547. Le nom de Salamanca est de mauvais augure dans un grand nombre d'estampes anciennes. Ce marchand n'a presque rien gravé, et, à en juger par cette estampe, il auroit mieux fait de laisser ignorer qu'il avoit voulu manier le burin. Il l'a fait peu heureusement dans cette estampe, et cela fait seulement soupçonner que c'est lui qui a retouché les planches de Marc Antoine, où se trouve son nom, dont on a raison de faire si peu de cas. Il y a cependant plusieurs anciennes estampes avec son nom qui ne laissent pas d'avoir quelque mérite, parce qu'elles ont été mises au jour par luy aussitost qu'elles ont été gravées.

SALERNE (ANDRÉ DE) a beaucoup peint dans les églises de Naples (1).

---

(1) C'est Andrea Sabbatini, l'élève de Raphaël.

SALIMBENI (ARCANGELO), beau-père de Vanni dont il avoit épousé la mère, mourut âgé de 47 ans. Inscription autour de son portrait, gravé par B. Capitelli en 1634.

SALIMBENI BEVILACQUA (VENTURA), de Sienne, mourut en 1613 âgé de 46 ans. Cette date est tirée de l'inscription du portrait de ce peintre gravé par B. Capitelli et me paroist préférable à celle qu'a rapportée Baldinucci, d'après le père Azzolini. S'il étoit vray que le cavalier Salimbeni fût mort en 1613, âgé de 36 ans, comme ils le disent, il seroit né huit ans avant Vanius, son frère utérin, ce qui ne peut estre, Vanius étant né d'un premier mariage et Salimbeni d'un second ; autrement Vanius n'auroit pu avoir pour beau-père le père de Ventura Salimbeni (*Cette phrase est corrigee postérieurement : Il n'est point douteux que Vanius a eu pour beau-père et pour maître le père de Ventura Salimbeni*). Baglioni dit que Salimbeni mourut âgé d'environ 50 ans. Salimbeni eut pour protecteur le cardinal Bevilacqua, qui le fit chevalier et luy permit de prendre son nom et ses armes ; voilà pourquoy il est surnommé Bevilacqua dans l'inscription qui est autour de son portrait.

— Ventura Salimbeni étoit Siennois et frère utérin de Vannius ; V. Strada étoit Romain, fils d'un Espagnol ; Raphaël Schiaminossi étoit de Borgo San Sepolcro, dans la Toscane ; André Boscoli étoit de Florence ; L. Civoli, de la ville du mesme nom de Civoli, dans la Toscane. Voyez tous ces peintres dans l'*Abecedario* du père Orlandi ; il fait mention de tous et renvoye aux livres où il en est parlé plus amplement.

— L'ange annonçant à la Se Vierge le mystère de l'incarnation. Inventé et gravé à Rome en 1594, par Ventura Salimbeni. Cette piece est une des plus belles de Salimbeni ; elle est rare et a cela de commun avec la plus part de celles que cé peintre a gravées luy mesme. Encor ne les trouve-t'on presque jamais que mal imprimées.

— Pilate montrant Jésus-Christ couvert d'un manteau de pourpre et couronné d'épines. Gravé au burin. Sur la face d'un degré dans l'ombre on voit cette marque : A I D P (en monog.) Sans doute que c'est celle du graveur. Je ne la connois pas. Le P. Orlandi fait mention d'un Antonio di Jacquart, intagliatore, qui marquoit ses pieces A. D. 1. F. Je ne sçais si ce seroit luy, car je ne connois pas ce graveur. Statio formis Romæ. — Par Jean Antoine de Paulis. J'en ay veu une epreuve dans l'œuvre de Callot, à qui elle estoit attribuée, mais elle n'est pourtant pas de luy; outre la marque, qui n'a aucun rapport avec son nom, on y lisoit au bas : *Joannis Antonii de Paulis for.*

— S. François adorant l'enfant Jésus, qui est assis sur les genoux de la Se Vierge, en demy corps. Gravé par P. Maupin. — Sur un rideau, en haut, cette lettro M, que je crois désigner le nom de Maupin, graveur en bois, qui vivoit dans ce temps là.

SALLARTS (ANTOINE), peintre de Bruxelles, y est mort vers le milieu du xviie siècle. Il inventoit facilement, et les graveurs de son temps avoient souvent recours à lui pour avoir de ses desseins. Aussi y a-t-il un bon nombre d'estampes assez bien gravées d'après lui. Corn. de Bie, p. 163, et Descamps, *Vies des peintres flamands*, t. I, p. 273, font mention de ce peintre.

— A S (en monog.), marque d'Antoine Sallarts, peintre de Bruxelles, sur de petites pièces gravées en bois sur son dessein, dans un livre imprimé à Anvers en 1654, intitulé : *Necessaria ad salutem scientia.* Il y a dans le même livre quelques morceaux portant cette autre marque : A V D, qui est celle d'Abraham van Diepenbeke, et celle d'Erasme Quél-

linus. Le graveur, J. Christophe Jegher ; y est désigné par
ces initiales : I. C. I.

SALMEGGIA (ENEA) ou SALMEZZA, mori nel 1626 in Bergamo ed ebbe sepoltura in S. Alessandro in Colonna. Calvi,
Effemeride di Bergamo, t. I, p. 244. Le Gigli chante ainsi ses
louanges :

> Enea Salmeggi v'è, detto il Talpino
> Che sà nom meno adoperar lo stile
> Sovra la carta ch'el color sul lino.

Ses desseins sont en effet estimés.

SALPION. Le beau vase de marbre blanc qui est dans
l'église cathédrale de Gaëte, où il sert présentement de fonds
de baptème, est de cet excellent ouvrier qui estoit Athenien,
ainsy qu'on l'apprend de l'inscription qui y est gravée :

ΣΑΛΠΙΩΝ ΑΘΗΝΑΙΟΣ ΕΠΟΙΗΣΕ.

Il est enrichi dans son pourtour d'un bas-relief représentant
Mercure qui remet aux nymphes le jeune Bacchus pour avoir
soin de son éducation. Ce vase est presentement posé sur un
pied de marbre fait en forme de table quarrée dont les quatre
angles sont portés par des lyons, mais ce n'est pas du pied
antique ; il est postiche et n'a jamais été fait pour le vase.
L'on dit que M. Poussin faisoit un grand cas du vase antique.
Il est assez bien conservé, d'un beau travail et dessiné de
grande manière ; les figures en sont sveltes et ont une beauté
rare. — J'en parle *ex visu*.

SALTORELLI (LUC). J'ai vu dans le palais Juslinien, à
Rome, un tableau de ce maître qui m'a beaucoup plu. C'est
un St Pierre en croix ; il porte la datte 1633. Autant qu'il peut
m'en souvenir, il tient de la manière du Prêtre genois.

SALVI (JEAN-BAPTISTE), ou SALVIANI, qui est le nom de famille que le comte Carrara et don Emilio Jannuzzi, Napolitain, consultés par M. Bottari, ont appliqué au peintre connu sous le nom de Sasso Ferrato, qui, selon eux, est le nom du lieu où cet artiste a pris naissance; et en effet il y a sur les confins de la marche d'Ancône, du côté de Gubbio, un bourg ou *castello* appelé ainsi. Le comte Carrara ajoute qu'il étoit élève de Guido Reni, mais je n'ose pas trop me fier au témoignage d'un amateur qui, dans tout ce que j'ai lu de lui, ne me paroit pas fort exact. Celui qui a compilé les vies des peintres qui accompagnent leurs portraits dans le premier volume de cette partie du *Museo Fiorentino* l'est encore bien moins, car il s'est imaginé que le Sasso Ferrato étoit contemporain de Raphaël, par cette seule raison qu'on voit de lui de fort belles copies de quelques peintures de Raphaël. Ce qu'il observe par rapport à ces copies n'est point douteux, mais, comme ce ne sont pas les seules que notre peintre ait exécutées, et qu'il en a fait d'après d'autres maîtres d'une date fort postérieure, ainsi que le même compilateur le remarque, il est évident qu'il lui a donné dans son ouvrage une place qui ne lui appartient point. Je suis persuadé, sans pourtant en avoir de véritables preuves, que le Sasso Ferrato a fleuri dans le commencement du xviie siècle. Ce n'étoit pas un peintre de génie; on ne voit de lui que de petits tableaux qui, presque tous, representent des Vierges avec l'enfant Jesus, dont les compositions sont extrememenet gracieuses, et qui, étant peints avec un soin extrême, sont faits pour plaire et sont, par cette raison, aussi recherchés qu'ils sont estimés. On ne montre aucun grand morceau de peinture de sa main. Celui qui se voit à Rome, dans l'église de Ste Sabine, est presque le seul que l'on connoisse de cette espèce; mais l'on trouve dans les cabinets de fort belles copies en petit de divers tableaux de Raphaël, du Garofolo et d'autres maîtres de

cette école, qui sont précieusement faits et qui passent pour
être de Sasso Ferrato. J'ai un pressentiment que le petit tableau de St Jean, d'après Raphaël, qu'avoit M. de Julienne,
et qui étoit un petit morceau fort achevé, étoit de notre
maître; je ne sçais pas même si je n'ai pas lu quelque part
de quoi me confirmer dans cette opinion. Le Bartolozzi a
gravé depuis peu à Londres un petit tableau de Vierge de
Sasso Ferrato, qui donne la meilleure idée de sa façon de
composer et de traiter cette sorte de sujets. Je ne sçais qui
lui a dit que le peintre se nommoit *Salsa Ferata*, car c'est
ainsi qu'il écrit son nom sur sa planche. Par quelle fatalité
faut-il que ce peintre excellent reste ignoré et que personne
n'en ait encore parlé, ou que ceux qui l'ont entrepris se
soient énoncés si peu correctement? V. *Lettere su la pittura*,
V, 257 et I, *Ritratti de' pittori del Museo Fiorentino*, 31.

. SALVIATI (FRANÇOIS).—La Se Vierge saluant Se Elizabeth à
qui elle vient rendre visite. Gravé au burin par George Mantuan. (Il y en a, je pense, une planche gravée par le Passarotti.)
Peint à fresque dans l'oratoire de S. Giovanni decollato, de la
compagnie des Florentins, dite de la Misericorde, à Rome.
— La Se Vierge présentant au temple l'enfant Jésus. L'invention en est de Joseph Porta surnommé del Salviati. Ce
peintre est un de ceux de l'Italie qui a le plus étudié la manière du Parmesan; il a mesme fait plusieurs ouvrages où
l'on s'apperçoit aisement du soin qu'il prenoit à l'imiter.
Celuy cy en est un; l'on pourroit cependant luy reprocher
d'en avoir pris la disposition générale dans une estampe du
mesme sujet qui avoit été gravée précédemment sur une légère pensée du Parmesan (1). Quoy qu'il en soit, son dessein

---

(1) *Note postérieure de Mariette:* Cela n'est pas bien certain;
peut-estre cette estampe est-elle gravée d'après le Salviati mêm.

a esté gravé, en clair obscur de quatre couleurs, par un maistre dont on ignore le nom — je crois Ugo — et mis ensuite au jour en 1608 par André Andreani. — En gris; excellent clair obscur lorsqu'il est de bonne qualité. — Les bonnes épreuves sont sans aucuns contours, au lieu qu'ils sont fort sensibles dans les moindres épreuves. Dans les premières on ne lit aucun nom ny marque, et la graveure est dans le mesme goût, et paroist estre du même qui a gravé le Paralytique guéri. (Cf. *l'article de Perin del Vague,* I, 205-6.) Dans les dernières épreuves on lit au bas : DEL SAL (*A et L en monog.*) VIATI et la marque d'Andreani, *in Mentova,* 1608, qui semble s'attribuer par là la graveure de ce clair obscur, quoyqu'il n'en fût pour lors que l'imprimeur. — M. Zanetti veut absolument que ce clair obscur soit de l'invention de François Salviati et non de celle de Joseph. Il m'asseure que le Salviati florentin a souvent imité la manière du Parmesan, et il me cite un tableau de ce maistre, qui est au *Corpus Domini,* à Venise, qui est une merveille du Salviati et qui est tout à fait dans la manière du Parmesan.

—Jesus Christ honorant de sa présence les nopces de Cana. Gravé au burin par H. Goltzius conjointement avec Jacques Matham, son beau-fils et son disciple. — Peint à fresque dans le refectoire de S. Salvator in Lauro, à Rome. (Cf. II, 315.)

— Cecchino, cioè Francesco del Salviati. Il y a un beau tableau de ce maistre dans l'église des Jacobins de Lyon, dans la chapelle de la maison Guadagni. Il représente l'incrédulité de St Thomas, et l'on en a une estampe gravée par Hollar. — Jesus Christ apparoissant à ses apostres après sa resurrection et ordonnant à St Thomas de mettre le doigt dans la playe de son côté. Gravé à l'eau forte, à Anvers, en 1646, par W. Hollar, d'après un dessein de Fr. Salviati, de la collection du comte d'Arondel. — Autre estampe du mesme tableau gravée par Fr. Poilly, P. Mariette exc., avec le nom de André del Sarte mis par ignorance sur la planche. — Le tableau est à Lyon dans l'église des Dominiquains (1).

— St Jean baptisant Jesus Christ dans le fleuve du Jourdain. Gravé au burin, à Rome, en 1615, par Philippe Thomassin. — J'en ay le dessein original.

—Le peuple rendant des honneurs divins à la belle Psyché. Clair obscur de trois couleurs, gravé par un maistre dont on ignore le nom, d'après un dessein qui est attribué par plusieurs au Parmesan, quoyque reconnu par les meilleurs connoisseurs pour estre de l'invention de François Salviati. Il est renfermé dans une forme octogone. — Peut-être gravé de Jos. Nicolas Vicentin.—C'est peut-être un des tableaux dont il est parlé dans la vie du Salviati écrite par Ridolfi, qui étoient dans le palais du patriarche d'Aquilée. — Cela est vray. Ce tableau de François Salviati est peint dans le plafond d'une des chambres du palais du patriarche d'Aquilée, à présent la casa Grimani Spago à Santa Maria Formosa, et il est, dit-on, fort beau.

SALVIATI (GIUSEPPE PORTA, DETTO IL). Paysage en grand, où l'on trouve sur le devant un homme assis auprès d'une femme, qui tient un panier remply de fruicts. Gravé en bois par un anonyme sur le dessein de Campagnole. — Exécuté d'une manière fort négligée. — M. Crozat en a le dessein original, qui est d'une beauté parfaite; il le tient du Titien, mais les meilleurs connoisseurs le donnent au Salviati. — J'ai ce dessein. — Je le tiens, à n'en point douter, du dessein de Joseph Salviati.—Une autre planche du mesme dessein, gravée à l'eau forte en France par un maistre dont on ignore le nom.

---

(1) Maintenant au Louvre, où il est depuis le premier empire.

— Le graveur me paroist estre Pesne, et je la crois de la suite des paysages de Jabach. — Je me trompe ; c'est mon grand-père qui en avoit la planche. (Cf. IV, 200.)

SALUCCI (ALEXANDRE), ou SALUZZI. Il est connu en France sous le nom de Salviouche. — Le prospettive dipinte da lui sono le piu volte adornate di figure da Gio. Miele dipinte. Vedi Malvasia, parte IV, p. 50.

SALY (M. JACQUES FRANÇOIS JOSEPH) est de Valenciennes et élève de M. Coustou le cadet. Des prix remportés à l'Académie de Paris lui ont mérité d'être envoyé à Rome; il y a fait honneur à sa nation et perfectionné ses talens. Tout, jusqu'à ses amusemens, y a porté l'empreinte d'un homme né pour exceller dans son art. Nous osons citer en preuve les vases qu'il y a gravé. Un tel ouvrage est certainement un badinage pour un grand sculpteur; cependant cette bagatelle indique non seulement un génie facile, nourri par les bons exemples et rempli de bonnes formes, mais encore une liberté de dessein que la sculpture ne semble que trop refuser à ceux qui la pratiquent. D'ailleurs la liberté de la pointe et l'intelligence de l'eau-forte prouvent que ce n'est pas sans raison que M. Saly a placé la Peinture à la tête de ses vases.

« Quelques legères que soient en elles mêmes ces operations, elles indiquent de très grands talents, qui se trouveront confirmés par des operations plus importantes. Quand on a fait un fond par le moyen de l'étude et qu'on ne s'écarte pas de la nature, la facilité n'est pas un don pervers et dangereux; c'est même un grand bonheur de l'avoir étendue, comme a fait M. Saly, jusqu'à la coupe du marbre. Nous comptons en donner bientost des preuves en faisant connoître plusieurs ouvrages qui sont sortis de l'atelier de ce jeune et brillant artiste. Nous insisterons comme il convient sur la

statue pedestre du roi, de neuf pieds de proportion, que
M. Saly exécute pour la ville de Valeciennes. Le modèle de
ce grand ouvrage est arrêté et a charmé les connoisseurs. »
Mercure, fevrier 1751. Par M. de Caylus.

— Cette statue de Louis XV a été finie en aoust 1752, et
Saly a fait exprès le voyage de Valenciennes pour la mettre
en place, se proposant de luy donner sur le tôs les derniers
coups. Il nous en a du moins leurré, mais je doute qu'il ait
tenu sa promesse, tant il y restoit de choses à faire. Les personnes capables d'en juger n'en ont pas été autrement con-
tens. On a trouvé le travail de cette figure lourd et sec ; la
tête du roi n'a point paru ressemblante; toutes les parties
sont trop chargées et manquent de cette grace et de cette
noblesse qu'exige son sujet. C'est, il faut trancher le mot,
une figure manquée et qui ne fera jamais honneur à celui
qui l'a fait. Dès le premier instant que j'en vis le modèle,
j'en fis le prognostic.

On a, ce me semble, fêté trop tôt ce jeune sculpteur. Je
ne lui trouve point le goût de la belle nature; il est maniéré
et aride dans son dessein. Quelques naïvetés ont pris aux
yeux de certaines personnes; mais qu'on les examine, ces
traits simples et naïfs en apparence, ce sont plustost des
charges que des imitations des mêmes traits dont se pare la
belle et pure nature. Tout le monde n'est pas en état de
le sentir, mais le plus grand nombre est toujours entrainé et
séduit par une certaine propreté mise dans le travail.

Je ne veux pas par là diminuer le mérite du jeune faune
que Saly a donné à l'Académie pour son morceau de réception (1). C'est une jolie figure, mais ces petites clochettes et

---

(1) Le morceau de réception de Saly ne se trouve ni au Louvre
ni à l'Ecole des beaux-arts.

mille autres bagatelles qui ont été si fort applaudies, ne sont pas, à beaucoup près, ce qui m'y paroist de plus estimable. Il ne faut pour cela que de la patience, et, si l'auteur doit à ces riens sa réputation, c'est, selon moi, l'avoir acquis à trop bon marché. Avec la râpe et le tems il n'est point de sculpteur qui n'en fît autant, mais quel est l'habile homme qui ne s'ennuyât d'un pareil travail?

Encore un coup je ne prétend point nuire à la reputation de Saly en parlant ainsi. Je lui connois du mérite; il met du sentiment dans ce qu'il fait, mais il n'a point le fond de science de Pigal, qui, après Bouchardon, est peut-être celui de nos sculpteurs qui voit le mieux la nature et qui la rend avec plus de vérité. Il ne lui manque que plus d'exécution. Saly en a davantage, mais il n'a pas encore cette fermeté de touche et d'outil qu'ont eu les Bernins et les Algardes. Tout ce qu'il fait, il le tâte. L'avenir aprendra si je me trompe ou non, mais, comme il va travailler sous un autre ciel et pour des gens peu difficilles, à moins qu'il ne revienne parmi nous, il n'aura rien à craindre de la sévérité de nos jugemens.

L'ouvrage pour lequel il est appellé à la cour du Dannemarck est la statue équestre du roi regnant en bronze (1). Son marché a été signé au commencement du mois d'avril 1752. On lui donne 150.000 francs pour son seul modèle; c'est une fortune. Il la doit au bon temoignage qu'a rendu de sa capacité M. Bouchardon, à qui l'on s'étoit adressé pour cet ouvrage. Peut-être y ay-je contribué de quelque chose et je ne m'en repens point.

_____

(1) Sur cette statue équestre on peut voir, entre autres sources, les notices sur Saly dans l'*Almanach des artistes* de 1777 et dans les *Archives du Nord* de M. Dinaux, les plaquettes indiquées dans le catalogue Goddé, n° 1138, et les *Lettres de Diderot à M*^{lle} *Voland*, édition in-12, I, 274-5. Preisler l'a gravée.

Avant que de se mettre en chemin, il a voulu finir plusieurs ouvrages qu'il avoit entrepris, entr'autres deux caria-
tides qui, paroissant vouloir porter un plancher, decorent
l'entrée de l'escalier de la maison de madame Geoffrin. Toutes
deux sont en pierre et ont été posées l'une en avril et l'autre
en juillet 1752. Je les trouve un peu trop massives, surtout la
première à droite en entrant, dont la tête manque de finesse,
est engoncée dans les épaules et ne va pas avec le reste de la
figure. J'en aimois mieux les modèles.

J'en dirois presqu'autant de la figure d'Hebé, — elle est
debout et tient le vase qui contient l'ambroisie qu'elle va
verser à la table des dieux, — qui a été achevée vers le même
temps et que madame de Pompadour a fait mettre à Bellevue.
C'est une figure en pierre de six pieds de proportion, dont le
modèle a été fort gouté ; il n'est personne qui n'en ait voulu
avoir un plâtre. La simplicité de l'attitude en fait le principal merite ; car il est vrai que le caractère de la tete n'est
pas d'un beau choix, et j'aime encore moins la position des
jambes.

J'ecris ceci — en aoust 1753 — presqu'au sortir de l'atelier
de Saly, où j'ai été voir, en compagnie de M. le comte de
Caylus, de M. Cochin le fils et de M. Silvestre, notre directeur, la petite figure d'amour qu'il vient de faire en marbre
et qui est destiné pour le chateau de Créci (1). Il a voulu representer l'Amour enfant qui essaye une de ses fleches. Il la
tient de la main droite, et, posant le doigt de la main gauche
sur la pointe de cette arme cruelle, il juge du mal qu'il va
causer ; il est debout près d'une souche environnée de toutes
parts par des rosiers. Tout cela sembloit fait pour operer un

---

(1) Le château de Crécy (Eure-et-Loir), appartenait aussi à
Mme de Pompadour. — Piganiol, ix, 42, indique cette statue de
l'Amour comme étant à Bellevue.

sujet galant et des plus agréables, mais je n'y ay rien vu de cela, et la raison c'est que la tête du dieu est ignoble et sans caractere ; c'est le portrait d'un enfant du commun qui n'a rien que de grossier dans la physionomie. Le reste de la figure est, à mon avis, mal dessiné, et j'aurois voulu moins d'affélerie à marquer ces cavités qui, dans les jointures, se font remarquer chez les enfans et montrent une chair tendre et non encore tout à fait formée. Ce n'est point ainsi que les a traités le Flamand, et ce n'est point là non plus la nature. Ces trous trop ressentis me paraissent faire l'effet de cicatrices qui interrompent la suite des contours.

Si c'est pour jetter de la poudre aux yeux que Saly a mis des fleurs et des feuilles en fort grand nombre, à la bonne heure ; mais j'aurois souhaité que ces feuilles et ces roses eussent plus de flexibilité, qu'elles ressemblassent moins à de la sculpture en bois, et c'est ce que leur auroit donné la touche, si cette touche eût été fine et spirituelle. Voilà ce que nous avons tous pensé sur cette figure, qui sera la dernière que Saly fera avant de partir, car ce mois d'aoust ne finira pas avant qu'il ne soit en route.

Il étoit à Rome lorsqu'il y fit pour M. de Troy une jolie tête de fille, en marbre, que M. Thiroux d'Espercennes, maître des requêtes, a apporté d'Italie et qu'il conserve dans son cabinet. C'est bien un des plus agréables morceaux que Saly fera jamais. Je n'ai jamais pu parvenir à voir tous ses desseins. On dit qu'il en est extremement jaloux, et je luy ay entendu dire à lui même qu'il n'avoit jamais pu se resoudre d'en laisser sortir de ses mains. Il a fallu user presque de force pour en tirer trois que j'ai (1), dont je dirai tout ce

---

(1) Ces trois dessins étaient une caricature de Zabaglia, machiniste romain, gravée par M. de La Live, et vendue 40 livres 1 sou.

qu'on voudra, mais qui dans le fond sont secs et d'assez petite manière. Ce n'est point là le crayon de notre ami (1). Ils veulent tous l'imiter, et aucun n'en approche; Le Moyne disoit bien que dans cette partie il estoit inimitable (2).

SANDRART (JOACHIM DE) fit avec G. Honthorst, son maître, le voyage d'Angleterre, et puisque, suivant le plan que s'est fait M. Walpole, tous les artistes qui ont fait quelque figure dans ce pays doivent avoir place dans son ouvrage, je ne vois pas pourquoi il n'y seroit pas fait mention de celui-ci, qui s'étoit rendu tellement agréable au roi Charles Ier que celui-ci ne lui permit de quitter l'Angleterre, après l'assassinat du duc de Buckingham, en 1628, que sous l'espérance d'y revenir bientost. Voyez la façon dont il s'exprime à ce sujet dans les mémoires qui le concernent et qui terminent son grand ouvrage des *Vies des peintres*, p. 3. (*Notes sur Walpole.*)

— Joachim de Sandrart a eu un petit neveu (fils de son neveu Jacques de Sandrart, le graveur, et frère de Jean Jacques, aussi graveur) qui s'appeloit comme son oncle (Joachim). Il promettoit, mais il mourut à la fleur de son âge. Il étoit né à Nuremberg en 1668, où son père avoit pris un établissement, et il mourut à Londres en 1691, ayant à peine 23 ans. Une inscription, qui accompagne son portrait, que j'ai vu gravé, nous donne ces dates. Il a gravé quelques planches, — mais en petit nombre. Je connais de lui le por-

---

une figure de femme debout ayant près d'elle une lampe sépulcrale, et une autre figure de femme également drapée, achetées ensemble 75 livres par Lempereur.

(1) C'est-à-dire Bouchardon.

(2) Cette curieuse note de Mariette sur Saly a déjà été publiée en partie par M. Charles Blanc, dans son *Trésor de la curiosité*, I, 312-4.

trait d'un magistrat de Nuremberg, nommé Christophe Fürer; il est gravé en **1691**, et ce sera le dernier ouvrage qu'il aura fait en Allemagne avant que de passer en Angleterre, où, comme on le voit, il n'a fait que se montrer. Ce portrait a été gravé d'après le dessein de Jean Jacques, son frère aîné.

SANESE (**MICHEL ANGELO**). Il en est parlé dans la vie de Cellini, écrite par lui même (1).

SANI (**DOMENICO**), peintre, né à Cesène le **18** avril **1690**. Ainsi écrit au bas de son portrait qui étoit dans la collection du s^r Pio, et qu'a eu depuis M. Crozat.

SAN SEVERO (le prince de). Moyen qu'a imaginé à Naples M. le prince de San Severo, de la famille de Sangro, pour fixer le pastel. Extrait d'un voyage fait en Italie en **1765** et **1766**, par M. de La Lande, de l'Académie des sciences, tome 6 (2).

On a fait jusqu'à présent bien des tentatives pour parvenir à fixer le pastel et l'empêcher de se détacher de dessus le papier qui lui sert de fond; mais, si l'on excepte ce qu'a trouvé M. Loriot, elles ont toutes été infructueuses. Diverses couleurs qui entrent dans la composition des pastels, telles que la laque, le noir de fumée, le jaune de Naples, craignent l'humidité, et si, pour les rendre adhérentes au papier, on se servoit d'un

---

(1) Sur ce Michel Ange de Sienne, scuplteur, qui fit le tombeau du pape Adrien VI, voir les Mémoires de Cellini, éd. de Florence, Lemonnier, 1852, p. 59-63 et 69.

(2) Le passage que Mariette extrait et récrit en finissant par le combattre ne se trouve que dans la première édition, celle de 1769, tome VI, chap. xx, p. 398-407. Le chapitre tout entier a disparu de l'édition postérieure.

pinceau trempé dans une liqueur quelconque, ces couleurs se détremperoient, sortiroient de leur place, ou du moins deviendroient ternes en séchant. En vain entreprendroit-on d'exposer les peintures à la vapeur d'une liqueur bouillante. Les parties glutineuses, n'étant pas les plus volatiles, ne s'éleveroient pas assez pour penetrer entierement les couleurs et provoquer la fixation. On ignore quelle est la méthode de M. Loriot. C'est un secret qu'il s'est reservé pour tout le temps de sa vie et qui ne doit être rendu public par le roi, auquel il l'a communiqué, que lorsqu'il ne sera plus. Il est immanquable, et je le crois bien supérieur à celui du prince de San Severo, dont voici le procédé tel qu'il l'a expliqué lui même à M. de La Lande.

Il prend trois onces de la plus belle colle de poisson ; il la coupe en écailles minces et il la met infuser pendant 24 heures dans 10 onces de vinaigre distillé. Il verse ensuite sur ce mélange 48 onces d'eau chaude, et ne cesse de le remuer avec une spatule de bois que lorsque la colle se trouve tout à fait dissoute. Un vase de terre, enfoncé dans le sable à la profondeur de deux ou trois doigts, reçoit ce mélange, et l'on met le poële qui contient le sable sur un fourneau à feu de charbon, le ménageant de façon que la liqueur ne bouille point et qu'on y puisse tenir le doigt. On la remue avec la spatule jusqu'à ce que la dissolution soit faite. Après quoi on la laisse refroidir et on la passe par un filtre de papier gris sur un entonnoir de verre, ayant l'attention de changer de papier quand la liqueur a trop de peine à passer au travers, et, pour peu que la colle soit de qualité trop glutineuse et ait de la peine à traverser le filtre, on y ajoute un peu d'eau claire.

La liqueur étant filtrée, on la verse dans une grande bouteille, en mettant alternativement un verre de la dissolution et un verre d'esprit de vin bien rectifié, et, après avoir bouché la bouteille, on la secoue pendant un quart d'heure. Les liqueurs se mêlent suffisamment, et il n'est plus question que de l'appliquer sur le pastel.

Pour cela, le morceau qu'on a dessein de fixer étant tenu horizontalement et fermement par deux personnes qui le tirent à elles, afin qu'il soit bien tendu, le peintre, ou celui qui est chargé de l'operation, prend un pinceau doux et large, le trempe dans la couleur préparée, et il en enduit le revers du pastel jusqu'à ce que la liqueur ait pénétré le papier et que toutes les couleurs en soient abreuvées et paroissent aussi luisantes que si l'on y avoit passé un vernis.

La première couche pénètre promptement le papier, qui est peu collé et par conséquent spongieux, ainsi que les couleurs du pastel, qui, n'étant autre chose que de la craye, sont absorbantes. On est cependant presque toujours obligé de donner une seconde couche, mais beaucoup plus légère, et l'une et l'autre doivent être données le plus également qu'il est possible, après quoi on étend le papier sur une planche unie, les couleurs en dehors, pour l'y laisser secher à l'ombre, ce qui ne demande pas plus de quatre heures.

Quelquefois il arrive que des couleurs ne se fixent pas assez dans la première operation, et l'on est obligé d'y revenir et de donner une nouvelle couche; mais, de quelque façon que ce soit, le peintre ne se peut dispenser de repasser avec le doigt sur ses couleurs, chacune dans son sens et l'une après l'autre, de la même façon qu'il s'y prend lorsqu'il peint et qu'il veut rendre sa couleur adherente au papier. Sans cela il pourroit rester un fond de poussière fine qui seroit sujette à se détacher et se repandroit immanquablement sur les parties voisines, mais ceci n'est l'affaire que de trois ou quatre minutes au plus. Cette manière de fixer le pastel est, si l'on en croit M. le prince de San Severo, simple, facile et sûre; l'altération qu'elle cause dans les couleurs est insensible, et sa solidité est telle qu'on peut netoyer le tableau sans craindre de l'endomager.

Je le veux croire, mais en attendant qu'on en fasse l'expérience, qui me paroit avoir des inconveniens, il est permis d'en douter, et je n'hésite point de donner la préférence à M. Loriot, qui a présenté son secret de façon qu'il a étonné et persuadé les personnes qui étoient le moins disposées à lui accorder leur confiance. Lorsqu'il se présenta à l'Académie de peinture, il y apporta un pastel dont la moitié étoit fixée et l'autre ne l'étoit pas encore, et il fit remarquer que les couleurs étoient les mêmes, qu'aucune n'avoit perdu de son éclat (1).

SANSOVINO (JACQUES) n'avoit que 91 ans lorsqu'il mourut à Venise, en 1570, si l'on s'en rapporte aux calculs qu'a faits sur cela le Temanza, auteur d'une nouvelle vie très détaillée de cet artiste, imprimée à Venise en 1752, et si l'on reçoit aussi les preuves qu'il en a rassemblées et qu'il rapporte. A ce compte, le Sansovin seroit né à Florence en 1479. On met en 1523 l'année qu'il vint à Venise et qu'il s'y établit, et c'est encore un point de chronologie que conteste le Temanza. Il prétend qu'il avoit pu faire un premier voyage à Venise en cette année, mais que ç'avoit été sans dessein de s'y établir, qu'il étoit retourné à Rome, où le pape Clement VII le fit travailler, et que ce ne fut qu'après le sac de Rome, en 1527, qu'il se détermina tout de bon à se fixer à Venise. Il faut lire l'ouvrage du Temanza, qui est surchargé d'une infi-

---

(1) Lalande fait remarquer que, la partie fixée ayant été imbibée, pour que la partie non fixée eût le même ton, il fallait que l'autre partie eût été également imbibée d'une liqueur non fixative, et sa remarque paraît très-raisonnable, mais il ne nous appartient pas d'avoir une opinion dans ce débat.

nité de détails curieux et ou l'auteur examine tout avec des yeux de critique. Sansovin fut un habile sculpteur, et c'est dommage qu'il ait autant négligé qu'il le fit cette profession pour se livrer entierement à l'architecture, qui sans doute lui étoit plus avantageuse. On compte le nombre de ses statues, qui encore ont presque toutes été faites dans sa jeunesse. Il avoit un grand défaut, c'étoit d'avoir trop bonne opinion de lui même et d'être trop plein de jactance.

SANTERRE (JEAN-BAPTISTE). Le père Orlandi le fait naître en 1657 ; c'est une faute ; il faut lire 1651.

SANTIS (HORATIO DE), Aquilano, a gravé, en 1572, un sujet de la Nativité de Notre Seigneur, d'après Pompeo Aquilano.

SAN-MICHELI (MICHEL), fameux architecte de Verone, né en 1482, mort vers l'année 1560. On voit de très beaux edifices de lui à Venise et à Verone. Voyez ce que le marquis Scipion Maffei en a dit dans son livre *Verona illustrata*. — Le comte Alessandro Pompei a fait un ouvrage imprimé à Verone en 1735, in folio, qui contient les cinq ordres d'architecture suivant le sistème de Michel San-Micheli, et l'on y trouve un abrégé de la vie de ce celebre architecte qui a, ce me semble, été écrite dans un plus grand détail par le Vasari (1).

SANTI TITI. Lorsque la grande duchesse Christine de Lorraine fit son entrée à Florence en 1588, ce peintre donna les desseins de quelques unes des décorations qui accompagnèrent cette fête, et peignit en même temps deux des tableaux qui y furent employés, ainsi qu'on l'apprend de la

(1) Ed. de Lemonnier, t. XI, 110-40.

description qu'en a donné Raph. Gualteroti et qui a été imprimée en **1589**.

. — Valerio Santi Titi. Apparemment que ce peintre étoit disciple de Santi di Tito, peintre celebre de l'école florentine. Il n'en est pourtant point fait mention dans la vie de ce dernier qu'a écrite le Baldinucci dans un assez grand détail, à moins que ce ne soit le même auquel cet auteur donne le nom de Tiberio. Je trouve qu'il peignit pour l'entrée de la grande duchesse Christine de Lorraine à Florence, en **1588**.

SARLIN, peintre lyonnois. Le tableau représentant la décolation de S. Jean, aux Pénitens de la Misericorde, à Lyon, est de luy. De Bombourg.

SARRABAT (DANIEL), né à Paris en **1666**, est mort à Lyon le 22 juin **1748**. Ses talens pour le dessein se developpèrent de fort bonne heure. Dès l'âge de dix ans il dessinoit à l'Académie, et il n'en avoit que seize lorsqu'il peignit son premier tableau. Il étoit pour lors chez l'un des Corneille, je crois Jean Baptiste, et bientost, ayant remporté plus d'une fois le prix que l'Académie de peinture propose à ses eleves, il fut envoyé à Rome, à la pension du roi. Il trouva dans cette ville Carle Maratte, qui, ayant vu un de ses desseins d'après les peintures de Raphaël, conçut pour lui une forte estime, et de son côté Sarrabat tacha à se rendre familière la manière de peindre et de dessiner de ce grand homme, ce qui contribua beaucoup à ameliorer la sienne. Après deux années de séjour à Rome il revint à Paris, et ne tarda pas, dit-on, d'être agréé à l'Académie royale. — C'est ce qu'il faudra vérifier sur ses registres (1).

Il vint ensuite à Lyon, s'y fixa, s'y maria et n'en sortit plus.

_____

(1) Il y fut agréé en **1703**. *Archives, Documents,* I, 400.

Durant l'espace de cinquante ans qu'il y a demeuré, il y a fait quantité de tableaux qui se voyent dans les églises et lieux publics de cette ville et des environs, et chez divers particuliers, plusieurs capables de soutenir sa réputation, d'autres assez foibles. En général il donnoit trop à la pratique ; plein des ouvrages des plus grands maîtres qu'il avoit étudiés, il y assujettissoit trop souvent et trop servilement la sienne, et, ne consultant presque jamais la nature, il n'eut jamais un caractère qu'on pût dire être à lui. Sa partie fut celle de l'invention ; il avoit un génie fecond et des tournures de figures assez agréables. Tout ceci m'a été communiqué par M. de Boissieu, qui le tenoit du fils de Sarrabat, qui, ayant appris à dessiner de son père, en faisoit le métier à Lyon, et enseignoit aux autres ce qu'il ne sçavoit qu'assez médiocrement.

SARRABAT (ISAAC), graveur en manière noire, qui a fleury sur la fin du dernier siècle. Je le crois Lyonnois et qu'il étoit aussi peintre. — On m'a dit qu'il étoit Parisien ; il avoit un frère peintre, qui est mort à Lyon, et qui y a fait de fort beaux ouvrages.

— Isaac Sarrabat, né à Paris, et frère cadet de Daniel, est un de ceux qui, parmi les François, ont le mieux réussi à graver dans la manière noire, mais il ne s'y est exercé qu'en passant et n'a fait que quelques portraits. Il est mort à Paris au commencement de ce siècle. Son vrai talent étoit la peinture, et je pense qu'il s'étoit renfermé dans le genre des portraits.

Je connois un autre artiste du même nom, Guillaume Sarrabat, qui étoit à Rome à la fin du dernier siècle. — Je ne me souviens plus où j'ai pris cela, mais il n'en est pas moins vrai que le peintre dont il est question se nommoit Daniel et non Guillaume. (*Voyez* ci dessus.)

SARRAZIN (JACQUES), de Noyon, peintre et sculpteur, recteur de l'Académie royale de peinture et de sculpture (1).

— Jacques Sarrazin, de Noyon, en Picardie, s'est surtout distingué par les excellens morceaux de sculpture qui sont sortis d'entre ses mains. Il s'étoit attaché à Simon Vouet, dont il avoit adopté la manière, et celui-ci luy avoit donné en mariage une de ses niepces pour se l'attacher encore plus étroitement. Quoyque la sculpture fût sa principale profession, il n'en avoit pas moins d'amour pour la peinture, et souvent il quittoit le cizeau pour prendre la palette et les pinceaux. C'étoit pour luy un amusement agréable qui servoit à le délasser de ses grands travaux.

— Jacques Sarrazin est mort à Paris le 3 décembre **1660**, agé de **70** ans, d'autres disent **68**, mais je crois qu'ils se trompent. Il avoit travaillé dans sa jeunesse à Rome, et l'on voit en France nombre de ses ouvrages plus excellens les uns que les autres. Je n'en citerai qu'un seul, celui où des enfans jouent avec une chevre dans les jardins de Marly, et je defierai de me montrer quelque sculpture plus parfaite. Bouchardon ne finissoit point quand il louoit ce que Sarrazin a fait dans l'église des Jesuites de la rue St Antoine, à la chapelle de Condé.

— *Mémoires historiques des principaux ouvrages de M. Sarrazin, par M. de St Georges, lu à l'Académie le 3 Xbre 1689* (2).

---

(1) M. Beaucousin, avocat au parlement, avait écrit un éloge de Jacques Sarrazin et de Pierre Sarrazin son frère puiné, avec le catalogue et la description de leurs ouvrages, destiné à une histoire du Noyonnais qu'il préparait. (Cf. le P. Lelong, IV, 47, 934 et II, 34, 892.) Mais il est bien à craindre que son travail ne soit aujourd'hui perdu.

(2) Nous n'avons pas à reproduire ces mémoires transcrits par Mariette, qui sont de Guillet de St Georges, et ont été imprimés dans les *Mémoires inédits des académiciens*, 1, 115-26. Nous donnerons seulement ses annotations, en renvoyant au texte par l'indication des pages.

Dans un premier brouillon, il est marqué que ces mémoires ont été dressés sur les mémoires de MM. Tubi et Le Gros.

P. 117, ligne 6 : *Il travailla à Rome pour M. Languille.* Ce sculpteur recevoit obligeamment tous les François, et il se fit un plaisir d'accueillir M. Sarrazin.

P. 117, ligne 10 : *Il fit à Frascati un Atlas... et un Polyphème qui pousse aussi des jets d'eau* en voulant jouer d'une flute à plusieurs tuyaux. Dans le premier brouillon, il est dit simplement que Sarrazin fut employé aux ouvrages de Frascati.

P. 117, ligne 12 : *Il se rencontra à Frascati dans le temps que le Dominiquin y travailloit, etc.* Dans une première copie, l'auteur se contente de dire que le Dominiquin y travailloit.

P. 117, ligne 15 : *Il fit plusieurs figures pour le grand autel de S. André della Valle.* « Pour le grand autel » n'étoit point dans la première copie, où il y avoit seulement : pour l'église.

P. 117, ligne 19 : *Il s'attachoit à imiter Michel Ange.* L'auteur avoit remarqué dans son premier brouillon que Sarrazin avoit évité les manières dures de Michel Ange.

P. 117, ligne 21 : *Il sejourna quelque temps à Florence, etc.* Tout ce qui est dit ici, qui arriva à Florence à M. Sarrazin, n'étoit point dans les premières copies, et ce fait est pour moi fort suspect.

P. 118, ligne 3 : *Il fit pour Notre Dame de Paris deux figures, de Se Anne et de St Louis.* Ces deux figures de Se Anne et de St Louis ont été déplacées lorsqu'on a fait la nouvelle chapelle de la Vierge. Celle de S. Louis fut donnée aux religieuses de l'Hôtel Dieu, qui l'ont fait transporter à leur hopital de Saint Louis et l'ont mise dans une niche du portail de leur église, où elle fait fort mal, la niche et la figure n'étant point en proportions qui s'accordent. Du reste la figure n'est point faite pour faire honneur à M. Sarrazin ; elle est courte ; les drapperies sont maniérées et boudinées ; la teste est d'un caractère bas. Avant que de l'avoir vu, j'en avois une tout autre idée.

P. 118 : *Il fit plusieurs ornemens de sculpture dans une maison de la rue Michel le Comte*, entr'autres un bas relief de marbre en manière de frise, représentant le triomphe de l'Amour. Il a été gravé par Dorigny. Ce bas relief, où les figures n'ont pas tout à fait un pied de proportion, se trouvoit dans le cabinet de M. Glucq de Sᵗ Port, et a été vendu à son inventaire. Il faut voir les choses pour en juger sainement. L'estampe m'avoit donné une bonne idée de cet ouvrage ; le marbre m'en a laissé une fort mauvaise ; il est mal travaillé, et je n'en aime pas le goût de dessein. Le bas relief est divisé en quatre parties comme dans l'estampe, et je ne vois pas [quelle en pouv]oit être la destination.

P. 118 : *Il commença une Vénus qui, pour être terminée, a été mise entre les mains de M. Le Hongre*. Et, depuis le decès de M. Le Hongre, entre les mains de M. Van Cleve. Ceci fut ajouté lorsque M. Guerin, secrétaire de l'Academie, fit une seconde lecture de ces memoires en 1703. Nest-ce pas la Vénus, assise et accompagnée de l'Amour, qui est dans les jardins de Marly ?

P. 119 : *M. d'Effiat employa M. Sarrazin pour la décoration de Chilly*. M. Van Obstal, suivant la première copie, travailloit alors pour M. Sarrazin.

P. 119 : *En consideration de tout ce travail du Louvre*. On lui avoit accordé l'inspection de tous les ouvrages de sculpture qui se faisoient aux nouveaux batimens du Louvre.

P. 120 : *Il fit les figures des deux anges qui portent le cœur de Louis XIII aux Jesuites de la rue Sᵗ Antoine*. Plus grandes que nature. Première copie de l'auteur.

P. 121 : *Il fit alors les quatre Saisons posées à Videville, dans la maison de M. Bullion*. Tout cela a été ajouté dans la seconde copie. Il faut observer que ces quatre figures ont été gravées par Daret, qui, pour en faire une suite vendable, les a intitulées les Quatre Saisons. D'ailleurs, de ces quatre figures, trois seulement furent pour la maison de M. de Bullion; la quatrième fut posée dans une maison de campagne, à Chantemerle, qui appartenoit à M. Hesselin; c'est celle qui représente Cerès.

P. 121 : *M. Inselin.* Il faut lire Hinselin. *Chantemerle.* Il faut lire Chantemesle (1).

P. 121 : *Bas relief des Muses dans la maison de M. Inselin.* J'avois toujours cru que ce bas relief étoit de Van Opstal.

P. 122 : *Dans le cabinet du roy, treize bustes de terre cuite représentans J. C. et les apôtres.* De quatorze pouces de hauteur, suivant le premier brouillon. *Au même endroit, il y a un crucifix grand comme le naturel.* Il est de terre cuite. Je l'ay vu dans la salle des Antiques, où il est trop négligé.

P. 123 : *Il fit pour M. d'Esnault un satyre et la nymphe Echo, pour la grotte d'une maison de Montmorency, possédée aujourd'hui par M. Le Brun.* M. Crozat le nommoit Desnœuds, et prétendoit que c'étoit lui qui avoit possédé les beaux desseins de Vannius et du Primatice que M. Crozat avoit eus de M. Jabach. —Ces figures sont actuellement dans le plus mauvais état (2).

P. 123 : *M. Edouard Le Camus lui fit faire, pour les Carmélites, le monument du c^{al} de Berulle.* Il étoit procureur général de la cour des aydes, charge qu'il quitta pour se faire prestre. Il avoit une sœur carmelite, et c'est pour cela sans doute qu'il choisit leur église pour y dresser un monument. — Il s'étoit retiré aux Carmelites.

P. 124 : *A la fin de l'article de ce monument.* On lisoit de

---

(1) Cf. *Archives, Documents,* t. IV, p. 339 et 404.
(2) Cf. II, 49-50 et 53.

plus dans la première copie : On m'a assuré qu'un auteur moderne, trompé par de faux mémoires, attribuoit ces bas-reliefs à Claude d'Arras, connu sous le nom de l'Estoca (*sic*) qui n'étoit qu'un compagnon sculpteur, employé dans les ateliers de M. Sarrazin. Mais, si cet auteur avoit examiné ces bas reliefs, il auroit bien vu que ce sont des coups de maître.

P. 124 : *Les quatre figures de bronze du mausolée du prince de Condé, la Religion, la Justice, la Piété et la Force ou la Valeur.* De grandeur naturelle. Elles ont toutes été jettées en bronze par Perlan, célèbre fondeur. — Dans la première copie : Et Minerve, qui preside également aux sciences et à la guerre.

P. 125 : *Dans le bas relief du Triomphe de la Renommée du même monument, Sarrazin paroit, comme dans la foule, orné de la chaisne et de la médaille que lui donna l'Académie de Florence.* Cela ne se trouvoit point dans la première copie.

P. 125 : *Le crucifix qui est dans la même chapelle est de M. Sarrazin, et n'a été posé qu'après sa mort.* Dans un mémoire mss. que j'ai, il est dit que le S. Ignace, au pied du crucifix, et les deux anges, sur le timpan du fronton, ne sont point de Sarrazin, mais de Le Gros, son disciple.

P. S. Pour s'exciter à mourir pieusement, il avoit fait écrire en grosses lettres ce verset des Pseaumes : Cor mundum crea in me, Deus, etc., et, l'ayant fait attacher au pied de son lit, il ne cessa de le lire jusqu'à ce qu'il eût rendu le dernier soupir.

EXTRAIT DES REGISTRES DE L'ACADÉMIE.

Sarrazin fut un des premiers et principaux promoteurs de l'institution de l'Académie avec M. de Charmois, Juste d'Egmont et Corneille, auxquels se joignit Le Brun, etc. Fin de 1647 et commencement de 1648.

Dans la première assemblée, il fut élu pour estre un des

douze professeurs, et le sort lui assigna la cinquième place et le mois de juin.

En 1652, le 2 mars, il se démit volontairement de cette place pour y faire rentrer M. de La Hyre, qui l'avoit cédée, lors de l'arrangement de la jonction, à l'un des officiers de la maitrise, ainsi qu'on en étoit convenu. Y rentra lui même le 6 mars 1655, à la place du S. Baugin, l'un des anciens tirés de la maitrise, et destitué pour emportemens, etc.

Elu au sort recteur de l'Académie lors de la création de ce grade, le 6 juillet 1655.

Y rentre, aussi élu par le sort, le 3 juillet 1660, à la place de M. Van Opstal, après que celui-ci eût fini son année.

Meurt le 3 décembre 1660, âgé de 68 ans.

La liste des académiciens, imprimée et dressée par Reynez, son concierge, le fait mourir âgé de 70 ans.

— S⁰ Anne debout. Gravée par Dorigny, d'après une statue de Sarrazin. Cette pièce a été faite pour estre mise en clair obscur dans la manière de Périer, et nous en avons les planches et une epreuve en clair obscur que mon père a eu de chez M. Boulle. Il est vray que nous ne pourrions pas présentement en imprimer de semblables. Nous avons bien, comme je viens de le remarquer, les deux planches, celle qui imprime le blanc et celle qui imprime le noir, mais cette dernière est beaucoup plus travaillée qu'elle n'étoit au commencement, et je suis comme asseuré que tout ce travail qui y a été adjouté et qui nuiroit si on joignoit la seconde planche, n'y a été mis que lorsqu'on eût abandonné le premier desseïn que l'on avoit de l'imprimer en clair obscur, rebuté sans doute par les difficultés qui se rencontrent dans cette espèce d'impression.

— Un paysan chantant et jouant de la guittare; une femme auprès de luy, dansant et jouant des castagnettes d'une main et faisant résonner de l'autre un tambour de basque, l'un et l'autre en demie figure. Gravé à l'eau forte, peut-être par Gasnière. Je ne vois à cette épreuve aucun nom d'artistes, mais mon père y avoit écrit *J. Sarazin inv.* Apparemment qu'il en avoit vu des épreuves avec inscription. Cette pièce grotesque a 8° h., 10° 6′ travers.

SARTI (ERCOLE), surnommé le muet, et il l'étoit en effet, nacquit le 23 X^{bre} 1593 à Ficarolo, gros bourg situé sur le Pô, dans le Ferrarois. On ne lui connoit point de maître; l'instinct seul et le goût pour une profession qui pouvoit rendre moins duré son incommodité, en firent un peintre. S'il ne fréquenta pas les écoles du Bonone et du Scarsellino, il ne s'en attacha pas moins à suivre leur manière. Il imita dans son coloris le dernier, et mit dans son dessein toute la resolution qui caractérise les ouvrages du premier de ces deux maîtres. Dès l'âge de 16 ans il exposa dans sa ville natale un tableau qui fit concevoir de lui les plus grandes espérances, et, en 1639, il fit le portrait d'une dame (dona Beatrix d'Est Tassoni) qui a été celebré par le comte Franc. Berni dans une pièce de poësie en forme d'épithalame, à l'occasion des nopces de cette dame avec un Sachetti. Le Baretti, dans sa description des peintures de Ferrare, fait, p. 22, une honorable mention de cet artiste, mais il laisse ignorer le tems de sa mort.

SARTO (ANDREA DEL) a du naistre en 1488, et non pas en 1478, comme on le trouve dans Vasari de la première et de la seconde edition. C'est une erreur dans le chiffre, car, s'il étoit vray qu'il fut né en 1478, il auroit eu 52 ans et non pas 42 lorsqu'il mourut en 1530. Cependant l'epitaphe rapportée par Vasari et l'inscription autour du portrait gravé par Theodore Kruger sont des preuves qu'André del Sarto n'avoit que 42 ans lorsqu'il mourut en 1530. Il vint en France en 1518.

Le premier ouvrage qu'il y fit fut le portrait du Dauphin, fils aîné de François Ier, né le 28 fevrier de cette mesme année. Il peignit ensuite une Charité sous la figure d'une femme qui est accompagnée de plusieurs enfans; c'est un de ses plus beaux morceaux; il y mit son nom et la datte 1518. Le père d'André del Sarte se nommoit Michel Ange Vannucchi, et voilà pourquoy André del Sarte s'est servy quelquefois de cette marque A V (*en monog.*) qu'on trouve sur quelques uns de ses tableaux. Voyez Cinelli, *Aggiunte alle Bellezze di Firenze*, p. 427.

— Mil cinq cens trente est certainement l'année de la mort d'André del Sarte. Ce fut dans la fin de cette même année que Florence fut réduite au pouvoir des Impériaux, et André del Sarte ne survécut que très peu de temps à la réduction de cette ville.

— André del Sarto, peintre florentin, disciple de Pierre Cosimo et imitateur de Leonard de Vinci et de Michel Ange.

— L'on met à Florence André del Sarte dans le même rang que Raphaël, et certainement, si l'on ne cherche dans ses ouvrages que la simplicité, les graces, la belle façon de drapper et la pureté des contours, il approche beaucoup de ce grand peintre, qui ne lui est supérieur que par la sublimité des idées et la fierté des caractères. Il y a aussi une grande conformité dans la manière de dessiner de ces deux excellens artistes. On trouvera, dans la collection de M. Crozat, des têtes qu'on ne feroit point difficulté de donner à Raphaël, si l'on n'étoit sûr qu'elles sont d'André del Sarte. (*Cat. Crozat*, p. 2.)

— Le Foy et la Justice assises aux côtés des armes des Medicis. Cette pièce, gravée au burin à Florence en 1618, par Theodore Cruger, sert de frontispice à la suite des sujets de la vie de St Jean Baptiste — qui tous viennent d'après des peintures en grisaille qu'André del Sarte a peintes dans un

cloître appellé *lo Scalzo*, près de l'église de l'Annonciade, à
Florence, qui jouissent de la plus grande réputation, mais
qui déperissent tous les jours. Le Bigio, peintre contemporain, y a aussi travaillé, mais ce n'a été que pour faire briller
davantage André del Sarte.

— La figure de Zacharie — dans le tableau où l'ange lui
apparoit dans le temple et lui predit la naissance de S. Jean
Baptiste, a été gravée par Don Vitus. *D. Vitus V. monac. fec.*
1580. — Ce V signifie *Vallombrensis*, moine de Vallom-
breuse.

— La S⁰ Vierge visitant S⁰ Elizabeth. Gravé au burin par
un anonyme. *Ant. Salamanca exc. Romæ* 1561. — Idem,
chez Nic. Nelli, 1566. — Autre estampe de la même composition avec un fond different. Mauvaise pièce gravée au burin
par J. B. de Cavalleriis en 1572. — Le nombre de gravures
faites en si peu de temps d'après le même tableau est une
preuve de sa grande reputation, et il la meritoit. — Autre
estampe au burin par Th. Cruger.

— Zacharie ecrivant le nom qu'il veut imposer au fils qui
luy vient de naistre. Gravé par Theodore Cruger. — M. Crozat a l'etude de la figure de Zacharie faite par André del
Sarte, qui est une merveilleuse figure.

— La Visitation de la S⁰ Vierge — S⁰ Elizabeth recevant
la S⁰ Vierge qui lui vient rendre visite — peinte au cloitre de
l'avant cour de l'Annonciade, à Florence. Gravée à l'eau forte
par celui qui se servoit de cette marque 1 V (Brulliot, 3⁰ partie, n⁰ 2879). Très belle composition. Cette estampe est assez
grande et en hauteur. — Ce tableau n'est pas d'André del
Sarte, mais du Pontorme, et l'un de ses plus beaux ouvrages.
Il cherchoit pour lors à imiter la manière d'André del Sarte,
son maître.

— Vierge assise sur un degré et ayant sur ses genoux l'enfant Jesus. Gravé au burin par Michel Natalis. Le tableau, qui

est une répétition de la belle peinture de la Madonna del Sacco, à Florence, est au palais du marquis Giustiniani, à Rome.

— Autre estampe du même sujet qui a été peint dans un ceintre, sur une porte, et au dessus de la vue, ce qui fait que toutes les figures y sont veues en raccourcy. Celle de S. Joseph tient un livre et est dans une attitude fort differente de celle de l'estampe précedente, ce qui fait juger qu'elles ont été gravées l'une et l'autre d'après deux tableaux differens. Celle cy l'a été au burin en 1573, par un anonyme qui dessinoit passablement — et c'est à mon gré ce qu'il y a de mieux. — Entre toutes les estampes du tableau de la Madonna del Sacco, il y en a une gravée par M. Corneille, d'après le dessein qu'avoit Jabach, et qui est sans doute chez le roi. — Il y en a une nouvelle estampe gravée par Ferdinando Gregori en 1660. — Tableau fameux d'André del Sarte, à fresque, peint dans une lunette au dessus d'une porte dans le cloître du monastère des Servites de N. D. de l'Annonciade, à Florence, connu sous le nom de *la Madonna del Sacco*. Borghini et bien d'autres en ont parlé avec éloge. — C'est en effet le plus beau morceau que j'aye veu d'André del Sarte ; il a été peint en 1525 ; il porte cette date.

— La Se Vierge ayant sur ses genonx l'enfant Jesus, près de Se Elizabeth qui tient sur les siens St Jean Baptiste, dans une forme ronde. Gravé au burin en 1613, par Jacques Callot. — Le tableau original est à Fontainebleau ; c'est une belle chose (1).—Je me trompe ; l'estampe de Callot vient d'après un tableau qui a bien quelque chose de la composition de celui d'André del Sarte qui est au cabinet du roi, mais qui est cependant différent. Le dernier est ovale ; celui qu'a gravé Callot est rond.

---

(1) Cf. cet *Abecedario*, I, 271, et l'excellent catalogue de Callot par M. Meaume, n° 66, p. 63-4.

— La S° Vierge assise à terre, ayant entre ses bras l'enfant Jesus qui cesse de tetter pour regarder d'un autre coté. Un peu plus loin, à la gauche de la S° Vierge, est représenté S. Joseph, appuyé sur un bout de terrasse et dont on ne voit qu'une partie du corps, le reste étant caché par la terrasse. Il n'y a à cette estampe, que j'ay veue chez M. Crozat, aucuns noms d'artistes. Elle est gravée au burin et assez mal par un anonyme, dont je ne connois point la manière. Elle n'est pas dessinée merveilleusement; avec cela on ne laisse pas d'y reconnoistre qu'elle vient d'après beau, et je suis fort trompé si ce n'est pas d'après André del Sarte. Je ne vois du moins aucun peintre à qui elle convienne mieux. — On n'en peut guère douter. — Elle a 14° 3' h., 10° 3' trav.

— La S° Vierge assise sur un piedestal, soutenant des deux mains l'enfant Jésus, qui, à genoux sur son berceau, reçoit un fruict que le jeune St Jean lui présente. Plus loin, derrière ce groupe, est S. Joseph, le coude appuyé sur une pierre sous une arcade. Il n'y a ni nom ny marque sur cette pièce, qui est gravée à l'eau forte assez passablement bien, sans qu'on puisse assurer qu'elle soit de l'invention d'André del Sarte. Je n'y reconnois point sa manière, et je n'en fais mention dans ce catalogue que parce que, sur l'épreuve que j'ai, on lit sur la marge le nom de cet auteur écrit en beaux caractères : ANDREAS DEL SARTO INVENT, et qu'il ne paroit pas y avoir été mis au hazard.

— *La Vierge assise, vue de face, tenant sur ses genoux l'enfant Jesus : à sa droite est sainte Elisabeth, vue de profil, tenant le petit St Jean qu'elle presente à Jesus; de l'autre côté est Ste Catherine, etc.* — 6300 #. Hout, pour le prince Guillaume de Cassel. J'ai dans mes desseins la tête de la sainte, qui est le portrait de la Lucrecia, femme d'André del Sarte. C'est un tableau de toute beauté par le choix; il faut gemir de le voir sortir de France. (*Catalogue Tallard*, n° 4)

— Une Sainte Famille en demies figures. L'enfant Jesus y
ést représenté couché au devant de la S⁰ Vierge, et montrant
du doigt de la main gauche S. Joseph qui est derrière la
Vierge. S⁰ Elisabeth, qui est auprès de l'enfant, tient un
bâton, et au devant est le jeune Sᵗ Jean qui, levant le bras,
semble vouloir montrer son divin maître. Cette estampe, qui
est assez mauvaise, est gravée par Luc Vosterman, d'après
un tableau encore plus mauvais attribué à André del Sarte,
qui certainement n'y mit jamais la main, et elle est dédiée
par le graveur à Alathée Talbot, comtesse d'Arondel. — La
planche se trouve aujourd'hui à Paris, et les épreuves en sont
communes.

— La S⁰ Vierge assise sous un pavillon, ayant auprès d'elle
l'enfant Jésus qui la regarde et lui montre de la main droite
une bande ou ecriteau, et derrière elle et à ses cotés le jeune
St Jean qui lui prend le bras, et trois petits anges, dont celui
qui est sur le devant tient un instrument de musique. On y
lit le nom d'*And. del Sarto pin.*, et les premières de celui
du graveur *J H D* (en monog.) *sculp.*, qui est Jerôme David,
graveur françois qui travailloit en Italie du tems du Guerchin, et qui a gravé quelque chose d'après lui. — La pièce
est gravée au burin avec soin et avec liberté. C'est une bonne
estampe et qui n'est pas commune.

— La S⁰ Vierge tenant sur ses genoux l'enfant Jésus qui
épouse Sᵉ Catherine en luy mettant un anneau au doigt. En
demy corps. Gravé au burin par Corneille Bloemaert. —
Idem, par Poilly, copie, chez P. Mariette, avec le nom d'André del Sarto, mais mal à propos. — Aussi ne voit on pas à
celle de Bloemaert le nom d'André del Sarte. On a mis celui
du peintre de qui est le tableau à toutes les autres pièces de
la suite, hormis à celle ci, dont on doutoit apparemment. —
N'est certainement point d'André del Sarte ; je crois plutôt
du Bronzin. — D'après un tableau de la galerie du palais

Giustiniani, à Rome. — La pièce de Poilly est une copie de
l'estampe de Bloemaert, d'après le tableau de Jules Romain.

— Vierge assise au milieu de Sᵉ Catherine et de Sᵗ François, ayant sur ses genoux l'enfant Jésus et à ses pieds Sᵗ Jean
Baptiste, qui s'appuye sur un agneau. Gravé au burin à
Rome, par J. B. Bonacina, Milanois. — L'estampe a son
merite; elle est dédiée au duc de Modène par J. B. Franceschi. Ce Jean Baptiste Franceschi, Venitien, est le même à
qui appartenoit le tableau d'une adoration des bergers qu'il
fit graver par Corn. Bloemaert. Il avoit ces tableaux à vendre,
et les voulant vendre cherement à des princes, il en avoit fait
faire des gravures (1).—J'ai vu ce tableau en 1759, à Paris,
dans un état deplorable. Il étoit fort endomagé. La Godefroi
l'ecuroit, le repeignoit et en faisoit un tableau tout neuf,
mais où il ne restera du maitre que la composition. Dans le
tems qu'il étoit dans sa première fraicheur, ce devoit être un
tableau merveilleux pour la beauté du pinceau. — Je n'oserois cependant affirmer qu'il fût d'André del Sarte. La coiffure de sainte Catherine ne lui ressemble point. Il a été
acheté en 1760, par M. de Billy, premier valet de garde-
robbe du roi, assez cherement. Ne seroit-il point un ouvrage
de Fr. Salviati?

— Jesus Christ célébrant la Cène avec ses apostres. Gravé
au burin par Théodore Cruger. Cette estampe est fort rare.
C'est le grand duc qui en a la planche. — D'après le fameux
tableau d'André del Sarte qui est dans le refectoire du monastère des religieuses de S. Salvi, près de Florence.

— Sᵗ Jean Baptiste conduit en prison par l'ordre d'Herode.
Gravé au burin par un anonyme P M E (en monog.) H. Cock

---

(1) Cf. l'article Schiavone, p. 197.

excu. — Je commence à croire que cette marque est celle du marchand : *Petrus Martini excudit.*

— Une femme accompagnée de plusieurs enfans, représentant la Charité, tableau fameux d'André del Sarte qu'il peignit en France pour François Ier, et qui est encore dans le cabinet du roy. J'en connois une estampe extremement mal gravée à l'eau forte, et encore plus mal dessinée par un ancien graveur françois, je croy celui qui se servoit de la marque I V (voyez Brulliot, 3e partie, no 2879). Il n'y a sur la planche aucun nom de maitre, seulement la date 1544. Cette estampe n'est singulière que parce qu'elle représente un tableau qui n'a jamais été gravé que cette seule fois. Elle a 10° de haut sur 7° de large.

SARTORI (FELICITÉ), Vénitienne, après avoir appris à peindre en miniature et en pastel sous la Rosalba, a passé à Dresden vers l'année 1740. Le vieux M. Hoffmann, premier valet de chambre du roi de Pologne, électeur de Saxe, qui l'avoit épousée dans le voyage qu'il fit à Venise pour y recevoir les tableaux que M. Smith avoit vendu à Sa Majesté Polonoise, la conduisit à Dresde et partagea avec elle une fortune considérable dont il jouissoit. Après sa mort, un neveu de M. Hofman en devint amoureux et l'epousa en vertu d'une dispense qu'il obtint en cour de Rome. Elle vit heureuse avec lui; il lui a fait changer de domicile; elle demeure à Bamberg, patrie de son mari, et continue de s'y occuper de peindre, mais seulement pour son amusement. Elle a aussi manié le burin; on a d'elle quelques estampes, entre autres celle qui se trouve à la tête du recueil des statues antiques de la bibliothèque de S. Marc à Venise qu'a publié Zanetti.

SASSO-FERRATO. Voyez cy-dessus, p. 160, sous le nom de Gio Battista Salvi ou Salviani.

SCALA (FRANCOIS) fut premierement élève de François Ferrari à Ferrare et ensuite du père Cesar Pronti, religieux augustin à Ravenne. Il peignit comme eux des décorations d'architecture sur les murailles, et il y réussit parfaitement, aussi bien que dans les scènes de théâtre, qui, sous son pinceau, produisoient la plus grande illusion. Peu de temps avant sa mort son esprit s'aliéna ; on fut obligé de l'enfermer dans l'hopital de S° Anne, et il y mourut en 1698. *Descriz. delle pitture di Ferrara*, p. 31, et le P. Orlandi, à la fin de l'article de Benvenuto da Garofalo, p. 97.

SCAMOZZI (VINCENT), de Vicence. Il s'appliqua dans sa jeunesse à l'étude des belles lettres et des mathématiques, et il devint en peu de tems un habile architecte et profond dans la science de la perspective. Il y fit d'autant plus de progrès que la nature sembloit l'y avoir destiné. Le desir de se perfectionner lui fit parcourir l'Italie, et il s'arrêta principalement à Rome et à Naples, où il fit de sérieuses études sur les batimens antiques qu'il y trouva. Le pape Grégoire XIII l'occupa. Il servit plusieurs grands princes, et enfin il vint à Venise, où il se fixa. Il y remplaça le Palladio qui n'étoit plus; on lui donna à batir les Procuraties de St Marc et quantité de palais et d'églises, tant dans cette ville que dans les Etats de la République, et, lorsqu'il fut question de recevoir avec magnificence l'impératrice Marie d'Autriche, veuve de Maximilien II, qui vint à Venise en 1585, il fut chargé des décorations et des scènes de théâtre pour une tragédie qui fut représentée avec éclat en la présence de cette princesse, et l'on convint que personne n'avoit encore porté l'illusion aussi loin. La salle de spectacle qu'il construisit — en 1588, j'en ai le dessein original qui me donne cette date — pour le duc de Sabionette ne lui fit pas moins d'honneur. Il s'est rendu celebre par d'excellents écrits sur les antiquités de Rome. Il a fait un commentaire sur le Serlio (mais je crois que l'auteur se trompe, ce commentaire, autant qu'il m'en souvient, est du père de Scamozzi), et il prépare d'autres ouvrages qui ne seront pas moins utiles au public.

Le Marzari, auteur de l'histoire de Vicence, de qui j'ai extrait tout ceci, et qui écrivoit en 1590, dit que le Scamozzi étoit alors un homme à la fleur de son age et qui pouvoit avoir au plus 40 ans. Marzari, *Historia Vicentina*, p. 212.

J'ai plusieurs desseins de Scamozzi pour des décorations de théâtre qui prouvent tout ce qui est dit ici de l'habileté du Scamozzi dans cette partie de son art.

— J'ai raison, le travail sur le Serlio n'est pas de Vincent Scamozzi, mais de Jean Dominique Scamozzi, qui étoit pareillement architecte, mais bien inferieur à son fils par les talents. Il faut lire la préface qui est à la tête de cette édition du Serlio, faite à Venise en 1584.

— Ce n'est point un commentaire. Ce sont de simples notes en manière de sommaire, dont le père de Scamozzi avoit apparemment chargé les marges de son exemplaire du Serlio, et que l'on a rangé en forme de table des matières. Il y en a plusieurs dans lesquelles il contredit son auteur.

—Comme le père Orlandi catalogue: *Archittettura dello Scamozzi tradotta in francese da Monsieur Perrault, con le figure, Liége*, 1698, *Mariette ajoute* : Ce livre, ou plutôt cette traduction du Scamozzi n'a jamais existé. Perrault n'a rien traduit de cet auteur, et le peu qui en a été donné en françois est de D'Aviler.

SCANAVINI (MAURELIO), dont le P. Orlandi ne dit qu'un mot à l'article de Benvenuto Garofalo (p. 97), trouvera ici sa place et une notice plus circonstanciée de ce qui le regarde. Il nacquit à Florence le 7 may 1655, et, se sentant du goût pour la peinture, il se mit sous la direction de François Ferrari, qui lui en enseigna les premiers elemens; mais, comme ce peintre étoit principalement occupé d'ouvrages à fresque, et que son disciple desiroit d'acquerir la pratique de l'huile, il passa à Bologne, entra dans l'école du Cignani et devint un de ses meilleurs disciples. Cela ne le tira cependant pas de la pauvreté, où sa malheureuse étoile sembloit l'avoir condamné. On raconte qu'ayant fini de peindre un superbe appartement pour le marquis Onuphre Bevilacqua, et croyant qu'il lui restoit à recevoir une assez grosse somme, il se trouva qu'il avoit mangé d'avance plus qu'il n'étoit convenu avec le marquis, et, quoyque ce seigneur en usa genereusement avec lui, il en conçut un tel deplaisir qu'il ne lui fût pas possible d'y survivre. Il mourut le 1er juin 1698, et ses amis furent obligés de payer les frais du convoi, qui se fit dans l'église de S. François à Ferrare. *Descriz. delle pitture di Ferrara*, p. 28.

SCARSELLA (SIGISMOND), surnommé le Mondino, naquit à Ferrare en 1530. Il fit son cours d'études à Venise, et ses ouvrages tiennent en effet de la manière de cette école. Il fut le premier maître de son fils Ippolite, et celui-ci, à son retour de ses voyages, rendit à son père le service d'améliorer sa manière, et c'est ce qui fait que ses derniers ouvrages l'emportent sur ceux qu'il avoit faits précedemment. Il étoit âgé de 84 ans lorsqu'il mourut, le 8 juin 1614. *Descriz. delle pitt. di Ferrara*, p. 21. Ippolite son fils le fit inhumer dans l'église de Sa Maria di Bocche, et lui fit mettre sur son tombeau une épitaphe qui ne s'y voit plus, la sepulture ayant depuis changé de maître.

SCARSELLI (JÉROME). Une suite de 12 pièces inventées par J. André Sirani et gravées à l'eau forte par Laurent Lelli et G. Sirani, — ou plus tost Jerome Scarselli. — Le frontispice où un enfant supporte un cartouche au haut duquel sont les armes de Philippe Guastavilani, à qui cette pièce est dédiéè, gravé par L. Lelli. — Saturne assis sur des nuées, gravé par G. Sirani ; — on voit au bas cette marque : GER° S^{cc} F^A. SIR.I. Je ne suis pas fort asseuré que ce graveur se nomme Sirani ;—peut-estre est-ce Jerome Scarselli, disciple du Guide qui a gravé la Fortune cy dessus. (*Voir l'art.* RENI, IV, 377.) — Un enfant, monté sur un cochon et accompagné de deux autres enfans qui luy aident à soutenir une bouteille et une coupe remplie de vin ; un amour debout sur un dauphin, tirant des fleches dans la mer. — A ces deux on lit au bas *Sirano i.* G. S. F. Je ne suis pas assuré que cette dernière marque veuille désigner le nom de G. Sirani. Le P. Orlandi l'interprète Gio. Sirani et non Ger°. Moy je croirois que c'est le nom du graveur du Saturne, mais je n'ay pu dechiffrer sa marque. — Voyez ce que j'en viens de conjecturer cy dessus.

SCARSELLINO (IPPOLITO). Etant à Venise, il étudia sous les Bassan et profita des instructions de Paul Veronèse, qu'il y pratiqua. Quoiqu'il ait prodigieusement fait d'ouvrages, sa fortune fut toujours des plus médiocres, ce qui vient de ce qu'il se faisoit payer très peu. Il avoit le talent de donner à ses têtes des airs infiniment gracieux ; ses compositions sont agréables et neuves. Il excelloit dans le portrait, et saisissoit dans l'instant les ressemblances. Il mourut subitement dans le tems qu'on lui faisoit la barbe, non en 1620, mais le 23 octobre 1621, et fut inhumé dans l'église de S^a Maria di Bocche, où sa famille avoit sa sépulture. *Descriz. delle pitture di Ferrara,* p. 21.

SCERANO. Joannes Sceranus, sculptor Fesulanus, partem unius ex duobus leonibus marmoreis, qui in horto Magni Ducis in monte Pincio Romæ visuntur, effecit, et ex opera mediâ solum parte prominente, solidum et integrum leonem

efficit. Alium similem leonem, jubente Magno Duce, Flami-
nius Vacca sculpsit. D. Montfaucon, *Diarium Italicum*,
p. 121. C'est à dire que, des deux lions qui sont à la vigne du
grand duc à la Trinité du Mont, l'un est entierement du
Vacca, et que l'autre est moitié antique et moitié moderne ;
c'étoit originairement un bas relief qui s'est trouvé assez épais
de marbre pour pouvoir y travailler le reste du lyon et en
faire une figure isolée, ce qui fut exécuté par Jean Scerano
de Fiesole.

SCHAUFLIG (HANS). Une suite de la passion de Nostre Seigneur en vingt quatre pièces, gravées par Jean Schauflig de
Nordlingen, qui vivoit du temps d'Albert Durer. Ces deux
marques differentes (voir Brulliot, 1re partie, n° 2500) se trouvent à deux pièces de cette suite, la 1re au sujet de la descente
aux limbes, l'autre au sujet de la Pentecôte. Il n'y a aucune
marque à toutes les autres planches. Le Comte apprend que
cette marque est celle de Hans Schauflig, qui a fait une suite
de la passion en 24 morceaux ; il pouvoit dire en 34, car il
en manque 10 icy ; nous avons le livre imprimé où elles se
trouvent. Le Père Orlandi, p. 493, dit que ce Hans Schauflig
étoit de Nordlingen et qu'il a gravé cette suite de la Passion
qui se trouve dans un livre in folio imprimé à Nuremberg en
1507 avec les annotations d'Ulric Pinder (1). L'édition que nous
en avons est sans datte et sans nom d'auteur. Il est bon de remarquer que ce peintre et graveur, suivant la coutume de son
temps, a accompagné sa marque de deux pelles, pour faire

---

(1) Voici l'explicit de ce volume : Speculum de passione Domini
Nostri Jhesu Christi..... cum figuris pulcris et magistralibus et cum
mirum immodum contemplationibus..... per doctorem Udalricum
Pinder convexum et in civitate imperiali Nurenbergen, bene visum
et impressum finit feliciter anno salutifere incarnationis M CCCCC VII.
Die vero XXX mensis augusti. In-folio sous les signatures A-Q.

allusion à son nom, car *schauffel* en allemand veut dire une pelle.

— *Les épreuves qu'en avait Mariette étaient d'une condition particulière comme on va le voir.* Les augmentations qui ont été dessinées à la plume sur toutes ces estampes, pour elargir la composition et les rendre de forme ovale, ont été faites par un maistre habile qui est parfaitement bien entré dans le goût de l'auteur original.

SCHELLINKS (GUILLAUME), excellent peintre hollandais, étoit à Malte en 1664. J'ai de ce peintre un dessein de l'entrée du port de Malte, qu'il a fait sur le lieu et qui porte cette date. On peut juger sur ce seul morceau de son habileté dans ce genre d'ouvrage ; on n'y peut mettre plus de verité ni plus d'intelligence ; je n'ai rien vu qui en approche.

SCHIAVONE. Dans le grand nombre de disciples qu'a eus le Squarcione, il y en a eu un qui étoit de Dalmatie et qui se nommoit le Sclavon. Dans la description des peintures de Padoue par le Rossetti, il est fait mention de cet artiste en deux endroits, p. 71 et 331. On cite deux de ses tableaux qu'on dit être tellement dans la manière de son maître que, sans les inscriptions qui y ont été apposées, on s'y meprendroit, sans avoir honte de la meprise. Sur l'un on lit : *Opus Sclavoni. Dalmatici. Squarcionis.*, et sur l'autre : *Opus Sclavoni. discipuli. Squarcioni.* C'étoient originairement des tableaux d'église. (*Cf. l'article* Meldolla III, p. 310-321.)

— Les pasteurs adorant Jesus Christ nouvellement né. Gravé au burin par Corneille Bloemaert. C'est une des plus belles compositions de Raphaël et l'une des plus parfaites estampes de Bloemaert. — Le tableau n'est point de Raphaël. Il est à Paris, où on le dit du Parmesan ; en effet il en a plus de la manière que de celle de Raphaël ; il me paroit en avoir encore davantage de celle d'André Schiavon, imitateur du Parmesan. Quoyqu'il en soit, ce tableau appartenoit à un nommé Franceschini, qui cherchoit apparemment à s'en dé- faire avantageusement (1); pour le mieux faire connoître et lui donner plus de reputation, il en fit graver deux planches, l'une par Bloemaert, qu'il dédia à l'empereur; l'autre, qui peut avoir été faite la premiere, le fut à l'eau forte par Pierre del Pô et dediée au grand duc. Elle est tournée du même sens et precisement de la même grandeur que celle de Bloemaert. Il y a apparence que l'une et l'autre sont d'après le même dessin. Le tableau est en Angleterre; le major Guise l'a fait acheter à Paris.

SCHIDONE (BARTHELEMI). Je place sa naissance aux envi- rons de 1580, et, si je me meprends, ce n'est pas de beaucoup.

SCHMUTZER (JACQUES) a été envoyé à Paris par la cour de Vienne pour y apprendre la gravure, et, M. Wille ayant été choisi pour lui servir de maître, il est sorti de cette école avec de bons principes qu'il ne tient qu'à lui de cultiver. Le der- nier des ouvrages qu'il a fait à Paris est le portrait de Diete- rich le peintre, qui a paru en 1765. Il ne tarda pas de retour- ner à Vienne, où il a été élu directeur d'une académie qui y a été établie en 1768. Il y jouit d'une pension que lui fait l'Impératrice-Reyne, et il a sous lui nombre d'éleves, dont il prend soin. Cette occupation lui prend sans doute beaucoup de temps, car, depuis qu'il est à Vienne, je ne vois pas qu'il soit sorti de ses mains beaucoup d'ouvrages, et, dans ceux que j'ai vus, je trouve qu'il s'éloigne de la manière qu'il suivoit à Paris, qui, étant celle de Wille, faisoit que son burin avoit

---

(1) Cf. l'article Sarto, p. 189.

de la douceùr. Au lieu de cela il donne dans un goût sec et
qui tient trop de l'eau forte, témoin son portrait du prince
de Lichtenstein, qui vouloit lui faire achever la suite de l'histoire de Decius, dont il a les tableaux peints par Rubens. Il
devoit du moins mettre en état la planche que Muller laissoit
imparfaite et que son âge ne lui permettoit pas de terminer;
mais, la jalousie s'en étant mêlée et le graveur Landerer, gendre de Muller, ayant traversé cette entreprise, Schmutzer a
abandonné ce projet et il n'y faut plus compter. — La mort
du prince de Lichtenstein, arrivée en 1772, achevera d'y
mettre un empêchement invincible.

SCHMUZ (JEAN RODOLPHE), né en 1670 à Reguisberg, dans
le canton de Zurich, fut eleve de Mathias Füsli, qui le con-
traignit en quelque façon à se faire peintre de portraits. Avec
ce talent il passa en Angleterre, et Kneller, tout bouffi qu'il
étoit d'orgueil, ne put s'empêcher de le prendre en amitié et
de lui servir de protecteur. Cela servit beaucoup à relever
son crédit et à faire payer grassement ses ouvrages. Aussi
vivoit-il fort à son aise lorsqu'il mourut à Londres en 1715.
Füessli, *Vies des peintres suisses*, t: 2 de la nouvelle édition.

SCHNELL (JEAN CONRAD). Son portrait, qu'a gravé G. C.
Kilian, lui donne le titre de fameux peintre en émail établi
à Augsbourg, et l'on y apprend que, né en 1646, il est mort
en 1704.

SCHOEN (MARTIN), de Colmar en Alsace, est le même que
les Italiens appellent improprement *il buon Martino*, qui est
une traduction du nom allemand de ce peintre, mais trans-
posé, *schoen* pouvant autant se rendre par *buono* que par *bello*;
il a la même et double signification en allemand. Une autre
faute des Italiens et qui est plus considerable, ils le font natif

d'Anvers, tandis qu'il étoit Alsacien. Mais c'est qu'ils ne l'ont guère connu que par ses estampes et que, les recevant sans doute par la voye d'Anvers, qui étoit alors le plus considerable entrepôt du commerce, ils se sont imaginés que l'auteur de ces pièces gravées y demeuroit. Le P. Orlandi, qui a l'art de tout embrouiller, rapporte à Martin de Secü la marque M ✚ S, dont s'est servi Martin Schoen.

Martin Schoen avoit deux frères, tous deux orfèvres de reputation, dont l'un se nommoit Paul et l'autre Grégoire; Beatus Rhenanus *Rer. Germ.* p. 284. J'ai un pressentiment que Martin Schoen étoit lui même orfèvre. Plusieurs auteurs le font maître d'Albert Durer, entre autres Wimpheling, *Epit. rer. Germ.* cap. 68. Mais Sandrart a rapporté une pièce dans la vie d'Albert qui nous apprend qu'Albert Durer n'en eut que le desir; la mort de Martin Schoen l'empêcha d'en devenir le disciple. Voyez ce que Sandrart a écrit sur ce maître. Wimpheling, que je viens de citer, auteur presque contemporain, l'appelle *pictor et sculptor* (1) *prœstantissimus.*

SCHOENBECK (ADRIEN), disciple de Romain de Hooghe, est passé en Moscovie et y est mort, après avoir achevé les planches, dont la traduction en langue esclavonne de l'Histoire des ordres de chevalerie, imprimée à Moscou, est ornée.

SCHONAU, peintre, né à Zittau, qui s'est formé à Paris.

SCHONFELD (GIO. ENRICO), agé de 61 ans en 1671. Inscription autour de son portrait gravé par Barthelemy Kilian. Il n'avoit qu'un œil.

SCHOONIANS (ANTOINE) vivoit à Vienne dans le XVII° siècle

---

(1) *Sculptor* est pris ici dans le sens de graveur.

et prenoit la qualité de peintre de l'empereur. Je n'ai vu aucun de ses ouvrages, et ne puis rien dire de ses talens.

SCHOR (GIO. PAOLO) étoit d'Inspruck. Inscription au bas du lit du conestable Colonne gravé par P. Sante. — Il naquit, suivant un mss. de Pio, en 1609. Son principal talent étoit de peindre des decorations de theâtre. Il mourut en 1675.

SCHOTT (FREDERIC). Voir l'article de Guillaume Bawr, I, 86.

SCHULTZ (DANIEL), de Dantzic, a particulierement peint des portraits, surtout de gens de son pays, dont il y en a de gravés par Jeremie Falck et Guil. Hondius. Lombart en a aussy gravé un, qui est fort beau ; c'est celuy d'un Ecossois, premier médecin de Jean Casimir, roy de Pologne. Ce prince apporta avec luy en France un tableau de D. Schultz, qui représente J. Casimir, et le donna à l'abbaye de S. Germain des Prés. On estime beaucoup ce morceau, et en effet il est peint avec un grand soin et très finy, mais le goût de dessein et l'attitude de la figure se ressentent terriblement des glaces du septentrion. Ce peintre vivoit dans le milieu du 17e siècle.

SCHUT (CORNEILLE), d'Anvers. — St Jean Baptiste et Se Elisabeth sa mère adorans l'enfant Jésus entre les bras de la Se Vierge. Gravé au burin par Corneille Galle le père. — C'est le bon Galle. *J. Blondus excudit.* — Dedié par ledit Jean Le Blond, peintre, à Henry de Harlay, baron de Palernon, alors prêtre de l'Oratoire et curieux d'estampes. Les moindres épreuves avec les armes dudit de Harlay.

— Le martyre de St Georges. Gravé à l'eau forte par R. Eynhoudts. — C'est sans doute le tableau qui est à un autel de l'église cathédrale d'Anvers et qu'on estime être le plus bel ouvrage de C. Schut.

—S. Nicolas apparoissant à l'empereur Constantin, auquel il ordonne de delivrer trois de ses officiers emprisonnés injustement. Gravé au burin par J. Witdoeck d'après un tableau d'autel peint par C. Schut dans l'église paroissiale du village de Willebroeck, près d'Anvers.

SGHWAIGER (CHRISTOPHE). *Comme Walpole parle, comme graveur sur pierres, d'un certain Christophe Switzer, Mariette ajoute* : L'auteur a sans doute voulu nommer Christophe Schwaiger, graveur en pierres fines, qui vivoit alors, puisque sa mort n'arriva que sur la fin du 16e siècle, et dont on a le portrait gravé par Luc Kilian. Il en est parlé dans mon traité des pierres gravées, t. I, p. 134. (*Notes sur Walpole.*)

SCHWARTZ. IS (*en monog., V. Brulliot*, 1re *partie, n° 2679*). Cette marque se trouve à une estampe en bois d'un excellent goût, dans la manière d'Albert Durer, laquelle représente J.-C. prêchant de dessus une barque sur les bords du lac de Gethsemani. J'ay decouvert depuis, en lisant Sandrart, que l'auteur de cette pièce étoit Jean Schwarts de Groningue.

SCIORNA (LORENZO DEL) et STEFANO PIERI. Le premier est appelé Sciorini dans la description des fêtes qui furent faites à Florence en 1588, à l'occasion des nopces de la grande duchesse Christine de Lorraine et de l'entrée de cette princesse dans cette ville. Lui et son compagnon Pieri firent chacun un tableau qui fut employé dans les decorations de cette magnifique feste. Ils se trouvent gravés dans la description qu'on en trouve imprimée en 1589. Ils étoient disciples d'Alexandre Allori, dit le Bronzin.

SEBASTIEN DEL PIOMBO. Portrait du cardinal Polus. Gravé par Nicol. Larmessin. — Je ne sçais si je rencoutre juste ; mais je pense que ce tableau du cardinal Polus est un ouvrage de Bastien del Piombo. Du moins ne peut-il appartenir à Raphaël; car comment cela se pourroit il puisque Polus n'a été fait cardinal qu'en 1534, plusieurs années après la mort de Raphaël, et qu'il est représenté dans le tableau revêtu de la pourpre romaine? D'ailleurs il y est représenté avec une barbe assez longue pour faire voir que le tableau n'a été fait que longtemps après sa promotion.

SEDELMAYER (JÉRÉMIE JACQUES), d'Ausbourg, n'étoit pas seulement graveur. Il avoit du génie et l'on a de lui des desseins qui ne sont pas sans mérite. Il s'étoit établi à Vienne, où il debuta par des gravures qui lui font honneur ; mais soit qu'il y mît trop d'application, soit que son caractère le portât trop à la mélancolie, il en perdit l'esprit en 1743, et l'on fut obligé de le remettre absolument fou entre les mains de sa mère à Augsbourg, où, dans le fort de sa maladie, il parla avec autant d'abondance qu'il étoit silencieux dans son bon sens.

SEGALLA (JEAN) ou plutôt **SEGALA**, né à Venise en 1663 et disciple de Pietro della Vecchia, auroit mérité une place parmi les plus habiles peintres si ses ouvrages eussent toujours été de la force de celui qu'il a peint dans un plafond du palais Savorgnano à Venise. Mais il se lassa d'étudier ce qu'il faisoit ; il ne songea qu'à aller vite, et peu à peu il dégénéra et tomba tout à fait. Il est mort à Venise en 1720. Voyez le Guarienti et la Description des peintures de Venise, ed. de 1733. — M. Zanetti, le bibliothécaire de S. Marc, dans son livre *Della pitt. Venez.*, ne peut se lasser d'admirer le tableau de la Conception de la Vierge, ouvrage de Segala dans l'Ecole de la Charité ; il y trouve une harmonie qui lui fait un vrai plaisir toutes les fois qu'il considère cette peinture.

SEGERS (GERARD), peintre d'Anvers, imitateur de la manière du Manfrede, et ensuite de celle de Rubens.

—Son portrait se trouve dans la suite de ceux de Meyssens, avec cette inscription : « Gerard Segers. Tres expert peintre en grand, il a fait beaucoup de belles pièces, principalement en devotion, a longtemps demeuré en Italie, comme aussy en Espagne, dont le roy luy a honoré du titre de serviteur de la maison royale, tient sa demeure à présent à Anvers, ville de sa naissance, faissant illec de belles œuvres ».

— *Walpole remarquant que l'auteur de l'Abrégé de la vie des peintres (ed. in 4°, II, 162) est le seul à avoir parlé du voyage que Segers auroit fait à Londres et où il auroit adouci sa maniere, Mariette ajoute* : Aussi ne le fit-il point. C'est une des bévues dans lesquelles tombe si souvent l'auteur cité par M. Walpole. Il a fait dire à Sandrart, dont il a emprunté le fait qu'il rapporte et qu'il estropie, toute autre chose que ce qu'a écrit ce dernier, qui s'exprime ainsi : « Après la mort de « Rubens, et lorsque Van Dyck eût passé à Londres, Seghers, « qui s'étoit établi à Amsterdam, quitta sa premiere manière, « et prit celle de ces deux artistes, qui, plus brillante que la « sienne, avoit trouvé plus d'approbateurs. » (*Notes sur Walpole.*)

— La Se Vierge couronnée dans le ciel par la sainte Trinité. — Dédié par Segers à Henry de Flandria, prestre à Anvers, amateur de peinture.

— St Antoine de Padoue adorant à genoux l'enfant Jésus et couronné de fleurs par un ange. Gravé par Jacques Neefs. — *Corn. Galle exc.*, qui a retouché, à ce que je crois, la planche pour luy donner l'union.

—S. Augustin, evêque d'Hippone, fondateur des hermites qui suivent sa règle, tenant un cœur enflammé et ayant auprès de luy un enfant qui porte les marques de la dignité episcopale. Gravé par Michel Natalis. M. V. Enden, exc.—Le nom de Segers n'y est pas, mais je le crois pourtant assez de son invention.

— St François Xavier jouissant de la veue de la S^e Vierge, qui luy apparoist portant entre ses bras l'enfant Jésus. Gravé par Paul Pontius, d'après le tableau peint dans l'église des Jesuites d'Anvers en 1629 par Gerard Segers. — Dedié à Antoine de Wingha, abbé de Lessen, par Segers.

— La S^e Vierge apparaissant à saint Ignace de Loyola, occupé à écrire le livre des Constitutions. Gravé par Schelte de Bolswert en 1631, d'après le tableau qui est dans l'église des Jesuites à Gand. — Dedié par Segers à Georges de La Faille, qui luy a fait faire le tableau.

— S. Livin, evesque, environné des bourreaux qui, après luy avoir arraché la langue vont luy couper la teste. Gravé par Jacques Neefs en 1633, d'après le tableau de G. Segers qui est dans l'église cathédrale de Gand. — Dedié par Segers à Philippe Lanchals qui luy a fait faire le tableau.

— S. Pierre reniant Jesus Christ. Figures en demi corps. Gravé par Schelte de Bolswert. — Dedié par Seghers à André Colyns de Nole, sculpteur, dont Vandeick a fait le portrait; c'est à luy qu'apartenoit le tableau sur lequel a été gravée l'estampe.

— St Sebastien attaché à un arbre, ayant le corps percé de fleches qu'un ange tire de ses playes. Gravé par Paul Pontius. — Dedié par Segers à Georges Chamberlain, evesque d'Ypres, qui avoit le tableau original.

SEMINO (ANDREA), dit le BISCAINO. Le Biscaino est un peintre gracieux dont les desseins sont faits avec un grand soin. Sa coutume était de les rehausser de blanc et de piquer beaucoup la lumière sur les jours. Il choisissoit pour cela du papier légèrement teint de couleur. Il y en a ici de fort beaux, et qui sont très bien conservés. (*Catalogue Crozat.*)

SEPTIMIUS (HERCULES). HS (en monog.) 1556 (*voir Brulliot, 1re partie, n° 2510*). ˙Cette marque se trouve sur une planche gravée à l'eau forte et assez mal, où sont représentés trois termes, celui de Saturne, de Jupiter et de Mercure. Le P. Orlandi, p. 508, fait mention de termes gravés en 1558 par Hercules Septimius Mutinensis, et il y a toute apparence qu'ils sont du même dont je rapporte ici la marque.

SERODINE (JEAN), d'Ascona. Ce peintre, dont l'abbé Titi est le seul qui en ait fait mention, à l'occasion d'un de ses tableaux qui est dans l'eglise de S. Laurent hors des murs de Rome, et qui représente un saint diacre distribuant aux pauvres les trésors de l'eglise. Il avoit un pinceau extremement vigoureux et qui tenoit beaucoup pour les effets de la manière du Guerchin. Le tableau en question est en honneur à Rome, et il vient d'être gravé par M. l'abbé de Saint Non sous le nom du Guerchin; c'est la 17e planche de la suite, à laquelle il a donné le nom de *Fragments*.

SERRE (MICHEL GASPARD JACQUES), né à Tarragonne, dans la principauté de Catalogne, le 10 janvier 1658, a demeuré la plus grande partie de sa vie à Marseille, et y est mort en 1733, agé de 75 ans. Le hasard le fit peintre. Il s'étoit echappé de la maison paternelle de dépit de ce que sa mère, jeune veuve, lui avoit donné en fort peu de temps deux beaux-pères, et, quoiqu'il n'eut guères que huit ans, il eut assez de courage pour prendre la résolution de s'en éloigner pour toujours. Chemin faisant, il rencontre une Chartreuse; il y entre, obtient l'hospitalité, et, se rendant agréable par ses soins officieux, on lui permet d'y demeurer. Un religieux de cette maison peignoit; le jeune enfant le voit opérer, et, croyant que c'est un prestige, la peur le saisit et ne le quitta que lorsque le chartreux l'eut rassuré et se fût offert de lui apprendre à en faire autant, et bientôt il lui proposa de le conduire à Rome, où ce religieux avoit dessein de passer furtivement. C'étoit pour jeter, comme on dit, le froc aux orties, et, en effet, aussitôt qu'ils furent arrivés l'un et l'autre dans cette ville, le moine disparut, emmenant une femme avec lui et laissant le jeune Serre dans le plus grand embarras. Il ne perdit point courage; il se mit au service de peintres, travailla avec une assiduité merveilleuse, et, y joignant de l'économie, il se fit un petit fonds capable de le conduire à Marseille, où il vouloit s'établir. Il avoit tout au plus seize à dix sept ans lorsqu'il y arriva, et il y fut bien reçu. Il apportoit la plus grande facilité de peindre et un génie prêt à tout embrasser. Comme le Cangiage, on eût pu le voir peindre des deux mains à la fois, car il est vrai qu'on le vit quelquefois peindre et jouer aux dames en même temps, et sans qu'une occupation nuisît à l'autre. Il aimoit fort à converser, et il y avoit continuellement dans son atelier un nombre de personnes avec lesquelles il s'entretenoit sur toutes sortes de sujets; son ouvrage n'en souffroit point. Rien ne pouvoit le distraire, pas même les sons bruyants de la musique, dont il faisoit son principal délice. Un jour lui suffisoit souvent pour commencer et terminer un assez grand tableau, et c'est ainsi qu'il a rempli la ville de Marseille, tous les lieux des environs, et quantités d'autres villes, de ses ouvrages de peinture, qui tous montrent du génie et beaucoup de feu, mais peu de couleur et un dessein encore moins précis, défauts qui seront toujours ceux des peintres qui s'abandonnent comme celui-ci à la pratique et qui n'étudient pas assez leurs ouvrages. Serre fit un voyage à Paris en 1704, et y fut admis dans l'Académie royale de peinture; il avoit déjà obtenu le brevet de dessinateur des galères à Marseille, et celui du peintre du roi pour les mêmes galères, avec les pensions attachées à ces deux emplois. Il fut pareillement honoré de la charge de lieutenant du roi dans la ville de Sallon, et ce fut principalement à la douceur de ses mœurs et à son aimable façon de vivre qu'il dut sa fortune. Il s'étoit fait beaucoup d'amis, qui le pleurèrent lorsqu'il mourut, en 1733. Son fils, peintre comme lui, mais très mediocre, lui a survécu et vit encore en 1759 (1).

SERVANDONI (JEAN NICOLAS) a étudié en Italie sous Jean Paul Panini, et, s'étant présenté pour être reçu à l'Académie, il y a été admis en 1731, en qualité de peintre d'architecture. Ses tableaux ne seront pas cependant ce qui lui fera un plus grand nom. Il devra sa reputation aux ouvrages d'architecture qui ont été construits sur ses desseins, et singulierement au grand portail de l'église de S¹ Sulpice, à Paris, qui est de la plus grande et de la meilleure manière. Il la devra aussi aux desseins qu'il a fournis en differens temps pour differens spectacles, dans lesquels il a toujours montré du neuf et un génie fecond et magnifique. Son manque de conduite a empêché qu'il n'en produisît davantage. Tantôt en France, tantôt en Allemagne, tantôt en Angleterre, il a été appelé partout. et partout il a fait des mécontens. Il est né à Lyon en may 1695. Le curé de S¹ Sulpice lui a fait avoir une croix de l'ordre du Christ, et M. l'archevêque de Sens, son frère, en vertu d'un bref du pape, a fait la cerémonie de conférer cet ordre à Servandoni dans son église métropolitaine, le 3 novembre 1743. Le discours qu'il prononça à cette occasion et une description fort étendue de la cérémonie se trouvent dans le *Mercure* de décembre 1743 (2). On a son éloge et un

---

(1) L'un de nous a consacré dans le second volume de ses *Peintres provinciaux* (p. 201-26) une étude spéciale à Michel Serre, qui a été complétée en un point par un document publié dans les *Archives*, I, 333-7.
(2) Premier volume de décembre, p. 2605-8.

catalogue fort ample de ses ouvrages dans le Necrologe des hommes morts dans l'année 1766. Cet ouvrage le fait naître à Florence, et je n'ignore pas que Servandoni le prétendoit et le disoit à ceux qui vouloient l'en croire. Il croyoit par là masquer une naissance qui n'avoit pas de quoi flatter son amour propre, car des gens qui en avoient, à ce qu'ils assurent, une parfaite connaissance, et de ce nombre étoit M. Dumont le Romain, lui donnoient pour père un de ces voituriers qui conduisent et reconduisent les voyageurs en Italie; il avoit son domicile à Lyon, et portoit un nom qu'il a plu à son fils de changer pour en prendre un qui fût dans le goût italien et qui servît à faire valoir davantage ses talens.

— Le chevalier Jean Servandoni, né à Lyon le 2 mai 1695, est mort à Paris le 19 juin 1766, agé de 70 ans 9 mois. Il a étudié sous Jean Paul Panini, dont il se disoit le disciple, mais il a peu opéré dans son pays (1); il en est sorti d'assez bonne heure, et depuis il a voltigé de contrée en contrée, s'étant pourtant fixé par préférence à Paris, où il a passé la plus considérable partie de sa vie. Ce qu'il a peint n'est pas considérable, et, s'il s'en fut tenu là, on n'auroit jamais parlé de lui. Il a voulu, à l'imitation de son maître, peindre des paysages et des ruines, mais n'ayant ni sa touche ni sa couleur, et ne pouvant de lui-même peindre le moindre bout de figure, il est demeuré fort en arrière, et n'est pas même sorti du médiocre.

Il n'en est pas de même de ses talens pour l'architecture et pour les décorations des théâtres et des grandes fêtes; ils l'ont fait briller. Son portail de S. Sulpice est un monument du meilleur goût qui soit et capable de faire passer son nom à la postérité. L'on se souviendra longtemps de ce qu'il fit

(1) Mariette avait d'abord écrit *né à Florence.*

pour rendre un spectacle aussi merveilleux que nouveau la-
fête qui se donna à Paris, sur la Seine, à l'occasion du mariage de madame l'infante, duchesse de Parme, en 1739. Les
scènes de théâtre qu'il fit pour notre opéra pendant le temps
qu'il en fut le peintre décorateur — il le fut pendant environ
18 ans — ont eu le plus grand succès. On se portoit aux
spectacles de simples décorations, qu'il donna plusieurs années de suite sur le théâtre des Thuilleries (1).

Malheureusement pour lui, sa conduite ne repondoit pas
à ses talens. Poursuivi par ses créanciers, il fut souvent obligé,
pour leur échapper et se soustraire à leurs poursuites, d'aller
chercher une retraite dans d'autres pays. Il passa à Londres
en 17.., et y présida à un magnifique feu d'artifice tiré dans
le parc S. James, à l'occasion de la paix, en 1749. On en a
l'estampe. Il fut en Saxe, chez le duc de Wurtemberg, et je
ne sais où encore. Il revit enfin Paris, et ce fut pour y essuyer
un procès qui fit de l'éclat. Il s'agissoit de pension et de logement que le curé de St Sulpice lui contestoit. Il fut main-
tenu par jugement dans l'un et dans l'autre, mais il ne fut
plus occupé. Il étoit dans cette inaction quand il est mort. Il
fut décoré en 1743 de l'ordre du Christ. L'ancien curé de
St Sulpice, connoissant son foible, lui menagea ce foible
honneur et le fit adroitement passer en ligne de compte.
L'archevêque de Sens, pour rendre la chose plus touchante,
fit la cérémonie de l'installation avec apparat; il en fut dressé

---

(1) « Sur le théâtre du roi, appelé Salle des Machines, au palais
des Tuileries, on lui permit de donner à son profit des spectacles de simple décoration pour former des élèves en ce genre.
On sait à quel point il étonna dans la Descente d'Énée aux enfers
et dans la Forêt enchantée, sujet tiré de la *Jérusalem délivrée* du
Tasse. » Nécrologe de 1767. C'était là comme un premier essai de
diorama.

une relation qui parut dans le *Mercure* du temps. Sa réception dans l'Académie royale de peinture est de l'année 1731. Pendant longtemps le comte de Caylus lui a servi de protecteur et d'homme à opposer à nos architectes, qu'il avoit pris en grippe.

Servandoni a laissé un fils, architecte comme lui, et qui n'aime pas moins à figurer. Il demeure à Bruxelles, où il s'est établi.

M. Dumont le Romain, qui a fait chambrée avec lui à Rome, et qui par conséquent a pu sçavoir plus de particularités de sa jeunesse, dit que Servandoni n'étoit pas le vrai nom de cet artiste. Il se l'étoit donné pour se depayser et faire oublier qu'il étoit né de fort bas lieu, car son père n'étoit, dit-on, qu'un simple voiturin, de ceux qui conduisent des voitures de Lyon en Italie. La vie du fils, si on l'ecrivoit et qu'on voulût faire mention de toutes ses aventures, seroit chargée d'evenemens bien siguliers et fort peu honorables pour celui qui en auroit fait le sujet. Mais à quoi cela aboutiroit-il? Les ouvrages d'un habile homme sont les seuls faits qui méritent d'être recueillis, parce que ce sont les seuls qui instruisent; le reste doit être passé dans l'oubli.

SEVIN (PIERRE PAUL), né à Tours en 1650, étoit à Rome en 1670 et à Paris en 1687, ainsi qu'on le voit par deux des portraits qu'ont gravés Vermeulen et Ertinger, le premier d'après un tableau peint à Rome par D. J. Cotelle, le second d'après une médaille frappée par François Chéron. Quelqu'éloge qu'on y fasse de ses talens, ce n'étoit qu'un peintre assez médiocre. Ce que j'ai vu de lui étoit peint et composé de petite manière. Lorsqu'il passa par Lyon, les Jésuites le firent travailler, et ce fut là qu'il fit connoissance avec le père Menestrier, qui le vante beaucoup. Il retourna encore à

Lyon ; il y étoit en 1692, et je crois avoir ouy dire qu'il étoit mort dans cette ville (1).

SHEPHARD. Son nom est Guillaume ; c'est ainsi qu'il est marqué sur le portrait de Th. Killigrew qu'a gravé Guil. Faithorne, et ce portrait, qui est richement composé, ne donne pas une mauvaise opinion du peintre. (*Notes sur Walpole.*)

SIEGEN (L. à). S'il faut en croire Sandrart, ce n'est point le prince Robert qui est inventeur de la graveure en manière noire. La gloire en est deue, selon luy, à un colonel hessien, — ou au service de la maison de Hesse, — L. à Siegen, qui imagina cette gravure et la mit le premier en pratique. Un des premiers ouvrages qu'il fit en ce genre fut le portrait de la landgrave de Hesse (en 1643), que nous avons, et il y a encore dans la collection des estampes rassemblées par l'abbé de Villeloin, qui est chez le roy, un autre grand portrait, gravé en manière noire par le même L. à Siegen, avec cette inscription très remarquable gravée au bas du portrait : d'un coté : G. Hondthorst — pinxit — anno...; de l'autre coté L. a Siegen — inventor fecit — 1643. Il n'y a d'ailleurs aucune autre inscription à ce portrait, qui est celuy d'Elizabeth d'Angleterre, épouse de Frédéric V, électeur palatin et roy de Bohême ; c'est une assez grosse teste, portant une couronne et ayant sur la gorge un collet de dentelles rabattu.

— Portrait de l'empereur Ferdinand III en habit impérial et avec une couronne de laurier sur la teste, en buste. Ce

---

(1) Sevin, qui était de Tournon, et non pas de Tours, vivait encore en 1701 ; il fit dans cette année les décorations de l'entrée à Grenoble des ducs de Bourgogne et de Berry.

portrait est encore un des ouvrages de L. à Siegen en manière noire. On y trouve au bas cette inscription, que j'ay
copiée parce qu'elle apprend que ce gentilhomme étoit de
l'électorat de Cologne, et que cela sert à rectifier Sandrart,
qui le fait Hessien : L. à Siegen in. (je ne puis lire le nom
de la terre dont il se dit seigneur) ex diorœsi Coloniæn.
pinxit novoq. ære invento modo sculpsit anno Domini 1654.
Ce portrait est chez le roy, dans le recueil des estampes en
manière noire rassemblé par M. le Premier (1).

SILVESTRE (ISRAEL). né à Nancy, avoit à peine commencé
à apprendre sous son père les premiers elemens de la peinture, qu'il le perdit durant une peste dont la ville de Nancy
fut affligée. Son extrême jeunesse, jointe aux périls qui l'en-
vironnerent, le contraignirent d'abandonner le pays et de se
réfugier à Paris auprès d'Israël Henriet, son oncle maternel,
qui le reçut avec joye et l'éleva comme son propre enfant.
Résolu de le pousser dans le dessein, il le fit d'abord dessiner à la plume d'après des desseins de Callot. Cette manière
de dessiner en petit à la plume étoit fort goutée à Paris depuis qu'Henriet, qui avoit appris de Callot, l'avoit fait connoistre à la cour, où il avoit pour disciples plusieurs seigneurs
de distinction, et Silvestre la trouva tout à fait conforme à
son génie. Ne voulant pas toutefois se soumettre à être servilement copiste, il ne résolut de se former sur la manière de
Callot que pour en acquérir plus facilement une autre qui
luy fût propre, et dès lors il s'attacha plus particulièrement
à copier la nature et à la voir par ses propres yeux. Après
s'être determiné à dessiner des veues et en avoir fait plusieurs
dans Paris et aux environs, craignant de n'y en pas trouver

---

(1) Voir l'article du prince Robert, IV, 406-8.

encore assez pour satisfaire son inclination, il entreprit plusieurs voyages, tant en France qu'en Italie, et il en rapporta
de tous les endroits qu'il parcourut, de manière qu'on le
peut suivre pour ainsi dire pas à pas, et se trouver avec luy
dans tous les lieux qu'il a fréquentés, car il étoit si ardent à
ne rien laisser échapper de remarquable, si soigneux, si
prompt à exécuter que, lors même qu'il ne faisoit que passer
par un endroit et qu'il avoit à peinne le temps de s'y reconnoistre, il sçavoit si bien ménager les moments qu'il n'en
sortoit point sans en emporter quelque veue. Par là ses desseins devinrent proprement le journal de ses voyages, et un
journal d'autant plus interessant et plus agréable qu'il fournit des idées des lieux plus distinctes que toutes les descriptions que l'on en trouve dans les livres, quelques exactes
qu'elles soient. De retour à Paris, il grava avec beaucoup
d'esprit et d'intelligence presque tous les desseins qu'il avoit
recueillis de ses voyages. Il continua sur le même pied à en
dessiner et graver beaucoup d'autres de Paris et des environs
jusqu'à ce que le roy de France, connoissant sa capacité, le
choisit pour dessiner et graver les veues de toutes les maisons
royales, celles des places conquises par Sa Majesté, et plusieurs
autres ouvrages qui sont présentement dans son cabinet. Ces
ouvrages considérables luy meriterent l'honneur de montrer
à dessiner à Monseigneur le Dauphin, ce qui fut suivy de
pensions considérables et d'un logement dans le Louvre. Il
laissa à sa mort plusieurs enfans, qui presque tous embras-
sèrent le party des arts. L'un d'eux suivit plus particulierement le talent de son père en s'attachant à dessiner le paysage,
ce qui a engagé à mettre à la suite des œuvres de son père
ce qu'il a gravé d'après ses desseins. Par la mesme raison
l'on y a joint ce qui a été gravé par Louis Meunier, qui est
le seul disciple de Silvestre qui ait mis au jour de ses ouvrages; encor ce que l'on a de luy se réduit-il à un assez petit

nombre de pièces qui, presque toutes, sont des veues d'Espagne, qu'il a des-iné et gravé sur les lieux.

— Plus M. Silvestre a avancé en âge, plus il a gravé large; ses premiers ouvrages se reconnoissent à ce qu'ils sont gravés extremement fins. Je ne connois rien de luy gravé plus fin que la veüe de Rome et celle du Louvre d'après Lincler, en 1642, ni en même temps rien de plus soigné. C'est le caractère des productions des jeunes gens; l'honneur les anime, ils ne cherchent alors qu'à bien faire, sans se mettre en peine du temps qu'ils y employent. Silvestre estoit d'ailleurs né, dit-on, paresseux. Il ne luy falloit pas moins que le feu de la jeunesse pour le soutenir (1).

— Veue du palais d'Orléans ou du Luxembourg du coté des Chartreux. Gravé en partie par Israël Silvestre, qui en a fait le dessein, et en partie par Herman van Svanevelt. Ce dernier y a gravé le paysage, et les fabriques le sont par le premier. (Nº 117, planche 8.)

— Veue de l'église de Clichy la Garenne, près de Paris. Elizabeth Cuvillier (2) delin. Israël Silvestre fecit 1654. (Nº 199.)

— Veue du jardin de la maison de M. Le Brun à Montmorency. Cette planche, qui étoit restée imparfaite à la mort de M. Silvestre, a été rachevée par Simonneau. (Nº 258.)

— Silvestre grava ses veues de Lyon lorsqu'il repassa par

---

(1) Les renvois de numéros qui vont suivre sont ceux de l'ouvrage si méritant de M. Faucheux, *Catalogue raisonné de toutes les estampes qui forment l'œuvre d'Israël Silvestre*, avec une notice sur sa vie. Cet ouvrage, publié d'abord dans les *Mémoires de la Société d'archéologie lorraine*, forme à part un vol. in-8, de 336 et 40 pages,

(2) M. Bérard fait, dans le moment, paraître dans la *Revue universelle des arts* de Bruxelles un catalogue intéressant de l'œuvre nombreuse des deux Cuvillier du dix-huitième siècle. Cette Elisabeth était peut-être de leur famille.

cette ville à son retour de Rome, et je pense qu'elles se trouvent dans l'*Histoire de Lyon* du P. de St Aubin. *Lyon, 1666, in-folio.* (No 234, planches 21 à 43.)

— On trouve des épreuves des profils de villes sous le nom de Mariette; ce sont les premieres; Lincler avoit les planches.

— Profil de Narbonne. Gravé par N. Perelle. — Je doute que ce soit sur le dessein de Silvestre; je crois plustost de Lincler.

— Profil de la ville de Toul, en Lorraine. Gravé par Fr. Collignon, d'après le dessein d'Israël Silvestre. — Je ne crois point de Collignon; plustost d'Israël Henriet. (No 307.)

— Profil de la ville de Rome veue du coté de la Trinité du Mont. Dessiné sur le lieu et gravé en l'année 1687, en quatre grandes feuilles. — Dédié à Monseigneur le Dauphin en 1687, temps de la graveure, car cette pièce est des derniers ouvrages de Silvestre et se ressent de sa vieillesse. (No 30.)

— Suite de veues des jardins et fontaines de Rome et de Tivoli, en douze pièces. Dessinées et gravées à Rome en 1646. — L'inscription du titre est en italien, mais je n'ay pour cela aucune preuve que les planches aient été gravées en Italie plustost qu'à Paris. (No 6.)

— Une suite de veues de Rome en douze pièces. *P. Mariette exc.* Du plus beau et du plus terminé.—Les meilleures épreuves sont avant le nom de Mariette et sans être cotées. Israël Silvestre avoit alors les planches en sa possession; il les vendit depuis à mon grand-père. (No 8.)

— Veue de l'église de St Pierre et du palais du Vatican. Dessinée hors de la porte des Chevaux Legers et gravée ensuite à Paris en 1652. — Dédié par J. Vivot à M. Hesselin, Me de la chambre aux deniers. Il y a apparence que c'est Vivot qui l'a fait graver en mesme temps que la veue de Campo Vaccino. (No 31.)

— Veue du Campo Vaccino et d'une partie de la ville de

Rome. Disegnata et intagliata in Parigi per ordine del signor Gio. Vivot, ragioniero della casa reale. Dedié au roy. Les deux anges qui soutiennent en l'air les armes du roy sont de Chauveau. (N° 32.)

— Mon père a eu, à la vente de M. Boulle, une pièce qui représente une veue du palais Major, d'une partie du Colisée et l'arc de triomphe de Constantin à Rome, qui est extremement rare. Elle a été gravée par M. Silvestre en 1653. Il y en a une épreuve très belle dans l'œuvre de Silvestre qui est chez le roy et qui vient de M. de Beringhen, laquelle œuvre a été formée originairement par M. Vivot, amy et contemporain de Silvestre. Au bas de cette dernière epreuve on a écrit — peut être M. Vivot : — La planche est en Suède, il y a 36 ans, et il n'y a pas d'épreuves. (N° 36.)

—Veue du palais du cardinal Mazarin, à Rome du coté du jardin. — Aujourd'hui le palais Rospigliosi. — Du beau de Silvestre et du plus résolu. Gravé, suivant toutes les apparences, peu après son retour à Paris. (N° 35.)

—Veue d'une maison de plaisance des environs de Naples. Je croirois assez volontiers d'après G. Bawr ou du moins pour imiter sa manière. (N° 14, planche 5.)

— Veues de Gaëte, de Pouzzole et de Melozzo. Ces quatre veues, d'une mesme suite — et gravées par Colignon, — sont fort infidèles et telles que je les crois plustost d'invention qu'autrement. Israël ex. Elles sont dans le goût de Callot. (N° 22)

— Veue de Deirout et de Sindion en descendant le Nil. Dessiné par J. C. eq. — C'est un chevalier de Malthe dont j'ignore le nom et dont nous avons une suite de desseins. (N° 46, planche 7.)

— Un paysage remply de ruines, de l'invention et de la gravure de Silvestre en 1643. — Il étoit pour lors à Rome. Israel Silvestre inventor et fecit anno Domini 1643, Romæ.

L'année a été effacée et ne se trouve qu'aux premières épreuves.

SILVESTRE (ALEXANDRE), graveur, fils d'Israël.

SILVESTRE (CHARLES FRANÇOIS), peintre, né à Paris en 1667, disciple de Joseph Parrocel.

SILVESTRE (NICOLAS CHARLES), son fils, mort en 1767.

SILVESTRE (LOUIS), fils d'Israël, né en 1675, mort à Paris en 1760, peintre du roi Auguste.

SILVESTRE (SUZANNE), a gravé.

SILVESTRE (LOUIS DE) est mort à Paris le 12 avril 1760. Il étoit agé de 84 ans, 9 mois et 20 jours, étant né à Paris le 23 juin 1675. Il entra à l'Académie en 1702, et il étoit professeur lorsque le prince électoral de Saxe, aujourd'hui roi de Pologne, étant venu en France, le connut et lui proposa de passer en Saxe au service du roi Auguste, son père. Silvestre accepta l'offre, et, pendant tout le tems qu'il demeura dans cette cour il se fit estimer autant par ses talens que par la douceur de ses mœurs et la noblesse de ses sentimens; il se fit des amis distingués. Le grand nombre d'ouvrages qui occupèrent son pinceau, les libéralités de ses maîtres, lui firent faire une fortune considérable, et, lorsqu'il se vit en état de vivre sans le secours de son travail, il demanda sa retraite, et l'ayant obtenue, il revint en France, résolu d'y finir ses jours dans la tranquillité que sembloit lui promettre sa situation. Il n'envisageoit pas les malheurs de cette guerre que le roi de Prusse devoit bientôt porter en Saxe et qui le dépouilleroit de tout son bien.

Ce malheur lui arriva, et coup sur coup il vit fondre sur lui une famille désolée qui venoit lui demander la subsistance. Sans les bontés du roi, sans les faveurs de madame la Dauphine, ils mouroient tous de faim. Quel chagrin pour quelqu'un qui n'avoit jamais essuyé aucun revers pendant une très longue vie. Au milieu de ses afflictions il demeuroit tranquille et ne paroissoit pas *en apparence* avoir rien perdu de la gayeté qui l'avoit toujours soutenu dans toutes ses actions; mais le cœur n'étoit pas moins ulcéré et il ne faut pas chercher d'autre cause de sa mort.

Il étoit depuis 1752 à la tête de l'Académie de peinture en qualité de directeur, et tout le monde convient qu'il ne sera pas aisé de le remplacer. Il avoit le caractère liant, et étoit l'ennemi de toute sorte d'intrigues, qualités qui étoient tout à fait propres à lui concilier les esprits. Quant à l'art, ce n'étoit pas un peintre sans mérite, mais sa manière n'avoit rien de neuf ni de trop piquant. On ne voyoit guères en lui qu'un bon disciple de Bon Boulogne.

Quelqu'un dira que l'Académie, lorsqu'il en prit le gouvernement, étoit très bien montée, et que sous son directorat il ne se passa aucun evenement capable de rompre un si heureux accord, qu'il n'étoit besoin pour le maintenir que d'avoir pour chef un homme qui eût de la représentation et qui fût doué, comme il l'étoit, d'un noble maintien, d'une candeur, d'une simplicité dans les procédés et d'une douceur qui, se trouvant rarement dans les hommes dont les talens ont été couronnés, feront mieux sentir dans la suite la perte que l'Académie fait par la mort de celui-ci.

— *A cette note de Mariette nous ajouterons ce que Silvestre a dit de lui même, il avait alors 75 ans dans des notes, écrites pour le roi Auguste, sur les peintres français et leurs talents. Ce fragment a été publié dans le Musée Filhol. Texte, 32ᵉ livraison, page 4; planches. n° 188 :*

« Louis de Silvestre, né à Paris en 1675, fils puiné d'Israël Silvestre, élu adjoint à professeur le 5 janvier 1704, professeur

le 3 juillet 1706; appelé en 1716, avec la permission de Sa
Majesté Très Chrétienne, pour aller auprès de Sa Majesté le roi
de Pologne, Auguste II, électeur de Saxe, en qualité de son
premier peintre; declaré en 1720 ancien professeur de l'Académie de Paris; nommé en 1726 par Sa Majesté Polonoise directeur de son Académie de peinture établie à Dresde, et decoré en 1742 par Sa Majesté Auguste III de lettres de noblesse;
enfin, le 7 juin 1748, élu ancien recteur de l'Académie de
Paris, lorsqu'il y retourna avec la permission de Sa Majesté
Polonoise; doit aux ouvrages publics qu'il avoit faits à Paris
et à Versailles l'honneur que lui avoit fait Auguste III, alors
prince royal, de se l'attacher et de l'engager au service du
roi son père. Ceux qu'il a faits à Dresde pendant trente-deux
ans sont considérables par le nombre. C'est à ses augustes
maîtres à décider si le travail, l'application et le zèle peuvent
encore leur donner quelque autre prix, et l'on peut bien s'en
fier à leurs lumières. A en juger par les bontés dont ils l'ont
comblé, il seroit tenté de dire avec le Corrége, auquel il n'a
garde cependant de se comparer : *Ed io anche son pittore.* »

SILVESTRE (NICOLAS CHARLES), maître à dessiner du roi,
fils de François Silvestre, peintre de l'Académie royale de
peinture, et petit-fils du graveur Israël Silvestre, est mort
le 30 avril 1767 au village de Valenton, dans la maison d'une
demoiselle de ses amies, où, suivant sa coutume, il avoit fait
de grandes dépenses. Il étoit né à Paris en 1698 et avoit passé
presque toute sa vie à la cour, où il avoit eu l'honneur de
montrer à dessiner au roi et à M. le Dauphin, dont il avoit
acquis la confiance et auquel il avoit su inspirer le goût des
belles choses, surtout celui des estampes et des desseins. Lui
même étoit devenu un curieux, dont la soif, par rapport à
ces objets, étoit insatiable et auroit trop souvent épuisé sa
bourse, si M. le Dauphin, ainsi qu'on l'a souvent prétendu,

ne fût venu à son secours et n'en eût fait les frais. Quand il étoit à quelque vente, et il les suivoit toutes, qu'il y trouvoit quelque morceau de son goût et qui le tentoit, rien n'étoit capable de l'arrêter. Il doit laisser une belle collection qui a passé à son fils, qui, comme lui, a le titre de maître à dessiner des princes et des pages de la grande écurie. Il étoit fait pour être un graveur, et ce qu'il nous a donné dans ce genre fait regretter qu'il n'ait pas manié plus souvent la pointe, et la sienne étoit fort spirituelle. L'Académie royale de peinture l'avoit admis dans son corps en 1747.

SILVIUS (BALTHASAR). Rebecca donnant à boire à Eliezer. Gravé au burin en 1558 par Balthasar Silvius, d'après Lambert Lombart. Ce graveur, qui marque ainsi son nom : *Baltha. Syl*[9], est le même que Balthazar Bos, d'autant que la manière est la même et que le mot Sylvius répond à *Bos*, abrégé de *Bosch*, parole flamande qui veut dire forest.

SIMONINI (FRANCESCO), né à Parme en 1689, est un des peintres italiens qui me paroît avoir approché de plus près de la manière de faire du Bourguignon. Son talent fut pareillement de peindre des batailles. J'ai plusieurs de ses desseins, où il y a de la vie et du mouvement, qui me donnent une très bonne idée de son savoir. M. Zanetti, qui me les a envoyés, m'a écrit en 1758 que l'auteur étoit mort ; j'ai lieu de présumer que c'étoit depuis peu de tems. Voyez sur ce peintre son article dans le nouvel *Abcedario* de l'édition de Guarienti. — M. Zanetti se trompoit. Simonini a quitté Venise vers le temps que M. Zanetti m'écrivoit sa mort, et, comme il n'avoit encore donné aucunes de ses nouvelles, on en avoit inféré qu'il ne vivoit plus. En tout cas c'étoit un homme tout à fait mort pour la peinture, dont il étoit pour lors dégénéré. Il s'étoit retiré à Florence, où sa mauvaise conduite l'avoit réduit dans la plus grande indigence. C'est auprès de lui que s'est formé Casanova.

SIMONNEAU (CHARLES). d'Orléans, graveur à Paris.

— St Paul enlevé au troisième ciel. D'après un tableau que M. de Boze apporta à mon père et qu'il l'engagea de faire graver par Simonneau.

— St Paul se deffeudant en presence du roy Agrippa, d'après un maistre italien dont on ignore le nom. — C'est un sujet peint dans la voûte de quelque église d'Italie, mon père croit à Rome, par un peintre modern. Gantrel avoit entrepris de le faire entièrement graver, mais cela est demeuré imparfait ; il n'y a eu, je pense, que ce morceau de gravé et un autre par Duchange.

— Dom Jean Mabillon, bénédictin de la congrégation de St Maur. D'après la médaille en marbre du P. Bertrand. Les accompagnemens sont de l'invention et de la graveure de Ch. Simonneau.

— Un religieux benedictin assis auprès d'une femme qui tient une croix et qui représente le zèle de la religion ; dans le lointain l'on decouvre le Mont Cassin. Frontispice des *Annales de l'ordre de St Benoit*. Gravé par P. Simonneau le fils sous la direction de son père, qui y a aussi beaucoup travaillé.

— Tombeau de Marie de Landes, femme de Chrétien de Lamoignon. président au parlement, érigé dans l'église de St Leu à Paris. Son portrait en médaille y est soutenu par deux genies. Gravé en 1706 par Ch. Simonneau le fils, sous la conduite de son père, d'après Fr. Girardon (1).

---

(1) Cf. Piganiol, II, 130-3.

SIMONNEAU (LOUIS), mort en 1727.

SIMONS (JEAN) est fort entendu dans la perspective et travaille avec facilité. Il vit à Bruxelles. *Le Peintre amateur*, t. I, p. 38.

SIMPOL (CLAUDE), mort en 1716 le jour de la Toussaint, a été inhumé dans l'église de S. Germain l'Auxerrois, sa parroisse. Je le crois disciple de l'un de Messieurs Boulogne. Sa manière tient beaucoup de la leur, mais elle est plus foible. Il ne réussissoit pas mal dans ses compositions, et, sans y mettre beaucoup de feu, il les rendoit agréables par la simplicité et la sagesse de ses ordonnances. Ses draperies, quoyque faites de pratique, sont d'un assez bon choix, mais il mettoit trop d'uniformité dans ses caractères de têtes, ce qui venoit de ce qu'il ne consultoit presque jamais la nature. Son peu d'amour pour le travail, sa mauvaise conduite, qui le mettoit continuellement dans la nécessité de lutter avec le besoin, y étoient un obstacle. Aussi ne le vit-on jamais occupé d'aucun ouvrage de considération. Sa couleur étoit encore plus faible que son dessein. Son may pour l'église de Notre-Dame, fait en 1705, avoit été gouté, et M. Audran, le peintre d'ornemens, se l'étoit attaché; il lui fit peindre, conjointement avec Christophe, des sujets de pastorales dans les lambris des appartemens de la Menagerie, et c'est, je pense, ce que Simpol a fait de mieux. Ce genre de composition étoit fait pour lui. Pendant longtemps mon père l'employa à faire des desseins pour diverses planches qu'il faisoit graver, et il ne se faisoit point attendre, car il étoit extremement prompt à les produire. Il ne devoit pas avoir plus de 50 ans à sa mort.
— Il étoit né en Bourgogne.

— Claude Simpol, peintre à Paris.

— Isabelle, actrice de la Comédie-Italienne. Gravé à l'eau forte par Doré.

; — Mademoiselle Moreau dansant à l'Opéra. Gravé par le même.

— Ange Constantin, dit Mezetin, acteur de la Comédie-Italienne. Gravé à l'eau forte par N. Tardieu.

SLODTZ (SEBASTIEN), né à Anvers, et elève de Girardon, n'etoit pas un sculpteur sans merite. On voit de lui, dans les jardins des Thuilleries, une statue de marbre représentant Annibal, qui lui fait honneur. Il est père des trois Slodtz, aussi sculpteurs, dont le plus jeune, connu sous le nom de Michel Ange, a joui d'une réputation méritée. Le père est mort à Paris en 1726, agé de 71 ans.

SLODTZ (PAUL AMBROISE), sculpteur, professeur de l'Académie royale de peinture et dessinateur du cabinet du roi, a eu beaucoup de vogue pour les décorations, et il a fait quantité de prétendus embellissements dans les églises, qui ne les rendent pas plus belles, quoiqu'aux yeux de la multitude cet éclat d'or et cette multitude d'ornemens qu'il y prodiguoit en ayent assez imposé pour être imités plus d'une fois, et toujours aux depens du bon goût. Slodtz est mort à Paris le 12 Xbre 1758. Il étoit agé de 56 ans et demi. Il est frère de Michel Ange Slodtz, aussi sculpteur et decorateur. C'étoit lui qui, après la mort de Meyssonier, avoit eu le brevet de dessinateur du cabinet du roy, exercé autrefois et pendant très longtemps par Jean Berain. Les deux frères Slodtz, Paul et Sebastien, vivoient ensemble dans une union étroite; ils étoient logés dans la cour du vieux Louvre.

SLODTZ (RENÉ MICHEL), né à Paris le 29 septembre 1705, s'est fait une réputation mérit e dans la sculpture. C'est le même qu'on appelloit Michel Ange, non qu'il se fût approprié de lui même ce nom trop fastueux. Il étoit né modeste et bien éloigné d'une pareille vanité. Son père, ses frères, ses camarades le lui avoient donné dans sa première jeunesse; on s'y étoit habitué, et ce nom lui demeura. Après avoir remporté les prix, il fut envoyé à l'Académie de Rome et y parut avec distinction. Cela lui fit goûter le séjour de Rome; il le prolongea bien au delà du tems que le roi accorde aux élèves que Sa Majesté y entretient. Les Italiens l'occupèrent; il mit dans l'eglise de S. Pierre une statue de marbre de S. Bruno, et dans plusieurs autres églises des tombeaux et divers morceaux de sculpture. dont plusieurs furent faits en concurrence de Philippe della Valle, le meilleur sculpteur italien qu'il y eut alors à Rome. Il fit aussi le buste du chevalier Vleughels, directeur de l'Académie de France à Rome, pour simmetriser avec celui de la femme de cet artiste qu'avoit exécuté Bouchardon, et depuis un epitaphe pour le même Vleughels dans l'église de S. Louis des François, dont il y a une estampe(1). Quelqu'estimé qu'il fût dans Rome, il prefera cependant de venir s'etablir dans sa patrie, et elle le revit en 1747. Pendant quelque temps il y demeura sans occupation, mais enfin le tombeau de M. Languet, curé de S. Sulpice, se presenta à faire; il l'entreprit, l'exécuta et plut à la multitude, tandis que les meilleurs connoisseurs se crurent en droit de le critiquer. Ils trouverent qu'il n'y avoit pas assez de pureté dans le dessein, ni assez de repos dans la composition, qu'il y regnoit trop de petite manière. Et en effet c'étoit le défaut de cet artiste d'affecter, dans tout ce qu'il produisoit, un certain faux brillant qui captive les yeux de la multitude, mais qui ne convient que pour des décorations momentanées, telles que sont celles qu'on employe sur les theatres, dans les réjouissances et dans les pompes fu-

---

(1) Cf. *Archives*, Documents, V, 31-2.

nèbres. Il avoit puisé ce goût dans la maison paternelle, qui depuis longtemps étoit en possession de ces espèces de travaux, et Michel Slodtz s'y trouva plus propre qu'aucun de ses frères, même que celui qui étoit son ainé et auquel il succéda dans l'employ de dessinateur du cabinet du roy. Il en a donné des preuves en différentes occasions, et je me rappelle d'avoir vû de sa façon une decoration funèbre à Notre-Dame qui me plut beaucoup. Lorsqu'il se présenta à l'Académie pour y être reçu, il fut agréé avec distinction, et l'on ne désiroit rien tant que de lui voir présenter son morceau de reception et de l'y voir remplir une des places qu'il étoit si digne d'occuper; mais ses occupations, jointes à son peu de santé, s'y opposèrent. Il est mort après une longue maladie qui s'est terminée par une hydropisie de poitrine le 26 octobre 1764 à onze heures du soir. — Sa famille étoit originaire de Flandres, et pendant longtemps le talent de la sculpture y a paru hereditaire. Voyez la lettre de M. Cochin contenant un éloge de M. Ange Slodtz, dans la *Gazette littéraire*, t. IV, p. 267 (1), et celle que le même M. Cochin a fait imprimer separement.

A ces notes de Mariette sur les Slodtz, qui s'ajoutent aux pièces publiées dans les Archives (*Documents, t. IV, p. 100 4), nous joindrons les suivantes, qui nous sont communiquées par M. Margry d'après les originaux conservés par M. Frédéric Martin, gendre d'une demoiselle Madelaine Michelle Slodtz, qui avoit épousé M. Legros, avocat en parlement.*

---

(1) No 89, dimanche 3 février, comprenant les mois de décembre 1764, janvier et février 1765, pages 267-73. — On peut voir encore son éloge dans le *Nécrologe* de M. de Castilhon, 3ᵉ volume.

Lettres patentes d'académicien en faveur de Paul Ambroise Slodtz.

29 novembre 1743.

L'Académie royale de peinture et de sculpture établie par lettres patentes du roy, vérifiées en Parlement, étant à présent sous la protection de Monseigneur le controlleur général des finances, ministre d'Etat, trésorier comandeur des ordres du roy, directeur général des batimens et jardins de Sa Majesté, arts et manufactures de France,

A tous ceux qui ces présentes lettres verront, salut. Le roi aiant gratifié l'Académie de plusieurs graces et faveurs pour élever les arts de peinture et de sculpture au plus haut dégré de perfection qu'il est possible, et principalement ordonné que nul ne pourroit prendre la qualité de peintre et de sculpteur de Sa Majesté qu'il ne soit incorporé dans cette compagnie, où sont assemblés ceux qui excelent le plus dans ces arts, à l'éfet de la rendre célèbre et de pourvoir à ce que les leçons, conférences et autres fonctions publiques et particulières s'y fassent si soigneusement que Sa Majesté en ait toute la satisfaction qu'elle s'est proposée. A ces causes l'Académie connoissant la capacité et sufisance du sieur Paul Ambroise Slodtz, sculpteur, natif de Paris, par les divers ouvrages qu'il a faits et spécialement par une figure en marbre de ronde bosse représentant la chute d'Icare dans la mer, qui lui avoit été ordonné pour ouvrage de réception (1), elle a reçu et reçoit le dit sieur Paul Ambroise Slodtz en qualité d'académicien pour avoir séance en toutes ses assemblées publiques et particulières, y exercer les charges aux quelles

---

(1) Au musée du Louvre.

il pourra être ci-après admis, et jouir des priviléges, honneurs. pensions et prérogatives atribu'es à la dite qualité à la charge d'observer inviolab'ement les statuts et ordonnances de la comp·gnie, et d'obéir et se soumetre à toutes ses délibérations; ce qu'il a promis et a prêté serment entre les mains de Monsieur Frémin, ecuier, secretaire du roi, directeur de l'Académie, en présence de l'assemblée. En foi de quoi elle lui a fait expédier ces présentes signées des oficiers en exercice, scellées de son sçeau et contresignées par son secretaire. Fait à Paris le vingt neuvième novembre mil sep cent quarante trois.

Signé : FRÉMIN ; COUSTOU ; CAZES ;
DE LARGILLIERRE ; BOUCHER.

Au dos de ces lettres :	*Egalement au dos de ces lettres :*
Par l'Académie :	Visa : Signé, DE LARGILLIERRE.
Signé, L'EPICIÉ.	

Nomination de Michel Ange Slodtz à l'Académie des Arcades de Rome.

Il saggio collegio d'Arcadia, derogando ad ogni decreto a riguardo della vostra eccellenza (1) nelle arti liberali, ha conferito a voi, gentilissimo e valorosissimo Parisio, le cam-

---

(1) On ne trouve les statuts de cette société ni dans l'*Arcadia de Crescimbeni*, 1711, ni dans les *Prose degli Arcadi*, 1718, ni dans les *Notizie istoriche degli Arcadi morti*. L'empêchement ne provenait pourtant pas de sa qualité de sujet français, on en trouve, ni de sa qualité d'artiste, car Maratte (cf l'*Arcadia*, p. 129-36), le cavalier Fontana et le peintre Buonaventura Lamberti en étaient. On l'apprend dans la liste chronologique de l'*Arcadia* et dans la liste alphabétique du IIIe vol. des *Prose*. Dans celle-ci nous trouvons de plus le chevalier Charles-François Poerson, Français, direc eur de l'Académie de France à Rome, sous le nom de Timante Cochiano.

pagne Aranziadie; onde, per l'avvenire, Parisio Aranziaco
dovrete in Arcadia denominarvi, dichiarandovi con cio Arcade di Numero. Dato nella capanna del Serbatojo d'Arcadia, al III dopo il XX di Gamelione (1), cadente anno III,
dell' Olimpiade DCXXX, e dalla ristaurazione d'Arcadia
Olimpiade XIV, anno II (2) G. L.

 Signé : MIREO ROFEATICO (3), *custode g^{nle} d'Arcadia.*

 Et plus bas : AGEMONE BATILLIANO, *sotto-cust° (4).*

Sa nomination est donc postérieure au mois d'avril 1711, date à laquelle s'arrête la liste de l'*Arcadia*; il était alors directeur depuis
1704 et mourut le 2 décembre 1725. (Cf. les *Archives*, Documents,
I, 150-2.)

(1) Ils employaient le nom des mois grecs. Le mois *Gamelion* al-
lait du 18 janvier au 15 février.

(2) L'Académie des Arcades ayant été fondée le 5 octobre 1690,
et les olympiades comprenant quatre ans, la quatorzième olyin-
piade commence en 1742 pour finir en 1716; sa seconde année
s'étend par conséquent d'octobre 1743 à octobre 1744; c'est donc à
1744 que se rapportent nos deux pièces.

(3) Dans la liste du 3e vol. des *Prose* de 1718, on trouve que Mireo
Rofeatico est l'abbé Michel Giuseppe Morei, alors chanoine de la bibliothèque libérienne, qui a écrit nombre d'articles pour le livre
des *Eloges*. L'éloignement des dates nous faisait douter que ce fut
le même, mais le titre du volume suivant : *Memorie istoriche dell'
adunanza degli Arcadi*, Roma, Rossi, 1761, in-8, avec le nom de
Michele Giuseppe Morei, prouverait qu'il s'agit du même individu.
Nous avons d'autant plus de regret de n'avoir pas vu ce volume qu'il
nous aurait donné l'explication des autres noms de nos pièces.

(4) Cachet portant à l'entour ces mots : Mireo Rofeatico custode
d'Arcadia. Un chien de berger couché au milieu et accompagné d'objets emblématiques qui sont une guirlande de roses et une hou-
lette de berger.

C. U. C. (1)

Mirèo Rofeatico, Custode generale d'Arcadia, all' insigne, ed
eccel^{te} Monsieur Michel'Ang°. Slodtz, di Parigi, celebre
scultore.

Gli antichi Arcadi, che non solo le più sublimi scienze,
e le buone lettere ritrovarono e coltivarono, ma delle belle
arti peritissimi furono, tramandando a noi lo stesso buon
genio, e le medesime loro lodevoli costumanze, che procu-
riamo saviamente imitare, non permettono che lasciamo di
far conto di coloro, che alle suddette cose con nobile studio
si applicano; quindi è che la piena Adunanza della pasto-
ral nostra letteraria República, avendo avuto notizia per
mezzo de gentilissimi e valorosissimi compastori nostri Tir-
sillo Erinnidio, e Lisippo Sicionio (2) della vostra abilità, e
del desiderio, che nutrite di essere tra i pastori Arcadi an-
noverato, e della domanda che ne fate; la medesima piena
Adunanza a riguardo delle singolari virtu, e degli ottimi cos-
tumi, che in voi risplendono, e dell' ornamento delle arti liberali, che in grado eccellente possedete, ha di buona voglia
condesceso all' instanza, che i suddetti compastori anno fatto
per voi dichiarandovi Pastore Arcade col nome di Parisio (3)
estrattovi à sorte, e co'soliti pesi, e coll' onore, che godono
gli altri pastori di Arcadia; vi viene adunque portato di tutto
cio notizia, perche conosciate l'esito felice, che anno i desi-
derj de nobili e chiari ingegni, e col presente diploma si pu-
blicano le sopranarrate cose à perpetua memoria. Dato in
piena ragunanza di Arcadia nella capanna del serbatojo,
dentro il Bosco Parrasio. Alla Neomenia di Antesterione (4),

---

(1) C'est-à-dire : *Cœtus universi consulto.*
(2) Celui-ci doit évidemment être un sculpteur.
(3) En raison du lieu de sa naissance.
(4) Anthesterion commençait le 16 février et finissait le 16 mars

l'anno III dell' Olimpiade DCXXX, e della restaurazione di Arcadia l'anno II dell' Olimpiade XIV. Giorno lieto per general chiamata.

M. R. *custode g^{le} d Arcadia.*

AGEMONE BATILLIANO, *sotto custe* (1).

Brevet de dessinateur de la Chambre du Roy pour le S. Slodtz (S.bastien Antoine). — 30 août 1750.

. Aujourd'huy trente aoust mil sept cent cinquante, le Roy étant à Versailles, bien informé de la capacité de *Sébastien Antoine Slodtz*, dessinateur des Menus, et de son affection à son service, Sa Majesté l'a retenu et retient en l'état et charge de de·sinateur de sa chambre et cabinet. vacante par le décès du S. Meyssonnier, pour par le d. s. *Slodtz* l'avoir, tenir et exercer, en jouir et user aux honneurs, priviléges, gages et droits accoutumez et y appartenants tels et semblables qu'en a joui ou dû jouir le d. s. *Meyssonnier* et ce tant qu'il plaira à Sa Majesté, laquelle mande au trésorier des Menus-Plaisirs et affaires de sa chambre que les d. gages et droits il continue de payer au d. s. *Slodtz* en la manière accoutumée, en vertu du présent brevet, que pour assurance de sa volonté, Sa M^{té} a signé de sa main et fait contresigner par moy conr secretaire d'État et de ses commandements et finances.

Signé : LOUIS. *Et plus bas* : PHÉLYPEAUX.

Aujourd'hui trente août mil sept cent cinquante, nous, duc D'Aumont, premier gentilhomme de la chambre du Roy,

---

(1) Le diplôme est scellé du cachet de l'Académie, une flûte de Pan au-dessus du mot ARCADI, et entouré de deux branches de myrte et d'olivier.

avons reçu le serment de fidélité du S. *Sébastien-Antoine Slodtz* en qualité de dessinateur de la chambre et du cabinet du Roy, dont il est pourvu par ces présentes, en foi de quoy nous avons signé ces présentes le même jour et an que dessus. *Signé :* Le duc d'AUMONT.

Registrées en la chambre des comptes, ouy le procureur général du Roy pour jouir par le pourvu du d. office, gages et droits y attribués, le vingt-huit novembre mil sept cent cinquante-cinq. *Signé* DUCORNET.

Brevet de peintre surnuméraire du duc d'Orléans, accordé à Jean-Baptiste Slodtz. — (21 9bre 1752.)

Aujourd'hui vingt et un novembre, mil sept cent cinquante-deux, Monseigneur, premier prince du sang, duc d'Orléans, de Valois, de Chartres, de Nemours, de Montpensier, comte de Vermandois et de Soissons, étant au Palais-Royal, bien informé de la capacité, experience et des lumières que le S. *Jean Baptiste Slodtz*, peintre, a acquis dans la peinture et qui luy ont mérité d'estre chargé par feu Monseigneur le duc d'Orléans de l'entretien et restauration de ses tableaux, son altesse serennissime a aussi attaché à son service le d. s. *Slodtz* en qualité de son peintre pour l'entretien de ses tableaux. Veut et entend qu'il continue à en prendre le titre et en fasse les fonctions comme par le passé, aux honneurs, autorités, prérogatives, gages et emolumens qui y sont attribués par les états et la maison de Son A. S.. et ce tant, qu'il lui plaira. M'ayant mondit seigneur, pour témoignage de sa volonté, commandé d'expédier le présent brevet, qu'il a signé de sa main et fait contre signer par moi, son conseiller secrétaire de ses commandemens, maison, domaine et finances. *Signé :* L. PHIL. D'ORLÉANS. *Et plus bas :* OMELANC.

Diplôme des associés de l'Académie royale des sciences, belles lettres et arts de Rouen, accordé à Paul Ambroise Slodtz — (24 avril 1750.)

L'Académie royale des sciences, belles-lettres et arts de Rouen, établie en 1744, par lettres patentes de Sa Majesté, étant suffisamment instruite des talents de Monsieur *Paul Slodtz*, sculpteur, dessinateur du cabinet du Roy, professeur en son Académie de peinture et de sculpture, né à Paris, connu par ses ouvrages de sculpture et d'architecture dans les maisons royales, les églises de Paris, dans les cours étrangères et dans cette Ville (1), luy a fait expédier le présent diplôme comme à l'un de ses associés régnicolles dans la classe des Arts, ayant été reçu le 21 janvier 1749, en foy de quoi, nous, secretaires perpétuels, avons signé le présent et y avons apposé le Sceau de l'Académie; à Rouen, le vingt-quatre aoust mil sept cent cinquante.

Signé : LE CAT, *secrétaire des sciences*, et MAILLET DU BOULLAY, *secrétaire des belles-lettres.*

Brevet de survivance de dessinateur de la chambre et cabinet du roi, pour le S. Paul Ambroise Slodtz. — (21 décembre 1754.)

Aujourd'hui vingt un décembre, mil sept cent cinquante quatre, le Roi, étant à Versailles, bien informé de la capacité du Sr *Paul Slodtz*, professeur de l'Académie royale de pein-

---

(1) C'est lui qui a fait l'affreuse statue de Jeanne d'Arc; elle se voit encore sur la place du Vieux-Marché, mieux recommandé à la visite des curieux par les sculptures de l'hôtel du Bourgtheroulde qui en fait le coin.

ture et sculpture, et de son affection à son service, Sa Majesté
l'a retenu et retient en l'état et charge de dessinateur de sa
chambre et cabinet, pour par lui l'avoir, tenir et exercer en
l'absence et survivance du Sr *Sébastien Antoine Slodtz*, son
frère, en jouir et uzer aux honneurs, priviléges, gages et droits
acoutumés et y appartenant, tels et semblables qu'en jouit ou
doit jouir le d^t S^r son frère, et ce tant qu'il plaira à Sa M^{té},
laquelle mande au trésorier de l'argenterie des menus plaisirs
et affaires de sa chambre, qu^e les dits gages et droits, il continue de païer aud. Sr *Sébastien Antoine Slodtz*, et après
son décès, ou de son consentement pendant sa vie au d. S^r
Paul Slodtz son frère, aux termes accoutumés, suivant les
états qui en seront arretés; et pour assurance de sa volonté
Sa M^{té} m'a commandé d'expédier le présent brevet, qu'elle a
signé de sa main et fait contr-signer par moy, conseiller secrétaire d'État et de ses commandemens et finances.

Signé : LOUIS. *Et plus bas :* PHELYPEAUX.

Aujourd'hui vingt-un décembre, mil sept cent cinquante-
quatre, nous, Duc D'Aumont, premier gentilhomme de la
chambre du Roi, avons reçu le serment de fidélité du S^r
Paul Slodtz, en qualité de dessinateur de la chambre et du
cabinet du Roi, dont il est pourvû par ces présentes, en foi
de quoi nous avons signé ces présentes les mêmes jour et
an que dessus.   *Signé :* le Duc D'AUMONT.

Registrées en la chambre des comptes, ouy le procureur
général du Roi, pour jouir par le pourvû du d. office, des
gages et droits y attribués. Le vingt-huit novembre mil sept
cent cinquante-cinq.   *Signé :* DUCORNET.

Brevet d'une pension de 600 *livres à Michel-Ange Slodtz.*
(20 juillet 1855.)

Nous, marquis de Marigny. conseiller du Roy en ses conseils, directeur et ordonnateur général de ses batiments, jardins, arts, académies et manufactures royales, certifions que le Roy, voulant traiter favorablement le Sr *Michel-Ange Slodtz,* sculpteur et l'un des professeurs de son Académie de peinture et de sculpture, etablie au Louvre, à Paris. Sa Majesté lui a accordé et fait don de six cents livres de pension, dont le fonds sera annuellement fait dans les états de depenses de ses batiments et payé par les trésoriers généraux d'iceux, chacun dans leur année d'exercice. En foi de quoi nous avons délivré le présent certificat au dit Sr *Slodtz,* pour lui servir et valoir en tems et lieu ce que de raison. Le quel nous avons signé de notre main, fait contresigner par le secrétaire ordinaire des batiments du Roy et y apposer le cachet de nos armes. A Compiegne, le vingtième jour du mois de juillet, mil sept cents cinquante cinq.

Signé : Le mis de MARIGNY, *et plus bas* : Par monsieur le DIRECTEUR-GÉNÉRAL, (*Signature illisible.*)

Lettre du marquis de Marigny à ce sujet. — (31 juillet 1755.)

A Compiègne, le 31 juillet 1755.

Je vous apprends, avec bien du plaisir, Monsieur, que le Roy vous a accordé une pension de 600 fr. Je suis très aise que vous receviés cette marque de distinction de la part de Sa Majesté, et d'avoir contribué à vous la procurer. La supériorité de vos talents devoit vous la laisser espérer. Je suis, Monsieur, votre très humble et très obéissant serviteur.

Signé de sa main : Mis de MARIGNY.

M. Michel-Ange Slodtz.

Diplôme des Associés de l'Académie royale des sciences, belles lettres et arts de Rouen, en faveur de Michel-Ange Slodtz. — (24 août 1757.)

L'Académie royale des sciences, belles-lettres et arts de Rouen, établie en 1744, par lettres patentes de Sa Majesté, étant suffisament instruite des talents de Monsieur *Michel-Ange Slodtz*, sculpteur du Roy, membre de son Académie de peinture et de sculpture, et de l'Académie des Arcades à Rome, né à Paris, bien connu par ses ouvrages dans Rome, dans les maisons royales de France et dans les églises de Paris et dans les cours étrangères, lui a fait expédier le présent diplôme comme à l'un de ses associés regnicolles, ayant été reçu le 22 décembre 1756, dans la classe des Arts.

En foy de quoy, nous, secrétaires perpétuels, nous avons signé le présent et y avons apposé le sceau de l'Académie, à Rouen, le 24 aoust, mil sept cents cinquante sept.

Signé : LE CAT, *secrétaire des sciences,* MAILLET DU BOULLAY, *secrétaire des belles-lettres.*

Brevet qui retient le S. Slodtz (Michel-Ange), sculpteur du Roy, en l'état et charge de dessinateur de la chambre et cabinet de Sa M^té. — (31 décembre 1758.)

Aujourd'huy trente un décembre mil sept cent cinquante huit, le Roy, étant à Versailles, bien informé de la capacité de *Michel Ange Slodtz*, sculpteur de Sa Majesté, et de son affection à son service, Sa M^té l'a retenu et retient en l'état et charge de dessinateur de sa chambre et cabinet, vacante par le décès de *Paul Ambroise Slodtz*, son frère, pour, par le d. S. *Slodtz*, l'avoir, tenir et exercer, en jouir et user aux hon-

neurs, privilèges, gages et droits accoutumés et y appartenants, tels et semblables qu'en a joui ou dû jouir le d. S. son
frère, et ce tant qu'il plaira à Sa M^{té}, laquelle mande au trésorier des menus plaisirs et affaires de sa chambre que les d.
gages et droits il continue de payer au d. S. S'otz en la manière accoutumée et conformément au présent brevet, que,
pour assurance de sa volonté, Sa M^{té} a signé de sa main et
fait contresigner par moi, conseiller secrétaire d'État et de
ses commandements et finances.

Signé : LOUIS, *et plus bas*, PHÉLYPEAUX.

Aujourd'hui trente un décembre, mil sept cent cinquante
huit, nous, duc d'Aumont, pair de France, 1er gentilhomme
de la chambre du Roy, avons reçu le serment de fidélité du
S. Michel-Ange Sloltz, en qualité de dessinateur de la chambre de Sa M^{té}, dont il est pourvu par le présent, en foi de
quoi nous l'avons signé et fait contresigner par notre secrétaire ordinaire les jour et an susdits.

Signé : le duc d'AUMONT.
Par Monseigneur, signé : CHERVAUX.

Registrée en la chambre des comptes, ouy le procureur
général du Roy, pour jouir, par le pourvû du dit office, des
gages et droits y attribués, le dix juillet mil sept cent cinquante neuf.   *Signé :* DUCORNET.

---

*Mémoire d'une bordure pour un tableau de Médée et Jason(1),
ordonnée de la part de Sa Majesté, par Monseigneur le
duc de Duras, premier gentilhomme de la chambre du*

---

(1) Il s'agit du portrait de Mlle Clairon, peinte en Médée, par
Carle Vanloo, en 1759. (Voir le Nécrologe de 1766, p. 204.)

*Roy, sous la direction de Mr de La Ferté, intendant et
contrôleur général de l'argenterie, menus plaisirs et affaires de la chambre de Sa Majesté; exécutée par le Sr
Slodtz, sculpteur, dessinateur ordinaire de la chambre et
du cabinet du Roy* (1). — (Année 1759.)

Cette bordure à 11 p^{ds}, 9 p^{ces} de longueur sur 10 p^{ds} de
haut, et dont le profil a 10 pouces de largeur : elle est ornée,
dans la partie supérieure, d'un cartel ailé, où sont les armes
du Roy, accompagnées des cordons des ordres et de la couronne; des guirlandes de lauriers liées par des rubans sortent de ce cartel, et forment des doubles festons qui se terminent en chûte de chaque coté. Le milieu de la partie d'en bas
est occupé par un cartel pour y placer une inscription. Les
boulons qui le fixent, tiennent une guirlande qui se termine
par des rubans et se groupent à deux branches de laurier
qui se répandent aux deux cotés. Les 3 moulures principales
de cette bordure sont ornées, l'une de miroirs, la seconde est
composée de baguettes contenues par des feuillages, et la 3^e
par des rez de cœur. Le champ entre ces dernières est rempli de fleurs de lys enfermées dans des plates bandes, estimée
pour modèle, exécution en bois et la dorure, à la somme de
1,600 fr. —

Réduite à 1400 fr.

---

(1) On lit en marge : « Minute dont le mémoire a été remis le
21 octobre 1761. »

— Slodtz a fait beaucoup de travaux de tout genre. Le *Constitu-
tionnel* du 11 septembre 1858 a, dans ses faits divers, quelques lignes
où il est question de la restauration d'une pyramide sculptée en
marbre qui se trouve à l'un des ronds-points du bois de Vincennes
et qui porte la signature de Slodtz.

Diplôme d'associé régnicole. de l'Académie royale des sciences, belles-lettres et arts de Rouen, en faveur de Michel-Ange Slodtz. — (22 décembre 1761.)

Le 7 décembre 1756, l'Académie royale des sciences, des belles-lettres et des arts de Rouen, étant informée que Monsieur *Michel-Ange Slodtz*, ecuier, chevalier de l'ordre de Saint Michel, sculpteur du Roi, de l'Académie royale de peinture et de sculpture, et de celle des Arcades de Rome, a des talens distingués dans la sculpture, étant de plus instruite du désir qu'il a d'obtenir chez elle une place propre à exciter et récompenser son émulation, persuadée des avantages qu'elle retirera de ses talens et de ses lumières, elle l'a reçu associé regnicole et l'exhorte à remplir avec zèle les obligations qu'il contracte par ce titre. En foy de quoy le présent d plome, scellé du sceau de l'Académie, lui a été expédié par nous, secretaires perpétuels. A Rouen, ce vingt deux avril, mil sept cents soixante et un.

Signé : MAILLET DU BOULLAY, *secrétaire des belles lettres,* et LE CAT, *secrétaire des sciences.*

Lettre du Mis de Marigny à Michel-Ange Slodtz, pour lui assurer une augmentation de sa pension. — (25 aoust 1762.)

A Versailles, le 25 aoust 1762.

Je suis bien aise, Monsieur, de vous apprendre que le Roy vient d'ajouter à votre pension de 600 fr., une somme d'autres deux cent livres sur la pension dont jouissoit f u Me *Bouchardon* (1). Cette nouvelle marque de distinction que Sa Ma-

---

(1) Mort le 27 juillet 1762.

jesté vous accorde est une preuve de la satisfaction qu'elle a de vos talents et de l'usage glorieux que vous en faittes, est le germe de nouveaux avantages que vous devés espérer de Sa Majesté, et soyés persuadé que je serai ravi de pouvoir contribuer à vous les procurer.

Je suis, Monsieur, votre très humble et très obéissant serviteur. *Signé* : le Mis de MARIGNY.

Mr Slodtz.

SMITH (J.) est un de ceux qui a acquis plus de reputation dans la gravure en manière noire. Il a gravé lui même son portrait en 1746, d'après le tableau de Kneller, peint en 1696.

SNAYERS (PIERRE), né à Anvers en 1593, a réussi dans le genre des batailles. Il n'étoit pas moins bon peintre de paysages. Il travailla pour les archiducs Albert et Isabelle, gouverneurs des Pays Bas, qui le nommèrent leur peintre. Il fut pareillement en credit auprès du prince cardinal infant d'Espagne et de quantité d'autres seigneurs qui l'employerent. Il étoit établi à Bruxelles. Il a la gloire d'avoir le premier mis le pinceau entre les mains de l'illustre Vandermeulen et de l'avoir instruit dans un genre où cet habile homme s'est si fort distingué. Il vivoit encore en 1661.—Ceci servira à rectifier l'article de Pietre Sneydre, qui est un vrai barbouillage ; le P. Orlandi confond ce que les auteurs ont dit de Pierre Snayers avec ce qu'on lui a dit de François Snyders. Il n'a pas vu que c'étoient deux artistes différens, l'un peintre de batailles et l'autre d'animaux, tous deux contemporains et concitoyens.

SNELLINCK (JEAN), d'Anvers, dont on a le portrait dans la

suite des cent portraits de Van Dyck (1), étoit peintre de l'archiduc Albert, et l'on voit son épitaphe dans l'église de St Georges, à Anvers, où il a reçu la sepulture en 1636. Cette epitaphe est accompagnée du portrait de Snellinck peint par Van
Dyck, et, s'il faut en croire l'auteur du livre intitulé *le Peintre
amateur*, t. I, p. 254, Snellinck n'étoit agé que de 24 ans
lorsqu'il mourut ; mais y il a certainement ici une faute; Snellinck, à en juger par son portrait, devoit être beaucoup plus
vieux. — Descamps a rapporté au long cet epitaphe, t. I, p.
179. Elle porte que Jean Snellinck est mort le 1 octobre 1638,
agé de 94 ans, et je pense qu'il faut s'en tenir à ces dates.
Mais Descamps se trompe lorsqu'il place cet epitaphe dans
S. Nicolas; c'est dans l'église St Jacques qu'elle se trouve.

SNYDERS (FRANÇOIS), né à Anvers en 1579, apprit à peindre de Henry van Balen. Il fit depuis un long séjour en Italie
et devint un excellent peintre de fruicts et d'animaux. Sa
touche est legère et spirituelle, ses animaux, surtout les
chiens, dessinés avec élégance; il a sçeu leur donner un air
de vie qu'on ne trouve point ailleurs. Adjoutés qu'il avoit le
talent de les disposer dans de belles attitudes, ce qui fait
qu'aucun peintre n'a jamais mieux ordonné une composition
de chasse. Il en a peint plusieurs pour le roy d'Espagne et
pour l'archiduc Leopold Guillaume, et l'on trouve en Espagne,
dans le palais de la tour *della Parada*, près de Madrid, des
tableaux d'animaux que Rubens (2) luy fit faire pour mettre
entre ceux des Métamorphoses qu'il avoit peint dans le même
lieu. Ce grand peintre se servit encore de luy en d'autres oc-

---

(1) Cf. II, 207.
(2) Voir dans les lettres de Baudius (*Elzévir*, 1662, p. 460) une
lettre de Baudius à Rubens où il lui parle de Snyders.

casions (1); il connoissoit son mérite, et, quoy qu'il sçut luy
mesme parfaitement bien représenter les animaux, il les luy
faisoit peindre cependant assez souvent lorsqu'il s'en rencon-
troit dans ses compositions de tableaux, et il y a apparence
que c'est luy qui aura dessiné une partie des animaux qui
sont dans ces belles chasses qu'on a gravées d'après Rubens,
comme c'est aussy luy qui a peint ceux qui se rencontrent
dans les tableaux de la gallerie du Luxembourg; il y en a
mesme un, c'est le sujet de l'Apothéose, où, en peignant les
deux chiens qui sont sur le devant, il n'a pas observé le
mesme jour qui eclaire toutes les figures. Felibien dit qu'il
mourut vers l'année 1670; il le nomme Sneydre. Son portrait se trouve dans la suite des cent portraits de Van Dyck.
Corn. de Bie a écrit des vers à sa louange, p. 60. Felibien,
t. 2, p. 238. De Piles, *Conversations*, p. 202.

SODOMA. *Gio Antonio da Vercelli;* le P. Azzolini prétend
qu'il estoit de Vergelle, dans l'Estat de Sienne, et Baldinucci,
qui est du même sentiment, apporte des raisons qui ne laissent, ce semble, aucun lieu d'en douter (2).

---

(1) Cf. ce volume, p. 138 et 139.
(2) Il faut remarquer pourtant que la belle suite de médailles des
empereurs romains, miniaturées avec tant de délicatesse et entourées de si délicieux ornements en arabesques par le Sodoma, offre
derrière l'une d'elles et comme signature, en admirables capitales antiques peintes en or, l'inscription ANTONIUS VERCELLENSIS. Cette
suite est exposée dans le musée des dessins du Louvre. Le regret-
table M. Cigongne, qui vient de mourir tout récemment, possédait
dans son admirable cabinet, dont il faisait profiter les travailleurs
avec une si charmante et si libérale bienveillance, un volume de
médailles romaines peintes sur des feuilles de parchemin; elles
étaient si bien dans le même goût que je fais peu de doute qu'elles
ne soient de la même main, et qu'elles ne dussent de même être
accompagnées d'entourages d'ornements. Les derniers éditeurs du
Vasari, X, 1855, p. 160-2, ont d'ailleurs prouvé le droit de Vercelli.

SOGLIARO (le), ou Bernardo de' Gatti, mourut vers la fin de l'an 1575. *Hist. di Cremona del Campi*, p. 53 et 54. Le même auteur reproche au Vasari, ou à celui qui a emprunté son nom pour ecrire les vies des peintres, de n'avoir pas rendu assez de justice au merite de ce fameux peintre, non plus qu'à celui d'autres excellens artistes qui sont sortis de Cremone. Si le Vasari etoit persuadé que les desseins qu'il possedoit du Sogliaro étoient reellement de ce maître, il ne pouvoit pas en dire du bien, car ces desseins sont extremement mauvais. On les peut voir dans le Recueil du Roy ; mais aussi il se pouvoit tres bien faire que ces desseins fussent attribués sans raison au Sogliaro. Tous les desseins que le Vasari avoit rassemblés n'étoient pas de ceux à qui ils étoient attribués. Alors, comme aujourd'hui, rien n'étoit si commun que de baptiser des desseins et des tableaux, et l'on juge de là combien les desseins qui ne sont pas équivoques doivent être précieux. — Le Gigli, auteur du poëme *Della pittura trionfante*, le fait naître à Pavie et lui donne pour frère Aurelio, qui a été pareillement peintre.

SOLARI (ANDREA), Milanese, fratello di Cristoforo, detto il Gobbo, con Andrea Salaino, detto Salai, dipinse due tavole d'altare nella chiesa della gran Certosa di Pavia. *Torre*, fol. 138. — Je ne trouve rien de tout cecy dans le livre du chanoine Torre à l'endroit cité. Il n'y parle que d'André Solari, que je préjuge estre le mesme qu'André Salaino, car André Solari est aussi nommé André Salario, et il se pourroit faire que de la dernière sillabe *rio* on en eût fait *ino* (1). Quoyqu'il

---

(1) Mariette se trompe en ceci. Solario ou Solaro, ou Salario peuvent bien être la même chose, mais Solario et Salaï, ou Salaino, sont trop différents pour pouvoir se permuter. D'ailleurs André

en soit, André Solario a peint dans la manière de Leonárd de Vinci, et l'on pretend en France qu'il en est le disciple.

SOLE (GIO. BATT. DEL). Il vivoit au milieu du dix-septième siècle, et l'on peut prendre une idée de ce qu'il sçavoit faire dans quelques morceaux de son invention qu'il a gravés lui-

---

Salaï, d'après le témoignage du Vasari et dans ses peintures authentiques d'Italie, est un élève direct du Léonard ; Solario ne tient à celui-ci que moins directement, et seulement parce qu'il est de l'école milanaise. Une opinion plus vraisemblable, c'est de ne faire qu'un de l'Andreas Mediolanensis, dont le Louvre possède un crucifiement, et d'Andrea Solario. Je ne suis pas frappé, comme M. Mundler, de la ressemblance de manière; entre la convention idéale et un peu molle de la *Vierge au coussin vert* (voir sur celle-ci le renvoi des *Documents*, I, 99, 132) et la stricte recherche du costume contemporain dans le *Crucifiement* je trouverais plutôt une cause de distinction. M. Tarral, d'un autre côté, en remarquant la convenance des dates, a signalé dans les deux signatures l'emploi semblable du *Fa* pour *Faciebat*. En même temps, les comptes de Gaillon, publiés par M. Deville, ne l'appellent jamais que Andreas de Solario, — signature de sa Vierge, — ou maître André de Solario, peintre de Milan (p. 343) ; l'emploi du *de* tendrait à faire supposer que nous n'avons pas là affaire à un nom de famille, mais à une indication de patrie ; or, puisqu'il y a un Castel Solaro dans le Milanais, André de Solario et André le Milanais se peuvent en effet rapporter au même individu. Un troisième élément de preuve se vient encore ajouter. Le portrait de Charles d'Amboise, gouverneur de Milan et frère du cardinal, qui n'est pas de Léonard, paraît avec raison devoir être restitué au Solario, à cause de ses relations maintenant connues avec cette famille, et il est encore d'une manière différente et très-supérieure à la Vierge. Il y aurait donc là cette variété flottante, qui est si souvent le caractère des hommes qui n'arrivent pas au premier ordre. L'identité d'André de Milan et d'André Solario est donc possible et probable, mais elle n'est pas encore absolument démontrée.

J'ai parlé des comptes de Gaillon ; les nombreuses mentions qu'on trouvera dans le livre de M. Deville, aux pages 338, 339, 343, 361, 362, 363, 418, 419, sont trop longues pour figurer ici autrement qu'à l'état de résumé. Aucune malheureusement n'entre dans le détail; toutes ne se rapportent qu'aux gages; seulement toutes, sauf trois, sont inscrites au chapitre des peintures de la chapelle. Elles s'étendent du 19 avril 1507 au 6 août 1509; le premier paye-

même et qui se trouvent dans la description de l'entrée faite à Milan en 1649 pour Mariane d'Autriche, reyne d'Espagne et épouse de Philippe IV (1).

SOLIMENA (FRANCESCO). Le P. Giannelasi, jesuite, qui a composé un poëme latin sur la marine, imprimé en 1685, et dans lequel il y a quelques jolies planches gravées sur les desseins du Solimène, parle de ce peintre avec éloge et le met en commerce avec les muses italiennes. Voyez le poëme que je cite, p. 13 (2).

SOMENZO (FRANCESCO), jeune peintre de grande espérance, mort environ l'an 1582. Ant. Campo, *Histoire de Crémone*, p. 54.

SOMME (DE) fleurissoit vers le milieu du dernier siècle. Des pesches et des raisins étalez sur une table couverte d'une nappe. Voici encore un de ces sujets qui paroissent peu intéressants, mais qui le deviennent entre les mains des peintres

---

ment *pour partie de ses gaiges* indique une comptabilité non encore antérieure et sans doute à son début; d'un autre côté, comme les comptes vont bien plus loin que 1509, il est probable que nous avons là tout le temps de son séjour. Il avait par trois mois 92 liv. 10 s., ou 50 écus soleil, c'est-à-dire 370 liv. par an, ou 200 écus soleil. De plus, sa dépense et celle d'un homme de cheval lui étaient allouées à raison de 25 liv. par trois mois, ou 100 liv. par an, ce qui porte l'ensemble de ses gages à 470 liv., somme énorme pour le temps, et quatre fois supérieure à celle des autres peintres employés en même temps que lui à Gaillon.

(1) Bartsch, XXI, 123-5, a catalogué deux pièces de cet artiste, sans connaître celles dont parle ici Mariette.

(2) C'est dans l'églogue III des *Piscatoria* qu'il est question du Solimène, sous le nom d'Argilochus. Naples, 3ᵉ éd. sans planches, 1692, p. 10. L'édition des *Halieutica*, de Naples, a aussi des gravures d'après Solimène, par F. de Louvemont et Hubert Vincent; ce sont ou les mêmes planches, ou des copies.

qui les ont sçu rendre avec fidelité, comme a fait celui-ci, dont les ouvrages sont estimés. Il a vécu en Italie, et quelques uns croyent même qu'il y a reçu le jour. (*Description des tableaux du cabinet de M. Boyer d'Aguilles*, p. 13.)

SORLEY (JEROME), disciple de P. Mignard (1).

SORIN (FRANÇOIS) de Troyes, qui a gravé les planches d'architecture du chanoine Maillet (2), peignoit aussi en miniature et au pastel et est mort en 1730, agé de 70 ans. Louis Maillet, pour qui il travailloit, se piquoit de bien entendre l'architecture ; il est mort le 21 aoust 1712, agé de 64 ans.

SORNIQUE (DOMINIQUE), né à Paris en 1707 ; disciple de Simonnet.

SOUTMAN (PIETRO). *Sandtman*. C'est une faute de Sandrart ; ce peintre s'appeloit Pierre Souteman ; il estoit d'Harlem et disciple de Pierre Paul Rubens (3), Corneille de Bie en a fait mention page 154.

SPADARINO (GIO. ANT.), di casa Galli, Romano. Le père Orlandi se plaint de ce qu'on a laissé ce peintre dans l'oubli, et il fait entendre que c'est un très-habile homme. Il apporte en preuve de son sentiment le tableau qu'il a peint dans

---

(1) Cf. les Documents, *V*, p. 42, 47, 48, 50.
(2) Nous connaissons en outre deux portraits assez curieux gravés par ce Sorin, celui d'Eustache Quinet d'après S. Chabouilliey et celui de Pierre Claude de la Forest, d'après Louis Herluyson. Ces deux personnages étaient des *curieux* de peinture et d'objets d'art.
(3) Voir l'article de Rubens, pages 71, 73, 89, 112, 138, et Schrevelius, *Hist. de Harlem*, 1647, p. 290.

l'église de St Pierre. Il ne m'en reste aucune idée, mais après avoir vu celui que possedoit M. Crozat, et qui représente la naissance d'Adonis, je ne puis croire que les éloges du P. Orlandi soient bien fondés. Je veux croire que le tableau de M. Crozat n'est pas un des meilleurs de ce maître, et j'accorde même que c'est un des plus foibles qui soient jamais sortis de son pinceau. Mais dù moins devroit-il avoir quelque partie qui parlât en faveur de celuy qui l'a fait, et je n'y vois ni couleur, ni dessein, ni composition. On ne doit cependant pas douter de son originalité, car il ne meritoit pas la peine d'être copié. Le nom du peintre est écrit de sa main au revers de la toille. Le tableau est si mal colorié qu'on seroit tenté de le prendre pour une simple détrempe.

SPATAFORA. Joseph le Sicilien, surnommé *il Polidorino*. Il en est parlé dans une lettre, dattée de Naples en 1544, comme d'un jeune homme qui se distinguoit et qui étoit employé, ainsi que l'avoit été le Polidore, à enrichir de ses peintures des façades de maisons, et c'est, il n'en faut point douter, ce qui lui avoit mérité le nom de *Polidorino*. On ne nomme point dans la lettre la ville qu'il habitoit; j'ai lieu de croire que c'étoit ou Messine ou une autre ville de Sicile, et, comme personne n'a encore fait connoître les peintres de ce royaume, il n'est point étonnant que celui-ci soit resté dans l'oubli. Voyez le T. V des *Lettere su la pittura*, pag. 170. Seroit-il question de Joseph Spatafora, dont il est fait mention au sujet de Joseph Albina? Voy. cy-dessus, I, 15-16.

SPECKLIN ou SPECKLE (VITE RODOLPHE), de Strasbourg, a gravé en bois toutes les plantes du livre de Léonard Fuchsius, imprimé à Basle en 1542. Ces plantes ne sont qu'au trait, mais elles sont très vrayes et dessinées avec esprit;

l'auteur ne voulut pas permettre qu'on les ombrât, crainte d'en altérer les contours. Les peintres dont il se servit pour en faire les desseins, furent Henry Füllmaurer et Albert Meyer ; on trouve leurs portraits à la fin de l'ouvrage. Préface de Fuchsius.

SPERANZA (GIOVANNI), peintre de Vienne et contemporain de Barthelemi Montagna , vivoit comme lui vers l'an 1510, et peignoit dans la même manière, c'est à dire celle de Bellin. Marzari, *Storia di Vicenza*, p. 153.

SPERLINGEN (CATHERINE), née à Hecklin, dont le talent étoit de peindre en miniature et de faire des dessins, vivoit à Augsbourg, où elle a fini de vivre en 1741 ; elle étoit née en 1699. Son portrait, gravé par G. C. Kilian, n'est qu'au simple trait.

SPIERRE (FRANCESCO). Tout cet article (celui du P. Orlandi) est très mal extrait. Jamais Spierre n'a gravé à Venise, et Baldinucci, qui y est cité, n'en dit mesme pas un mot (1).

SPIERRE (CLAUDE), son frère, mort à Lyon en 1681 ou 1682.
— Outre les tableaux qu'il a peint dans l'église de St-Nizier à Lyon, il y a encore de lui, dans la même ville et dans l'église de S. Pierre, au fond du chœur, un tableau de forme ovale, qui représente S. Pierre aux Liens, qui est un morceau

---

(1) Baldinucci qui a un très-long article sur François Spierre, né à Nancy en 1643, et mort à Marseille, le 6 août 1681, quelques mois après son frère, parle seulement de voyages à Venise (éd. de Florence, XIX, 1773, in-4, p. 184-200).

composé de grande manière et d'une fière éxécution. Il étoit, lorsqu'il perit si malheureusement, à la fleur de l'âge et promettoit les plus grands succès. Voyez ce que j'en ai dit ci après. Je le crois l'aîné du graveur.

— Le frère de Spierre, nommé Claude, avoit du mérite. Outre le grand Jugement universel qu'il a peint dans l'église de S. Nizier à Lyon, l'on y voit encore dans le chœur, au dessus des stalles, quatre grands tableaux representant la Guerison du paralytique, les Marchands chassés du temple, le Possédé, qui avoit une légion de diables dans le corps, délivré, et la Guerison du serviteur du centenier. De Bombourg.

— Il mourut à Lyon d'une chûte qu'il fit de dessus l'échaffaut sur lequel il étoit monté lorsqu'il peignoit son grand Jugement dans l'église de S. Nizier. Il s'étoit formé en Italie, et je le crois disciple de P. de Cortonne ou au moins de Ciro Ferri. — Il étoit sectateur et grand admirateur de la manière du Bernin. — Je possède un de ses desseins, dont je fais grand cas.

SPIRINCX (c. ph.). Une des planches de la galerie Justinienne, celle qui, dans le T. I, n° 69, représente un Bacchus, porte le nom de cet artiste, comme en ayant fait le dessein, et nous apprend qu'il étoit de Bruxelles. On ne le trouve point nommé autre part. Il étoit à Rome vers l'an 1630.

SPIRINX (louis), de Dijon, graveur en 1660.

SPIRINX (pierre), envoyé de Suède en Hollande, étoit, ainsi que son épouse, passionné pour les ouvrages de l'art. On a le portrait de Spirinx, gravé par Théodore Matham, qui est un morceau rare. Spirinx y est représenté avec un collet plat, rabattu sur les epaules, et la chevelure à la polonoise, c'est à dire que cette chevelure, qui est fort peu épaisse, se porte entierement derriere la tete, et que l'oreille passe par dessus. J'en fais la description d'autant plus volontiers que l'épreuve que j'en ai et qui est sans lettre est peut-être l'unique qui soit à Paris. (*Notes sur Walpole.*)

SPOLVERINI (ILARIO MERCANTI), peintre de Parme et qui y est mort vers le milieu du 18ᵉ siècle. Quelqu'un qui l'a connu m'assure que ce n'étoit pas un artiste sans mérite, et que, grand admirateur de la manière du Parmegianino, il a quelquefois copié les ouvrages de ce grand artiste de façon à pouvoir en imposer. Disciple de François Monti, surnommé il Brescianino, qui a été un excellent peintre de batailles, il en a peint lui-même et avec quelque succès. Le Bibiena, dans le tems qu'il demeuroit à Parme, a eu plus d'une fois recours à lui pour meubler de figures ses compositions d'architecture, ainsi qu'il est écrit dans la vie de ce peintre, *Storia dell' Acad. Clement*, t. II, p. 204. Le Spolverini s'étoit formé une collection de desseins, dont une portion a été apportée à Paris, et, quoyque le mauvais y dominât, je n'ai pas laissé, dans le triage que j'ai eu la liberté de faire, d'y trouver de bons morceaux qui ont servi à compléter de plus en plus mon recueil.

SQUARCIONE (FRANCESCO). Le Guarienti, dans la nouvelle édition augmentée qu'il a donnée de l'Abecedario, ne se contente pas de parler de ce peintre et de copier ce qu'en a écrit le P. Orlandi. Il en fait un second article sous le nom de Jacopo Squarcione, mais c'est une méprise de sa part, qui a été relevée par le Rossetti. *Descriz. delle pitture di Padova*, p. 83. (Cf. l'article d'*Andrea Schiavone*, p. 196.)

STAMPART (FRANCOIS DE), d'Anvers, où il prit naissance en 1679, étoit venu prendre un établissement à Vienne, et il y étoit principalement occupé à peindre des portraits; ce fut lui qui, de société avec Antoine Joseph de Prenner, entreprit de donner au public tous les tableaux de la galerie impériale en une suite d'estampes dont il n'a paru que le *Prodromus* et quatre premiers cahiers, composés chacun de 40 planches. La mesintelligence se mit entre les deux associés, et l'ouvrage n'alla pas plus loin. Il n'étoit pas merveilleusement éxécuté, mais cela valoit bien une description imprimée, quelque bonne [qu'elle fût, et l'on doit regretter de n'avoir pas l'ouvrage entier.

STANLEY (MONSIEUR) est venu à Paris en 1762 au sujet de la dernière paix (1). Il est petit fils, par sa mère, du chevalier Jean Sloane et se nomme comme lui Jean. (*Notes sur Walpole*.)

STATI (CRISTOFANO) da Bracciano, scultore. — Cristofano da Bracciano. Il fit une figure pour l'entrée de la grande duchesse Christine de Lorraine à Florence, en 1588.

STEENWYCK. Descamps a écrit que le plus jeune des Steenwyck avoit eu un fils nommé Nicolas, mais j'en doute fort. Sandrart, auteur qui mérite plus de créance, puisqu'il avoit connu particulièrement Steenwyck, dont il étoit le contemporain, n'en dit pas un mot. Mais ce qu'il a remarqué et qui a échappé à Descamps ainsi qu'à M. Walpole, c'est que le peintre Steenwyck avoit laissé une veuve, qui peignoit comme lui des intérieurs d'églises, et dont les ouvrages étoient recherchés. Elle demeuroit à Amsterdam et vivoit encore lorsque Sandrart composoit son livre des peintres. (*Notes sur Walpole.*)

---

(1) C'était un amateur et non pas un peintre.

— *Comme Walpole, après Descamps* (I, 384), *a remarqué l'erreur de Sandrart et de ceux qui l'ont suivi en donnant le nom de Nicolas à Henri Steenwick, Mariette ajoute :* Sandrart n'est point tombé dans cette faute, et l'on ne comprend pas comment on a pu la lui imputer. Non seulement il a parlé correctement des deux Steenwyck et les a appellés chacun de leur véritable nom, mais il est le premier qui ait fait observer que le père, qui de Hollande s'étoit retiré à Francfort, sa patrie, y étoit mort en 1603. (*Notes sur Walpole.*)

— Lorsque Van Dyck a gravé le portrait de Steenwyck le fils, et qu'il le fit graver pour l'insérer dans sa suite des cent portraits, il est indubitable que Steenwyck se trouvoit pour lors à Londres, et que cela s'est fait aux environs de 1630. Dans la suite, et apparemment depuis la mort du roi Charles, Steenwyck repassa en Hollande, et il demeuroit à la Haye en 1646, qui est l'année où Hendrick a donné son édition des cent portraits. Une inscription nouvelle, qu'il a fait ajouter sur la planche du portrait de Steenwick dans cette édition, le dit formellement. (*Notes sur Walpole.*)

STEFANO DA FERRARA. Le père Orlandi, p. 97, à l'article de Benvenuto Garofolo, le fait vivre en 1517 et le fait disciple d'André Mantegne. L'auteur de la description des peintures de Ferrare. p. 8, dit au contraire qu'il étoit élève de Squarcione, et il fait mention des peintures qu'il avoit exécutées dans l'église del Santo à Padoue.

STEFANONI (PIETRO) n'a rien gravé que je sache ; il étoit marchand, et l'on doit ainsi interpreter sa marque P.S.F. *Petri Stefanoni formis.*

— Pietro Stefanoni étoit marchand et non graveur ; la lettre F doit s'expliquer par le mot *formis.*

— *Parlant de la collection des pierres gravées qui, des mains*

du comte d'Arondel sont passées en d'autres mains, Walpole
dit que quelques unes ont été publiées par Apollina à Rome,
en 1627, et depuis par Licetus, de Gênes, Mariette remar-
que : M. Walpole a certainement en vue la suite des pierres
gravées qu'a publiées à Rome, en 1627, Pierre Stefanoni ;
cela n'est pas douteux ; mais lorsqu'il en fait éditeur un
Apollina, dont le nom ne s'est jamais trouvé à la tête d'aucun recueil de pierres gravées, c'est assurément une méprise.
(*Notes sur Walpole.*)

STELLA (LA FAMILLE DES). Il y a des familles où le goût de
certains arts se .perpétue et devient pour ainsi dire héréditaire. Soit qu'on doive l'attribuer à la force de la nature, soit
que l'exemple et l'éducation y ayent plus de part, il est toujours certain que l'on voit quelquefois les enfans succéder
à leur père dans leur profession comme dans leurs biens, et
s'en faire en quelque façon un patrimoine qui leur devient
d'autant plus avantageux qu'il leur est aisé de l'augmenter.

C'est ainsy que plusieurs des ancêtres de Jacques Stella
qui étoient flamands, se succedèrent les uns aux autres dans
la peinture, et que le goût de cette profession luy fut transmis. Mais à peine y étoit-il initié que son père, qui étoit
venu s'établir à Lyon, mourut et le laissa si jeune qu'il ne luy
dut autre chose que de luy avoir transmis un goût pour la
peinture, qui sembloit héréditaire à cette famille. Stella y fit
par luy même des progrès qui le mirent en état de passer
en Italie. Il y demeura pendant quelques années à Florence,
au service des grands-ducs Cosme second et Ferdinand second
de Medicis. Ensuite il alla à Rome, — il y étoit en 1625 —
où, pendant le temps qu'il s'y arrêta, il fut fort employé et
il s'y acquit de la reputation jusques là que le Roy d'Espagne
luy fit proposer de passer à son service, et il se préparoit à
ce voyage, après être retourné en France, lorsque le cardi-

nal de Richelieu, informé de son mérite, luy fit ordonner, de la part du roy de France, de rester à Paris. Pour l'y retenir, on luy assigna une pension considérable et un logement dans le Louvre ; le roy le tint pour l'un de ses peintres ordinaires, et dans la suite il l'honora de l'ordre de chevalier de Saint Michel.

Tant de grâces animèrent de plus en plus Stella à se rendre illustre dans sa profession et à y acquerir de nouvelles connoissances. Il peignit depuis plusieurs tableaux qui furent estimés, et en même temps il produisoit quantité de desseins pour être gravés, tant pour le roy que pour luy même ; car il étoit si laborieux, quoyque d'une santé des plus délicates, qu'après s'être occupé des journées entières à peindre, il s'appliquoit encore les soirs, surtout durant l'hyver, à produire des pensées sur divers sujets, qui la plupart ont été gravées par ses nièces. L'on y trouve des caractères agréables et enjoués, des pensées naïves exprimées avec grâce et avec simplicité, car c'étoit les sujets qui en étoient susceptibles qu'il choisissoit préférablement, et, quoyqu'il eût le génie facile et abondant, il n'en traitoit presque jamais d'autres, abandonnant les sujets pathétiques et ceux où il faut représenter des actions d'éclat et exprimer de grandes passions. Ce n'est pas qu'il méprise cette partie de la peinture ; au contraire il estimoit infiniment ceux qui la possédoient, mais il connoissoit son talent et il étoit bien aise de ne rien hazarder au delà de ses forces. Une preuve de son goût est le cas qu'il faisoit des tableaux de Poussin, son amy, dont il en avoit rassemblé plusieurs, d'une beauté singulière, qu'il conserva précieusement toute sa vie. Son cabinet étoit aussy remply de plusieurs autres bons tableaux qu'il avoit apportés d'Italie, car il étoit curieux de toutes les belles choses.

Il n'eut d'autres eleves que ceux qu'il forma dans sa propre famille, un neveu et trois nièces, qu'il avoit fait venir de Lyon pour demeurer auprès de luy, tous quatre enfants d'une de ses sœurs. Le premier, qui se nommoit Antoine Bouzonnet Stella, se poussa dans la peinture, et il y avoit lieu d'espérer qu'il y auroit fait des progrès, mais il mourut jeune ayant été en Italie où il avoit beaucoup étudié les ouvrages de Jules Romain. Les trois sœurs s'attachèrent toutes trois à la graveure, et il leur fut d'autant plus facile d'y réussir et de s'y rendre recommandables qu'elles avoient acquis auprès de leur oncle un grand fond de dessein ; c'etoit la partie qu'elles cultivoient le plus ; elles negligeoient assez volontiers le reste ; aussy ne faut-il pas chercher dans leur ouvrage cette politesse de graveure et ce bel arrangement de tailles dont la plus part des autres graveurs font tant de parade.

Claudine Bouzonnet Stella, l'aînée, avoit instruit ses deux sœurs Antoinette et Françoise ; celle cy n'a gravé qu'au burin, presque toujours d'après Jacques Stella son oncle ; l'autre au contraire a toujours travaillé à l'eau forte et ses ouvrages se réduisent à un petit nombre ; les principaux sont d'après Jules Romain. Pour Claudine, elle s'est servie indifferemment tantôt du burin, tantôt de l'eau-forte. Presque toujours occupée à graver d'après les desseins de son oncle ou d'après les merveilleux tableaux du Poussin qui luy appartenoient, elle s'est particulièrement attachée à en conserver le caractère, et, ce qui ne se peut presque jamais dire des graveurs et en general des imitateurs, bien loin d'affoiblir les beautés de ses originaux, elle leur en a prêté de nouvelles, de façon que le Poussin, quelque grand, quelque majestueux, quelque correct qu'il soit, le paroit peut-être encore davantage dans les estampes de Claudia Stella que dans ses propres tableaux, et il règne dans les sujets champêtres qu'elle a gravé d'après les desseins de son oncle, un caractère naïf et de simplicité que l'on ne trouve point ailleurs.

C'est que Claudine Stella étoit foncierement habile dans la partie du dessein ; l'on en peut juger par ce qu'elle a gravé d'après des desseins de son invention qui sont dignes du Poussin. Le goût sage et solide de ce grand peintre étoit devenu le sien ; en l'étudiant avec autant de réflexion qu'elle avoit fait, elle se l'étoit rendu familier, et l'on peut adjouter qu'il n'y a eu personne à qui il ait appartenu plus légitimement qu'à cette sçavante fille. Autant qu'elle étoit recommandable par ses talents, autant étoit elle éloignée d'en tirer de la vanité ; un esprit simple et remply de bon sens, une piété sans fard, une rare modestie et un desintéressement encore plus rare faisoient son caractère et luy attiroient l'estime et le respect de tous ceux qui la connoissoient.

L'on a rassemblé ici tous ses ouvrages ; on les a joint avec ce qui a été gravé par ses deux sœurs, et ce qui l'a été par differens graveurs d'après Jacques Stella, leur oncle, et d'après leur frère ; ç'auroit été une espèce d'injustice de separer une si illustre famille, et chaque chose separement auroit peut-être perdu de son prix.

— *Jean* (ou *Jean* fils de *Martin*), tige de cette famille et ayeul de Jacque Stella, étoit peintre et demeuroit à Malines. Sur la fin de sa vie il s'étoit retiré à Anvers, où il mourut. Il pouvoit tenir un rang parmi les peintres qui vivoient alors dans les Pays Bas, à en juger par une assez grande estampe qu'a gravée sur son dessein Jean Wierx et qui a pour sujet un homme vertueux qui, délaissé par la Richesse, n'aspire qu'après la Réputation et est aidé dans cette louable entreprise par la déesse des arts, qui l'arrache d'entre les bras de la Pauvreté. Cette composition, que lui a pu suggérer sa propre situation, est traitée dans le goût et dans le style d'Otho Venius ; elle est ingénieuse et n'est pas sans mérite. On lit au pied de l'estampe : *Joannes Martini Stella inventor*, ce qui nous donne son nom, celui de son père et son surnom.

Il étoit né en 1525 et mourut, agé de 76 ans en 1601.

Vincent. Un peintre, flamand de nation, qui se nommoit Vincent Stella, vivoit alors à Rome et étoit un des membres de l'Académie de peinture nouvellement instituée par le Zuccaro. Le sort en ayant décidé, il devoit lire un discours de sa composition, relatif à l'art qu'il exerçoit, dans l'assemblée qui étoit indiquée pour le 15 avril 1594; il s'en excusa par une indisposition qui lui étoit survenue, ainsi qu'il est porté dans le livre intitulé : *Origine e progresso dell' Accademia de' pittori di Roma.* On ne sçait rien autre chose de lui, excepté qu'il existoit en 1599. Je conjecture qu'il étoit le père de Jean dont je viens de faire mention, et que ce fut lui qui attira à Rome François Stella son neveu, fils de Jean.

François l'ancien. Ce François, frère de Jacques Stella, nacquit aux Pays-Bas en... 1563. Il fit de la peinture sa profession, et après avoir fait le voyage de Rome, où il séjourna quelque temps, il vint en France, passa par Lyon, s'y maria en 1594 avec la fille d'un notaire de la Bresse, qui en 1654 étoit vivante et parvenue à l'age de 80 ans, en eut plusieurs enfants, et mourut dans cette ville, âgé seulement de quarante deux ans, en 1605. C'est le même que Van Mander et d'après lui le Baldinucci appellent improprement François Stellaert. Ils en font un bon dessinateur, qui excelloit à peindre le portrait et le paysage, ce dont je ne voudrois pas être autrement garant. De quatre garçons et de deux filles qui luy nacquirent, deux garçons moururent jeunes peu de temps après la mort de leur père; les deux qui survécurent furent Jacques et François.

Jacques, le premier, perdit son père à l'âge de neuf ans et, suivant le calcul de Félibien, il étoit né à Lyon en 1596. Mais, à s'en rapporter à l'inscription qu'on lit au bas de son portrait, gravé par sa nièce Claudine Bouzonnet Stella, sa naissance doit être reportée à l'année 1595, et je m'en tiens à cette date. A l'exemple de ses ancêtres, il se fit peintre. A peine avoit-il atteint sa vingtième année qu'il partit pour l'Italie, et, passant par Florence, il y fut retenu par le grand duc Cosme second. Félibien le fait travailler par ordre de ce prince à une superbe fête, qui fut donnée, dit-il, à l'occasion des noces du prince Ferdinand, fils de Côme, ce qui ne s'accorde point avec la vérité de l'histoire et ne peut subsister, car Ferdinand n'a été marié qu'en 1633, douze ans après la mort de son père, et il y avoit alors bien des années que Stella étoit sorti de Florence. S'il a véritablement pris part à des fêtes qui ont été célebrées sous le règne de Cosme second, mort en 1621, il faut lui chercher une autre date et un autre objet. Stella etoit à Rome en 1623 et peut-être il ne quitta cette ville que pour retourner en France où il arriva en 1634. Sa reputation l'avoit devancé. Le cardinal de Richelieu lui ordonna de la part du roi de ne point quitter Paris, et l'empêcha d'ecouter des propositions très-avantageuses que lui faisoit faire la cour d'Espagne. On lui donna un logement aux galeries du Louvre; l'ordre de St Michel lui fut conféré; le roi lui accorda le titre de l'un de ses peintres, et il mourut, sans avoir été marié, le 20 avril 1657. L'inscription, au bas de son portrait le fait âgé de 62 ans. Il en avoit passé environ dix-huit en Italie.

François le jeune. François Stella, frère cadet de Jacques, embrassa la même profession que son aîné, sans y apporter les mêmes talens. Il alla le trouver à Rome en 1628, et l'accompagna lorsqu'il repassa en France. On voit peu de ses ouvrages et l'on n'y perd pas beaucoup, car c'étoit un foible peintre; Félibien en cite quelques uns qui sont à Paris dans nos églises. Il étoit né à Lyon en 1603 et il mourut à Paris, sans postérité, en 1647.

Une des sœurs de J. Stella épousa à Lyon un orfèvre nommé Étienne Bouzonnet, de qui elle eut plusieurs enfans que leur oncle fit venir auprès de lui ; il leur mit à tous le crayon à la main ; il les regarda comme ses enfans, et par reconnoissance ils prirent son nom et ne furent plus appellés autrement.

Antoine Bouzonnet Stella. Antoine, l'aîné de tous, né à Lyon en 1634, mourut à Paris étant adjoint à professeur dans l'Académie royale de peinture en 1682. Il visita l'Italie depuis la mort de son oncle, et il revint chargé de quantité de desseins qu'il avoit faits à Mantoue d'après les ouvrages de Jules Romain au palais du Té ; mais, comme il avoit le génie de la famille, c'est à dire un peu froid et réglé, il ne paroit pas que le feu du peintre italien eût beaucoup embrâsé son âme. Du reste il étoit correct et mettoit de la sagesse dans ses ordonnances.

Claudine Bouzonnet Stella. Claudine, sa sœur, née à Lyon le 6 juillet 1636, mourut comme son frère à Paris, dans le logment de leur oncle aux galeries du Louvre, qui leur avoit été conservé, le 1 octobre 1697. Elle peignoit et dessinoit encore mieux. J'ai de ses desseins composés dans le style de Poussin et qui en sont dignes ; mais ce qui lui a assuré une gloire immortelle, ce sont les planches qu'elle a gravées d'après les tableaux de ce grand peintre, sur les desseins de son oncle.

Françoise. Sa sœur Françoise peignoit et gravoit à son exemple, mais dans un moindre degré d'habileté ; sa naissance est de l'année 1638, le 12 Xbre, et sa mort du 18 avril 1691.

Antoinette, la plus jeune, née le 24 aoust 1641, dessinoit et gravoit à l'eau forte de très bon goût, et elle donnoit les plus grandes espérances ; elle eut le malheur de faire une chûte, et elle mourut le 20 8bre 1676, à la fleur de l'âge. Toute cette famille avoit toujours vécu dans une union parfaite.

STELLA (JEAN). Minerve, déesse des arts, s'efforçant de rendre célèbre un homme vertueux qui ne reçoit aucun secours de la déesse des richesses, et qui est au contraire en proye à la pauvreté. Pièce emblématique dans une forme ovale, gravée par Jean Wiercx d'après Jean Martin Stella. — Ce peintre, qui n'estoit pas mal habil, est un des ancestres, — l'ayeul — de M. Jacques Stella. Voyez la vie de ce dernier dans Felibien. Il y a au bas de l'estampe, dans un cartouche séparé : Joanni Martini Stella inventor. — Auprès du pied de la deesse est la marqué du graveur : I. H. W.

— *Jean Stella*, fils de Martin, ayeul de Jacques Stella et qui exerçoit la peinture aux Pays Bas, où il est mort, agé de 76 ans, en 1601, dans la ville d'Anvers, est ainsi nommé en pied d'une assez grande estampe qui a été gravée sur son dessein par Jean Wierx. La composition n'en est pas mauvaise et vise à celle d'Othon Venius. Le sujet est une allégorie sur les efforts que la déesse des arts fait faire à un homme vertueux pour le tirer d'entre les bras de la Pauvreté et lui procurer une réputation qu'il ne doit point attendre de la Richesse ; celle-ci paroit endormie et ne prendre aucun intérêt à ce qui se passe. Voyez sur l'age de ce peintre ce que Felibien en a écrit dans la vie de J. Stella, et ci devant, p. 255.

STELLA (VINCENZIO). Il est fait mention dans le catalogue de ceux qui composoient l'Academie de Rome en 1579, d'un Vincenzio Stella, et, dans le cours du livre intitulé : *Origine e progresso dell' Accademia del disegno di Roma*, p. 55 et 56, on apprend que ce peintre étoit flamand, et je ne doute nullement qu'il ne fût proche parent de Jacques Stella qui, comme on sçait, tiroit son origine d'un peintre des Pays Bas. J'ai un pressentiment qu'il étoit frère de Jean Stella ayeul de Jacques et dont la mort arriva à Anvers en 1601. Vincent seroit venu s'établir à Rome, et ce fut apparemment ce qui y attira François, fils de Jean Stella, qui fit dans ce tems là le voyage de Rome, d'où il revint sur la fin du xvi° siècle pour prendre un établissement à Lyon, où il devint père de Jacques Stella. Voyez p. 255-6.—Le Baglione, qui cite un de ses tableaux dans la vie du Passignani, se contente de le nommer *Vincenzo Fiammingo*.

STELLA (FRANÇOIS). Francesco Stellaert. Le nom est mal écrit. Lisez Stella, et corrigez le Baldinucci, qui, en faisant cette faute, a copié celle qui étoit échappée avant lui à Van-Mander. Il est question du père de Jacques Stella, qui étoit Flamand de naissance et qui avoit fixé sa demeure à Lyon, où il s'est marié à son retour d'Italie.

STELLA (JACQUES) de Lyon. Le père Orlandi s'est mépris en le nommant François. Voyez son article sous ce nom. (*C'est une partie des notes qui vont suivre.*)

—Francesco Stella Fiammingo ; il y a icy double erreur. Stella s'appeloit Jacques ; il estoit François, natif de Lyon.—Il n'est point mort en 1647 ; c'est une faute qui a échappé à M. de Piles ; Jacques Stella mourut le 29 avril 1657, agé de 61 ans ; son billet d'enterrement, que j'ay veu, en est la preuve.

— L'inscription qui se lit en bas de son portrait gravé par sa niepce y est conforme ; il est marqué qu'il est mort en 1657, agé de 62 ans ; donc il seroit né en 1595, mais je crois plutost que ce fut en 1596.

—Le père de Jacques Stella étoit pareillement peintre et se nommoit François. On voit de ses ouvrages dans plusieurs églises de Lyon, où il estoit establi.

— Jacques Stella avoit un frère plus jeune que lui de six ou sept ans, nommé François, qui est mort à Paris en

1647. Il alla trouver son frère à Rome en 1628 et revint en France avec lui, où il fit peu d'ouvrages, de quoi on peut se consoler, car ce n'étoit qu'un peintre médiocre. — M. Felibien, qui étoit fort instruit sur la famille des Stella, en a parlé exactement, et il faudra le consulter pour rectifier les bévues du P. Orlandi, qui confond François Stella, Flamand de naissance, avec Jacques et François Stella, ses enfans. Voyez p. 257.

— Sono stati due pittori di nome Giacomo Stella, l'uno Francese, l'altro Bresciano; quest' ultimo mori in Brescia circa l'anno 1630, carico d'anni, l'altro in Parigi l'anno 1657.

— Portrait de Jacques Stella, gravés par Cl. B. Stella, sa nièce.— Jacobus Stella eques et pictor regi [9] vixit annis LXII obiit anno MDCLVII. — Les premières épreuves portent bien le nom de J. Stella, mais les dates de son âge et de sa mort ne s'y trouvent point; elles ont été mises depuis.

— OEuvres de Jacques Stella de Lyon, peintre ordinaire du roy de France, et chevalier de St Michel, d'Antoine Bouzonnet Stella, son neveu et son eleve, peintre de l'Académie royale de peinture, de Claudine, Françoise et Antoinette Bouzonnet-Stella, ses niepces, qui se sont rendues illustres par les morceaux qu'elles ont gravées tant au burin qu'à l'eau forte.

— La Se Vierge à demy corps, tenant entre ses bras l'enfant Jesus. Gravé à l'eau forte par M. de Chantelou, fameux curieux pour qui M. Poussin avoit peint les sept sacrements. 5 po. 1/2 hauteur, 4 pouces travers. Rare.

— La Se Vierge à demy corps adorant l'enfant Jésus endormy, gravé au burin par Abraham Bosse. Dans les premières épreuves la planche est quarrée, dans les secondes elle est de forme ovale. — C'est je crois la seule pièce que l'on voye de Bosse au burin.

— La Se Vierge assise sur une colonne renversée, ayant

sur ses genoux l'enfant Jésus, qui pose sa main sur la teste du jeune St Jean qui approche de luy avec respect. Cette pièce, beaucoup mieux dessinée qu'elle n'est gravée, a été exécutée au burin par un anonyme d'après Jacques Stella ; elle est singulière. — Sans nom d'artistes. Je ne connois point cette manière de graveur. Quelqu'un qui revient d'Italie et qui m'a rapporté une épreuve de cette estampe m'a dit qu'elle passoit dans le pays pour estre un ouvrage du prêtre genevois dit le Capucin (1).

— J'ai vu une pièce que M. Bourlat a apporté de Gennes, et il m'a assuré qu'à Gennes, on étoit dans la persuation qu'elle étoit dessinée et gravée par le prestre génois. C'est une Vierge assise qui tient sur ses genoux l'enfant Jésus et qui est accompagnée du jeune St Jean ; elle est gravée au burin par quelqu'un qui n'en a pas de pratique. — On en a imposé à M. Bourlat ; cette pièce, dont j'ai une preuve, a été gravée en Italie sur un dessein de Jac. Stella. Cela est d'autant moins douteux que Mlles Stella l'avoient rangée parmi les ouvrages de leur oncle, dans le recueil qu'elles avoient formé, et que j'ai eu entre les mains, de tout ce qu'elles avoient gravé ou qui l'avoit été d'après les desseins de leur oncle, et je laisse à penser si elles étoient en cette partie capables de se tromper.

— *Jacobus * inv.* signifie *Jacobus Stella inventor* et se trouve sur une estampe gravée à Rome, et dont le sujet est un Christ mort descendu de la croix et environné des saintes femmes et des disciples. Ce monogramme se trouve aussi sur une des planches de la suite des sujets de devotion que Mau-

---

1. Sur Bernardo Strozzi, on peut voir le Ratti, éd. de 1768, I, 184-196. Vouet a fait de lui à Venise un portrait qui a été gravé par Michel Lasne.

pain a gravé à Rome sur les desseins de Stella, et il est suivi
de la date 1625.

— La S⁰ Vierge, les saintes femmes et les disciples environnans le corps mort de Jesus Christ qui est étendu au pied
de la croix d'où ils l'ont détaché. Inventé et gravé par Jacques
Stella pendant son séjour à Rome. — *Jacobus* * *inv. Roma*
1637. Il en est aussy certainement le graveur. — *Romæ*
super. licentiâ 1637, ce qui se rapporte à l'année que la
planche a été mise au jour par le Rossi, et il n'est pas sûr
qu'elle ait été gravée par J. Stella.

— Une suite de dix sujets de la passion de Jésus-Christ,
gravés au burin par Claudine Stella d'après les tableaux de
son oncle; ce sont les derniers ouvrages de cette illustre
fille; les planches en sont demeurées entre les mains de ses
héritiers, qui ne les ont pas encore mis au jour, de sorte que
le peu d'épreuves qui en sont répandues sont extrêmement
rares à trouver. — Il doit y en avoir douze. Voyez mon autre
catalogue.

— Les douze sujets de la passion de N. S. sont gravés par
Cl. B. Stella d'après Jacques Stella, son oncle. Ces douze
pièces sont des plus belles choses de M. Stella, et sa nièce
luy a fait honneur en les gravant. Ces douze pièces, avec
d'autres qui n'ont pas été encore gravées, devoient composer
une suite de la passion, mais la mort de M⁰ˡˡᵉ Stella l'a inter-
rompue; dans les douze sujets qui sont gravés il y en a
même quelques uns qui ne sont pas encore tout à fait rache-
vés. Les tableaux de ceux qui restent à faire sont tous prêts
et sont entre les mains des héritiers de M⁰ˡˡᵉ Stella à Lyon,
aussy bien que ces douze planches. — Ces douze pièces de
la passion sont gravées au burin; à la plupart il y en a une
partie gravée à l'eau forte; c'est un nommé de Masso qui a
les planches; il s'en est deffait en 1725 en faveur d'un marchand de Lyon qui les a présentement. — Ces pièces sont

d'ailleurs fort rares, car les planches n'ont peut-être jamais tiré deux épreuves, et je ne les ay jamais vues que cette fois dans cette œuvre cy, qui étoit celle que Melle Stella avoit fait pour elle (1).

— La vie de S. Philippe de Nery en 45 planches, en comptant le portrait du saint qui se trouve à la teste de cette suite, est assez difficile à trouver. On en attribue les desseins à Jacques Stella parce qu'il y en a en effet quelques unes parmy qui sont de son dessein, mais la plus grande partie est non seulement gravée par Luc Ciamberlan au burin, mais est aussy du dessein et de l'invention de ce graveur, qui, ayant peu de génie et voulant se mêler de composer des sujets, avoit le plus souvent recours à des estampes de bons maîtres d'où il prenoit des figures entières qu'il accommodoit à son sujet, sans trop se mettre en peine de cacher ses larcins. C'est ce qu'on remarque particulièrement dans cette suite de desseins de son invention, où il y a des figures entières prises d'ailleurs. Cependant ce plagiaire n'a pas laissé de mettre au bas d'une des planches de cette suite, c'est la 20e, *Lucas Ciamb^s Urbinas I. V. doctor invenit et sculpsit Romæ*, et à toutes les autres sa marque ordinaire L. C. Il n'y en a que quatre qui ne sont pas de luy. Ce sont le portrait

_____

(1) Ces planches, qui existent maintenant à Paris après avoir passé par les mains de madame veuve Jean et de Jombert, portent depuis celui-ci le nom de Poussin. L'un de nous a récemment discuté la question de cette fausseté d'attribution (*Revue universelle des arts*, Bruxelles, numéro de mai 1859). A toutes les raisons qui y sont exposées, il en faut joindre une dernière à ajouter au témoignage de Mariette et qui remplace toutes les autres, c'est l'existence chez M. Prosper de Beaudicourt d'un exemplaire ancien avec le nom de J. Stella. Sa connaissance aurait dispensé de toute discussion, mais celle-ci n'est peut-être pas encore sans utilité en ce qu'elle prouve que la critique peut par ses seules forces affirmer, même sans preuves positives, dans le sens de la vérité.

du saint en buste dans un ovale, la planche 17ᵉ représentant S. Philippe de Nery sauvant du naufrage un jeune homme qui se noyoit dans la mer, la 27ᵉ S. Philippe de Nery buvant à Banchi à la bouteille que portoit S. Félix de Cantalice qu'il y rencontre, et cela dans la vue de se faire mepriser, et la 44ᵉ S. Philippe invoqué par Paul de Bernardi de Udezzo, qui reçoit dans la gorge un coup de stilet dont il est miraculeusement guéry. Ces quatre pièces sont du dessein de Jacques Stella pendant son séjour à Rome, et gravés au burin par Christian Sas.

— Un cavalier espagnol à cheval rencontrant Sᵉ Thérèse et son frère, tous deux enfans, qui, ayant pris la résolution d'aller chez les infidèles y prêcher la foy, se sont mis en chemin et le prient de luy indiquer la voye qu'ils doivent suivre. Cette petite pièce a été gravée à l'eau forte par M. Stella pendant son séjour à Florence, quoyque son nom ny sa marque ne s'y trouvent pas. — Il vint à Florence sous la fin du règne de Cosme second, qui mourut le 28 février 1621.

— Les jeux et les plaisirs de l'enfance en 52 pièces. Celles de Poilly et de Couvay ont pu estre gravées pour M. Stella dans le temps qu'il leur fit graver conjointement l'histoire de N. D. de Liesse, et Mᵉˡˡᵉ Stella aura achevé elle seule toutes les autres depuis.

— Représentation de la feste qui se fait tous les ans à Florence le jour de la S. Jean Baptiste, dans laquelle les vassaux et les députés des villes de l'État du grand duc viennent luy faire hommage et s'acquitter du tribut dont ils lui sont redevables. Dessinée et gravée à l'eau forte par Jacques Stella en 1621. — Dédié par Stella luy mesme au grand duc Ferdinand second. Il s'y est représenté dessinant cette feste de dessus le toit d'un auvent sur lequel il est assis.

— Deux femmes debout près d'un autel, dont l'une tient

une tiare papale et un sceptre, et l'autre un anneau et les clefs de l'Église. Titre de livre gravé à Rome en 1639 au burin par K. Audran. Assez rare. — Voicy le titre : Conclusiones ex universa sacramentorum materia, etc. Romæ, apud Grignanum. — Les premières épreuves ont servy pour un livre intitulé : *Ignis maritalis.* Sur l'autel, à ces premières épreuves, sont les armes du cardinal Cesarini.

— Recueil de pièces gravées en bois, par Paul Maupain, sur les desseins de Jacques Stella pendant son séjour à Rome ; les quarante cinq premières sont imprimées sur du papier bleu et rehaussées de blanc au pinceau sur les jours ; les autres sont seulement lavées de bistre pour exprimer les demies teintes dans l'intention d'imiter des desseins. — J'en ai 98 toutes sur papier bleu rehaussées de blanc, non compris Dieu le père lavé de bistre, et 5 sur papier bleu dont les desseins sont de Tempeste.

— Je ne sçais si les douze sybilles, dont Jacques Stella a fourni les desseins étant à Rome en 1625 et dont on a des gravures en bois par Paul Maupain, qui se trouvent ordinairement imprimées sur papier bleu et rehaussées de blanc au pinceau, je ne sçais, dis-je, si toutes les douze ont paru en plus petite forme, gravées en bois et imprimées en clair obscur à deux planches. J'en ai seulement sept que je ne regarde que comme des essais dont on n'a point fait usage, par la difficulté qu'on trouve à les imprimer, et c'est dommage, car ils étoient gravés avec beaucoup plus de goût que celles qui les ont suivis. On lit sur une de ces planches le mot *Roma.* — J'ai aussi un clair obscur de S. Crespin et Crépinien d'après Stella, autre que celui qui fait partie de la suite de Paul Maupain, et qui est encore, suivant toutes les apparences, un premier essai.

STELLA (ANTOINE BOUZONNET), neveu de Jacques Stella,

a peint dans la manière de son onclë, dont il estoit le disciple.
il a beaucoup dessiné d'après Jules Romain; il estoit de
Lyon et mourut le 9 may 1682, âgé de 48 ans; il exerçoit
dans l'Académie royale de peinture la charge d'adjoint à
professeur. — Étant à Mantoue, il y dessina avec grand soin
ce que Jules Romain y a peint dans le palais du T. Je vis ces
desseins lors de mon passage à Lyon au retour d'Italie; ils
me firent plaisir; j'ignore ce qu'ils sont devenus. (Voyez
ci-après p. 270.)

— Jesus Christ attaché sur la croix, au pied de laquelle est
la S° Vierge, St Jean et S° Madeleine. L'on attribue l'invention de cette pièce, qui est gravée à l'eau forte, à Antoine
Bouzonnet Stella; mais il ne paroist pas que ce soit avec
beaucoup de fondement. — Je le crois plus tost d'un nommé
Boitard, disciple de Lafage.

STELLA (CLAUDINE). Cette sçavante fille avoit encore deux
sœurs, qui se distinguoient comme elle dans la graveure;
l'une s'appeloit Antoinette et l'autre Françoise; leur nom de
famille estoit Bouzonnet. Antoinette étoit moins âgée et ce
qu'elle a gravé d'après Jules Romain lui fait honneur; elle
mourut jeune à Paris, en 1676. Claudine, l'aînée de toutes,
et non seulement la plus habile, mais qu'on met au rang
des plus excellens graveurs, est morte à Paris le 1er 8bre 1697.
Elle pouvoit avoir 61 ans. (Voyez p. 258.)

— Moyse exposé sur le Nil, en deux feuilles gravées en
1672 à l'eau forte d'après Nic. Poussin. — Ex musœo Ant.
Stella Parisiis. Voyez œuvre de Poussin. — Se peut-il rien
de plus beau que le paysage qui sert de fond au sujet?

— La S° Vierge travaillant de l'éguille près de l'enfant Jésus adoré par un ange et endormi dans son berceau; en demi
corps. Gravé au burin d'après Jac. Stella. — Son nom n'y est
pas, ny celui de son onclë; c'est pourtant de son bon temps.

— Vingt trois petites pièces de sainteté; toutes inventées
et gravées au burin en 1660 par Cl. B. Stella. Elles sont gravées en partie au burin et en partie à l'eau forte, — j'y vois
peu d'eau forte s'il y en a, — et elles ont été faites pour le
missel romain de Voisin; elles sont très-difficiles à trouver belles épreuves et surtout avant d'avoir été imprimées dans le livre. — Le missel romain traduit en françois
avec l'explication de toutes les messes. A Paris, 1660. — A
toutes : Claudia B. Stella in. sculp. Sans cela on les prendroit
pour être de l'invention du Poussin.

— Une croix plantée au milieu d'un désert. Gravé par
L. Cossin d'après Cl. Stella; trophée de haires, de cilices,
de disciplines et autres instrumens de pénitence, inventé et
gravé par Cl. Stella. Ces deux titres, aussi bien que les cinq
figures de S. Arsene en prière dans la solitude d'après Ph.
Champagne; de S. Antoine tourmenté par le démon, d'après
Annibal Carrache; de S. François d'Assise en contemplation,
d'après le Guide; de S. Colomban méprisant les honneurs
et les richesses que le démon luy fait voir, inventé et gravé
par Cl. B. Stella; de Se Zozime donnant la sainte eucharistie
à Se Marie Egyptienne d'après Lubin Baugin, ont été faits
pour être mis dans la Vie des saints de M. Arnauld d'Andilly.
Il devoit y en avoir une suite considérable. C'étoit M. de
Brienne qui en faisoit la dépense, mais cette suite a été in-
terrompue et ces planches n'ont point servy; elles sont gravées en partie au burin et en partie à l'eau forte. Des belles
choses de Melle Stella. — Les figures au burin; les fonds à
l'eau forte.

— Veue de la ville d'Orviete en Italie. Gravée par Cochin,
au dessus de laquelle le portrait du cardinal Charles Gualtieri, archevêque de Fermo, est porté en l'air par des enfans,
et gravé en 1662 par Cl. B. Stella. — Elle doit être plus
longue; car l'épreuve qui est dans cette œuvre est, je crois,

imparfaite, et il y manque deux morceaux aux deux côtés où se trouvent les armes du cardinal Gualtieri et celles de la ville d'Orviete qui sont cy après. — Il doit aussi s'y trouver deux autres enfans en l'air dont l'un porte les marques d'honneur des dignités ecclesiastiques; l'autre sonne de la trompette, sur la banderole de laquelle est gravée la dédicace de cette estampe faite par Ange Sanvitiani d'Orviete au cardinal Gualtieri. Elle est datée de Paris en avril 1661. — Ce qui est de Melle Stella est au burin.

— Un paysage où des bergers gardent un troupeau de moutons, d'après H. de La Hyre. A l'eau forte, N. Robert exc. — Ce nom de peintre se trouvoit écrit au bas; cependant l'invention en est attribuée à Vander Cabel. — J'ay ouy dire à M. de La Hyre le medecin que ce paysage estoit d'après son père, sçavant mathématicien.

STELLA (ANTOINETTE BOUZONNET) étoit rangée la première dans cette œuvre que nous avons eue et qui venoit de M^elles Stella mesmes; Françoise étoit rangée la seconde.

— La Nativité de la Vierge; la S^e Vierge présentée au temple par ses parens; le mariage de la Vierge; l'annonciation; la Vierge visitant S^e Elisabeth; J. C. nouveau né adoré par les pasteurs, extrait d'une estampe gravée par C. Cort; J. C. porté au temple; J. C. portant sa croix, d'après l'estampe gravée par A. V.; J. C. en croix; le trépas de la S^e Vierge; l'assomption; le couronnement de la Vierge. Toutes ces pièces sont de l'invention de Jacques Stella, à l'exception de la nativité, qui est d'après Polydore, et du portement de croix, qui est d'après Raphaël. — Ces pièces sont au burin, mais tellement égratignées, pour me servir de ce terme, qu'on voit bien que celle qui le menoit n'en avoit guère de p-atique. Les dispositions générales ressemblent à celles du missel de Voisin, et je ne serois pas éloigné de croire que les dessins n'en fussent pareillement de Claudine Stella; j'y vois beaucoup d'apparence.

— La S^e Vierge tenant l'enfant Jésus dans ses bras et accompagnée de S. Joseph. — Petite pièce égratignée au burin; la Vierge est d'après Raphaël, c'est celle qu'a gravée Marc Antoine, où il y a une S^e Anne qui étend les bras; le St Joseph est du dessein de J. Stella.

— Les douze apostres gravés au burin; des premières manières d'Ant. B. Stella. — Il y en a quelques uns parmy d'après Stella et d'autres d'après un petit maître.

— Le jugement de Paris gravé par le même, d'après un bas relief antique. — A peu près dans l'intention du jugement de Paris de Raphaël.

— Le berger Pâris jugeant les trois déesses sur le mont Ida, gravé à l'eau forte par Antoinette Stella, d'après le dessein d'un bas relief antique qui a pu fournir à Raphaël d'Urbin l'idée d'un semblable sujet qu'il a traitté, et dont on voit une excellente estampe gravée par Marc Antoine (Cf. IV, 315 et 330).

— Le berger Faustulus trouvant sur les bords du Tibre Remus et Romulus qui sont alaités par une louve. Gravé à l'eau forte en 1676, par Ant. B. Stella d'après Antoine Stella, son frère — ou peut-être d'après Jules Romain.

— Entrée triomphante de l'empereur Sigismond dans la ville de Mantoue. Gravée à l'eau forte en 25 feuilles par Antoinette B. Stella, d'après la frise qui se voit à Mantoue dans le palais du T, et qui a été exécutée en stuc par François Primatice, sous la conduite et sur les desseins de Jules Romain.

— Elle a été publiée en 1675 et dédiée par A. B. Stella à M. Colbert. — Gravé, je pense, sur des desseins qu'Antoine Stella avoit faits à Mantoue (Cf. p. 267).

STELLA (FRANÇOISE BOUZONNET).—La S^e Vierge accompagnée de S. Joseph, adorans l'enfant Jésus couché dans la crèche. Gravé au burin d'après J. Stella. — Il y a apparence que c'est une des premières planches de Françoise Stella, qu'elle fit pour apprendre à graver; car la Vierge est précisement copiée d'après la figure gravée par Poilly, et generalement tout y est très-foible. — La Vierge est tirée de l'histoire de N. D. de Lorette; c'est la sultane, qui est dans la planche qu'a gravée Poilly, qui prie devant l'image de la Vierge. Sans nom d'artistes.

— La Se Vierge assise près de S. Joseph assis et tenant l'enfant Jesus debout qui écrase un serpent ; c'est un pillage de quelques figures de Raphaël.

— La Se Vierge embrassant le corps de J. C. mort. Gravé en demi corps au burin, d'après J. Stella. — Sans noms d'artistes, mais l'on en trouve des épreuves, où ces noms se trouvent écrits mss. par Melle Stella même.

— Se Geneviève en prières. Sans noms d'artistes; des premières manières. — C'est une pièce très-foible; la figure est extraite d'un sujet du Tintoret gravé par Aug. Carrache ; c'est cette figure qui est à genoux et représente .....

— Divers ornemens d'architecture recueillis et dessinés d'après l'antique, par Jacques Stella, en 67 feuilles (en comptant le titre). Gravés au burin en 1658. — Les planches sont à Lyon.

STETTLER (GUILLAUME) qui a écrit lui même sa vie avec beaucoup de naïveté et dont M. Fuessli a pris un extrait fort étendu auquel il a donné place dans le second vol. de ses *Vies des artistes suisses*, p. 142, nacquit à Berne et fut l'élève de Conr. Meyer. Il se fit peintre malgré ses parens qui le destinoient à l'état ecclesiastique, et il alla à Paris, où il s'attacha à Werner, peintre en miniature et son compatriote. Il portoit la timidité à l'excès, ce qui mit un grand obstacle à son avancement. Désespéré d'atteindre au but qu'il s'étoit formé,

il quitta le pinceau, quelque disposition qu'il eût à en faire
un bon usage, et se consacra tout entier, à l'exemple de
Morell l'antiquaire, à dessiner avec beaucoup de précision
des médailles et d'autres monumens antiques, ce qui le fit
appeller à Padoue par le médecin Patin, pour lequel il fit,
pendant le tems qu'il demeura auprès de lui, nombre de
desseins, et depuis, étant retourné à Berne, il y fut admis en
1680 dans le souverain conseil et y mourut en 1708.

STEVE (JEAN), peintre en miniature, vivoit à Venise, et j'ai
ouï dire à Wleughels, qui l'avoit connu, que la Rosalba
avoit pris de ses leçons.

STIMMER (TOBIE), de Schaffouse en Suisse, n'étoit point
graveur et encore moins géographe. Il étoit peintre, et ce que
Rubens estimoit en lui étoit le génie et la partie de la composition. On fait cas et avec raison, d'une suite d'histoires de
l'Ancien Testament, gravée en bois sur ses desseins. Je dirai
plus, je ferai remarquer que Rubens n'a pas fait difficulté
d'y puiser. Il y avoit dans la collection de Crozat un tableau
de Rubens représentant Agar congédiée, dont la composition
s'éloignoit peu de celle de Stimmer. Et par une suite de
l'estime que Rubens portoit à ce peintre suisse, il avoit dessiné son portrait avec un soin extrême, dans l'intention, à ce
que j'imagine, de le faire graver. J'ai ce beau dessin, qui est
precieux, dans ma collection. Il faudra consulter de nouveau
Sandrart et ce que le Fuesslin, auteur des Vies des peintres
suisses, a encore écrit.
— Il y a une suite des âges de l'homme et de la femme,
gravés en bois sur les desseins de Tobie Stimmer, qui est
très-bien, comme tout ce qui est de cet auteur. Les situations
différentes de l'homme et ses accroissemens, suivant ses âges,
sont représentés sur cinq planches et celles qui regardent la

femme sur cinq autres planches, deux figures sur chaque
planche, c'est-à-dire un homme de dix ans, l'autre de vingt
sur une planche, un de 30 et un de 40 sur une autre planche,
et ainsi jusqu'à cent ans. Ces planches sont en hauteur et
assez grandes. Elles ont été mises au jour par Bernard Jobin,
à Strasbourg, et gravées par MB. (*en monog.*); on y trouve
la marque de ce graveur à quelques unes des planches.

STOM (MATTEO). *Stomme* en hollandois repond au mot
françois *Muet*. Je ne garantirois pas la vérité de cet article
(du P. Orlandi).

STONE (NICOLAS). La façade de l'église de Sᵉ Marie à Oxford,
elevée par lui est de bien mauvais goût, et, si l'on peut juger
des ouvrages de Stone par celui-ci, c'étoit un bien mauvais
architecte. Voyez cette façade gravée par D. Loggan dans
Oxonia illustrata. (Notes sur Walpole.)
— *Walpole indiquant comme faite sous sa direction, et sur
les dessins d'Inigo Jones, la porte du jardin des plantes à
Oxford, Mariette ajoute* : Il est appellé en anglois *Phisick
garden* ou le jardin de médecine. La porte dont il est parlé
ici se trouve gravée dans une des planches de Dav. Loggan
pour l'ouvrage intitulé *Oxonia illustrata.* Suivant cette gravure, la porte a été construite en 1631. *(Notes sur Walpole.)*
—M. Walpole fait ici, dans une note, une longue énumé-
ration de differens tombeaux moins importans qui ont été
faits par Stone et dont il est fait mention dans ses registres.
Il nomme les personnes que ces tombeaux regardent et les
prix qu'on en a payé. Mais comme tout cela n'intéresse guère
que la nation, ainsi que M. Walpole en convient, je n'ai pas
cru devoir en charger ma traduction. *(Notes sur Walpole.)*
— Le tombeau du docteur Donne a été gravé par Hollar et
l'estampe se trouve dans l'histoire de l'église de Sᵗ Paul, par

T. V.   r

Dugdale, à la page 63. Donne s'appelloit Jean et étoit doyen de S. Paul. Son tombeau a péri dans l'incendie de Londres. La composition en est singulière. Il étoit représenté le corps entierement enveloppé d'un linceul. *(Notes sur Walpole.)*

STONE (HENRI). Il y a certainement faute dans toutes ces dates. Car comment la mort de Henri Stone pourrait-elle être arrivée en cette année 1653, si en 1656 et même en 1659 cet artiste vivoit à Londres et y travailloit en sculpture, ainsi que son frère Jean nous le dit dans son journal, et qu'on l'a pu voir un peu plus haut. J'ajouterai qu'il n'est pas possible qu'étant de retour en Angleterre lors de la mort de son père, arrivée en 1647, Stone eût employé 37 années de sa vie à voyager. Il auroit, sur ce pied là, commencé ses voyages en 1610; il ne pouvoit alors avoir guère moins de 20 ans, il faut cet âge à un artiste pour profiter de son voyage, et par conséquent sa naissance seroit de l'année 1590 où environ, ce qui seroit une absurdité, puisque le père est né en 1586. *(Notes sur Walpole.)*

STONE (JEAN). M. Walpole auroit pu citer encore le tombeau du chevalier Edouard Peyfo mort en 1643, qui est à Chesterton, dans le comté de Warwick, où l'on voit le buste de ce gentilhomme et celui d'Elizabeth Newton son épouse, l'un et l'autre sculptés par Jean Stone. Il y en a l'estampe dans les Antiquités de la province de Warwick par Dugdale, p. 382. *(Notes sur Walpole.)*

STOOP. Cet article fourmille de fautes, et, si je ne puis les rétablir toutes, il y en aura au moins plusieurs sur lesquelles je pourrois jetter quelque lumière. Et premièrement je dois faire observer qu'il n'y eut jamais de peintre du nom de Stoop, dont le nom de baptême ait été Pierre. M. Walpole en fait un Flamand ; je croirois plus volontiers qu'il étoit Anglois ; son nom le dit, et je suis persuadé que l'éloge qu'il en fait tombe sur l'habile artiste qui en 1651 grava cette suite de douze planches où sont représentés des chevaux dans differentes situations, et toujours avec un esprit qui rend ces planches supérieures à tout ce qu'on connoit de mieux dans ce genre. L'auteur s'y est nommé, et son nom de famille est précédé de la lettre D, qui est, il n'en faut point douter, son nom de baptême. Il y apparence que celui qui a fourni à Verrue les mémoires pour dresser cet article aura mal lu et qu'il aura pris la lettre D pour un P, dont il aura formé le mot Pierre. Je ne vois que ce moyen pour sortir de l'embarras où jette cette équivoque. Je veux croire que l'arrivée de Thomas Wick ait causé de la jalousie à notre artiste et que cela l'ait déterminé à passer en Hollande, où il aura apporté des planches. C'est de là que nous viennent les épreuves que nous en avons et dont nous faisons un grand cas. Voilà pour ce qui regarde D. Stoop, mal nommé Pierre. Quant aux deux autres artistes du même nom, l'un nommé Théodore et l'autre Rodrigues, je n'oserois affirmer qu'ils fussent de la même famille ; ils étoient établis en Portugal et, avant que d'en sortir, Rodrigue grava une suite de veues de Lisbonne, en huit planches, qu'il publia en 1660 et qu'il dédia à l'infante Catherine désignée reine d'Angleterre. Comme lui et Théodore étoient à son service, ils la suivirent en Angleterre, et, lorsqu'elle fut montée sur le trône, Théodoré prit la qualité de son peintre. Pour lors lui et Rodrigues dessinèrent et gravèrent les principaux evenemens du voyage de l'infante. Je n'ai jamais eu occasion de voir la suite complete, qu'on dit être composée de huit. J'en connois seulement six, et je désespère de les avoir toutes réunies entre mes mains tant elles sont rares : 1° Départ de l'infante et son embarquement sur la flotte angloise ; 2° le duc d'Yorck, amiral d'Angleterre, se joint à la flotte qui transporte l'infante en Angleterre; 3° son arrivée à Portsmouth; 4° l'entretien du roi et de l'infante à Whitehall; 5°. sa prise de possession d'Hamptoncourt; 6° son entrée dans Londres, et les fêtes que lui donnèrent sur la Tamise le lord maire et le corps de ville. *(Notes sur Walpole.)*

STORER (CRISTOFANO). Son nom est Jean Christophe, et son goût de dessiner est lourd et très maniéré. Les Procaccini avoient affecté des formes peut-être trop gigantesques, et cela leur avoit reussi. Les peintres milanois qui vinrent après eux voulurent les imiter, et firent des ouvrages dont la veue est insupportable. Je ne veux pour en convaincre, que les morceaux qu'a gravé lui-même ou fait graver Storer d'après des desseins de son invention pour la description de l'entrée de la reyne d'Espagne Marie Anne d'Autriche épouse de Philippe IV, faits à Milan en **1645.**

STORTO (IPPOLITO), disciple d'Antonio Campo et dont il fait mention dans son histoire de Crémone, p. 54.

STRADAN (JEAN) est né en 1523 et non en 1536. Cette date est conforme à ce que rapporte le Borghini de l'age de Stradan, et elle se vérifie par l'inscription qui est à Florence sur le tombeau de ce peintre. Il est vrai que le Baldinucci le fait naître en 1536. Mais c'est une erreur d'autant plus aisée à rectifier dans cet auteur, qu'il fait mourir Stradan en **1605,** agé de 82 ans, qu'il apporte son épitaphe, et qu'en faisant une supputation exacte, il en resulte que Stradan a dû naître en 1523. Le nouvel auteur des *Vies des peintres flamands,* le Sr Descamps, est tombé dans cette erreur de chronologie, faute d'attention. Il en a bien commis d'autres.

— Jean Stradan eut part aux travaux de peintures qui se

firent pour l'entrée de la grande D^sse Christine de Lorraine à Florence en 1588. Il fit un tableau, et l'auteur de la description de cette feste fait entendre que Jean Stradan était en grande estime à Florence. Il l'appelle *huomo di molto sapere*.

STRANGE (ROBERT) est né dans la province de Kashniff, au nord de l'Ecosse ; il fut envoyé jeune à Édimbourg, et il y prit, sous un graveur, les premiers principes de la gravure. Le Pretendant passa alors en Ecosse, et Strange, dont la famille étoit dans les interets des Stuarts, se fit soldat dans son armée. Un fois defaite, le prince fut obligé de prendre la fuite et de se cacher. Ses partisans les plus sages et les plus heureux en firent autant. Strange eut le bonheur de se sauver ; il se refugia à Paris et, reprenant sa première profession, il se mit sous la discipline de Le Bas et se perfectionna en peu de temps et devint un des graveurs le plus capable de faire honneur à son pays. Je ne sçais comment ses affaires s'ajustèrent, mais il trouva le moyen de revoir l'Angleterre sans crainte d'être inquiété ; il y fut fêté, sans que dans le fond de son cœur il changeât rien à ses premiers sentiments.

STROIFI (DON ERMAN) etoit prêtre et né à Padoue. Voyez le livre *della Pittura Veneziana*, p. 378. Il a donné tellement dans le noir que ses tableaux ne peuvent plus se voir.

STRUDEL (GEORGES), peintre de Harlem, sous lequel a étudié Theodore Helmbrecker.

SUBLEYRAS (PIETRO), né à Uzès en 1699 et mort à Rome en 1749, après une longue maladie causée par un épuisement sans remèdes(1). C'étoit un esprit vif, qui produisoit aisément.

---

(1) On peut voir dans les Archives une lettre écrite à M. de Quinson par Subleyras. Tome V, page 93.

Riche dans ses compositions, il serait seulement à souhaiter qu'elles fussent plus épurées et qu'il y eût un peu moins de clinquant. C'est en général le défaut des peintres de nos jours. Ils sacrifient tout au brillant et n'étudient pas assez. Subleyras est disciple d'Antoine Rivals. Il vint à Paris en 1724, étant déjà un peintre fait, mais il ne séjourna pas longtemps. Il passa en Italie en 1728 et s'établit à Rome, où il épousa en 1739 Maria Felice Tibaldi, fille du fameux musicien de ce nom, et célèbre elle-même par son pinceau; ses miniatures lui font honneur. Son mari se fit une grande réputation, et pendant le cours d'une dixaine d'années il remplit Rome et l'Italie de ses ouvrages. Peu s'en fallut qu'il ne passa en Espagne où il étoit demandé. Son peu de santé et des intrigues secrètes firent échouer ce projet. Au retour d'un voyage qu'il fit à Naples, dans l'espérance que le changement d'air pourroit apporter quelque soulagement aux maux qui le tourmentoient, on lui donna, en 1748, à peindre un grand tableau pour l'église de St Pierre, à l'effet de remplacer celui de Cesare Nebbia que le temps avoit détruit et qui avoit pour sujet un trait de la vie de St Basile. Ce tableau eut le plus brillant succès, et, ce qui n'étoit pas encore arrivé, il fut mis sur-le-champ en mosaïque. Si tout y étoit de la force du grouppe de figures qui assistent St Basile à l'autel, ce serait un morceau accompli; mais la figure de l'empereur Théodose, qui est sur le devant, ne répond pas à ce beau grouppe. Subleyras avoit à peine achevé cet ouvrage qu'il mourut de langueur en 1749, âgé de 49 ans, universellement regretté. Il étoit beau-frère de Trémolières. Sa vie fut courte, mais elle ne pouvoit être terminée plus honorablement. Dans l'état de langueur où l'avoit réduit la maladie qui le conduisit au tombeau, il eut la satisfaction de voir son tableau placé dans l'église de St Pierre, où il n'entre rien qui ne soit excellent.

SURCHI (GIO. FRACESCHO), surnommé Dielai. On conjecture, à sa façon de colorier et de former ses contours, qu'il est un disciple du Dosso. Il mourut en 1590 et fut enterré dans l'église du St Esprit, où se lit encore son épitaphe. L'auteur de la description des peintures de Ferrare, qui fait mention de ce peintre, p. 14 de son livre, ne parle point des divers talents que lui adjuge ici le père Orlandi, d'après le Superbi ; il fait bien observer qu'il ne règne point dans ses tableaux la même harmonie que dans ceux du Dosso.

SUSTRIS (FREDERIC). Frederico per nazione Fiamingo, detto del Padoano, se bene ha in questa città (di Firenza) moglie, e l'habita come patria, *Essequie di Michel Angelo, in Firenze*, 1564, 4°, p. 23. Son nom de famille est *Sustris*. Mr Crozat a un petit dessin de ce maistre, très joly, qui represente les trois Grâces ; le tour des figures en est agreable et les proportions en sont legères. Une inscription fort ancienne en italien qui s'y trouve aprend que le dessin est de Frederic Sustris, et qu'il l'a fait en 1565 pour l'appareil des nopces de François Marie, grand duc de Toscane, avec Jeanne d'Autriche. C'est ce même peintre d'après lequel J. Sadeler a gravé quelques pièces. Je préjuge que de Florence il estoit venu s'établir à Munich, où le duc de Bavière, grand amateur de peinture, avoit attiré à son service plusieurs peintres d'entre ceux qui avoient pour lors le plus de reputation. Vasari dit qu'il avoit épousé la fille du Carlaro de Padoue ; voila apparemment ce qui luy fit donner à Florence le nom du Padouan. Il estoit fils de Lambert Sustris, ainsi qu'il paroist par un dessin de Lambert qui se trouve chez le Roy et qui a appartenu au Vasari, par lequel ce dernier, qui connoissoit particulierement Frederic, puisqu'ils estoient contemporains et demeuroient dans la mesme ville, a marqué que Lambert étoit le pere de Frederic. Ce Lambert avoit une sorte de merite, mais il s'en faut beaucoup qu'il eût la même capacité que son fils, qui étoit un peintre d'un beau génie, et dont les tours de figures sont tout à fait gracieux; il étoit leger dans son dessin, manieré, mais d'une maniere qui plaist parce qu'elle est remplie d'agrémens. Le Roy a deux ou trois beaux desseins de ce maistre qui viennent de Vasari. Un entre autres qui représente une des actions du grand Cosme ; c'est, je pense, ce qui arriva lorsqu'il fut declaré *Père de la patrie* dans le conseil de Florence.

— Il *primo* (Lamberto Lombardo) fù pittore. Il *secondo* (Suavius) fù intagliatore e scolaro di Lamberto Lombardo.

— Sandrart est le premier qui ait confondu *Lambert Lombard* avec Lambert *Suavius*, tous deux Liégeois. Ni le Vasari, qui a ecrit sur les memoires de Lampsonius, ami de Lambert Lombard, ni van Mander, ne sont tombés dans cette faute. Le Guichardin, dans l'énumeration qu'il fait des artistes qui fleurissoient dans les Pays Bas, distingue pareillement les deux artistes. Ce qui fait voir encore l'erreur de Sandrart, c'est ce qu'il dit que Lambert Lombard se faisoit appeler dans sa jeunesse du nom de Suterman, qui répond au mot latin *suavis,* nom sous lequel il s'est désigné sur plusieurs de ses estampes; mais il devoit s'apercevoir que ce nom (L. Suavius) se trouve joint à des dates dont la plus récente est 1554, et dans cette année L. Lombard ne pouvoit plus passer pour une jeunesse, puisqu'il avait 48 ans.

J'ai lu quelque part que la mort de Lambert Lombard arriva en 1560.

TAMAGNI. Vincenzo da san Giminiano. Son nom de famille étoit Tamagni. J'ai un dessein de cet excellent maistre, qui vient de la collection du Vasari, et au dos duquel on trouve écrit, d'une écriture du tems : di Vincentio Tamagni da S. Gemigno.

TARAVAL (HUGUES), de Paris, et éleve de M. Pierre, est arrivé à Rome en 1764 et a presenté de ses ouvrages à l'Academie pour y être agréé en 1765. Il a obtenu ce qu'il désiroit, et, il faut lui rendre justice, il a un tres beau pinceau.

TARDIEU (NIC.) La S° Vierge assise, apprenant à lire à l'enfant Jésus, ce qui excite l'attention de St Joseph, qui, appuyé sur un baton, est assis sur la droite de la Vierge. Gravé d'après Maratti, par Flipart, chez N. Tardieu, dans le tems qu'il apprenoit de ce maître la gravure.

TASSI (AUGUSTIN) est disciple de Paul Bril. Il a fait des desseins de païsages qui ne seroient pas désavoués par son maître, et il n'a pas moins bien réussi dans les sujets de marine. (*Catalogue Crozat.*)

TAURIN (RICHARD). J'aprehende que le P. Orlandi n'ait brouillé icy les memoires qu'on luy a donné, car il est certain que celuy qui a fait les sculptures des stalles du Dome de Milan se nommait Ricciardo Taurino, et non pas Jacques. Voicy les propres paroles de Lomazzo, son contemporain : « Ma di quelli che scolpiscono in relievo e massimê in legno, à me basterà nominarne uno, ma che é il più raro che sia oggi nel mondo, chiamato Ricciardo Taurino da Roano di Normandia. Il che si può vedere, lasciando di nominare molte altre sue cose, nella chiesa maggiore di Padova, ove ha scolpito il testamento novo e vecchio intorno al choro, e nella chiesa maggiore di Milano, ove ha scolpito almeno vinti cinque historie della vita di S. Ambrogio, parimente nelle sedie del choro. » (Lomazzo. *Idea del tempio della pittura*, f. 164.) Le temoignage de Lomazzo est authentique ; il ecrivoit, en 1590, d'un homme qui vivoit et demeuroit dans la mesme ville que luy. Le chanoine Carlo Torre, dans son *Ritratto di*

Milano, p. 402, apprend quelques particularités sur ce sujet, qui avoient été obmises par Lomazzo : « Tutti gli abbelimenti (del choro del Duomo di Milano) furono effetti del paterno affetto di S. Carlo; l'adornò di settanta due e più sedie fatte tutte d'intaglio in legno di noce, ed il loro intagliatore ne fù Ricciardo Taurini, discepolo d'Alberto Durer, rappresentando tutta la vita di S. Ambrogio e d'altri archivescovi di Milano, i cui disegni vennero del mirabile giudicio di Francesco Brambilla statuario sublime. » Je doute que ce sculpteur ait été disciple d'Albert Durer, qui estoit mort dès l'année 1528. Cependant Baldinucci, dans son livre sur la gravure, p. 11, n'a pas balancé de raporter tout ce qu'avoit avancé le chanoine Torre, et d'en faire mention à la fin de la vie d'Albert, comme d'un de ses disciples. Le chanoine Torre fait mention dans un autre endroit de son livre, p. 342, d'un tableau peint par Ricciardo Taurini dans l'eglise de Campo Santo, bastie en 1616, et les estampes d'une feste célébrée à Milan en 1635, à l'honneur du cardinal Monti, et à l'occasion du nouveau bastiment de l'eglise de S. Alexandre, sont des desseins de Ric[us] Taurinus. Je ne scais si cela se doit rapporter au sculpteur dont il est question.

TEMPESTE (ANTOINE). Le génie de Tempeste étoit extrêmement fecond, et de là vient la prodigieuse quantité de desseins qu'il a faits. Comme il avoit le talent de très bien représenter les chevaux et toutes les autres espèces d'animaux, les batailles et les chasses sont les sujets où il a le mieux réussi. Il a gravé pour le moins autant qu'il a dessiné, et tant qu'il y aura des connaisseurs qui seront plus touchés du goût que de la propreté dans les estampes, les siennes auront des admirateurs. (*Catalogue Crozat.*)

— Antoine Tempeste, peintre et graveur florentin, Voyez sa vie *Comminciamento e progresso dell'intagliare* de Baldinucci, 4°, Baglioni, *Vite dei Pittori*, 4° a due volte, e come pittore e come intagliatore.

— L'histoire de Judith en cinq pieces, outre le frontispice, gravées par Valerien Regnart parmy lesquelles il y en a une representant la fuite des Assiriens devant la ville de Bethulie, d'après Ant. Tempeste, aussy bien que le frontispice.— Il y en a aussy une d'après Nicolas de la Fage. Les autres sont anonymes; ces six pièces se trouvent dans un poëme intitulé : *Barth. Tortoletti Juditha vindex et vindicata*, 4°.

— L'histoire de J. C. représentée en une suite de cent soixante pièces gravées au burin en 1607 par Camille Cungius et autres graveurs, sur les desseins d'Ant. Tempeste. — Ces sujets se trouvent dans le livre intitulé : *Considerationi sopra tutta la vita di Giesu Cristo*, del R. P. Bart Rioci, della comp. di Giesu; In Roma, presso Bar. Zanetti, 1607, 8°. Il y en a plusieurs dans cette suite qui ne sont pas, à ce que je crois, d'après Tempeste.

— Dix sept sujets de la vie de J. C. Gravés en bois par Léonard Parasolio, sur les desseins de Tempeste. — P L (*en monog.; voir Brulliot*, 1re part., n° 2811 et 2° part., n° 1643); c'est la marque du graveur dont il est parlé dans Baglioni, p. 394. — Ces figures se trouvent dans l'edition des evangélistes en arabe, folio. Examiner s'il n'y en auroit pas encor d'autres d'après Tempeste qui ne fussent pas icy.

— La Se Vierge, assise dans un trône, au milieu de St Dominique et de Se Catherine de Sienne, à qui elle distribue des rosaires. Gravé au burin par Jean Turpin. — Filippus (fortasse Thomassin) et Jo. Turpious excud. Jo. Turpinus D. Dicat; donc je presume qu'il est le graveur et n'en ay point d'autres preuves.

— Les anges transportans à Lorette la maison de la Se Vierge; autour de ce sujet principal il y en a plusieurs autres qui représentent l'histoire de cette translation et les principaux miracles arrivés par l'intercession de la S° Vierge honorée à Lorette. Gravé au burin en 1606, d'après Tempeste. Romæ, J. Laurus D. Dicat. Je la crois gravée par Camille Cungius ; elle est tout à fait dans sa maniere, ou peut-etre aussy par P. de Jode.

— Les differentes espèces de supplices qu'ont souffert les martyrs chrétiens; représentées en une suite de quarante huit pièces gravées à Rome.—Y compris le titre et les quatre feuilles des instrumens de supplices. Ces figures se trouvent dans *De SS. martyr. cruciatibus* Ant. Gallonii, Romæ, 4°. L'édition de Rome est bien meilleure que celle de Paris pour les figures. — Le P. Galloni dit, dans un endroit du livre, que les desseins sont de Jean Guerra, de Modène, peintre qui travailloit à Rome sous le pontificat de Sixte V, et étoit plus occupé à donner des desseins qu'à les exécuter, et que ces desseins ont été gravés par Tempeste, qu'il nomme un jeune homme de grande espérance.—L'édition de Paris a été donnée par Trichet Du Fresne, qui avoit apporté d'Italie les planches originales de Tempeste.

— La vie et les miracles de S. Bernard, abbé de Clervaux, en cinquante six pièces, gravées à Rome en 1587. — Cette suite est gravée par différents graveurs, parmi lesquels il y en a de fort médiocres. — J'ay remarqué que la 6°, 10°, 12° et 28° feuilles étoient de Chérubin Albert ; sa marque est au bas. Il y en a encor plusieurs feuilles où il n'a pas mis sa marque, mais que je crois de luy. Outre cela, les 14°, 19°, 21° et 22° sont gravées par un graveur que je ne connois pas, dont voicy la marque : C. G. F. F. ; la 16° feuille est d'un autre graveur, *Rafaelo, G. F.* — qui est sans aucun doute Raphaelo Guidi—et enfin les 43° et 54° sont gravées par *Philippus Gallus fec.* Je croyois tout à l'abord que c'étoit Philippe Galle, mais je crois plus tost que c'est Philippe Thomassin, François de nation, qui étoit à Rome dans ce tems là.

— S. Romuald envoyant ses religieux dans le desert ; une jeune fille au milieu de plusieurs religieuses et près d'une femme qui pleure ; des religieux assis à table dans un réfectoire ; des religieux pratiquants les devoirs de l'hospitalité envers d'autres religieux. Ces quatre pièces sont gravées en bois d'après Tempeste par P. M. — C'est Paul Maupain, car il y a un graveur en bois de ce nom. Sans doute ces quatre sont de la suite de celles dont font mention Baglioni et le Baldinucci, quand ils disent que Tempeste fit des desseins de l'histoire des SS. Pères pour la maison de Medicis, — l'imprimerie de Medicis, la stampa Medicea, dit Baldinucci, — qui furent gravées en bois. Il faudra tacher de decouvrir ce livre, où l'on apprendra quels sont ces sujets, et peut estre y en a-t-il encor d'autres. — Ces pièces (et quelques autres) étoient dans l'œuvre de Mr de Montarsis, que le prince Eugène a presentement, et qui ne sont pas dans la nôtre.

— L'histoire des sept infans de Lara, représentée en quarante pieces, de l'invention et de la graveure d'Ant. Tempeste. — De l'invention d'Otho Venius ; voyez Felibien.

— La statue équestre de Henry second, roy de France, jettée en bronze par David Riccio de Volterre, qui est à Rome, dans le palais Rucelli, gravee par Tempeste. — Elle a depuis été transportée à Paris, du moins le cheval, et on l'a placée dans la place Royale ; c'est présentement la statue équestre de Louis XIII (1).

— Henry quatre, roy de France et de Navarre à cheval, dessiné et gravé par Tempeste. — La mesme pièce avec cette différence que la teste du portrait y a eté regravée au burin

---

(1) Un de nous a écrit une monographie de cette statue, Paris, Dumoulin 1850, in-8°.

par P. de Jode en 1595. — Je le crois, quoyqué son nom n'y soit pas.

— Le plan de la ville de Rome en un très-grand nombre de feuilles gravées en bois, sur les desseins de Tempesté, je pense par Paul Maupin.

— Tempeste a gravé aussy les veues des principaux endroits de la terre sainte, dessinés sur les lieux par le P. Amico. Ce sont les mêmes qui ont été gravées depuis par Callot. Celles de Tempeste sont en plus grande forme.

— Une suite de dix paysages inventés et gravés à Rome par Tempeste en 1592. — S. F. R. cioè Stephanoni formis Romæ — ou plus tost Statii formis Romæ.

— Quatre des principaux héros et quatre des héroïnes, représentés d'une manière grotesque et des plus burlesques, en demy corps dans des cartouches, au nombre de douze pièces inventées et gravées par Tempeste. Il y a une de ces pièces qui est singulière en ce qu'elle est imprimée sur du papier noir.

TENIERS (DAVID) le vieux naquit à Anvers en 1582. Il fut premierement disciple de Rubens dans son pays, et il le fut ensuite à Rome d'Adam Elsheimer, sous lequel il profita beaucoup, de sorte qu'il se fit une maniere qui venoit de celle de ces deux maistres, mais il ne s'occupa qu'à peindre de petites figures et des paysages. Il mourut en 1649. Panderen, Corn. Galle et d'autres graveurs d'Anvers ont gravé d'après luy quelques pieces de devotion. Son portrait se trouve dans le livre de Corn. de Bie avec un detail de sa vie, p. 140. Sandrart parle aussy de luy, p. 303.

TENIERS (DAVID) le jeune, né à Anvers en 1610, étoit fils du précédent; il apprit de son père et s'attacha comme luy à peindre en petit; il reussissoit surtout à représenter des

fúmeürs ét des paysages. Il en peignit plusieurs pour le roy
d'Espagne, le prince d'Orange Guillaume et l'archiduc Leopold Guillaume, gouverneur des Pays-Bas. Il estoit peintre
de ce dernier et l'un de ses chambellans, comme il l'avoit
été de don Juan d'Autriche. Ce fut sous la conduite et par
ses soins que les tableaux d'Italie (que l'archiduc Leopold
avoit rassemblés dans la gállérie de Bruxelles et qu'il fit depuis transferer à Vienne) furent gravés et mis au jour à Anvers en 1660. Il séroit à souhaiter qu'il se fût servy pour cet
effet de plus habiles graveurs. Il dessinoit assez bien, et son
pinceau étoit fermé et leger. Il a eu outre cela le talent de
copier les tableaux à tromper et de contrefaire la maniere
des Bassans et de Paul Veronese avec tant d'adresse et d'habileté que ces pastiches sont souvent pris, mesme par les
meilleurs connaisseurs, pour des tableaux originaux. Il a fait
graver plusieurs de ses tableaux, de son vivant, par C. Boel,
Fr. Vander Staën et autres, et il a gravé luy mesme quelques
uns de ses desseins à l'eau forte d'une maniere fort spirituelle.
Il y en a où il se trouve cette marque DT (*monog.*), qu'il a
mise à presque tous ses tableaux. Il mourut en 1690, à
Bruxelles. Sandrart, p. 314. Corn. de Bie, p, 334. De Piles,
Abrégé de la vie des peintres, p. 103, 420. Son portrait se
trouve dans le livre de Corn. de Bie et à la fin de la gállérie
de l'archiduc.

— La manière de dessiner de Teniers est fort spirituelle;
avec très peu d'ouvrage, il rend dans la plus grande vérité
les objets qu'il se proposé d'imiter. Ordinairement il s'est
servi de la mine de plomb pour dessiner, et ce crayon met
beaucoup de vaguesse et de légèreté dans ses desseins; mais
comme il s'efface aisément, ses desseins sont difficiles à trouver bien conservés. (*Catálogue Crozat.*)

— David Teniers, peintre d'Anvers. Ce David Tenier, qui
a si bien peint des fumeurs, est David Teniers le jeune. C'est

celuy qui a eu soin de faire graver le cabinet de l'archiduc Leopold. Il se nomme, sur quelques-unes de ses estampes, peintre de l'archiduc Leopold, et sur deux estampes, gravées d'après luy par J. Vanden Bruggen, à Bruxelles, il est appelé *S. P. Joannis Austriaci pictor a cubiculis.*

— Louis de Bourbon, prince de Condé, représenté en demie figure et armé de pied en cap, dans une bordure formée par deux palmes. Gravé au burin par P. van Lisebetten, d'après le tableau peint par Teniers en 1653 dans le tems que ce prince étoit retiré aux Pays Bas, chez les Espagnols, æt. 31 ann. *Magnus in parvâ tatulâ.* C'est un portrait rare et singulier.

TERZI (FRANÇOIS). Cette suitte des portraits des princes et princesses de la maison d'Autriche a été gravée au burin par Gaspar Oselle, en latin ab avibus, de Citadella dans le Padouan. Le graveur la commença à Inspruck en 1569, mais il ne la finit entierement qu'en 1573. Quelques uns ont prétendu mal à propos que ces portraits estoient du dessein du Titien ; ils sont incontestablement de François Terzi de Bergame, peintre attaché au service de Ferdinand, archiduc d'Autriche, fils de l'Empr Ferdinand 1er. Cette suitte est composée de cinq parties dediées à Maximilien II, Empr, et à divers autres princes de la maison d'Autriche. — L'auteur se qualifie ainsi dans ces estampes : *Franciscus Tertius Bergomas Ferdinandi arch. Austriæ pictor aulicus.* Voicy les motifs qui l'engagerent dans cette entreprise, tels qu'il les explique luy mesme dans sa dedicace : *Vidi cum essem Œniponti admirandas illas æneas majorum tuorum statuas quas divi Maximilianus proavus et Ferdinandus pater optime faciendas curaverunt, eas mihi in exemplar proposui ut quam diligentissimè ad vivum referre possem, reliquas pari studio sum persecutus, ut tam insignia monumenta, nontantùm in unâ urbe, sed etiam nis in toto orbe spectari possent.* — Voyez sur ce peintre : Efemeride sacro-profane di Bergamo. T. 3, p. 417.

Il se trouvoit à Florence lors de l'entrée de la grande duchesse Christine de Lorraine en cette ville en 1588, et il fut chargé de faire un des tableaux pour la decoration du portail de Ste Marie del Fiore. Etant ensuitte passé à Rome, il y mourut à la fin du siècle, au mois de decembre (1).

TESTA (PIETRO). L'on reconnoit dans les desseins de Pietre Teste un génie fécond et poëtique, et à qui l'exécution coûte peu. Quoique maniérée, la plume de cet artiste plaît infiniment par sa légèreté ; plus d'effet rendroit ses desseins extrêmement piquans. Ceux où il se trouve des enfants sont ceux qui font plus d'honneur à leur auteur ; car il dessinoit les enfans très bien dans la manière de François Flamand et du Poussin. (*Catalogue Crozat.*)

— Les planches qu'a gravé Pietro Testa ne sont point passées en France ; elles sont demeurées en Italie.

TESTELIN (LOUIS) mourut à Paris le 19 aoust 1655, âgé de 40 ans. Il estoit de la religion P. R. C'estoit un tres excellent homme, qui a peint dans la maniere de Le Brun. Né en 1614.

— Louis Testelin, de Paris, de l'Académie royale de peinture et sculpture. Le génie de ce peintre n'étoit pas des plus élevés ny remply de beaucoup de feu, mais il étoit réglé, et, lorsqu'il s'agissoit de représenter des sujets simples et tranquilles, il ne le cédoit à aucun autre de son temps. Si son dessein étoit un peu froid, il étoit en récompense sage et

---

(1) M. Marsuzi de Aguirre a publié dans la *Revue des Arts* de Bruxelles, t. III, 1856, p. 173-80, deux curieuses lettres de François Terzi, écrites de Vienne en 1572 à Charles IX et à Catherine de Médicis.

correct. L'exemple et la fréquentation de l'illustre M. Le Brun avoient beaucoup contribué à perfectionner sa manière. Testelin avoit surtout un talent particulier pour bien représenter les enfans; il les dessinoit dans leur véritable caractère, et sçavoit leur conserver cet air naturel qui leur est propre. Il fut un des premiers qui composèrent le corps de l'Académie royale de peinture, et il y exerça dans la suite la charge de professeur. Il avoit un frère plus jeune que luy, qui étoit aussy peintre et qui, en qualité de secrétaire de l'Académie, a fait un ouvrage où il a recueilly et reduit en précepte les sentimens des plus habiles peintres sur la peinture (1).

— Crucifix aux trois figures, gravé par J. Boulanger, d'après L. Tetelin. Dedié à M. de Gondrin, archevêque de Sens, dont nous avons la planche parmy nos pièces sur le chapelet (2).

—S. Jacques le majeur, apostre, invoqué par des pelerins. Gravé par Landry. — De nos pieces au chapelet. — 1° Gasniere ex.; 2° Mariette ex. Il se pourroit faire que Landry fût disciple de Gasniere.

---

(1) Voir dans la préface de l'*Histoire de l'établissement de l'Académie de peinture de Paris*, Jannet, Bibl. elzevir., 1853, à la note 2 de la page v, l'indication détaillée de trois éditions de ces *Sentimens*. Celui de nous qui avait publié ces deux volumes en attribuait la rédaction à Henry Testelin. Depuis, une nouvelle rédaction a été publiée dans la *Revue des Arts* de Bruxelles, et attribuée à Jean Rou. Postérieurement encore M. Vitet, qui a connu les deux lorsqu'il a écrit dans le *Journal des savants* sa belle histoire de l'Académie, paraît s'en tenir pour la première à l'attribution de Testelin qui lui semble vraisemblable et admissible. Du reste, il sera toujours difficile de décider ce point d'une façon bien positive, car, s'il est certain que tous deux ont écrit une histoire de l'Académie, Rou a été le secrétaire de Testelin, et peut avoir seulement remanié la forme du livre de son prédécesseur, de sorte que dans les deux ouvrages il est possible de retrouver la trace de Testelin.

(2) Voir la note sur cette expression, p. 47 de ce volume.

— Les vertus représentées sous des figures d'enfans avec des simboles qui les désignent. — Ces neuf pièces ont été gravés à l'eau forte en 1654, par L. Ferdinand, sur les desseins de L. Tetelin, et ils ont été faits d'après les bas reliefs de sculpture de Van Obstal.

— Le Temps, aidé par l'Amour de la vertu, débrouillant des nuages de l'Ignorance la Vérité de la peinture. Gravé à l'eau forte par G. Audran, d'après L. Tetelin. — Il y a gravé sur la planche : *L. Testelin pinxit.* Mais comme cette pièce est à la teste de l'ouvrage d'Henry Testelin, qui a paru bien longtemps après la mort de Louis, je suis persuadé que cette pièce est plustôt d'après Henry que d'après Louis. D'ailleurs elle est tout à fait dans la manière de M. Le Brun, et l'on sçait qu'Henry Tetelin travailloit sous lui, etc.

— La deroute des cormorans. Pièce burlesque sur l'établissement de la chambre de justice pour examiner les malversations des gens d'affaires et de finances. Gravée au burin par Humbelot, d'après Louis Testelin. — Humbelot ex. Sans nom de peintre ny de graveur, mais on ne doute point qu'elle ne soit de Gabriel Le Brun.

— La chasse de Mon-Oye, ou l'empressement d'un chacun à avoir de l'argent. C'est ce que l'on appelle un rebus ou logogriphe, qui consiste à exprimer une chose par une figure dont le nom soit le même que celuy de la chose qu'on veut designer. Ainsy la monoye, *moneta*, est icy représentée sous la figure d'un oye, *anser*, à cause de la conformité du nom de ces deux choses en françois. Cette façon de s'exprimer étoit pour lors fort usitée. Samuel Bernard est encore le graveur de cette pièce grotesque, qui a été exécutée à l'eau forte.

— Une pièce grotesque intitulée *le Festin des Proverbes*, chacune des figures qui entrent dans la composition du sujet faisant une action qui a rapport à quelque proverbe. Le goût des proverbes étoit pour lors fort en règne (1). Louis Testelin a donné le dessein de cette pièce qui a été gravée à l'eau forte par Le Juge.

TESTELIN (HENRY) etoit comme son frere de la R. P. R. Il mourut à la Haye le 17 avril 1695, agé de 80 ans. Il s'en falloit bien qu'il fût aussy habile que son aisné. Né en 1615.

THIRI. Ce peintre flamand vint demeurer en France sous les règnes de François premier et de Henry second ; il excelloit à peindre le paysage, et en cette qualité il aida beaucoup aux peintres qui étoient employés à orner de peintures le chateau de Fontainebleau.

— Vasari fait mention à la fin de la vie du Rosso, parmy le denombrement de ses disciples d'un *Leonardo Fiamingo, pittore molto valente* ; c'est celuy cy certainement.

— Leonard *Fiamingo*. Cet artiste se nommoit Leonard *Thiry ;* l'on voit de luy une suitte en 27 pièces de l'histoire de Jason et de la conqueste de la toison d'or. Gravée au burin par René Boyvin en 1563. Il estoit habile pour le temps dans la perspective, et ses paysages estoient estimés. Il y en a quelques uns de gravés dont on fait encore cas, et Du Cerceau grava en 1565 une suitte de ruines d'edifices dont il avoit donné les desseins ; c'est dans l'inscription qui est à la teste que l'on apprend le temps de sa mort, qui arriva à Anvers, vers l'année 1565. Voyez l'extrait que j'en ay fait dans le catalogue des œuvres de Du Cerceau (2).

---

(1) Le recueil gravé des illustres proverbes, publié par Jacques Lagniet, et sur lequel on peut voir la *Bibliographie parémiologique* de M. Duplessis le père, 1847, p. 177, est la meilleure preuve qu'on puisse apporter à l'assertion de Mariette.

(2) Cet extrait a été coupé sans doute par Mariette, et enlevé de

—J'ay un pressentiment que toutes ces gravures, d'après le Primatice, qui portent la marque L. D., sont des ouvrages de Leonard Thiry, et Thiry, mot flamand, a la mesme signification que Dieterich.

—L. D. — Ces deux lettres se trouvent non seulement sur l'estampe indiquée, mais sur une infinité d'autres qui on été gravées en France d'apres les ouvrages du Rosso ou du Primatice à Fontainebleau. Il est incontestable que le maistre de qui sont ces gravures estoit sorti de cette ecole. On le nommé parmi les curieux *Leon Davin*. Mais je ne puis adopter cette interpretation. J'en crois plus volontiers que c'estoit *Leonard Thiry*, peintre flamand qui travailloit sous le Primatice et auparavant sous le Rosso, à qui la marque appartient. Dans la prononciation flamande le D et le T ont le mesme son.

— Une suite de douze paysages, dans lesquels est représentée la fable de l'enlevement de Proserpine. Inventés et gravés à l'eau forte par Leonard Thiry, eleve du Rosso, Florentin. — Leonardi Thiry, Belgæ pictoris longe excellentissimi inventum ; et à plusieurs, en tres petits caractères, L D. Je préjuge qu'ils ont été gravés à l'eau forte par luy mesme. Voyez ce que j'en ay écrit dans mes observations particulieres sur les graveurs (1).

THOMANO (TOBIE HENRY), peintre établi à Augsbourg, faisoit son occupation de peindre des animaux et de servir de ses desseins les graveurs qui avoient recours à luy ; il

---

la marge sur laquelle Mariette l'avait écrit dans son catalogue sommaire de Du Cerceau.

(1) Cf. Dans ce volume l'article du Rosso, p. 22, et l'article du Primatice, IV, 211, 212, 216.

estoit né en 1710 et mourut en 1765. Son portrait, gravé par G. C Kilian, le représente fumant une pipe; il a été peint par Jean Godefroy Saiter.

THOMAS (JEAN), né à Ypres, en Flandre, vers l'année 1610, entra dans l'ecole de Rubens, se forma sous la direction de ce grand peintre, et se lia d'une amitié étroite avec Abraham Diepembeck, son condisciple. (*Où Descamps a-t-il trouvé cela?*) Devenus presque inseparables, ils voyagerent ensemble. Descamps les fait aller en Italie (*de Bie a ecrit qu'il y avoit de ses ouvrages en Italie et rien de plus*); mais je crois qu'il se trompe et que leur voyage se borna à la France. Diepembeck étoit à Paris en 1632; Thomas le quitta pour se rendre aux instances de l'eveque de Metz qui le demandait. (*C'est encore une méprise de Descamps; de Bie, d'où il a tiré ce qu'il dit de J. Thomas, écrit* MENTZ; *par consequent il est question de l'évêque de Mayence et non de l'evêque de Metz.*) Il passa en Lorraine et s'y distingua par plusieurs ouvrages qui lui firent une reputation, et qui lui procurerent, suivant toutes les apparences, une entrée à la cour de l'empereur Leopold. Ce prince le declara son premier peintre (*ou plutost inspecteur de la gallerie de tableaux de S. M. I., car il n'y a pas de premier peintre à Vienne*), et dans l'année 1661 Thomas met au jour, étant à Vienne, deux planches gravées dans la maniere du prince Robert et que bien des gens prétendent être de ce prince (*qui, en cette occasion, emprunta, pour se cacher, le nom de Jean Thomas*). Et en effet ce nouveau genre de gravure n'avoit encore été communiqué à personne (*Thomas n'avoit pu s'en instruire dans la même source que ce prince*) et étoit même un secret que le prince Robert avoit caché même en 1662, ainsi qu'on l'apprend dans le livre d'Evelyn intitulé *Sculptura*. De ces deux estampes, l'une, qui est dediée à l'imperatrice, est le portrait

du Titien, d'après un tableau peint par ce grand peintre;
l'autre, beaucoup plus grande et dediée à l'archiduc Leopold,
represente une jeune fille qui met une chandelle dans une
lanterne. L'invention en est de Gerard Dou et je suis bien aise
de faire connaître ces deux morceaux, qui sont extremement
rares. Descamps, t. II, p. 169.

—S. Joseph avec cette inscription : DIVVs Ioseph CarMeLI
patronVs. Je ne la croy point du dessein de Rubens. Quoiqu'on y ait mis son nom, je le regarde comme une supercherie pour donner plus de crédit à cette estampe; elle a de
la manière d'un nommé J. Thomas.

THOMASSIN (FRANÇOIS), peintre lorrain, a peint, étant à
Paris vers l'année 1640, le tableau d'autel de l'église des religieuses du St Sepulcre, dites de Bellechasse. Le sujet est un
Christ mis au tombeau. Il y en a une estampe que je crois
gravée par lui même, et j'en connois une seconde d'un crucifix, au pied duquel est un S. François, laquelle lui appartient encore. A en juger par l'une et par l'autre, ce n'étoit
qu'un artiste mediocre. — Je me retracte; le tableau de
Bellechasse peut tenir rang parmi les bons tableaux que
nous avons dans nos eglises. Il est bien peint, et je suis surpris qu'il ne soit porté dans aucune des descriptions de Paris. Je n'en avois pas pris cette idée sur l'estampe, qui est
mauvaise, et que je ne reconnois pas pour être un ouvrage
du peintre depuis que j'ai vû son tableau.

THOMASSIN (PHILIPPE), graveur, né à Troyes, en Champagne, et mort à Rome, où il étoit établi, vers le milieu du
dernier siècle, étoit d'une famille d'orfévres. Je trouve dans
des mémoires mss. envoyés de Troyes un *Bernard Thomassin, orfevre,* qui fit en 1596 un S. Eloy d'argent pour la com-
munauté des orfevres de cette ville, qui etoit pour lors plus

nombreuse qu'elle ne l'est ordinairement dans une ville de province. Ce qui est une preuve que cet art y étoit cultivé avec succès, et je suis, outre cela, convaincu que ce Bernard Thomassin étoit le pere ou le frere de Philippe.

L'abbé de Villeloin, dans son *Paris*, article des graveurs, en parle ainsi :

> Philippe Thomassin, qui fut longtemps à Rome,
> Prit les tons du pays, abandonnant le sien.
> Il étoit un peu dur, mais il travailloit bien,
> Et de ce qu'il a fait Troye enfin se renomme.

THOMASSIN (SIMON) de Paris, graveur du roy. — Simon Thomassin, fils d'un graveur de cachets à Paris, et de la même famille que l'ancien Philippe Thomassin, de Troyes, qui a gravé pendant si longtemps à Rome, a appris la gravure sous Etienne Picart, surnommé le Romain, l'un des meilleurs graveurs au burin qui fussent pour lors à Paris. Il alla ensuite étudier aux dépens du roy de France dans l'Académie royale que ce prince a établie à Rome, et, après y avoir gravé cet estimable tableau de Raphaël qui représente la transfiguration de Jésus-Christ, il revint en France, où il a toujours été depuis fort employé. Il coupoit le cuivre avec assez de franchise, mais, sa veue étant considerablement diminuée, ses derniers ouvrages sont très inférieurs à ceux de sa jeunesse.

— Christ parmy les docteurs. Grande thèse sur l'aigle (1), d'après un tableau de Lesueur.—Apocriphe à ce que je croy.

— La transfiguration de Raphaël. Gravé pour le roy. Au bas est cette inscription : Tableau celebre peint par Raphël

---

(1) C'est-à-dire imprimée sur du papier de format grand aigle.

d'Urbin en 1523 (ce qui est faux, Raphaël étant mort en 1520) dans l'église de S. Pierre in Montorio de Rome, gravé sur les lieux en 1680 (année que S. Thomassin est revenu en France) par Simon Thomassin, eleve dans l'Académie de peinture et sculpture entretenue par le roy.

— Recueil des plus belles statues et groupes antiques et modernes qui sont placés dans les appartemens et dans le parc du chateau de Versailles, dessinés et gravés au burin par Simon Thomassin.

— Treize termes de marbre placés dans les jardins de Versailles; ils ont été exécutés par différens sculpteurs italiens sur les desseins de Nicolas Poussin, peintre françois.

— Marcus Curtius se precipitant dans les flammes. Statue équestre d'un seul bloc de marbre par le chevalier Jean Laurent Bernini (1).

— Statue équestre de bronze de Louis XIV. Exécutée par Coyzevox et érigée sur un piedestal de marbre blanc dans la ville de Nantes, par ordre des Etats de Bretagne (2).

— Guillaume de Nassau, prince d'Orange, et Marie Stuart son épouse. Guillaume III, roy de la Grande Bretagne en 1695. En médailles. *Ja. Clark. sculp.*, nom supposé qu'y mit Thomassin, parce que le nom du prince d'Orange étoit pour lors odieux en France.

THOMASSIN (HENRY SIMON), fils de Simon Thomassin, mé-

---

(1) L'un de nous a écrit l'histoire de cette malheureuse statue, *Revue universelle des arts*, VII, p. 505-14, et VIII, 184. Depuis, une note de M. Soulié dans *l'Union de Seine-et-Oise*, du 24 novembre 1858, a fixé sa translation du bassin de Neptune à la pièce d'eau des Suisses, entre les années 1701 et 1707.

(2) M. Alfred Ramé a recueilli dans les Archives des États de Bretagne toutes les pièces relatives à l'histoire de cette statue; on les peut voir dans le 5e volume des Documents, p. 223-264.

diocre graveur, meurt à Paris la nuit du 31 X^e 1740, aux
galeries du Louvre, où il estoit logé, d'une hydropisie de
poitrine. Il estoit agé de 53 ans et se distinguoit dans l'art de
la gravure.

THURNEYSSER (J. J.). Je trouve qu'il a été à Vienne et
qu'il y a gravé un S. Ignace de Loyola, demie figure dans
un ovale, d'après Ant. Schoonians. C. M. P., *id est Ces. Maj.
Pictor.*

' TIARINI (ALEXANDRE), Leonello Spada, Lucio Massari,
Laurent Garbieri et autres élèves des Carraches. Alexandre
Tiarini et Leonello Spada ont plus approché de la manière
de Louis Carrache qu'aucun de leurs autres condisciples. Le
premier sur tout a fait de très-beaux desseins, grandement
composés, et ceux qui sont ici de ce maître sont fort considérables. (*Catalogue Crozat.*)

TIBALDI (PELLEGRINO). Le Tibaldi, après avoir étudié à
Boulogne, vint à Rome, et fut tellement épris de la manière
de Michel-Ange qu'il devint lui-même un autre Michel-Ange.
Les Carraches ne lui donnoient pas d'autre nom ; et en effet sa
manière est terrible et d'un grand goût. Comme il a travaillé
une bonne partie de sa vie en Espagne, ses desseins sont devenus fort rares. Il y en a de très-beaux dans ceux qui ont
été rassemblés par M. Crozat. (*Catalogue Crozat.*)
— Paul Lomazzo le nomme Pellegrino Pellegrini da Val-
sodo da Mira, detto da Bologna, esperto e diligente pittore, ed
architetto universale, discepolo di Perino dal Vaga, et cela
dans la table qui contient les noms des artistes dont il parle
dans son *Traité de la peinture,* imprimé en 1585. Pellegrino
étoit pour lors vivant et demeuroit dans le même lieu qu'habitoit Paul Lomazzo, ce qui rend son témoignage d'une
grande autorité.— Pacheco le fait mourir à Modène en 1606,

agé de **67** ans, mais tout cela est faux et ne merite pas d'être relevé. Il a confondu le Pellegrino de Modene avec le Pellegrino de Bologne.

— Le Vasari, t. III, p. 216, ediz. di Bologna, a écrit que Pellegrino Tibaldi lui avoit fait voir le dessein d'une peinture qu'il executoit dans le refectoire du couvent de S. George à Ferrare. Mais il faut bien que cet ouvrage n'ait pas eu lieu, car le grand morceau de peinture qu'on y voit, et qui a pour sujet le festin de Balthazar, est de Tomaso Laureti, de Palerme, contemporain de Pellegrino, qui comme lui affectoit d'imiter dans ses ouvrages la façon de dessiner de Michel-Ange, et qui sçait si l'auteur de la description des peintures de Ferrare, qui (p. 200) fait cette remarque, n'est pas dans l'erreur et s'il est fondé à attribuer au peintre sicilien un ouvrage qui appartient au Pellegrino. Il y a pourtant apparence qu'il ne dit rien dont il ne fût suffisamment informé.

— Le Baglioni, après l'avoir fait aller à Milan et lui avoir fait construire pour le cardinal Charles Boromée le bâtiment de la Sapience, lui fait reprendre le pinceau et s'en servir dans des ouvrages qu'il lui fait executer à Ferrare; son temoignage, qui confirme ce qui a été écrit par le Vasari, prouve, ce me semble, que l'ouvrage attribué ci-desssus à Tomaso Laureti est réellement de Tibaldi.

— Femme avec enfans dans une frise; attribué par M.Crozat à Penni. Au dos j'ai trouvé écrit Guido Bolognese, et pourtant je jugerois, au goût du dessein, que l'ouvrage seroit plus ancien et pourroit appartenir au Pellegrino Tibaldi, à moins qu'on ne veuille dire que c'est un dessein du Guide fait dans le temps qu'il quittoit l'école du Calvart. Mais ce qui me repugne dans cette supposition, c'est que le dessein est d'un homme fait et qui travaille avec la plus grande certitude. — Je suis comme assuré qu'il appartient à un disciple du Primatice nommé Guido Ruggieri.

— J'ai un dessein de Tibaldi représentant Hercule sur le bucher, et il y a à Bologne, dans le palais Villani, aujourd'hui Lambertini, une peinture du même sujet par le même Tibaldi, laquelle est annoncée dans le livre *Pitture di Bologna*. Je ne doute pas que mon dessein n'ait été fait pour ce morceau de peinture, qui sans doute est sur quelque manteau de cheminée. Mon dessein l'indique, et c'est ce que je sçaurai plus précisement lorsque j'aurai eu réponse de Bologne, où j'ai écrit pour en être instruit.

TIEPOLO (JEAN-BAPTISTE), né à Venise en **1693**, est eleve de Grégoire Lazarini et a commencé de tres bonne heure à montrer qu'il étoit né pour la peinture. Il n'avoit guère plus de seize ans qu'il s'exerçoit déja à dessiner. Il enfantoit dès lors des compositions où brilloit la richesse de son genie, mais il est pourtant vrai que cette trop grande facilité a fait tort à la correction, et qu'on peut luy reprocher d'avoir négligé cette partie en se livrant trop à la fougue de son imagination. Il n'a pas été plus curieux de la verité de ses teintes. Son coloris est faux, quelque séduisant qu'il soit. Il ne sçut jamais faire des têtes gracieuses. Voilà ses défauts, qui sont relevés par tous les avantages d'un génie riche et fertile et par tout ce qui produit l'illusion sur des yeux qui aiment à estre seduits. Sa touche est avec cela très spirituelle. Elle brille surtout dans ce qu'il a gravé, et, comme il est aussi laborieux qu'expeditif, il seroit difficile de compter les ouvrages qui sont sortis de ses mains. C'est ce qui le fait souhaiter par la cour d'Espagne, qui le fait venir à Madrid, avec ses deux fils, en 17...

Elle luy a fait un parti très avantageux, et Dieu sçait combien de plafonds et de murailles vont estre couverts de leurs peintures. Il est fait mention de luy dans le nouvel *Abecedario* du Guarenti, p. 282, et dans l'ouvrage de Longhi, *Vit.*

de Pitt. Venez. Dans tout ce qu'il invente on sent qu'il vise à l'imitation de Paul Veronese, mais jamais il ne saisira comme lui la grace. Il est mort à Madrid en **1770**, le **25** mars.

TINTI (LORENZO), de Parme. Il vivoit en **1615** et jouissoit de la reputation d'un tres bon peintre, ce qui engagea le Gigli à le mettre dans son poëme *della **Pittura trionfante**,* p. 26, au rang des peintres qu'il jugeoit digne d'occuper une place distinguée dans le temple de Memoire. Quelques-uns pretendent qu'il etoit Bolognois, mais je crois qu'on doit plutost s'en rapporter au Gigli, auteur contemporain, qui le fait Parmesan. L'auteur de la description des tableaux qui sont à Parme est du même avis et parle avantageusement de cet artiste, qui avoit formé sa maniere sur celle du Correge, et qui fleurissoit selon luy en **1640**.

— *Le Tinti* de Parme se nommoit Jean-Baptiste et non Laurent; cette faute, qui avoit échappé à l'auteur de la description des peintures de Parme, dans sa 1re édit., a été corrigée dans la seconde.

— Lorenzo Tinti, graveur établi à Bologne et qui y travailloit en **1666**, étoit peut-etre son fils.

— Lorenzo Tinti intagliatore, scolare del Sirani passato al servigio di Modena. Malvasia, *Nella vita del Sirani,* p. 469.

TITI (TIBERIO), fils de Santi di Tito, peintre florentin. Il n'avoit gueres d'autre talent que de peindre de petits portraits. Baldinucci, dec. 2, part. 2, secol. IV, p. 120. (Cf. *dans ce volume l'article Santi Titi,* p. 174-5.)

TITIEN VECELLI, de Cadore dans le Frioul, peintre, disciple de Jean Bellin.

— Si le merveilleux pinceau du Titien lui a mérité une gloire immortelle, ce grand peintre ne s'est pas fait un moindre nom par l'excellence de ses desseins. Ceux qu'il a fait pour ses compositions de figures, ne sont le plus souvent que de légères esquisses qui servoient à fixer sa pensée ; mais ces premiers traits dénotent toujours un grand homme, ils indiquent de belles formes, et il y règne un goût qui, prenant sa source dans le beau, tient lieu d'une plus grande correction. Le Titien, tout occupé de l'effet de la couleur, se bornoit à ces simples esquisses. Lorsqu'il a voulu faire des desseins arrêtés, alors il est entré dans de plus grands détails, et, s'assujettissant à un travail soigné, sa plume ne le cède point à son pinceau ; elle exprime avec la même fraicheur les sentiments de la chair. Cette plume, qui est aussi moëlleuse qu'elle est expressive, a servi heureusement le Titien, lorsqu'il a dessiné des paysages ; et il paroit qu'il se plaisoit à en dessiner, car on en trouve plusieurs de lui, et de très beaux. Indépendamment de sa belle façon de feuiller les arbres sans aucune manière, et d'exprimer avec vérité les différentes natures de terrasses et de montagnes, et des fabriques singulières, il a encore trouvé l'art de rendre ses paysages intéressans, par le choix des sites et la distribution des lumières, lors même qu'il n'y introduit aucune figure. Tant de grandes parties ont fait regarder avec justice le Titien comme le plus grand dessinateur. (*Catalogue Crozat.*)

— Les hommes périssans dans les eaux du déluge. Gravé en bois par un maistre anonyme qui vivoit du temps de Titien. Il y en a deux planches differentes, l'une taillée plus proprement et l'autre avec plus de goût. — Sans aucuns noms de peintre ny de graveur, mais l'opinion commune est qu'elle est d'après le Titien, et en effet elle est bien dessinée et dans son goût ; aussy en a-t-il peut estre dessiné luy mesme le trait sur le bois. — J'avois toujours douté que ce déluge fût d'après Titien, et, depuis que j'ay lu dans le Père Orlandi qu'il y avoit un déluge d'après le Pontorme, je suis très porté à croire que celui-ci est de ce maistre ; c'est la manière de composer qui a été en usage chez les Florentins. Le Titien n'auroit point esseulé ainsi ses groupes ; il les auroit liés et leur auroit fait produire de l'effet. Qu'on voye son passage de la mer Rouge. Qui a composé l'un peut-il estre regardé comme l'auteur de l'autre ?

— Le chaste Joseph s'échappant et fuyant le piége que lui tend la femme de Putiphar. L'on y trouve sur la planche le nom de Titien, mais non celuy du graveur, qui est, à n'en point douter, Corn. Cort. En ce cas, ce scroit le premier morceau qu'il auroit gravé d'après le Titien.

— L'armée de Pharaon submergée, en douze grands morceaux, gravés en bois, qui s'assemblent et ne forment qu'une seule pièce, mise au jour à Venise par Dominique delle Greche en 1549. Ce Dominique est peut-être le Campagnole ; il prend la qualité de peintre vénitien. Sur le dessein : del grande et immortal Titian. — Le même dessein reduit en moins de feuilles et mis en clair obscur par André Andreani de Mantoue, à Sienne, en 1589.

— L'ange Raphaël conduisant le jeune Tobie, qui tient un poisson. Dessiné et gravé à l'eau forte par Valentin Le Febvre. — L'on y remarque sur la terrasse ces armes dans un cartouche (*un chevron accompagné de trois roses*); ce seront celles de la famille pour laquelle le tableau aura été peint. Il est dans l'église de Ste Catherine à Venise, et l'on tient qu'il n'est pas du Titien, mais de Santo Zago, son disciple.

— Une autre estampe du même tableau, gravée à l'eau forte par un anonyme. — Assez mal exécutée, je crois ce maistre Flamand; comme cette épreuve est sans lettre, l'on en trouvera peut-être quelqu'une où sera son nom ; c'est le mesme qui a gravé un crucifix d'après le Tintoret.

— Le mesme sujet traité différemment et où l'on remarque dans l'éloignement un solitaire priant dans le désert. Ce tableau du Titien, qui est dans l'église de Sᵗ Martial à Venise, y a été gravé nouvellement à l'eau forte par André Zucchi.

— De la suite mise au jour par Dominique Louisa. Cette église de Sᵗ Martial est dite S. Marciliano. — Il y en a encore une estampe dans le recueil de la Patina (1), mais mauvaise.

— Dalila livrant Samson aux Philistins après luy avoir fait couper les cheveux. Gravé en bois sur le propre trait du Titien. — Sans noms ny marques aucunes. L'on ne sçait pas le nom de ceux que Titien employoit pour graver ses ouvrages en bois; mais l'on sçait seulement qu'il en dessinoit. luy mesme le trait sur le bois; ainsy le graveur n'avoit autre chose à faire qu'à suivre précisément ce trait; aussy peut-on regarder ces estampes en bois comme gravées par le Titien mesme. Elles sont rares à trouver de bonne qualité d'impression, c'est-à-dire d'impression pâle.

— Judith assise, tenant d'une main l'épée haute et ayant sous le pied la teste d'Holopherne. Auprès d'elle et à ses pieds est un homme armé, en demie figure, qui la regarde et porte la main derrière le dos à son poignard. Je l'explique ainsi après Ridolfi; il se pourroit pourtant que cette figure de femme représentât plutôt la Justice qu'une Judith, car la teste qu'elle a sous les pieds est celle d'un jeune homme. Il est pourtant vray que toutes les peintures du Titien et du Giorgion, qui étoient sur la façade du Fondaco de' Tedeschi, n'avoient aucun sens suivi, et que le costume y étoit extremement mal observé; ainsi il se pourroit encore que Ridolfi eût raison. Quoyqu'il en soit, cette pièce est, je pense, l'unique morceau qui ait été gravé d'après les peintures que le Titien avoit fait à cette façade; c'est ce qui étoit peint au dessus de la porte; l'estampe a été gravée au burin, en 1658, par Jean

---

(1) C'est à-dire la fille de Charles Patin.

Piccino, à Venise. Ticianus pinxit. Jac. Piccino delineavit et sculpsit Venetiis 1658. Stefano Scolari forma Venetia.

— L'ange annonçant à la Sᵉ Vierge le mistère de l'Incarnation. Gravé au burin par Corneille Cort, d'après le tableau qui est dans l'église de Sᵗ Laurent à Venise.

— Ce mesme sujet, d'une composition differente; l'on y remarque la sainte Vierge écoutant avec modestie ce que l'ange luy annonce de la part de Dieu, et l'on voit dans la partie supérieure plusieurs autres anges, dont il y en a deux qui soutiennent deux colonnes avec cette devise : *Plus ultra* qui est celle de Charles-Quint; aussi est-ce pour cet empereur que cet excellent tableau fut peint par le Titien ; l'estampe en a été gravée au burin avec un grand soin par Jacques Caralius, l'un des meilleurs graveurs contemporains du Titien.— Jacobus Caralius fé. ; d'un autre côté : Titiani figurarum ad Cæsarem exempla. Quoyque gravée avec soin, ce n'est pas une des belles pièces de Caralius; elle est trop appesantie d'ouvrage. Voyez l'histoire de ce tableau dans le Ridolfi, parte prima, p. 154. — Il y en a une copie chez le roy de France, faite par Ant. Van Dyck.

— J'ai fait mention dans mon catalogue d'Enéas Vicus d'une Annonciation qu'il a gravée en 1548, et que Vasari, en faisant mention des ouvrages de ce graveur, dit venir d'après Titien.

— Les anges invitans les pasteurs à venir adorer l'enfant Jesus, que la Sᵉ Vierge tient entre ses bras avant que de le coucher dans la crèche. Gravé à l'eau forte d'une manière fort croquée sur une légère esquisse du Titien. — On croit que le graveur est un peintre françois nommé Macé. Le nom du Titien n'y est pas. C'est une de ces planches que M. Jabach avoit fait graver d'après les dessins de son cabinet.

— La Sᵉ Vierge allaitant l'enfant pendant que S. Joseph dételle l'ane pour le laisser paistre, ce qui est representé dans un paysage où l'on remarque quantité de ruines d'anciens édifices situées au bord d'une rivière qui est traversée par un pont d'une seule arche. L'on tient que cette pièce est de l'invention du Titien ; elle a été gravée à l'eau forte parfaitement bien dans le goût de ce fameux peintre, par Jean-Baptiste, surnommé del Moro. — Une autre planche de ce mesme dessein gravée au burin par un anonyme, tournée de l'autre coté et assez mal gravée, quoiqu'elle n'en paroisse pas la copie. — Une troisième planche du mesme dessein, gravée à l'eau forte et retouchée au burin par un autre anonyme; mais ces deux dernières pièces n'approchent point de celle qu'a gravé Baptiste del Moro ; — tournée de l'autre coté que celle de B. del Moro. Le fonds d'eau-forte qui paroit encor en quelques endroits me paroit avoir été fait par une main artiste, mais cette pièce a eu le malheur d'être retouchée au burin par un ignorant. Il en faudroit avoir des épreuves au sortir de l'eau forte. A celle-cy : Ferrando Berteli excudebat.

— La S^e Vierge ayant entre ses bras l'enfant Jesus à qui elle donne à teter, étant elle même assise par terre au pied d'un arbre, dans une campagne où l'on découvre dans le fond une hotelerie. Dessiné et gravé à l'eau forte par Valentin le Febvre d'après le tableau du Titien. — J'en ai vu une estampe gravée en bois du temps du Titien même, et je suis comme assuré par celui qui a gravé le S. François d'Assise aux stigmates. Elle est parfaitement dans la manière du maître et paroit être gravée sur son propre trait. Il ne s'y trouve ny nom ny marque et elle a 5° 6′ haut. sur 9° de travers. C'est M. Zanetti qui me l'a fait connaître. **1755.**

— Un paysage dans lequel la S^e Famille se repose auprès de deux arbres, et où la S^e Vierge, assise par terre et accompagnée de S. Joseph, prend entre ses bras l'enfant Jésus, qui est sur un coussin. Gravé à l'eau forte par un anonyme que l'on croit estre Jean Prou. — Au bas : Titianus pinxit. — Je

croy que cette pièce se trouve à la suite des paysages gravés
sous la conduite de Bourdon, d'après des maistres d'Italie, par
ce J. Prou.

— La S^e Vierge se reposant dans un paysage et tenant
entre ses bras l'enfant Jesus au milieu de S. Joseph, qui s'appuye sur un baton, et de S. Jean-Baptiste, qui luy apporte
des fruicts. Gravé par Jules Bonasone, les figures au burin et
le paysage et les terrasses à l'eau forte. — Le tableau est, ce
me semble, en Espagne, au monastère de l'Escurial.

— Vierge tenant sur ses genoux l'enfant Jésus, à qui S. Jean-
Baptiste présente des fleurs, en demy corps. Gravé au burin
par Charles Audran. — P. Mariette exc. Elle est gravée proprement et bien dessihée, mais n'est point dans le goût du
Titien. — J. Matham a gravé cette même Vierge, où il y a
un S. François, et c'est peut-être d'après l'estampe de Matham que Ch. Audran a gravé celle-cy.

— Vierge assise dans un paysage, près d'un buisson où elle
cueille des fleurs pour les donner à l'enfant Jésus, qui est couché à ses cotés; dans le lointain est le jeune Tobie conduit par
l'ange. Gravé, les figures au burin et une partie du paysage
à l'eau forte, par Corneille Vischer; c'est une des plus belles
pièces qui ayent été exécutées d'après le Titien. — Sans aucuns noms d'artistes. Les armes qui sont sur la terrasse sont
celles de la famille de la Tour, pour qui le tableau avoit été
apparemment peint. Il est du cabinet de Reinst,— et présentement en Angleterre,— au palais de Kensington; — c'est un
des plus parfaits tableaux du Titien. — Il avoit été fait pour
une personne de la maison de Tassis.

— La S^e Vierge, assise dans un paysage, près de S. Jean-
Baptiste qui luy présente des fruits, et ayant à ses pieds S^e Catherine qui adore l'enfant Jésus. Gravé au burin par K. Audran. Hermann Weyen exc.— Ce tableau est en France chez
M. le duc de Noailles en 1720.

— St André portant sa croix et St Titien, evesque, adorans l'enfant Jésus, qui est couché sur les genoux de sa sainte mère. Dessiné et gravé à l'eau forte par Valentin le Febre, d'après le tableau du Titien, qu'il peignit pour la chapelle de sa famille à Cadore, et il s'y representa luy même sous la figure de ce clerc qui tient une crosse.

— La S^e Vierge assise sur un piedestal, où l'on voit au devant le jeune S. Jean monté sur un agneau, et près de luy S^e Catherine debout, S. Jerosme et deux anges qui tous adorent l'enfant Jésus entre les bras de sa sainte mère. Gravé au burin d'une manière légère et toute spirituelle par P. de Jode. — *Titianus inventor.* L'on n'y trouve pas le nom de Pietre de Jode; elle est pourtant certainement de luy, mais elle n'est point du tout dans le gout du Titien; aussy ne paroit-elle avoir été faite que sur un simple dessein.

— Les Pharisiens interrogeant Jesus Christ sur le tribut deu à Cesar; les figures qui entrent dans la composition de ce sujet sont en demy corps; il a été gravé au burin par Corneille Galle. — Je croy que le tableau est en Espagne, chez le roy.

— Un Juif présentant à Jésus Christ une pièce de monoye. Ces deux figures en demy corps font la composition d'un tableau du Titien d'une grande reputation, qui est à Modène dans le cabinet du grand-duc. Il y en a une petite estampe gravée à Rome en 1694, par un anonyme, au burin. — Ce tableau a été gravé par Zucchi depuis qu'il est dans la galerie de Dresde; mais le roi de Pologne, peu content de la planche, n'a pas voulu qu'il en parût des épreuves. On a accusé Zucchi de l'avoir fait graver par Pitteri et d'y avoir mis son nom; je le crois.

— Jesus Christ se transfigurant sur le mont Thabor en présence de trois de ses disciples. Gravé au burin par un anonyme — D'après le tableau qui est dans l'église de St Sau-

veur à Venise — et qui a été peint par le Titien dans sa veil-
lesse. — TICIAN INVENTOR. Je n'en connois pas le graveur ;
elle est gravée dans le goût des premières manières de Ph.
Galle.

— Pilate montrant Jésus Christ au peuple. Gravé à l'eau
forte par Wenceslas Hollar, en 1650, d'après le tableau original qui etoit pour lors dans le cabinet d'un chanoine d'Anvers, — celui qui habitoit la maison que Rubens avoit occu-
pée(1).— Le Titien l'avoit peint à Venise pour un Flamand de
ses amys et y avoit representé plusieurs portraits, entre autres
celuy de l'Arétin sous la figure de Pilate, et ceux de Soliman
et de l'empereur Charles Quint sous celles de ces deux cavaliers qui sont auprès l'un de l'antre à l'une des extrémités du
tableau.

— Le couronnement d'épines, gravé a l'eau forte par Pompeo Ghitti, — voyez son article dans le Père Orlandi, —
d'après le célèbre tableau du Titien qui est dans l'église de
S° Marie des Grâces à Milan. De toutes les pièces qui ont été
gravées d'après ce tableau, celle cy est la moins bien exécutée. — Le goût du desseio n'y est pas bien rendu et elle est
gravée de foin ; c'est le terme de l'art.

— Jésus-Christ portant sa croix, accompagné d'un bourreau qui le tient par une corde attachée au col ; dans le fond,
à gauche, est encore un bourreau, dont on ne voit que la
teste de profil, d'une phisionomie fort mauvaise et par conséquent fort expressive. Ce sujet, dont toutes les figures sont
en demi corps, est renfermé dans une bordure terminée par
le haut par une portion circulaire. C'est ce qu'on appelle à
Venise un *capitello*, et celuy cy est précisément le même
que celui qui est dans l'église de St Roch, dont Ridolfi fait

---

(1) Voir ce volume, p. 67.

mention dans la vie du Titien, p. **141.** C'est un tableau fameux et par la beauté du coloris et par les miracles qu'on prétend qui y ont été opérés. Vasari, qui croyoit qu'il étoit du Georgion, en a fait mention dans la vie de ce peintre (1). Au reste, cette estampe gravée en bois est extrèmement mal exécutée. L'on voit pourtant bien qu'elle vient d'après un tableau du Titien, fait dans sa première manière, et c'est une pièce fort singulière. Il n'y a aucun nom ny marque d'artiste. On y lit seulement en bas cette inscription en caractères gothiques : Figura del devotissimo et miracoloso Christo nella giesia del devoto San Rocho di Venetia MCCCCCXX. Cette estampe est chez le roy, dans le recueil des estampes du Titien.

— Jésus-Christ mis dans le tombeau par ses disciples. Gravé au burin à Anvers, par Paul Pontius. Cette pièce est très bien exécutée pour ce qui est de la graveure ; mais c'est dommage que le goût flamand y prédomine sur celuy du Titien. — Le tableau est, je croy, en Espagne. Ce qui est de mieux est la figure du Christ. — Je la crois gravée sous la conduite de Rubens, et d'après une copie que ce celebre peintre aura fait pour son étude dans le voyage qu'il fit en Espagne.

— Autre du mesme sujet où sont représentés les disciples de Jésus-Christ transportans son corps mort pour le mettre dans le sépulcre. Gravé au burin par Gilles Rousselet d'après le tableau qui est présentement dans le cabinet du roy de France. — A cette epreuve, qui est sans lettre, les armes de l'abbé Colbert sont gravées au bas. — Une estampe du même tableau, gravée par Fr. Chauveau pour M. Jabach, et dans le tems que ce curieux étoit en possession du tableau (2).

---

(1) Vasari, éd. Lemonnier, VII, 85.
(2) Mieux gravé de nos jours, par M. Alphonse Masson.

— Jésus-Christ rompant le pain, et se faisant reconnoistre
à deux de ses disciples qui sont à table avec luy dans le chateau d'Emaüs. Gravé au burin par Antoine Masson sur le
tableau du Titien qui est dans le cabinet du roy de France.
L'on ne sçauroit assez admirer la manière dont cette pièce
est gravée ; cette nappe surtout et le tapis qui est dessous sont,
dans leur genre, dés chefs d'œuvres de l'art (1). Le tableau
en avoit été apparemment peint pour le marquis du Guast,
puisque celuy des disciples qui est assis le plus près de Jésus
Christ représente le portrait de ce seigneur ; au reste, l'on a
repris le Titien d'avoir vêtu ses figures suivant la mode de
son temps et d'avoir donné un chapelet à l'un des disciples,
mais l'on sçait assez que les peintres vénitiens, bien loin d'être
fidèles observateurs de ce que l'on appelle en terme de peinture le costume, ont toujours négligé cette partie pour s'attacher entièrement à celle du coloris. — Le Titien s'est répété
et a peint le même sujet avec peu de différences ; ce tableau
est à Venise dans la chapelle du collége, dans le palais de
S. Marc à Venise. Voyez, au sujet des différences qui sont
entre ces deux tableaux, la description des tableaux de Venise, édit. de 1773, p. 109.

— Le St Esprit descendant sur les apôtres assemblés dans
le cénacle. Dessiné et gravé à l'eau forte par Noel R. Cochin,
d'après le tableau du Titien qui est présentement dans l'église
de S° Marie du Salut à Venise. — Il estoit auparavant dans
l'église du St Esprit de la même ville.

— La S° Vierge montant au ciel en présence des apostres
qui sont assemblés autour de son sepulcre ; gravé en bois
par un anonyme, d'après le tableau du Titien qui est sur un

---

(1) Voir le livret de l'École italienne, 5° éd., n° 462. La planche
de Masson est à la chalcographie du Louvre, n° 242.

des autels de l'église cathédrale de Verone. — Je le croyois ainsy, mais depuis j'ay veu un dessein de ce tableau qui m'a desabusé.

— Le triomphe de Jésus-Christ en huit pièces gravées en bois par André Andreani, avec ce titre à la première planche : Titian. inven. Andreas Andrianus fecit, et dicavit D. Jacobo Ligoliæ pic. M. Duc. Etruriæ. Romæ. — Peu de temps après il parut une seconde edition des mêmes planches, avec un autre titre, que voici : Il trionfo di Christo, inventione di Titiano, all' illustre et molto eccell. Sig. Guido Reni Santa Fede Giovanni Orlandi D. 1612. Cet Orlandi étoit marchand d'estampes à Rome. Le Guide, surnommé Santa Fede, est une singularité. — Il y a eu du même triomphe d'autres planches gravées en bois, qui me paroissent avoir été faites précédemment, et qui, quoiqu'exécutées plus grossièrement, conservent davantage de la manière du Titien. Celles que j'ai portent en titre un verset tiré de la première epitre de St Paul aux Corinthiens, en langue françoise, ce qui pourroit faire croire que la gravure est de quelque François ; mais je suis pourtant convaincu que c'est l'ouvrage d'un Allemand, d'autant qu'il s'en trouve des epreuves antérieures avec le même passage en langue allemande. Il y a apparence que, s'il se trouve sur certaines épreuves un intitulé en françois, cela n'a été fait que pour accelerer le debit de l'estampe. — Le même triomphe gravé en petite forme et en manière de vignette par Th. de Bry.

— La Se Trinité adorée dans le ciel par les saints et par l'empereur Charles Quint, Philippe second, roy d'Espagne, et le reste de la famille impériale, qui y est introduite par les anges. Le Titien s'est aussy representé dans ce même tableau, qu'il peignit par ordre de Charles Quint pour estre envoyé en Espagne, où il se trouve presentement dans l'Escurial ; l'estampe en a été gravée au burin par Corneille Cort, en

1566; elle est exécutée avec un grand art, et le dessein y est prononcé fort sçavamment; aussy a-t-elle été faite sous les yeux et la conduite du Titien. — Au bas *Titianus*, et l'année 1566 *cum privilegio*; C. Cort n'y a pas mis son nom; c'est pourtant une des pièces les plus parfaites de son œuvre.

— St Antoine de Padoue delivrant son père de la mort à laquelle il avoit été condamné injustement. Ce tableau, l'un de ceux que le Titien a peint à fresque dans la chapelle de la confrérie de St Antoine à Padoue, est gravé à l'eau forte par M. Des Bois. On croit ce tableau de Dominique Contarini.

— St Jerome, presque nud, assis et ayant devant luy un livre ouvert, sur lequel est écrite la date 1515. Il tient de la main gauche une plume qu'il trempe dans l'encrier, et il tourne la tête pour regarder derrière luy; un lyon est couché à ses pieds. On ne trouve à cette pièce aucuns noms d'artistes, mais je ne fais point difficulté de la donner au Titien. Elle est dessinée d'un grand goût; les hacheures qui forment les contours et les ombres y sont données avec un grand art, et produisent un moelleux qu'il n'y a guère que le Titien qui ait connu. Cette pièce est gravée en bois. Elle est chez le Roy, dans son œuvre de Titien.

— St Jerome exerçant la pénitence dans le désert, en se frappant la poitrine avec une pierre à la veüe d'un crucifix; dessiné et gravé à l'eau forte par Valentin le Febre, d'après un tableau du Titien, qui est à Venise. — S'informer dans quelle église il peut être. — C'étoit dans l'église de Santa Maria Nova, mais, le tableau original ayant été brulé, il n'y en a plus présentement qu'une copie. — Une autre estampe de ce même tableau, gravée au burin à Venise, en 1571, par un anonyme; il s'en faut bien qu'elle soit aussy bien exécutée que la précédente. — 1571, Nicolo Nelli for. Ticianus inven. N.B.F.S. C'est la marque du graveur, que je ne connois pas; il est d'un fort petit mérite.

— St Jerôme faisant sa prière à genoux devant un crucifix qui est attaché à un tronc d'arbre. Gravé au burin par Nicolas Beatricius le Lorrain : N. B. L.-F. Il faut en avoir des épreuves avant que la planche soit retouchée. Le nom du Titien n'y est pas. — Une autre de ce mesme dessein. Gravé en eau forte. — En haut, au coté droit, il y a une petite table suspendue à des branches d'arbres, avec cette marque S. P. F. — Etienne du Perac. — Ce qui est d'eau forte me paroist assez bien, mais elle a été ensuite mal retouchée au burin par un anonyme, pour Jean-François Camocio, qui a mis au jour une grande partie des planches qui ont été gravées à Venise d'après le Titien.

— St Jerome méditant sur les saintes Écritures, étant assis au pied d'un rocher dans le désert. Gravé au burin par Corneille Cort en 1565. — Son nom n'y est pas ; seulement celui du Titien. Gravé dans la même année et dans la même manière que le sujet tiré de l'Arioste. Tout le monde convient que l'un et l'autre sont de Corneille Cort.

— St Laurent étendu sur un gril pour y souffrir le martyre. Gravé au burin par Corneille Cort en 1571, d'après le celèbre tableau du Titien, qu'il peignit par ordre de Philippe second pour le monastère de l'Escurial. L'estampe en est très bien exécutée ; elle a été faite sous les yeux du peintre. — Philippo Hispaniarum regi dicatum. — Il y en a aussy un tableau à Venise, qui est original du Titien ; il est dans l'église des Jesuites, — mais le fond est different.

— St Nicolas, evêque de Myre, accompagné de l'apostre St Pierre, de Se Catherine, de St François, de St Antoine de Padoue et du martyre St Sebastien, la plus part de ces saints considerans la Se Vierge qui est assise dans le ciel, où elle tient sur ses genoux l'enfant Jésus. Dessiné et gravé à l'eau forte par Valentin le Febre, d'après un des plus fameux tableaux du Titien qui est dans l'église de St Nicolas de' Frari, à Venise. — M. Crozat a une première pensée à la plume de la partie inférieure de ce tableau, qui est merveilleuse pour le grand goût et la fermeté. — Ce beau dessein fait aujourd'hui partie de ma collection. — La partie inférieure de ce même tableau où sont représentés St Nicolas et les autres saints, dont il est accompagné, gravée en bois par un anonyme. L'on prétend que le Titien en avoit luy même dessiné le trait sur le bois, et que c'est ce qui fait qu'elle est exécutée avec tant de fermeté. — Sans aucuns noms ny marques d'artistes. C'est Vasari qui dit, dans la vie du Titien, que ce peintre dessina ce sujet sur le bois et le fit ensuite graver. — Il est remarquable que la tête du St Sebastien, qui apparemment n'avoit pas été du goût du Titien, a été reformée depuis ; quand on y prend garde, on s'aperçoit du morceau de bois rapporté. — Une autre estampe semblable à la précédente pour le sujet, celle cy ayant été aussy gravée en bois par André Andreani de Mantoue, qui réussissoit parfaitement dans cette sorte de travail. Cette excellente pièce en est une preuve. — Titian inven. A A (*en monog.*) intagliat. Mantoano a Fabio buon nobil Senese. Quoyque la pièce précédente soit bien exécutée, celle cy me paroit encore mieux ; elle est tournée de l'autre côté et il n'y a point de fonds, au lieu qu'il y en a un à l'autre. Même grandeur que l'autre planche en bois.

— St Pierre, martyr, de l'ordre de St Dominique, mis à mort par un assassin aposté par des hérétiques. Dessiné et gravé à l'eau forte par N. Cochin, d'après le celebre tableau du Titien qui est à Venise dans l'église de St Jean et Paul. — Une autre estampe du même tableau, gravée à l'eau forte par Jean Baptiste Fontana ; celle cy est la moins fidèle et ne paroist même avoir été faite que sur un dessein. — Une troisième gravée au burin, avec un grand soin, par Martin Rota. — Ce mesme tableau, gravé pour la quatrième fois, celle cy à l'eau forte par Valentin le Febre ; c'est, de toutes les estampes qui ont été gravées d'après cet excellent morceau, celle qui est le mieux exécutée. — M. Crozat a deux premières pensées à la plume, que le Titien a faites pour ce tableau ; elles sont merveilleuses. — Je les ay eu.

— Ce mesme sujet, d'une composition différente. — Le saint est representé écrivant sur là terre avec son doigt : ·*Credo*. — Peint par le Titien pour le pape Pie V, et gravé pour Luc Bertelli par un anonyme, — que je crois, à n'en presque pas douter, estre Gaspar ab avibus, ou Oselle, de Citadella.

— La belle estampe de S. Roch, gravée en bois, que nous avons, n'est pas entière. Le sujet principal, qui représente le saint debout, attentif à la voix d'un ange, est renfermé, dans une espèce de bordure, dans laquelle sont disposés, à droite et à gauche, de chaque côté, quatre petits sujets de la vie du saint. Dans le bas est une oraison en l'honneur du saint, quelques figures d'ex-voto, un tronc sur lequel est écrit : LIMOSINA PER LA FABRICHA, et, de chaque côté de l'oraison, la marque de la confrérie de Sᵗ Roch S R (*avec un bourdon au milieu*). Il ne s'y trouve aucun nom ny marque de graveur.

— Ce que nous avons de cette estampe de S. Roch en est la principale partie ; elle se trouve entière chez le Roy dans l'œuvre du Titien. Elle a 20° 8′ h., 15° tr. — Apparemment. que cette estampe fut faite lorsqu'on entreprit de bâtir la fameuse école de S. Roch, et qu'on la distribua pour exciter les fidèles à cette bonne œuvre. Il est à remarquer que ce fut des aumônes qui se firent à l'occasion du fameux tableau du Titien, qui représente Jesus portant sa croix (1), que cette

---

(1) Voir plus haut, p. 309-310.

église fut en partie batie. Toutes ces particularités font connoître que cette estampe doit être bien rare, comme elle l'est
en effet.

— S¹ Sebastien attaché à un tronc d'arbre, le corps percé
de fleches. Gravé au burin par un des fils de Raphaël Sadeler. Cette figure est tirée d'une plus grande composition. —
Raphaël Sadeler excud. Je la crois gravée par celuy de ses
enfans qui se nommoit Jean. Le fonds de paysage, qui est
adjouté, n'est pas du Titien, quoyque fort bien touché.

— Le mariage de S⁰ Catherine, gravé en bois d'après le
Titien. Ridolfi en fait mention dans la vie de Titien; c'est de
cette estampe qu'il veut parler, qu'il dit avoir été gravée
d'après la peinture en clair obscur de Titien, qui est au tombeau du Trevisani, dans l'église de S. Jean et Paul à Venise.
Mais il pouvoit mieux s'expliquer et dire qu'elle avoit été
gravée d'après un dessein de Titien, différent de ce qu'il a
peint. En effect, à l'exception du groupe de la S⁰ Vierge et
de S⁰ Catherine, il n'y a rien de semblable dans la peinture;
les deux anges ni le S. Joseph ne s'y trouvent point, et
en place sont deux religieux dominicains. La forme en est
encore différente; l'estampe est un quarré oblong; la peinture est en demy ceintre, ce qu'on appelle *lunette*, et est
placée au dessus du tombeau; elle a environ sept quarts de
brasse de haut et 10 de large dans sa base. Au resté, la peinture a tellement souffert de l'humidité qu'elle est fort endom-
magée, et même au point qu'elle avoit échappé à un de mes
amis que j'avois chargé d'en faire la perquisition dans l'é-
glise de S. Jean et Paul. Je dois tout ce détail à M. Bernard
Cavagni, recteur de l'hopital..... à Venise; il me l'a communiqué par le moyen de M. Zanetti, en 1731.

— S⁰ Madeleine retirée dans le désert et y pleurant ses
péchés en levant les yeux au ciel, en demy corps. Gravé au
burin par Corneille Cort en 1566, sous la conduite du Titien.

— Les noms des artistes y sont. — Ce tableau fut peint pour le roy d'Espagne, et il y en doit avoir un en Espagne. L'on en trouve encore plusieurs autres du Titien même; celuy qui est à Venise dans le palais Barbarigo della Terrazza est un des plus beaux. — Autre estampe gravée au burin par Dominique Tibaldi. — *Tic. inve.*, avec la marque du graveur; appresso il Bendolo libraro di Bologna. Elle est bien dessinée et tournée de l'autre côté que celle de C. Cort.

— Le buste de cette même sainte, peint par le Titien d'après nature, pour son étude particulière, et qu'on prétend luy avoir servi de modèle pour tous les tableaux où il a peint dans la suite la même figure de Madelaine. Ce précieux tableau appartenoit au marquis del Carpio lorsque l'estampe en fut gravée à Rome au burin par Arnould van Westerhout, — de l'ordre du marquis del Carpio.

— S^e Madelaine penitente, en demie figure, mais différente de celle qu'a gravée C. Cort. Gravée au burin par Henry Danckers, — Hagæ-Batavus, — d'après un tableau du Titien du cabinet du comte de Pembrock. La manière du Titien y est horriblement deguisée et le dessein en est fort altéré.

— Les amours des dieux, représentés en une suite de neuf tableaux peints par le Titien sur une tenture de cuir doré, chaque sujet étant renfermé dans un cartouche, ou bordure d'ornemens, semblable à celle qui sert de frontispice à la suite d'estampes qui ont été gravées en manière noire à Londres, par Jean Smith, en 1708 et 1709, d'après ces tableaux; ils se conservent en Angleterre dans le palais de Blenheim, appartenant à milord duc de Malborough. — Quoyque l'on dise de ces tableaux, l'invention n'en est pas du Titien, puisque ce sont les mêmes sujets et les mêmes compositions dont on a des estampes gravées par Caralius, d'après Perin del Vague. Seroit-ce que le Titien se seroit as-

.sujetty à peindre d'après ces desseins, en ajoutant seulement quelque chose du sien, car il se trouve icy des amours qui sont de son goût et de sa manière, et qui ne sont pas de P. del Vague. Il faudroit voir les tableaux pour en mieux juger.

— Venus se regardant dans un miroir que luy présente l'Amour en demy corps. Gravé à l'eau forte par Luc Vorsterman le jeune, d'après un tableau de la galerie de l'archiduc Leopold. — Le Titien a peint plusieurs fois ce même tableau. Il y en a un chez Don Livio Odescalchi, qui vient de la reyne Christine de Suède, et un autre parfaitement beau dans le palais de Barbarigo della Terrazza, à Venise.

— La déesse Venus couchée sur un lit. Gravé à l'eau forte par P. Soutman. Cette estampe est gravée de chair, et le clair obscur y est mis avec beaucoup d'intelligence, mais elle est dessinée dans le goût flamand, et nullement dans celui de Titien.

— Venus tachant de retenir Adonis qui s'en va à la chasse où il doit être tué par un sanglier. Gravé, les figures au burin et le paysage à l'eau forte, par un anonyme ; le Titien peignit ce tableau pour Philippe second, roy d'Espagne ; c'est un de ceux qui luy a donné le plus de réputation.

— Une autre estampe de ce même tableau, gravée au burin à Venise en 1559, par Jules Sanuto. — A peu près dans le même temps que le Titien peignit le tableau ; elle n'est pas trop bien exécutée non plus que la précédente. — Lodovico Dolce, dans son dialogue intitulé *l'Aretino,* qui a paru à Venise en 1557, fait mention de cette estampe. Il dit qu'elle estoit preste à paroistre dans le temps qu'il écrivoit son livre.

— La suite des Amours rassemblés dans une campagne agréable, autour de la statue de Vénus, les uns s'occupans à ramasser des fruicts, d'autres à les cueillir, quelques uns s'embrassans tendrement, et d'autres essayans sur eux mêmes le pouvoir de leurs flèches. Ce tableau, que le Titien avoit encore peint pour le duc de Ferrare, a été gravé à l'eau forte à Rome par Jean André Podesta, en 1636. — Rossi dit encore dans son catalogue que ce tableau est présentement en Espagne.

— Bachus, à son retour de la conqueste des Indes, rencontrant dans l'île de Naxos Ariadne abandonnée par Thésée. Gravé à l'eau forte à Rome, en 1636, par Jean André Podesta, d'après le fameux tableau que le Titien avoit peint pour Alfonse, premier duc de Ferrare, — et qui se trouve, ce me semble, au palais Pamphile (1).

— Une bacchanale, où l'on voit sur le devant une femme endormie, et plus loin diverses personnes de la suite de Bacchus, qui celebrent ses festes. Gravé à l'eau forte par Jean

---

(1) A la fin du dix-huitième siècle, il était encore à Rome dans la villa Aldobrandini ; de là il passa en Angleterre, et c'est à M. Hamlet que le gouvernement anglais a acheté en 1826, pour la *National gallery*, cet admirable tableau. Ariadne, tenant le bout d'une robe bleue, va tourner devant les panthères arrêtées, qui traînaient le char de Bacchus, et celui-ci qui lève le bras en tournant va descendre par-dessus l'une des roues, avec un mouvement étrange et d'une ivresse divine. Autour du char se voit une bacchante tenant un tambour de basque, une autre, dont la robe ouverte laisse voir la jambe nue, agite des cymbales ; un psylle nu a le corps entouré de serpents, qu'il serre dans ses mains ; un satyre à cuisses velues, et portant un thyrse, tient élevée de la main droite la jambe d'un veau mis en pièces ; un enfant-satyre en traine à terre la tête, après laquelle aboie un chien. Ceci est le groupe principal, et vers les arbres du fond se trouve un autre groupe de bacchants autour de Silène, soutenu sur son âne par un suivant. La gauche du fond se termine par un coin de mer bleue arrondie en golfe. Paysage, mouvements, couleurs, tout est admirable dans cette ardente invention qui est aussi élégante que vigoureuse ; et ce sont ces tableaux de chevalet du Titien, qui ont eu tant d'influence sur les bacchanales du Poussin. En réalité, il doit même bien plus au maître vénitien qu'à Raphaël. Non-seulement il a connu ce tableau qui était à Rome, mais il est curieux de remarquer que son maître d'école des Falisques rappelle la pose du psylle entouré de serpents. — Cf. Le Vasari de Florence, XIII, 24 à la note.

André Podesta, d'après un tableau du Titien, de la plus grande reputation, qu'il avoit encore peint pour Alfonse I, duc de Ferrare. — Rossi dit, dans son catalogue, que ce tableau est présentement en Espagne.

— Ganimède enlevé dans l'Olympe par l'aigle de Jupiter. Gravé à l'eau forte et terminé ensuite au burin par G. Audran, d'après le tableau octogone du Titien, qui paroit avoir été fait pour un plafond. — Il est presentement à Rome, dans le palais du connetable Colonne, ce tableau étant venu en la possession de ce seigneur par le mariage qu'il a contracté avec l'heritiere de la maison Salviati (1).

— Danaé recevant Jupiter transformé en pluye d'or. Gravé au burin par un anonyme. — Ridòlfi, parte prima, p. 177, vie du Titien, fait mention d'une Danaé dont il y a une estampe, et dont le tableau est chez l'empereur. Seroit-ce celle cy? Il n'y a aucuns noms de maîtres, mais je la crois gravée par le même qui a gravé les Cyclopes, et peut estre qu'une resurrection d'un goût extravagant et quelques pièces de la même manière que l'on attribue à M. Rota ne sont pas de M. Rota, mais de ce graveur cy. — Il y a encore celle qu'a fait graver M. Crozat, une assez mauvaise, gravée au burin chez Richer, une à l'eau forte où est un amour au pied d'un lict, d'après le tableau qui étoit à Parme et à présent chez le roy de Naples; la même par Strange.

— M. Strange vient de mettre au jour à Londres, en 1768, deux estampes gravées avec tout le soin dont il est capable, d'après deux des plus fameux tableaux du Titien que l'on

---

(1) Maintenant à Londres à la *National gallery*, qui l'a reçu avec la collection Angerstein. Ganymède est couché sur l'aigle et ne s'y appuie que d'un bras, et de telle façon que si l'aigle était enlevé, Ganymède volerait encore. Beau tableau, mais saturé de vernis.

connoisse en Italie. L'un est cette femme nue et couchée sur un lit, dont le tableau, qui avoit autrefois été gravé par Th. Vercruys pour la suite des tableaux du grand-duc, est d'une fraîcheur et d'une vérité de couleur dont rien n'approche. L'autre est une Danaé, dont le tableau, qui vient de la succession Farnèse, est actuellement à Naples. On y voit sur le pied du lit un amour debout. Il y en a une estampe gravée à l'eau forte.

— Diane ordonnant à ses nymphes de depouiller Calysto. Gravé au burin par Corneille Cort en 1566. — *Titianus* 1566 ; le nom de Corn. Cort n'y est pas, — c'est à dire dans le tems qu'il étoit chez le Titien. Ce tableau est présentement dans le cabinet de l'empereur. — Il y en a un semblable au Palais Royal.

— Prométhée attaché sur le mont Caucase, où il est dechiré par un vautour. Cette excellente pièce a été gravée par Corn. Cort en 1566, sous la direction du Titien. — J'en ai un dessein original du Titien et qui est de toute beauté, aussi sçavamment dessiné que l'auroit pu faire Michel Ange.

— Les Cyclopes forgeans des armes sur le mont Etna. Ce sujet est l'un des trois que le Titien avoit peint dans le plafond du palais public de la ville de Bresse, qui fut consumé depuis par un embrasement — arrivé le 18 janvier 1570, voyez *Pitture di Brescia*, p. 56, — et le seul qui ait été gravé. Il l'a été au burin en 1572, par un anonyme, car il ne faut pas croire qu'il ait été gravé par Corneille Cort, à cause que l'on a mis son nom après coup au bas de la planche. La manière dont cette pièce est exécutée fait connoistre assez clairement la supposition. — Il y a au bas un lyon, qui sont les armes de Venise. Aussy ce sujet représente-t-il d'une façon allégorique les armes que l'on fabrique à Bresse pour le service de la republique de Venise. Quoy qu'il en soit, l'on trouve sur une pierre la date 1572, et au bas de la planche : *Cornelio Cort fe.;* mais, outre que cette planche n'est pas assez bien exécutée pour estre de luy, si on l'examine de près on remarquera dans une ombre, derrière la queue du lyon, cette marque $\frac{M}{F}$, qui est certainement celle du veritable graveur. J'en ignore le nom, car je ne croy pas que ce soit Martin Rota, quoyque la gravéure soit de sa manière, la planche n'étant pas gravée avec assez de propreté et de soin pour me paroistre de luy. Jusqu'à présent je l'avois toujours entendu donner à C. Cort, peu de gens ayant fait la remarque que je fais. — Elle est certainement du même qui a gravé le Marsias, la resurrection et les portraits d'Alexandre et Cosme de Medicis, que l'on dit estre de Martin Rota (1).

— Un jeune homme accompagné d'une femme couronnée de fleurs, qui tient un chalumeau et qui est assise auprès de luy dans un paysage où sont aussi représentés trois amours couchés par terre au pied d'un tronc d'arbre. L'on ne sçait sur quel fondement l'on prétend que le Titien a voulu représenter par là la Jeunesse et l'Enfance. Ce qui est de certain, c'est que le tableau est un des plus beaux qu'il ait fait. Il a appartenu à la reyne Christine de Suède, et l'estampe a été gravé à l'eau forte par V. le Febre (2).

— Des chasseurs entrans dans un bois où l'on remarque un satyre qui s'entretient avec un homme qui tient des

---

(1) Elle est de Melchior Meier. Voir dans ce volume l'article Rota, p. 27 et 32.

(2) Dans ses Notices et extraits de manuscrits relatifs à la France, qui se trouvent en Suède, M. Geoffroy a donné (p. 117-93 du tirage à part) l'inventaire du cabinet de la reine Christine ; mais cet inventaire bizarre, et écrit dans un français par trop suédois, permet bien rarement de se reconnaître, et nous trouvons trop d'articles auxquels on pourrait rapporter ce tableau pour oser en citer un seul.

fruits, pendant qu'un autre satyre surprend une nymphe endormie; sans aucuns noms d'artistes ; gravé à l'eau forte par Michel Corneille sur un dessein du Titien ; c'est une des pièces de la suitte des paysages de Jabach. — Ce tableau du Titien est chez le Roy (1); c'étoit un des plus beaux, mais, ayant été gaté en voulant le racommoder, il a été repeint par M. Coypel (Antoine).

— Un singe et ses deux petits environnés de serpens, dans l'intention du celebre groupe de Laocoon et de ses deux enfans, qui est à Rome, gravé au burin par un anonyme. *Titi. in.* — Une autre planche de ce même dessein, gravée en bois. A celle-cy, qui est certainement l'originale, il n'y a aucuns noms d'artistes, et l'on ne comprend pas bien quelle a pu être l'idée capricieuse du Titien en faisant ce dessein. — On ne comprend pas bien quelle a été l'intention du Titien en produisant ce dessein burlesque. Ce n'étoit certainement pas pour tourner en ridicule et depriser un morceau de sculpture qu'il estimoit; l'on a des preuves qu'il en avoit fait une étude particulière (2).

— Milon le Crotoniate dechiré par un lyon. Gravé en bois par un anonyme, sur le propre dessein du Titien. — Je ne l'ai jamais vu imprimé en clair obscur; à en juger par la planche, il y a cependant toute apparence qu'il devoit y en avoir au moins une autre pour les rehauts de blanc, et que cela entroit dans le dessein de celui qui l'a gravé; sans doute que ce projet n'a pas eu d'exécution.

---

(1) Livret de l'École italienne, 5e éd., n° 468.
(2) Cette caricature ne se doit pas rapporter au Laocoon antique, mais plutôt à celui de Bandinelli (Vasari, éd. Lemonnier, X, 303), et dans ce cas il serait plus naturel de la croire, non de Titien, mais de quelque artiste florentin, ennemi du Bandinelli, qui en avait assez pour qu'on se trouve embarrassé de choisir.

— Tarquin surprenant Lucrèce dans le lict et l'obligeant, un poignard à la main, à lui laisser satisfaire sa passion. Gravé au burin par Corneille Cort, en 1571. — Il y en a un tableau chez le roi; mais est-il original ou seulement retouché par le Titien?

— Les portraits des douze premiers empereurs romains, représentés en demy corps en douze pièces gravées au burin par Gilles Sadeler, d'après les tableaux du Titien. Les noms des artistes y sont. — Titien les avoit faits pour Frederic Gonzague, duc de Mantoue; mais ayant passé depuis en Angleterre, ils y perirent dans les desordres des guerres civiles en 1648. — Ils furent achetés pour l'Espagne, et ils doivent s'y trouver dans la collection royale. — Ceux des douze impératrices, leurs épouses, représentées pareillement en demy corps en douze pièces gravées au burin par le même Gilles Sadeler, d'après des desseins que l'on pretend estre du Titien. — Le nom de G. Sadeler y est, mais pour celuy de Titien il n'y est pas, et je n'oserois pas asseurer qu'il en fût l'inventeur, quoyque ce soit l'opinion commune. Ridolfi ny aucun de ceux qui ont écrit la vie de Titien n'ont parlé de ces tableaux.

— Roger, monté sur l'ippogriphe, delivrant Angelique exposée à un horrible dragon. Gravé au burin par Corneille Cort en 1565, sous la direction du Titien, qui en avoit fourni le dessein, en ayant pris le sujet dans le poëme de l'Arioste. — Ridolfi et beaucoup d'autres ont nommé cette pièce l'Andromède. mais c'est bien mal à propos. Au bas, l'année et le nom du Titien seulement, sans celuy de C. Cort. Si l'on examine cette pièce avec attention, l'on remarquera que, quoyqu'elle soit gravée avec art, il s'en faut pourtant beaucoup qu'elle ait la même liberté que les autres estampes qui ont été gravées en Italie par le même C. Cort. Le paysage surtout est d'un homme qui cherche à se defaire d'une mauvaise manière qu'il avoit prise chez luy pour prendre la belle manière de feuiller du Titien. Il y a même certains endroits faits avec peine. Aussi cette pièce est-elle, à mon avis, la première, ou du moins la deuxième, que C. Cort a gravée en Italie. — J'ay le dessein même du Titien sur lequel cette estampe a été gravée. Il est de la plus grande beauté.

— Le combat donné à Cadore entre les Vénitiens et les Impériaux. Ce tableau avoit été peint par le Titien dans la salle du grand conseil à Venise, et il y fut brulé lors de l'incendie du palais. Jules Fontana en a gravé à l'eau forte l'estampe qui se trouve icy. — Vasari nomme cette action la déroute de Giaradda (1).

— Bindo Altoviti, appuyant l'une de ses mains sur un livre fermé. En demy corps, gravé à l'eau forte par Hollar en 1649, d'après le tableau du Titien peint en 1523. — J'en ay veu des épreuves avec l'inscription différente; l'on y a mis à la place le nom de *monsignor della Casa*.

— Le portrait du celebre Pierre Aretin, en demy corps. Cette pièce est une des plus rares de Marc Antoine. C'est la mieux gravée, la plus terminée et en même temps la plus artiste de toute son œuvre. On y trouve sa marque dans une ombre du fonds, à main droitte, et, quoyque l'on n'y voye point de nom de peintre, l'on est cependant asseuré qu'elle a été exécutée d'après le tableau du Titien, qui estoit intime amy de l'Aretin.

Petrus Arretinus, acerrimus virtutum ac vitiorum demonstrator.

Non manus artificis mage dignum os pingere, non os
    Hoc pingi poterat nobiliore manu.
Pellæus juvenis, si viveret : « Hac volo destra
    Pingier; » hoc tantum diceret ore cani.

---

(1) Ou plutôt de Chiaraddada; éd. Lemonnier, XIII, p. 28.

— Hollar a gravé le même portrait avec le ñom du Titien.

— Charles, duc de Bourbon, conestable de France, tué au siége de Rome en 1527, en demy corps (1). Gravé au buriñ par Luc Vorsterman, d'après le tableau du Titien qùi étoit pour lors dans le cabinet du comte d'Arondel, en Angleterre. — Le Titien peignit ce tableau en présence de Charles V, ainsy que l'aprend l'inscription qui est au bas de la planche.

— La Valeur de l'empereur Charles Quint venant, accompagné de la Paix, au secours de la Religion, qui est attaquée par l'hydre de l'Hérésie. Gravé à l'eau forte par Jules Fontana. — Ce tableau — peint pour l'empereur par le Titien — est en Espagne ; il est dans un des chapitres du monastère de l'Escurial. Voyez la description de ce monástère.

— La famille Cornaro, fameux tableau du Titien, qu'on dit être d'une beauté surprenante et qui est à Londres dans le cabinet du duc de Sommersét (Charles Seymour). Gravé à Londres par Bernard Baron en 1732, tellement dans la manière de M. Dorigny, je veux dire celle des Cartons, qu'on prendroit cette planche pour être de ce dernier. Ce n'est pas en faire l'éloge, car cette manière grossière de graver ñ'est guère propre à exprimer la fraicheur du pinceau du Titien. La composition du tableau consiste en trois senateurs de la famille Cornaro qui, à genoux devant un autel, adorent la croix qui y est exposée. D'un côté du tableau, au pied de l'autel, sont trois enfans de la même famille, avec un chien, et au côté opposé trois autres jeunes gens à genoux. Cette composition n'est pas fort brillante. La couleur fait sans doute le principal mérite de ce tableau (2).

---

(1) Voir ce volume, p. 34, et le Brantôme de la Bibliothèque elzévirienne, I, 327, à la note.
(2) Il est encore dans l'hôtel du duc de Sommerset, au coin de la rue du Parlement et de la place de Trafalgar.

— Alfonse d'Avalos, marquis du Guast, accompagné d'une femme que l'on dit estre sa maitresse, et à qui Vénus et l'Amour viennent faire hommage. En demy corps. Gravé au burin par Michel Natalis ; ce tableau du Titien est présentement dans le cabinet du roy de France (1). — C'est la femme du marquis del Vasto ou del Guast ; elle se nommoit Marie d'Arragon, et c'étoit une beauté.

— Une autre estampe d'un tableau du Titien, semblable au précédent, lequel est à Bologne chez le marquis Orsi. Gravé à l'eau forte par Mattioli, si on en croit l'inscription qui est au bas de la planche, mais qui est certainement de Joseph Crespi, dit l'Espagnol, qui, toutes les fois qu'il a gravé, a emprunté le nom de Matioli, parce qu'il ne vouloit point passer pour graveur (2).

— Antoine Palavicini, cardinal du titre de S⁰ Praxède, représenté assis dans un fauteuil, en demy corps. Gravé au burin par Arnoud de Jode. — Ce tableau appartenoit pour lors à Vandeick ; il est présentement dans la galerie de M. Crozat, à Paris.

— L'éveque de Polo et d'autres personnes de la famille Pesaro, implorans l'assistance de la S⁰ Vierge, qui est assise sur un piédestal elevé, au bas duquel sont représentés l'apotre Sᵗ Pierre, Sᵗ Theodore, Sᵗ François et Sᵗ Antoine de Padoue. Ce tableau, l'un des plus beaux qu'ait peint le Titien, se trouve à Venise dans l'église des Franciscains, surnommée de' Frari ; il a été dessiné et gravé à l'eau forte par Noel R. Cochin. — Le prélat nommé ici fit faire ce tableau en mémoire d'une victoire qu'il avoit remportée sur les Turcs.

---

(1) Livret de l'École italienne, 5ᵉ éd., n° 470.
(2) Bartsch ne l'a pas indiquée dans ses catalogues de Crespi et de Mattioli. Tome XIX.

— Le Titien considerant sa maitresse qui s'appuye sur une boette dans laquelle est renfermée une teste de mort. Gravé à l'eau forte par A. Pauli, d'après un parfaitement beau tableau de Titien; les figures y sont représentées en demy corps. A Bonenfant exc. — Il y en a une très belle estampe gravée par Antoine Van Dyck; celle ci n'en est même, à ce que je croy, que la copie.

— Il y a dans le recueil des lettres de l'Arétin une lettre de cet écrivain adressée à : un maestro Giovanni Tedesco che poneva il ritralto di Tiziano in stampa, et la lettre est datée de l'année **1550**. Cet Allemand lui demandoit un sonnet pour accompagner son estampe, et l'Aretin le lui envoya avec sa lettre. Je ne sçais, au reste, quel est l'artiste qui est désigné ici, ni ne connois aucun portrait de Titien gravé par un tel maitre. Voudroit-il parler de Jean de Calcar, qui en effet étoit Allemand et disciple du Titien, et à qui le Vasari attribue les figures d'anatomie du Vesale. J'y vois quelque apparence.

— André Vesale, de Bruxelles, si celebre par ses ouvrages sur l'anatomie, représenté en demy corps, faisant une demonstration de l'anatomie du bras. Gravé en bois en **1542** par un anonyme. L'on doute que ce soit d'après le Titien, car, quoyque toutes les figures du livre d'anatomie de Vesale où se trouve ce portrait passent pour estre du Titien, il est cependant indubitable qu'elles sont d'un de ses disciples nommé Jean Calker, Flamand.

— *Le portrait en pied de Dieudonné de Gozon.* — **1140** liv. Hout. On ne peut rien de mieux peint que l'enfant et le chien, mais l'attitude de l'homme et son habillement sont déplaisans. Je ne voy point sur quel fondement on a adapté cette fable à ce tableau. Il n'y a pas le moindre rapport entre l'un et l'autre. C'est tout simplement le portrait d'un homme qui s'est fait representer en chasseur et accompagné de son chien. Gozon est mort en 1353, et le Titien est né en 1477. (*Catalogue Tallard*, nᵒ 82.)

— Isabelle d'Est, epouse de François de Gonzague, marquis de Mantoue ; elle est en demy corps et est representée assise dans un fauteuil et coiffée en cheveux d'une manière toute singulière. Cette estampe a été gravée à l'eau forte par Fr. vande Steen, d'après le tableau qui estoit alors dans le cabinet de l'archiduc Leopold. — Il n'y a au bas aucune inscription, mais celle qui est au bas de l'estampe de Vorsterman fait connoître le nom de cette princesse. — L'estampe de Vorsterman est gravée sous la conduite de Rubens ; aussy est-elle exécutée avec toute l'intelligence qui se peut desirer.

— Portrait d'une princesse dont on ignore le nom ; elle est assise dans un fauteuil et sa coeffure en cheveux est à peu près semblable à celle de la marquise de Mantoue, mais son habit est bien plus singulier ; c'est une étoffe blanche, presque toute garnie de galons noirs entrelassés les uns dans les autres. Elle est en demy corps, et l'estampe en a été gravée au burin par un maitre anonyme. Du cabinet de Reinst. — La graveure a quelque chose de celle de Th. Matham. — Ce portrait doit être celui d'Isabelle d'Est, épouse de François de Gonzague, marquis de Mantoue, et il a deu estre peint par Jules Romain, et non pas par le Titien. Voicy sur quoy je fonde ce sentiment. M. Crozat a, dans ses desseins, une étude de cette femme qui est representée dans le fond de ce tableau levant une portiere, et cette étude est, à n'en point douter, de Jules Romain. Cette circonstance emporte necessairement avec soy que tout le tableau doit estre de Jules Romain, qui, comme on sait, étoit au service du marquis de Mantoue, mary de cette princesse.

— Laure Eustochia, — le Vasari la nomme ainsi, — épouse d'Alfonse, premier duc de Ferrare, accompagnée d'un page sur lequel elle s'appuie. En demy corps. Gravé au burin par

Gilles Sadeler, d'après le tableau qui est présentement chez l'empereur. — Sadeler n'a point mis de nom à ce portrait, mais il est certain que c'est celuy de la duchèsse de Ferrare; Ridolfi le dit ainsy.

— Une jeune fille portant des melons dans un bassin, ce qui est, à ce que l'on prétend, le portrait de Cornelie Vecellia, fille du Titien; elle est en demy corps et a été gravée à l'eau forte par W. Hollar. — Au bas : Johannina Vesella pictressa filia prima da Titian; mais tout cela est plein de fautes; voyez Ridolfi, parte prima, p. 175.

— La déesse Flore, ou plustost le portrait de Violante, maîtresse du Titien, représentée en demy corps, dessiné et gravé à l'eau forte par Joachim Sandrart, et terminé ensuite au burin d'après le tableau original du Titien, — in ædibus Alph. Lopez.

— Femme vénitienne accommodant sa coiffure à l'aide de deux miroirs que tient un homme, dont elle est accompagnée; en demy corps. Gravé à l'eau forte par Henry Danckers. — C'est, à ce que l'on m'a asseuré, Violante, maitresse du Titien, qui accommode sa coiffure, et le Titien son amant qui tient les miroirs. Le tableau est chez le roy de France (1).
— Violante, maitresse du Titien, étoit la fille du vieux Palme. Voyez Boschini, Carta del navegar pittoresco, p. 369. -

— Un soldat habillé à la grecque, regardant avec frayeur un horrible dragon étendu sur le sable dans un paysage, où l'on voit dans le fond un vieil chateau et quelques maisons bâties sur un rocher au bord d'une rivière. Cette pièce, qui est gravée à l'eau forte, passe pour être, non seulement de l'invention du Titien, mais encor de sa graveure. — Cependant, quoyque cette pièce soit touchée avec autant d'art que

(1) Livret de l'École italienne, 3ᵉ éd., n° 47.

de précision et qu'on ne puisse mieux imiter la manière du Titien, il me semble qu'on ne peut pas dire qu'elle soit gravée par ce savant peintre. Je la crois plustost d'un de ses disciples qui a gravé tous les autres paysages dont l'on attribue la graveure au Titien, et je tiens que c'est celuy qui a marqué quelques unes de ses pièces de la marque D. B.

— Un autre paysage, que l'on appelle celuy au gardeur de cochon, parce que l'on y trouve un pasteur qui dort près d'un troupeau composé de moutons, d'une chevre et d'un cochon. C'est encore un des plus beaux de l'œuvre du Titien. On prétend qu'il est de sa gravure et de son invention. — Il paroist gravé de la mesme main que le précédent. Cependant on y lit au bas : Ex divino Titiani exemplare exemplum. Cela voudroit-il dire que c'est une copie d'un excellent dessein du Titien, ou bien que c'est une épreuve de la planche de ce grand maître. Elle est gravée à l'eau forte. — Une copie de cette estampe gravée à l'eau forte par Valentin le Febre. — Une autre de cette mesme composition gravée à l'eau forte par un François dont on ignore le nom, d'après un dessein du Titien. — Je remarque que c'est sur un dessein, car ce n'est certainement pas d'après l'estampe du Titien que celle cy a été gravée.

— Autre paysage dans lequel sont représentées deux femmes nues, l'une assise au bord d'une rivière, et l'autre qui est entrée dans cette même rivière, d'où elle retire un poisson. Gravé à l'eau forte, quelques uns croient par le Titien même, mais il est certain qu'il n'en est que l'inventeur. — Au bas : Ex Titiani exemplare exemplum. — Au lieu d'*exemplum*, on lit sur l'épreuve que j'ai : *corruptum* (1), et je crois

---

(1) Il est plus probable qu'il doit y avoir *correptum*, pris, copié, ou réduit d'après le dessein du Titien.

m'être trompé en écrivant *exemplum*. — Elle me paroit du même qui a gravé le paysage au dragon, quoiqu'elle ne soit pas si bien exécutée.

— Deux autres paysages de même forme, où dans l'un sont représentées des ruines d'édifices antiques sur le sommet d'une colline au pied de laquelle sont des bergers près de leurs troupeaux, et le second représente un village situé au bord d'une rivière dans laquelle sont bâtis plusieurs moulins construits de planches. L'on y remarque aussi deux hommes qui y font abreuver leurs chevaux. Ces deux paysages sont de la même main. Ils sont gravés au burin par un anonyme. Les desseins en sont du Titien. —Au premier : Apud Camocium ; au 2ᵉ : apud Gio. Franᵒ Camocio. Je ne connois pas le graveur ; il me paroit que le fonds d'eau forte étoit très bien touché, mais ce qui a été fait au burin gâte tout ; ce graveur qui a retouché ces deux paysages étoit bien peu habile.

— Autre, où sont plusieurs satyres, dont il y en a un qui grimpe à un arbre pour en cueillir des fruicts. L'on trouve deux estampes différentes de ce beau paysage du Titien. Ce ne sont point des copies l'une de l'autre ; elles ont été gravées en differens tems, et toutes deux par d'excellens maistres. L'une est gravée avec plus de fermeté, la touche du paysage en est plus légère, les figures même mieux dessinées et avec plus de caractère. Cependant l'autre a toujours passé pour être gravée par le Titien même, et l'on n'en trouve que difficilement des epreuves ; mais, quoy qu'il en soit, l'on croit avec plus de vraisemblance que ny l'une ny l'autre de ces deux estampes ne sont gravées par le Titien ; il en a seulement donné le dessein, qui a été ensuite gravé par ses disciples ou par d'autres Venitiens très habiles. — A celle qui est touchée avec le plus de fermeté, on trouve au bas : Nicolas Calogii formis. Si des deux estampes il y en avoit une gravée par le Titien, ce devroit estre, ce me semble, celle-cy. A l'autre, qui est la plus rare, il n'y a aucune marque, ny nom de marchand ; on en peut faire la différence d'avec l'autre, non seulement parce qu'elle est gravée avec une pointe plus fine et avec un plus grand nombre d'hacheures, mais encore parce qu'il se trouve un canard représenté sur l'eau, ce qui n'est pas dans l'autre. Il s'y trouve encor, outre cela, plusieurs autres differences.

— Une autre, dans lequel est représenté un écuyer qui conduit un cheval par la bride à une descente, celuy qui doit monter ce cheval étant assis d'un autre coté. L'invention en est du Titien, et la graveure en est aussy de lui ; c'est un des plus considerables de son œuvre, et en même temps un des plus beaux paysages qui aient jamais été gravés. — Au bas : Ticianus manu propria. Il est à l'eau forte. — Bien que le nom du Titien s'y trouve au bas d'une manière qui designe, à n'en point pouvoir douter, que la graveure est de luy, j'en doute pourtant ; je la crois d'un de ses disciples d'après luy. — Je suis comme assuré que la graveure est de Batista Franco.

— Une autre planche de ce même paysage, gravée à l'eau forte par un des disciples de Titien ; elle est si bien exécutée qu'on la prend très souvent pour l'originale. — Elle est tournée de l'autre coté, c'est à dire que le cheval est placé du coté droit de la planche. Il n'y a au bas ny nom ny marque aucune ; je la crois pourtant de ce graveur qui marquoit ses paysages DB. Il est bon de remarquer qu'elle est très differente de l'originale en certains endroits ; le ciel, par exemple, n'est pas le même. Dans celle du Titien, les nuées descendent jusque sur l'horizon ; dans celles-ci elles ne vont pas si bas.

— Un berger jouant du chalumeau et marchant à la tête de son troupeau, qui descend au bord d'une rivière. Ce

paysage, que l'on connoit sous le nom du Fluteur, est sans
contredit le plus parfait de l'œuvre du Titien. La composition en est naturelle et vraie; les figures et les animaux surtout dessinés avec élégance, chaque chose touchée differemment avec autant d'art que d'intelligence; enfin tout y est
tel qu'on le pouvoit attendre du Titien, qui a surpassé tous
les autres peintres dans cette partie de leur art. Il est gravé à
l'eau forte. Une estampe comme celle-cy est bien considérable lorsqu'elle se trouve si parfaite d'épreuve et si bien
conditionnée. — Au bas, il n'y a ny nom ny marque. Cette
estampe est fort chère. — J'en ay veu le dessein original
chez les héritiers de M. Jabach, et l'on prétend qu'il avoit
auparavant appartenu à Rubens; il est de la même grandeur
que l'estampe, et tourné de l'autre sens, ce qui est une
preuve qu'il a servy pour graver. — Une copie de cette estampe du Titien, gravée à l'eau forte par un anonyme; —
sans aucun nom; gravée en France; je crois que c'est mon
père qui en a la planche.

— Un paysage de forme ronde, où sont représentés quantité de ruines d'anciens édifices, et sur le devant un berger
qui conduit un troupeau de moutons. Quelques uns prétendent que l'invention en est du Titien, mais elle n'en est certainement pas. Ce qui y est de luy est extrait de ce beau
paysage que l'on nomme le Fluteur; encore est-il très mal
rendu; l'on ne connoist pas même le nom de celuy qui a
gravé ce paysage, quoiqu'il y soit designé par une marque
particulière. — Sur un fût de colonne renversé cette marque
AP(en monog.). Il est fort mal exécuté à l'eau forte et encore
plus mal retouché au burin; aussy cette estampe est-elle peu
estimable.

— Autre dans lequel est representé un vieux chateau à
moitié ruiné, et sur les terrasses de devant un voyageur couché par terre, qui dort tranquillement au clair de la lune.

Gravé à l'eau forte par un anonyme, d'après un dessein du Titien d'une excellente composition. — Il n'est pas trop bien exécuté. Je remarque dans l'ombre, precisement au bas de la planche et de ce tronc d'arbre qui est sur le devant, cette marque inconnue que j'ai déjà trouvée à plusieurs estampes AVK (*en monog*. *Voir Brulliot*, 1ʳᵉ *partie*, n° 542).

— Un berger conduisant un troupeau de moutons. Gravé au burin par un anonyme sur un dessein du Titien. — Cette épreuve cy n'est pas encore retouchée; on en trouve qui le sont par Villamène. — J'en ay veu le dessein original chez les héritiers de M. Jabach.

— Sujet de pastorale où est représentée une femme qui trait une vache, et vis à vis, de l'autre coté, un jeune homme qui porte une tinette. Gravé à l'eau forte et retouché ensuite au burin par un anonyme. — Ce qui est d'eau forte est assez bien, mais la planche n'ayant pas bien mordu, elle a été retouchée au burin par un ignorant qui l'a extremement défigurée. — Une autre planche de ce même dessein du Titien, gravée à l'eau forte par un autre maitre, dont on ignore le nom. Est passablement bien exécuté. — Autre gravée en bois; c'est celle qui est la mieux exécutée. Le paysage y est touché avec un art merveilleux, et l'on prétend que le trait en est du Titien. — J'ai dans mes desseins les fabriques qui servent de fond à ce beau paysage, et c'est un de mes plus parfaits dessins.

— Sᵗ Jerome priant dans sa solitude. L'on ne peut assez admirer la belle ordonnance de cette composition de paysage de l'invention du Titien. Le nom de celuy par qui il a été gravé en bois est ignoré, mais il falloit que ce fût un excellent maître, car l'on ne peut mieux rendre la touche facile du Titien qu'il l'a fait dans cette estampe. C'est aussy ce qui a fait croire à plusieurs que, ces paysages en bois ayant été gravés sous les yeux du Titien, il avoit eu la précaution d'en dessiner luy mesme le trait sur le bois. — Voyez la belle étude d'arbres, faite par le Titien pour cet admirable paysage, que j'ai eue à la vente de Crozat. Je ne crois pas qu'on puisse rien faire de plus parfait.

— Un berger dormant à l'ombre d'un arbre, près d'un troupeau de chèvres et de moutons qui broutent de l'herbe et des feuilles d'arbre. Gravé à l'eau forte par Valentin le Febre, d'après un dessein du Titien. — Une autre planche de ce même dessein, gravée par un anonyme (Massé); c'est un des meilleurs paysages qui ayent été faits d'après le Titien — pour M. Jabach, et un des plus beaux exécutés; — le paysage et les animaux y sont touchés avec une grande facilité. — Examiner cela, car je ne sçais trop si ce n'est pas une autre planche que celle qui se trouve dans le recueil de Jabach.

— Un autre paysage représentant la veue d'un village traversé par une rivière, sur les bords de laquelle deux femmes blanchissent du linge et une troisième porte de l'eau qu'elle vient de puiser. Gravé à l'eau forte par Valentin le Febre.— Autre planche du même paysage, gravée à l'eau forte precédemment à celle de le Febre, par un maistre habile dont on ignore le nom. — C'est un beau paysage; il me semble gravé par le même qui a gravé celuy où est un berger qui dort. — Ce maître est Massé; il a été fait pour M. Jabach.

— Une suite de paysages, au nombre de vingt quatre différens, gravés par un anonyme, que l'on préjuge estre L. Van Uden; le celebre Bolswert avoit commencé à en retoucher les planches au burin, et il le faisoit avec grande intelligence, mais il n'y a jamais eu que la seconde planche de cette suite qui aye été terminée de cette sorte; toutes les autres sont seulement à l'eau forte; elles sont parfaitement bien dans le goût de l'auteur. — Aucune marque du graveur; je suis cependant comme assuré que c'est L. Van Uden.

L'on trouve à la première feuille le nom du marchand : H. de Neyt excudit, et à la deuxième : Titianus invenit. Ce sont de très beaux paysages ; au bas de chacun deux vers latins. — Il y a des épreuves de toutes les planches retouchées au burin, et d'autres avant que les planches eussent été ainsi retouchées.

— Suite de (34) paysages gravés à l'eau forte d'après des desseins du Titien ou de son école, que possédoit M. Jabach. Ce fut luy qui en fit faire les planches en France par plusieurs peintres et dessinateurs, entr'autres les deux frères Michel et Jean Baptiste Corneille, Pesne, Macé, Rousseau et plusieurs autres. Comme l'on ignore à présent ce que sont devenues toutes ces planches, et qu'il n'y en a jamais eu qu'un très petit nombre d'épreuves de tirées, elles sont devenues d'une si grande rareté qu'il seroit presque impossible d'en rassembler autant qu'il y en a icy.

— Trois grands paysages gravés à l'eau forte en France, par un anonyme, d'après des desseins que l'on attribue au Titien. L'on remarque dans le premier de ces paysages deux hommes qui parlent ensemble ; l'un d'eux portant un panier sur sa teste ; dans le deuxième, un jeune homme qui se repose au pied d'un tronc d'arbre dont les racines sortent à moitié de terre, et dans le troisième deux personnages vêtus de longs manteaux à la romaine, marchans de compagnie au pied d'une montagne sur le sommet de laquelle est bâtie une église accompagnée d'un dôme. — A toutes *Titianus pinxit*, sans autre marque. Ils sont assez mal exécutés, et je doute fort que les desseins en soient du Titien.

— Un autre grand paysage où l'on aperçoit dans le lointain une ville batie dans des montagnes, et sur le devant un vieux pâtre s'entretenant avec une femme qui garde des chèvres. Gravé à l'eau forte par Moyse Fouard, d'après un dessein qui paroit plustost estre du Campagnole que du Titien.

— Sans nom du graveur ny du peintre. N'y sont pas, mais, pour celuy du graveur, il est certain ; c'est mon ayeul qui luy fit graver la planche, que nous avons encore.—L'on en a une autre estampe.

— Autre paysage de même grandeur, dans lequel est représentée la Se Vierge fuyant en Egypte, précédée de St Joseph qui conduit l'asne au passage d'une rivière. Gravé à l'eau forte par le même Moyse Fouard, d'après le Titien. — Les figures sont des premières choses qui ayent été gravées par mon père.

— Paysage où sur le devant un homme assis sur un saule pêche à la' ligne dans une rivière, sur laquelle des gens se promenent en gondole. Gravé à l'eau forte par un disciple du Titien, d'après un dessin qui paroit être de ce grand maître. — Dans le bas ces deux lettres DB. C'est un très beau et rare paysage, et je ne doute presque pas que ce ne soit ce même maître qui ait gravé la plus grande partie des paysages que l'on attribue au Titien, car. c'est icy toute la même touche.

— Autre représentant un pays de montagnes sur le sommet desquelles sont batis quelques châteaux, et sur le devant est planté un grand arbre dont on ne voit guères que le tronc. De l'autre côté, vis à vis, l'on trouve ces deux lettres DB, ce qui est apparemment là marque de celuy qui a gravé cette pièce; mais son nom ne s'est pas transmis jusques à nous; l'on connoist seulement par ce qu'il a fait que ce devoit être un des plus habiles disciples du Titien pour le paysage, car il y en a eu peu qui ayent été si bien exécutés d'après luy que l'est celuy-cy. — C'est un excellent paysage et rare, et dont le dessein est certainement du Titien. — Cette marque conviendrait-elle à Dieterich Barent, disciple chéry du Titien?

— Un paysage gravé en bois fort grossierement, mais qui

n'en est pas moins beau, et que je ne fais point de difficulté de donner au Titien. Pour le reconnoitre, sur le devant est un arbre dont la tige est droite ; dans le fonds à droite est une ville à l'entrée de laquelle est une grosse tour quarrée. De l'autre côté, à gauche, quelques fabriques au bord d'une rivière. Il ne s'y trouve aucun nom ny marque. Il est chez le Roy, dans le recueil des estampes du Titien.

— Des cavaliers et gens à pied, parmy lesquels sont quelques femmes armées, les unes de piques, d'autres de fleches et d'épées, combattans contre un lyon qui a terrassé un cheval. Cette longue pièce, en forme de frise, est composée de cinq planches qui, étant assemblées, ne font qu'un seul morceau. Elle est gravée en bois sur un dessein attribué au Titien, sans doute parce que le paysage y est bien traité, mais je ne reconnois cependant guère son goût dans les figures. Je croirois plustost que l'invention est de quelque peintre flamand, son disciple, ou qui a cherché à imiter sa manière. Il ne s'y trouve aucun nom ny marque. 10° h. 6 pieds 2° travers. — Cette pièce se trouve chez le Roy, dans l'œuvre du Titien. Je l'ay veue aussi chez M. Crozat.

TIZZINO (ANTOINE), neveu du Pordenon, étoit à Milan au milieu du XVIe siècle, et Bernardino Campi se servoit de lui pour peindre sur les desseins qu'il luy fournissoit. Aless. Lamo, dans la vie de Bern. Campi, page 48, en fait mention, et le nomme Antoine Schacciente de Pordenon par meprise. L'erreur est corrigée dans l'errata qui est au commencement du livre.

TOCQUÉ (LOUIS LAMY).

TOEPUT (LOUIS). *Voyez à l'article* POZZO SARATO (LUDO-VICO), *tome* IV, *p.* 206.

TORELLI (GIACOMO), da Fano, avoit été attiré en France par le cardinal Mazarin, qui souhaitoit y faire naître le goût des spectacles tels qu'ils se donnoient en Italie, et en particulier le goût de la musique italienne. Torelli étoit connu pour un de ceux qui s'entendoient le mieux dans son pays à décorer un theatre et à en ordonner les scènes avec magnificence. La premiere feste à laquelle il presida fut la *Finta Pazza*, espèce d'opera mêlé de danses et de musique, qui fut executé en presence de leurs majestés le roy et la reyne mère sur le theatre du petit Bonrbon en 1645. Les recits furent de la composition de Giulio Strozzi. Les scenes et les machines pour *les Nopces de Thétis et de Pelée*, autre opera qui fut representé sur le même theatre, en 1654, furent encore ordonnée par Jacques Torelli. Un certain Italien, Ascanio Amalteo, homme attaché au cardinal Mazarin, en fit la description, qui fut imprimée et donnée au public en cette année 1654, accompagnée de figures gravées par Silvestre sur des desseins de Francart. De La Belle avoit donné ceux de la *Finta Pazza*, l'an que cet opera parut imprimé l'année de sa representation.

J. Torelli repassa en Italie vers l'année 1660, et il y fit construire le fameux theatre de Fano, qui servit de modele à une infinité de pareils edifices, la disposition en ayant été trouvée la meilleure qu'on pût imaginer pour mieux jouir du spectacle et le faire valoir davantage. Le Torelli, né en 1608, mourut en 1678, suivant qu'il est marqué dans le livre des *Vies des architectes*, publié à Rome en 1768, p. 350. — Il étoit à Venise en 1644, et ce fut après avoir ordonné les scènes et les machines de l'opéra de *Bellerophon*, qui fut representé sur le nouveau theatre qui depuis assez peu de temps avoit été construit dans cette ville, et dont on a une description qui y fut imprimée en l'année 1644, qu'il passa en France à la sollicitation du duc de Parme, qui lui menagea cette bonne fortune.

Il fit paroistre sa description de l'opera de *Bellerophon* sous les auspices du grand duc Ferdinand II, et luy apprend dans sa dedicace que Pandolphe Torelli, son père, homme octogenaire, etoit chev. de l'ordre militaire de St Etienne et qu'un de ses freres étoit mort chevalier de Malthe.

TORELLI (FELICE) vivoit encore en 1739 et Zanotti a donné sa vie dans sa *Storia dell' Academia Clementina*, t. II, p. 75-88. J'ai un des ses desseins dignes de Louis Carrache.

TORRE (BARTOLOMEO), *Aretino*. De tous les jeunes gens qui etudioient d'après les ouvrages de Michel-Ange, aucun n'y apportoit plus de soin que celui-cy. Ses desseins etoient tellement dans la maniere et dans le goût de Michel-Ange, qu'on eût dit que ce sçavant peintre les avoit fait. Michel-Ange de Norcia le suivoit d'assez près dans cette louable étude. Armenini, *Della Pittura*, liv. I, p. 68.

TORRE (JEAN-BAPTISTE DELLA), de Ferrare, disciple de Carlo Bonone. Il en est parlé avec eloge dans la description des peint. de Ferrare, p. 19. C'étoit, y dit-on, un jeune artiste habile et qui avoit du genie. On ne cite qu'un ouvrage de lui qui occupoit le fond du chœur de l'eglise de S. Nicolas à Ferrare ; mais cette peinture excellente est presqu'entierement detruite. *Ibid.*, p. 56.

TORRENTIUS (1) (JEAN). On a son portrait gravé en 1628, lequel est un ouvrage de J. Van de Velde, quoyque le nom

---

(1) Cf. Schrevelius, *Histoire de Harlem*, 1647, in-4°, p. 291-2, et Descamps (I, 382), qui l'a copié.

de ce dernier artiste ne soit pas sur la planche. *(Notes sur Walpole.)*

TORREGIANO. Aucun auteur n'a rapporté avec plus de vérité cet evenement de la vie de Michel Ange que le Condivi son disciple. Michel Ange etoit jeune alors. Le Torreggiano l'etoit aussi. Tous deux eludioient, mais avec des dispositions différentes et des caracteres absolument opposés, dans le casin de Saint Marc, où Laurent, et non pas le cardinal de Medicis, donnoit asyle et soutenoit par ses libéralités la jeunesse de Florence qui s'exerçoit dans la culture des arts. *(Notes sur Walpole.)*

— *Comme Walpole dit que la chapelle, appellée du nom de Henri VII, n'est à proprement parler qu'un mausolée qu'il fit construire uniquement pour servir de lieu de sepulture à lui même et à la famille royale; en conséquence, il ordonna par son testament qu'aucunes autres personnes ny pourroient être enterrées. Voyez les antiquités de l'abbaye de Westminster, par Dart, vol. I, p. 32. Ce tombeau fut l'ouvrage d'un Pierre, Florentin. Celui qui fit la chásse d'Edouard le Confesseur se nommmoit aussi Pierre, mais il étoit Romain. Mariette ajoute :* M. Walpole donnera dans la suite ses conjectures au sujet de cet artiste, qui peut fort bien être, ainsi qu'il le croit, *Pietro Torregiani.* Voyez ce qu'il en dit à la fin du 4e chapitre.

TOULOUZE (GUILLAUME). Le livre des fleurs, feuilles et oyseaux, dessiné d'après le naturel par Guillaume Toulouze, maistre brodeur à Montpellier en 1656, composé de vingt-huit planches gravées au burin.

TOURNAY (ÉLISABETH-CLAIRE), femme de Tardieu.

TOURNIERE (ROBERT), né à Caen en 1676. Sur la fin de sa

vie il s'étoit retiré dans cette ville et y est mort en 1752 (1). Il a voulu imiter la maniere de peindre de Gérard Dow, mais il s'en faut bien qu'il ait atteint à la même perfection ; son pinceàu est lourd et sa couleur sale, en comparaison de celle du peintre hollandois. Il faut pourtant avouer qu'il a quelquefois peint de très beaux portraits, et je ne puis m'empêcher de faire mention de celui du chancelier de Pontchartrain, que j'ai vu dans le chateau de ce nom ; Rigaud n'a rien fait de mieux.

TRABALLESI (JULIEN). Peintre qui vit à Florence et qui depuis quelque temps y a gravé deux planches : l'une d'après le Guide et l'autre d'après le Cav. Calabrois, qui me donnent une bonne idée de sa façon de dessiner. Comme ces deux estampes sont gravées d'après des tableaux qu'on voit à Sienne, je presume qu'il a fait des études dans cette ville si abondante en belles peintures.— Il a fait depuis le voyage de Bologne et y a dessiné les tableaux qui l'ont affecté davantage, dans la veue de les graver : plusieurs l'ont deja été et formeront, s'il continue, une suite curieuse.

TRANQUILLI (GIO PIETRO), pittor romano. André Andreani, de Mantoue, lui a dédié l'estampe du portrait d'Albert Durer, qu'il avoit gravé en bois en 1588, étant à Sienne, et c'est la seule fois que je le trouve nommé. Pour etre l'ami de l'Andreani, il n'en etoit pas sans doute un plus grand peintre ; car pourquoi seroit-il resté dans l'oubli, tandis que le Baglioni en a tiré tant d'autres qui n'etoient que fort mediocres, mais dont il a cru devoir parler, parce qu'ils étoient Romains, ou qu'ils avoient exercé leur art à Rome.

---

(1) Les *Archives* ont publié son acte de décès, t. I, p. 70.

TRAVI (ANTONIO). Un paysage dans lequel on voit un bati-
ment ruiné et sur le devant un fragment de bas relief à terre,
dont le sujet est un satyre courant après une nymphe. D'un
autre coté est une femme à cheval, vue par le dos, et marchant
à la tête d'un troupeau de moutons, que suit un berger à pied.
Cette pièce, gravée à l'eau forte par quelqu'un qui n'en avoit
pas la pratique, car elle est mal mordue, me paroit venir
d'après Benedetti et je n'en doute pas. Quant au graveur, il
m'est inconnu. Il a mis au milieu et sous le bas de sa planche
cette marque AT (*en monogr. Brulliot*, 1ᵉ *partie*, *n*° 740),
qui est tout à fait nouvelle pour moi. Sur un cuivre très sale
et plein de rayeures. Pièce rare. — C'est Antoine Travi, dit
de Sestri, peintre genois, qui a fait des paysage tout à fait
dans la manière du Goffrede, dont il étoit disciple ; par conséquent, cette pièce n'appartient point au Benedetti. Elle est
de l'invention de celui qui l'a gravé. J'ai vu ces deux pièces
parmi les estampes que M. Bourlat a apporté d'Italie.

— AT *en monog.* Cette marque se trouve sur une planche
representant des ruines dans un paysage gravé à l'eau forte et
de bon goût, dans la maniere du Goffrede, et c'est celle d'Antoine Travi, dit de Sestri, disciple et imitateur de Goffredo.

— Antonio Travi de Sestri, peintre, disciple du Goffrede.

TREMOLIÈRES (PIERRE-CHARLES), peintre d'histoire, natif
de Cholet en Poitou, reçu académicien le 25 mai 1737, après
avoir été agréé le 24 mars 1736 et adjoint à professeur le
6 juillet suivant, mourut à Paris, dans la 36ᵉ année de son
age, le 11 may 1739. La douceur de son caractère, sa probité
et la politesse de ses mœurs le feront regretter de tous ceux
qu'il a connu. Né avec un esprit juste et délicat, tous ses ouvrages s'en ressentirent ; il sçut allier aux grâces de la composition celles du pinceau ; génie facile, peintre aimable,
quels progrès n'auroit-il pas faits, si une plus longue carrière

lui eût permis d'approfondir les mystères de son art et d'ajouter aux dons de la nature les secours de l'expérience et de l'étude. Il étoit le digne élève de M. Vanloo l'aîné, et il devoit beaucoup au talent et au goût d'un illustre protecteur (M. le comte de Caylus) qui l'honoroit de son amitié.

— Pierre-Charles Tremolieres, né à Chollet dans le bas Poitou en 1703, fut envoyé assez jeune à Paris (en 1719) par ses parens, dans le dessein d'en faire un tapissier ; mais ce jeune homme, qui estoit plein de sentiments, ayant témoigné de l'eloignement pour cette profession, un de ses parens, M. Faucier, valet de chambre-tapissier du roy et de Mme la duchessse, qui prenoit soin de son education, le mit aupres de M. J. Bap. Vanloo pour voir s'il auroit au moins quelque talent pour le dessin. En peu de temps le jeune Tremolieres fit de grands progrès, et, s'étant fait connoître de M. le comte de Caylus, qui aime autant ceux qui se distinguent dans les arts que les arts mesmes, ce seigneur l'attira aupres de luy et luy procura les moyens d'étudier en lui donnant un logement chez lui. Tremolieres alla ensuite à Rome, à la pension du roy, en 1726, et, après y avoir fait d'assez bonnes etudes, il revint en France en 1734 ; mais, n'osant se produire à Paris, parce que M. de Caylus n'etoit pas content de ce qu'il s'étoit marié à Rome avec Isabelle Tibaldi sans sa participation, il s'arreta pendant dix-huit mois à Lyon. Il y seroit resté plus long temps, car il s'y estoit fait des amis, si on ne luy avoit conseillé pour le bien de sa fortune de passer à Paris. Il suivit cet avis, et pendant le peu de temps qu'il y a vécu il travailla avec une ardeur merveilleuse à s'établir une bonne reputation. Il acheva deux grands tableaux pour les Chartreux de Lyon, l'un représentant une ascension et l'autre une assomption de la Ste Vierge, que j'estime infiniment. Il fit quelques tableaux pour l'hôtel de Soubise et pour quelques particuliers, qui, ayant été exposés dans le sallon du Louvre en

1737 et 1738, furent generalement applaudis. Il avoit le talent de repandre des graces dans tout ce qu'il faisoit. Son dessein n'étoit ni exact ni d'une grande maniere. Il n'avoit pas non plus un grand coloris, mais il y avoit beaucoup de vaguesse dans sa façon de composer et de peindre, les tours de ses figures etoient aimables et gracieux, et tout cela faisoit un assemblage de parties qui plaisoit. Le suffrage du public engagea M. le controlleur general à luy distribuer des ouvrages pour le roy. On luy donna à representer les quatre ages, pour estre executés en tapisserie ; mais les peines qu'il se donnoit, jointes à son peu de santé, detruisirent son temperament delicat et ne lui permirent pas d'achever le sujet de l'age d'or, dont il ne fit que l'ebauche et les études ; c'étoit un tableau qui promettoit beaucoup. Tremolieres, attaqué d'un poumon, ne fit que languir pendant près d'un an, et mourut enfin le 12 mai 1739, dans sa trente-sixieme année. Il etoit de l'Academie royale, où il exerçoit l'employ d'adjoint à professeur. J'ay parlé de ses talents; son caractere ne le rendoit pas moins aimable; il avoit infiniment d'esprit, de politesse, des manieres tout à fait nobles et beaucoup d'enjouement. Il a fait à Rome et à Paris les delices de tous les honestes gens qui l'ont connu.

TREVISANI (ANGELO), peintre venitien qui vivoit en 1734, lorsque M. Zanetti faisoit paroître sa description des peintures de Venise. Il y est nommé, et son article termine l'abrégé des vies des peintres par où commence le livre, mais on n'y dit aucun mot de ce peintre, et le Guarienti n'en dit pas davantage. Monaco a gravé quelques-uns de ses tableaux, qui ne paroissent pas composés avec beaucoup de chaleur. Il reussissoit dans le genre du portrait.

— *Noé sacrifiant un belier à la sortie de l'arche.* — 212 fr. Valade. Il l'a revendu 360 fr. C'est un des tableaux que Zanetti avoit achetés à Venise pour le regent, qui resterent à M. Crozat, le prince ne les ayant pas trouvés de son goût. C'estoient tous tableaux des maistres de la seconde classe de l'ecole venitienne, qui n'avoient pas grand attrait. Celuy-cy en estoit un des meilleurs, baptisé Angelo Trevisani ; je n'en suis pas cependant autrement sûr. (*Catalogue Tallard*, n° 118.)

TREVISANI (FRANÇOIS). Ce peintre n'est point né à Trevise, mais à Capo d'Istria, capitale de l'Istrie, le 9 avril 1656. Son pere, nommé Antoine, etoit architecte, et avant que de quitter sa ville natale il s'étoit deja exercé à peindre. Mais il eut besoin de meilleurs guides que ceux sur lesquels il s'etoit appuyé jusqu'alors. Antoine Zanchi, peintre de genre sous lequel il vint etudier à Venise, lui en servit ; il y joignit l'etude des ouvrages des meilleurs maîtres de l'école venitienne, de sorte que, lorsqu'il vint à Rome sur la fin du dernier siecle, il etoit en état de paroistre avec distinction dans cette ville et de s'y soutenir au milieu des habiles gens qui y travailloient. Il ne cessa d'y estre tres occupé, surtout pour les étrangers, qui goûterent fort sa maniere de peindre tout à fait gracieuse, et, comme il réussissoit à faire ressembler, il eut beaucoup de portraits à peindre. Sa vie fut longue, car il ne mourut que le 30 juillet 1746, agé de plus de 90 ans. Sa vie, très detaillée, se trouve dans le 4ᵉ vol. des *Portraits des peintres de la galerie de Florence*, p. 99. Elle paroit avoir été dictée par la fille du Trevisani.

— M. Crozat avoit son portrait dessiné qui venoit de la collection de Pio.

TRIBOLO. G. A. *surmonté d'une chausse trappe*. Cette marque se trouve sur plusieurs pieces qui composent une suite de plusieurs morceaux d'architecture, chapiteaux, bases, etc., d'après l'antique, et l'on connoit celui qui les a gravés par ce nom du maître à la chausse-trappe; ne seroit-ce pas le *Tribolo* ou quelqu'un de sa famille? car le mot *Tribolo* signifie une chausse-trappe en italien, et Tribolo etoit veritablement architecte.

TRIVA (ANTONIO). Voici comment s'exprime le Boschini, lorsqu'il parle, comme d'une chose singuliere, du talent que ce peintre avoit de peindre de la main gauche :

> E quel che rende ogn' uno stupefato
> E che depinge colla man del cuor.

Nelle sue rime, p. 536.

TRIVELLINI (FRANCOIS), peintre et eleve de Jean-Baptiste Volpati. On lui reproche d'avoir tombé dans la secheresse à force de vouloir paroitre sçavant dans ses ouvrages, et d'avoir eu trop bonne opinion de lui-même. Il avoit fait une étude particuliere de l'anatomie, et voila sans doute d'où vient le défaut qu'on lui reproche. Il perdit la veue de bonne heure, et depuis lui Bassan n'a plus eu de peintres. *Vita del Ferracino*, p. 83.

TROTTO (GIO-BATTISTA), detto il Malosso. Vedanni di sua mano moltissimi disegni fatti con penna, tocchi d'acquarello, con gran pulitezza e facilita, buon numero de quali sono ne' libri raccolti dal card° Leopoldo dè Medici... ora gran duca. Baldinucci, *Vita del Malozzo*, dec. 2, p. 2, secol. 4, p. 166. Tel est un dessein représentant Mercure sur un nuage, que j'ai eu en cette année 1764; et tel est encore exécuté un dessein encore plus considérable, qui me vient de la collection de Crozat et qui a pour sujet une Annonciation. Ce dessein pourroit aisément passer pour être d'Annibal Carrache. C'est son faire.

— Je pourrai faire remarquer le défaut qui règne dans ses peintures de tirer sur : non so che di duro, dit le Baldinucci.

— La Logique, sous la forme d'une femme vêtue majestueusement et portant la couronne; elle a près d'elle un lyon qu'elle a dompté, et elle est assise au milieu et plus haut que deux autres femmes qui représentent la Morale et la Phisique; la première tient une table où sont écrites quelques figures d'algèbre, et a un épervier sur la teste; l'autre est appuyée sur un globe et tient une sphère à la main. Frontispice de livre gravé à Rome. — Questiones philosophiæ; etc., ab Octavio Farnesio disputatæ in Parmensi Academia, folio, 1613; sans nom; de Villamène. — D'après le chevalier Malozzo de Crémone et, je crois, l'unique piece qui a eté gravée d'après ce peintre, dont le grand goût se manifeste icy.

— Un arc de triomphe décoré de deux ordres de colonnes posés l'un au dessus de l'autre et de plusieurs niches dans lesquelles sont placées des figures simboliques qui ont rapport aux vertus et aux autres grandes qualités du pape Paul V, de la maison Borghèse, à qui cette pièce est dédiée; gravé par Fr. Villamène. — Certainement cette pièce est de l'invention du Malosso, quoyque son nom n'y soit pas; il n'y a qu'à la confronter avec ce titre de livre qui porte le nom de ce peintre; c'est la même maniere.

TROUVAIN (ANTOINE), graveur françois qui a vécu de nos jours, et auquel il n'a manqué que des occasions pour avoir place parmi les meilleurs burins de notre école. Il mourut dans le temps qu'il commençoit à percer et qu'il auroit pu faire des ouvrages capables de luy faire honneur. Il s'étoit presenté et avoit été reçu de l'Academie de peinture. M. Jouvenet l'encouragea; il lui fit graver un ou deux de ses tableaux, et il s'en tira parfaitement bien. Il etoit, je pense,

natif de Montdidier en Picardie ; il est mort en 17(..) à Paris,
apres avoir gravé une des planches de la galerie de Rubens
au Luxembourg.

TROYEN (JEAN) a gravé une partie des tableaux de la
galerie de l'archiduc Leopold-Guillaume, sous la direction
de David Teniers.

TURPIN (JEAN). Caïn tuant Abel; celuy cy étendu par terre,
l'autre debout s'élançant sur luy, un bâton à la main, pour
l'assommer. Ce clair obscur est d'une belle exécution. Les
ombres et les demies teintes imitans le lavis, et quelques hacheures en certains endroits y sont exprimées par le moyen
de quatre planches. On y lit les noms des artistes : Marcus
Senensis inv; Joan. Gallus incidit, et je crois même y voir la
date 1609. — Elle y est assurement.

. — Persée en l'air, tenant la tete de Meduse qu'il vient de
couper. Meduse est renversée par terre sous ses pieds. Clair
obscur où il ne se trouve aucun nom de maitre, mais qui
n'en est pas moins incontestable de Marc de Sienne, et gravé
par Jean Gallus. Il est composé de trois planches. Il s'y trouve
des ruines dans le fonds, ce que l'on remarque pour le distinguer d'un autre du même dessein qui suit.

— Un autre clair obscur du même sujet et d'après un dessein presque semblable, avec ces differences que la composition est tournée de l'autre coté, que Persée y tient une épée
de la main qu'il tenoit à l'autre la tête de Meduse, changement qui y a été fait afin qu'il la tint de la main droite.
Outre cela, Meduse eleve icy le bras qui étoit abaissé dans la
précédente pièce. Le fonds des ruines est changé en un fond
de paysage où est représenté Pégase, et il y a de plus dans le
ciel les signes des Gemeaux et du Lyon. Du reste, il est exécuté par le moyen de trois planches, dans la même manière

que tous les autres de Marc de Sienne. L'on y lit : Marcus Senensis inv., Joannes Gallus incid.

— Une nymphe veue par le dos, couchée au pied d'un arbre, près du dieu d'un fleuve qui est derrière elle, et qui la prend par le bras. Ce clair obscur, qui est gravé par J. Gallus, d'après Marc de Sienne, est d'une belle exécution. Les ombres et les demies teintes y sont exprimées par le moyen de quatre planches. L'on y trouve ces deux marques M. S. I et G. I., qui sont les premières lettres du nom des artistes.

— Je préjuge que ce graveur (Joannes Gallus) est le même que Jo. Turpinus Gallus, qui étoit associé avec Philippe Thomassin. Ma conjecture est fondée sur ce qu'il y a une estampe de Thomassin (du moins je le crois ainsy, quoyque son nom n'y soit pas, tant elle est dans sa manière, à moins qu'elle ne fût gravée par Jean Turpin, mais je n'ai aucune preuve qu'il grava au burin); cette estampe, dis-je, est dédiée par Jean Turpin, et il ne s'y nomme point autrement que Joannes Gallus. Or il est certain qu'il vivoit à Rome précisement dans le temps que ces clairs obscurs ont été gravés, et, Thomassin s'associant avec Turpin, il est à préjuger qu'il exerçoit la même profession, ou du moins une qui y avoit du rapport; les sociétés entre artistes ne se font guères autrement.

Marc de Sienne vivoit à Rome sous le pontificat de Gregoire XIII, mort en 1585. Il quitta cette ville pour aller à Naples, où il mourut dans un âge peu avancé.

— J'ay veu — et j'ay — une estampe du mariage de Sᵉ Catherine, gravée en bois par Johannes Gallus, d'après Marc de Sienne, avec la date 1578 ; c'est une assez grande pièce en hauteur, au bas de laquelle on lit : 1578, *Johannes Gallus*, sans le nom du peintre, dont cependant la manière, fort reconnoissable, se manifeste assez.

UBELESQUI (ALESSANDRO), ou plutost *Ubieleski.*

UGO DA CARPI. Voyez Carpi, I, 307-10.

UMBACH (JONAS), d'Ausbourg, agé de 28 ans en 1652, inscription autour de son portrait gravé par son ami Melchior Küssel. Il est, à ce que je crois, le fils d'un autre Jonas Umbach, aussi peintre, et dont je crois avoir vu le portrait gravé par B. Kilian. J'ai une petite suite d'estampes, au nombre de 110, qui sont gravées par cet artiste, à l'eau forte, et qui ne sont pas sans genie.

UTENVALL (JOACHIM). — Il peignoit en petit fort proprement, mais d'une maniere si sèche que toutes les figures qui entrent dans ses compositions paroissent découpées sur leur fond, et elles sont d'un très mauvais goût de couleur, sans aucune harmonie. Ses chairs de femmes paroissent d'yvoire; on voit qu'il veut imiter la maniere de Rotenhamer, qui avoit la vogue; mais il en est bien loin. Je parle d'apres un tableau qu'on m'a fait voir, et qu'on vouloit faire passer pour de Rotenhamer; malheureusement le peintre Utenvall y avoit apposé son nom et y avoit mis son caractere, qui ne permettoit pas de s'y méprendre.

UTRECHT (ADRIANO DA), né en 1599, est mort en 1651. De Bie, p. 106. Descamps, t. II, p. 31.

VACCA (FLAMINIO). — On lit cette epitaphe au dessous de son buste :

D. O. M.

Flaminio Vaccæ Romano, qui, in operibus quæ fecit, nunquàm sibi satisfecit.

Il etoit bon antiquaire. Le P. Montfaucon a fait imprimer dans son *Diarium italicum* les fragments des memoires
que ce sculpteur avoit écrit sur les antiquités de Rome, qui
renferment une infinité de faits curieux et interessants. A la
teste est une epistre de Vacca, dattée de Rome le 1 9ᵇʳᵉ 1594,
dans laquelle il apprend qu'il etoit alors agé de 56 ans. Donc
il devoit estre né en 1538. Il etoit disciple de Vincent de
Rossi. Voyez p. 168 du *Diarium italicum.* Il fut employé
presque toute sa vie à restaurer des statues, et c'est ce qui
fait qu'il etoit si instruit de toutes les circonstances qui avoient
accompagné la decouverte des monuments antiques dont il
fait mention dans ses memoires. Dom Montfaucon les a donnés
en latin. Ils etoient originairement ecrits en italien, et ils ont
reparu en cette langue dans une nouvelle édition de la *Roma
antica* de *Nardini,* publiée à Rome en 1704, sous ce titre :
*Memorie di varie antichità scritte nel 1594 da Flaminio
Vacca.* Le style en est mauvais, mais on aime à entendre
parler l'auteur dans son langage familier.

VACCARIO (ANDREA), Napolitain, peintre habile, qui s'étoit
formé sur les ouvrages du Guide. Mʳ le duc d'Orleans a un
tableau de luy, representant un Ecce Homo, qui luy a été
vendu par le chevalier d'Origny et qui passe pour estre de
Louis Carrache. Il n'en est pas indigne.

VÆNIUS. Voir VAN VEEN.

VAGA (PERIN DEL). La bataille de Thesée contre les Amazones, représentée dans une forme ovale ; gravé en 1543 par
Enéas Vicus. Cette pièce n'étant pas fort bien exécutée, il est
difficile de juger si l'invention en est de Raphaël, comme
on le prétend. — J'en ay le dessein original, que j'ai de

M. Crozat; il est certain de Perin del Vague, et d'une singulière beauté (1).

VAIANI (ALESSANDRO), peintre qui travailloit à Rome en
1628. J'ignore ce que lui etoient un Sebastien Vaiani, qui a
gravé d'après lui une Ste Madelaine, et l'Anna Maria Vaiani,
dont Mellan a gravé le portrait et qui vivoit en même temps.
L'estampe a été dediée par le graveur à il sign. Gio. Ciampolo,
celui dont on a un portrait gravé par le chev. Ottavio Leoni.

VAIANI (SEBASTIEN) vivoit à Rome et y gravoit au burin
en 1628 une planche, d'après un Alexandre Vaiani, representant une Ste Madelaine; c'est la seule piece que je connoisse
de lui. Il coupe cependant assez bien le cuivre.

— Jesus Christ couronné d'épines, et revêtu d'un manteau
de pourpre, insulté par un Juif, qui luy tire les cheveux. Ces
deux figures, qui font seules la composition du tableau, sont
en demy corps. Gravé au burin à Rome en 1627, d'après
Annibal Carrache, par Sebastien Vaiani, Florentin. Elle est
assez mal exécutée par un homme qui semble vouloir imiter
Villamène. La pièce est dédiée au cardinal Desiderio Scaglia,
par Bastiano Vaiani, qui y donne à entendre qu'il estoit pour
lors fort jeune. Voicy ses termes : « La virtu che per questo
intaglio si vede in me cosi piccolo e povero, » et ensuite :
« con balbuziente lingua desidera esser intesa che venuta à
piu matura, etc., etc. » Les noms des artistes y sont. Le tableau paroist devoir être fort beau. — Il y a une Vaiani, Florentine, qui a, ce me semble, gravé des fleurs et quelques

---

(1) Cf. les articles Buonaccorsi, I, 205, et Perin del Vague, IV,
111-3.

planches du livre OEdes Barberinæ, et dont Mellan a gravé le portrait.

— Un ange présentant une tête de mort à Sᵉ Madeleine faisant pénitence dans le désert. Elle montre de la main un livre ouvert, dans lequel on voit l'image d'un crucifix. Gravé au burin en 1628 par Sebastien Vaianus, d'après Alexandre Vaianus, avec cette inscription : Illᵐᵒ Dno Joani Ciampolo singulari virtutis præsidio — Sebastianus Vaianus celavit et dedicavit ano Dni 1628. — Alexander Vaianus inventor. Super. permissu.

VAIANI (ANNA MARIA), de Florence, demeuroit à Rome, et y peignoit en miniature avec quelques succès. Elle apprit à graver et l'on voit d'elle plusieurs planches dans le volume des statues de la galerie Justinienne, qui sont gravées au burin assez bien. Nous avons son portrait gravé par Mellan, je crois en 1636 (1). Le Bourguignon avoit dans sa jeunesse épousé une Marie Vaiani (ainsi que nous l'apprend le Baldinucci dans la vie de ce peintre, qu'il a écrite sous sa dictée). Je pense que c'est la même qui donna occasion à cet article, et qui, au bout de sept ans de mariage, laissa veuf le Bourguignon et mourut à Rome sous le pontificat d'Innocent X. — Voyez l'article d'Alex. Vaiani.

VALDOR (GIO.), Liegeois, étoit à Rome en 1639, et y gravoit un catafalque du dessein de Fred. Sacchi; il y est nommé Giovane di gran aspettazione. Il vint à Paris, et en 1649 il y donna le livre des triomphes de Louis le Juste (2), pour l'exe-

---

(1) Cf. le catalogue raisonné de l'œuvre de Mellan, publié par l'un de nous. Abbeville, 1857, in-8°, nᵒˢ 256 et la note du nᵒ 118.
(2) Voir les Archives, Documents, t. I, p. 226-30.

cution duquel il emprunta differentes mains, tant dessinateurs que graveurs, voulant pourtant faire entendre que l'ouvrage etoit entierement de lui, et s'en faisant un merite auprès des grands. Aussi etoit-ce, à ce que j'ai ouï dire, un intriguant qui se mêloit de tout autre chose que de dessein (1).

VALENCE (JEAN DE) en Espagne a été un excellent peintre; il étoit éleve de Pierre Perugin, et ainsi contemporain de Raphaël, dont il a imité la maniere. On l'appelle en Espagne Juanes. Il y est dans une haute reputation; ses ouvrages y sont estimés à l'egal de ceux de Raphaël; la correction etoit sa principale partie, et il passoit pour posseder dans un même degré les règles de son art. On voit plusieurs de ses ouvrages à Valence, sa patrie. Preface à la teste d'un livre des principes de dessein, par dom Joseph Garcia, en Espagne.

VALENTIN, de Coulommiers en Brie. La maniere de peindre du Caravage étoit devenue si fort en vogue, dans le commencement du dernier siècle, que non seulement plusieurs peintres cherchoient à l'imiter, mais qu'il y en eut même beaucoup d'autres qui furent, en quelque façon, forcés de s'y conformer. Le Valentin fut un de ceux qui s'attachèrent plus particulierement à cette manière. Il étoit venu à Rome, où il s'étoit étably, et il y mourut fort jeune, dans la réputation d'un excellent peintre. Ses tableaux sont encore aujourd'hui fort recherchés, et d'autant plus chers qu'il en a fait un petit nombre. L'on y admire surtout une merveilleuse intelligence de clair obscur et une grande force de couleur.

---

(1) Sur ce Valdor, voyez dans cet *Abecedario*, II, 17, IV, 45.

— Valentin... « Nous avons perdu Mons. Valentin ; il est
mort il y a environ quinze jours ou un mois. On ne peut
trouver de ses tableaux, ou, si l'on en trouve, il les faut payer
quatre fois autant qu'ils ont couté; le temps fera ainsy des
autres. » Extrait d'une lettre mss., de Mr P. Lemaire, ecritte
de Rome le 15e 7bre 1632 à Mr Langlois dit Chartres. Il faut
voir ce que dit Sandrart(1), qui place sa mort en 1634. Quelqu'un m'a dit qu'il n'étoit agé que de 32 ans, et cela peut
être. M^r d'Argenville l'a écrit sur la foi d'un mss. qui lui a,
dit-il, été envoyé de Naples. Il ajoute que le Valentin y est
nommé *Moyse.* Il a mal lu, il falloit lire *Monsù*, qui est un
titre d'honneur que les Italiens donnent volontiers aux artistes françois. Il le fait eleve de Vouet et natif de Colomiers
en Brie. Je le pense comme lui. Il y a un portrait du Poussin,
gravé par Ferdinand, d'après un tableau par V. E., que j'estime estre du Valentin, et dans ce cas ces deux lettres seroient les initiales de son nom de baptême et de celui de sa
famille, que personne n'a encore nommé(2). L'abbé de Ville-

---

(1) Il l'appelle Valentinus Colombinus; éd. de 1683, p. 368.

(2) Il en a été récemment nommé un, qui a été beaucoup trop
accepté et qui me paraît absolument inadmissible. Il y avait à
Coulommiers en Brie, patrie incontestable du Valentin, une famille
de Boullongne, différente des peintres qui ont porté ce nom aux
dix-septième et dix-huitième siècles ; celle-ci était originaire d'un
Italien, Jean Rasset dit de Boulogne, à cause de son origine bolo-
naise, et a compté dans son sein des peintres verriers au seizième
siècle. Or voici ce qui résulterait de leur arbre généalogique,
dressé vers 1780 par M. Cordier, juge de paix à Coulommiers,
rendu public, après contrôle, par M. Anatole Dauvergne, et à sa
suite si généralement accepté que cette assertion figure comme
définitivement acquise dans la notice de l'histoire des peintres, de
M. Charles Blanc. De Jean Rasset, après 1538, sortit Jean de Boulogne; de celui-ci, après 1576, Valentin de Boulogne, qui fut
peintre verrier, et celui-ci, qui mourut en 1618, eut trois enfants :
Marie, né le 28 août 1599, Jean, né le 8 juin 1601, Jacques, né le
15 octobre 1605. C'est au second enfant, à Jean, — dont la date de

loin, dans son *Paris*, article des peintres, p. **31**, le fait naître à Coulommiers en Brie.

VALERIANI (JOSEPH et DOMINIQUE), Romains. Ces deux freres, dont le premier peignoit la figure et le second l'architecture, ont presque toujours travaillé de concert et étoient principalement employés à des décorations de théâtre. Ils ont

---

naissance correspond à peu près avec la date de la mort du Valentin, mort en août 1632, à trente-un ou trente-deux ans, ce qui le fait naître en 1600 ou en 1601, — qu'on fait l'honneur d'être le peintre connu sous le nom du Valentin, et M. Cordier trouvait que l'absence du nom de Valentin dans l'acte ne prouvait rien contre son thème, et un peu plus il y voyait une preuve complète, parce qu'à Coulommiers on appelle souvent le fils du prénom du père, d'où il résulte que Valentin, fils de Jean, ne s'est appelé que Jean, et que Jean, deuxième fils de Valentin, ne s'est appelé que Valentin. J'avoue que pour moi il n'y a là aucun élément de preuve. Le nom de Valentin est fréquent à Coulommiers; c'est une raison de plus pour que notre peintre puisse appartenir à une autre famille beaucoup plus obscure, presque populaire, et c'est dans cette classe qu'il est très-fréquent de voir toute leur vie les prénoms rester la seule désignation. Dire que quelqu'un est le Valentin, parce qu'il ne s'appelle pas Valentin, aurait besoin de tout un cortége de preuves accessoires et très-solides. Il y aurait aussi à remarquer qu'étant dans ce cas sorti d'une famille d'artistes, il paraîtrait étonnant qu'on ne le sache pas d'ailleurs, — qu'étant de souche italienne et revenant en quelque sorte à son premier pays, il ne s'en soit pas vanté vis-à-vis de l'Italie, qui n'aurait pas manqué de le redire, et aussi qu'il faudrait presque supposer à Valentin la formelle intention de se dépouiller d'un nom de famille dont il aurait eu plutôt lieu de s'enorgueillir. Dans l'état des choses, la supposition de Mariette est bien plus probablement dans le sens de la vérité. Ce portrait de Poussin est d'un Français; il est dans le sens de la peinture du Valentin; Poussin, dont l'on sait dans son âge mur la répugnance à se faire peindre, y est encore jeune. Ce ne sont que des commencements de preuves, que des présomptions légères, je le veux bien; mais si, dans les registres de l'état civil de Coulommiers, — qui sont conservés pour les années où l'on doit placer la naissance du Valentin, et où M. Dauvergne, qui les a vérifiés, n'a trouvé au peintre verrier, Valentin de Boulogne, que les trois enfants indiqués, — il se trouvait de 1599 à 1601 la naissance d'un Va-

vecu de nos jours, et s'avouoient avoir grandement profité des avis de Mr Ricci. *Della pitt. Venez.*, p. 531.

VALESIO (GIO LUIGI), mori nel 1633 in Roma. Vid. epist. eroiche del Bruni.

VALLET (GUILLAUME), de Paris, graveur au burin, de l'Académie royale de peinture et sculpture.

— La netteté des traits, l'égalité des tailles et leur arrangement suivi, le cuivre coupé avec autant de propreté que de resolution, l'accord des ombres et des lumières, en général tout ce que peut faire le burin pour que la couleur de la graveure soit douce et agréable ; c'est à quoy il paroist que Vallet s'est le plus attaché, et c'est aussy ce qui lui a le mieux réussi. Comme il n'avoit pas acquis un grand fonds de dessein, il luy eût été difficile d'acquérir autrement de la réputation. Il avoit été obligé d'aprendre promptement à graver pour pouvoir vivre. Daret luy avoit servy de maître. Peu d'années ensuite, il entreprit avec Picart le voyage de Rome. Le fruict qu'ils espéroient en tirer dependoit de leur bonne intelligence ; ainsy ils prirent la resolution de ne se point separer, de vivre ensemble, et, ce qui auroit paru difficile à d'autres, de travailler en commun, resolution qui eut cependant son entiere exécutiou, saus que, pendant les huit années

lentin dont le nom de famille commencerait par un E, il deviendrait incontestable que le portrait de Poussin serait du Valentin, et que ce Valentin E. serait le Valentin. Cette vérification serait à faire pour détruire l'erreur à peu près certaine de l'attribution actuelle, et plutôt pour cela que pour une utilité véritable, car de savoir le nom complet du Valentin n'ajoutera rien à son mérite, et ce Français violent, qui est sorti de son pays pour épouser la fougue des Caravage et des Manfredi, a pour vraie famille ses propres œuvres et n'a besoin que d'elles seules.

qu'ils demeurèrent à Rome, il se passa rien entre eux qui pût altérer leur amitié. L'on peut bien dire qu'ils étoient d'égale force ; cependant Picart eut la deference pour son amy de luy céder presque toujours la partie la plus considérable, lorsqu'ils étoient obligés de travailler de concert à un même ouvrage. Comme ils étoient partis ensemble, ils revinrent aussy en France de compagnie, et, le même jour que Picart fut reçeu de l'Académie, Vallet y fut pareillement admis. Il n'étoit pas juste de separer dans la distribution des honneurs deux personnes qui avoient travaillé conjointement à les mériter. Vallet, étably à Paris, continua à y exercer sa profession avec succès ; cependant, les ouvrages multiplians dans la suite et ne pouvant y suffire seul, il se vit contraint d'entretenir chez luy de bons graveurs au burin qui, travaillant sous sa conduite et aidés de ses avis, ont exécuté nombre de planches qui ne laissent pas de luy faire honneur et de mériter d'être mises au nombre de ses propres ouvrages.

— Une suite de diverses têtes antiques, au nombre de soixante et une, dessinées par Jean Ange Canini, peintre romain, d'après les médailles, pierres gravées, bronzes et marbres antiques, lesquelles sont gravées la plus grande partie par Vallet, quelques unes par Joseph Testana, les autres par Etienne Picart.

— L'Honneur arrosant une plante de gourdes qui s'élève sur le tronc d'un chêne, ce qui est une allégorie sur les soins du pape Alexandre sept, pour faire fleurir l'Académie de gli Intronati de Sienne, le chêne étant pris des armes de la famille Chigi, et cette académie ayant pour devise une gourde. Le dessein est de Carlo Maratta.

— François Mauriceau, chirurgien juré à Paris, en buste, dans une espèce de médaillon soutenu par la Charité. Frontispice de livre d'après Ant. Paillet, en **1668**. Une épreuve de cette planche avec des différences, surtout dans la tête de la femme qui représente la Charité, et qui icy paroist estre un portrait affecté de femme. — Aux premières épreuves, sur le livre que tient le chirurgien, il y avoit cette inscription, trop suffisante : *Me sol, alios umbra regit*, ce qu'il reforma dans la suite en cette autre : *Me sol, non umbra regit.* Cette pièce sert de titre à son livre des maladies des femmes grosses. Le titre en est en françois aux premières epreuves, et en latin aux secondes.

— Virgilio, poëte italien, natif du village de Barrea. Gravé à Rome, d'après Pierre François Mola ; c'est un des meilleurs ouvrages et des plus rares de Vallet.

VALLET le fils. Le centenier perçant le coté de Jesus Christ mort sur la croix. Gravé sur le dessein d'Antoine Paillet, par Vallet le fils, dont le merite n'est pas à comparer à celuy de son père.

VALORY (JULES HIPPOLYTE DE), chev' de S' Louis, amateur honoraire, a appris à dessiner et même à peindre de de Troy le fils. Il est né en 1696 (1).

VAN ACKEN (JEAN). Voir I, 6.

VAN AELST (GUILLAUME). Voir I, 9.

VAN ARTVELT (ANDRÉ). Voir I, 33.

VAN BASSEN (B.). Le roi de Sardaigne a, dans le nombre

---

(1) Il mourut en 1787. On trouve dans les *Mémoires des académiciens*, II, 255-88, sa charmante notice sur de Troy. Cf. aussi l'introduction de M. Mantz, p. xxxvi.

de ses tableaux, une veue d'un intérieur d'eglise gothique, qui est un ouvrage de ce Van Bassen. (*Notes sur Walpole.*)

VAN BEECQ (JEAN CHARLES DOMINIQUE). Voir I, 99.

VAN BEMMEL (JEAN GEORGE). Voir I, 117.

VAN BLOEMEN, detto ORIZONTE. Voir I, 140.

VAN BOSSUIT (FRANÇOIS). Voir I, 161.

VAN BRONCHORST (JEAN G.). Voir I, 194-5.

VAN CLEVE (CORNEILLE) est mort à Paris, ville de sa naissance, en 1735; il étoit agé de 89 ans. Il étoit pur dans son dessein et travailloit bien le marbre. Nous n'avons guerre eu de meilleur sculpteur. Quand il n'auroit produit que le grouppe de marbre qui est dans les jardins des Tuilleries, et qui represente la reunion de la Loire et du Loiret, ce seroit assez pour l'immortaliser. Son nom annonce qu'il étoit de race flamande (1).

VANDEN BOS (LOUIS JEAN), de Bois le Duc, excelloit à peindre des fleurs et des fruicts ; quelquefois il en representoit des bouquets dans des fioles remplies d'eau ; il imitoit des gouttes de rosée sur les feuilles et y adjoutoit des papillons, des mouches et d'autres insectes qu'il peignoit avec beaucoup de soin et de vérité. Il peignoit aussi quelquefois des figures ;

---

(1) Caylus a laissé sur lui une petite note qui a été imprimée dans les *Mémoires des académiciens*, II, 73-9.

un curieux de Middelbourg, nommé Melchior Wyntgis, avoit dans son cabinet un de ses tableaux representant un Sᵗ Jerosme, au rapport de Van Mander. Sandrart, p. 232; Van Mander, p. 139.

VANDERBORCHT le père. *Walpole parlant d'une suite d'estampes indiquée dans le catalogue du cabinet de l'Orangerie, Mariette ajoute :* Il faut lire de Lorengère ; cette vente s'est faite en 1744, et c'est à la page 199 du catalogue qu'il est parlé de la suite d'estampes de Vanderborcht le père. *(Notes de Walpole.)*

VANDERBORCHT (ʜᴇɴʀɪ) le fils. Tout ce qu'en dit M. Walpole est conforme à l'inscription qui se lit au bas du portrait d'Henry Vanderborcht le jeune, dans la suite des portraits de peintres de J. Meyssens. *(Notes de Walpole.)*

VANDER CABEL (ᴀᴅʀɪᴇɴ). Voyez CABEL, 1, 239-41.

VANDER MEULEN (ᴀɴᴛᴏɪɴᴇ ғʀᴀɴçᴏɪs), de Bruxelles, vivoit dans sa patrie en reputation de bien représenter des batailles, des siéges et autres actions militaires, lorsque Louis XIV, roi de France, le fit venir à Paris pour luy faire peindre ses conquestes, et, afin qu'il executast ce dessein dans toute sa perfection, il luy ordonna de le suivre dans ses campagnes. C'est ainsy que Vander Meulen peignit les villes les plus considérables des Pays Bas et de la Franche Comté, dont le roy avait fait la conquête. Il peignit aussi les veues de quelques-unes des maisons royales. La plus grande partie de ces tableaux sont présentement dans le château de Marly. L'on y admire une grande vérité dans les fabriques, un beau choix d'arbres, un pinceau facile et leger, et des chevaux dessinés avec beaucoup d'élégance, car c'estoit la partie que ce peintre possedoit à un plus haut degré. Presque tous sont gravés sous sa conduite par ses disciples ; le roy contribua à cette dépense ; il avoit gratifié Vandermeulen d'une pension considérable, et il luy avoit assigné un logement dans son hôtel royal des Gobelins, où il a toûjours continué de travailler avec le titre de peintre ordinaire de l'histoire du roi très chrétien.

— François Vander Meulen, de Bruxelles, etoit disciple de Pierre Snayers (Voyez Descamps, t. 3, p. 1), et a presque touiours été occupé à peindre pour le Roy les veuës des places conquises par Sa Majesté ; il estoit bon paysagiste et dessinoit tres bien les chevaux ; il mourut à Paris, le 15 octobre 1690, agé de 56 ans. Il accompagna le roy Louis XIV dans la campagne de Flandres de 1667, et dans celle de Franche Comté, de 1668. Les veues des villes de cette derniere province, telles que Besançon, Gray, Dôle, Salin et les chasteaux de S. Anne, S. Laurent et de Joux, furent dessinés sur les lieux en 1668. Presque toutes celles des villes de Flandres l'ont été en 1667, quelques autres dans des années posterieures, et à mesure que le Roy en faisoit la conqueste. J'ay vu de ses desseins et j'en ay encore ici qui sont d'une merveilleuse beauté, et, j'oserois presque le dire, encore plus parfaits que les tableaux. Ils sont coloriés avec un esprit, une touche et une intelligence merveilleuse. Mʳ Boule avoit eu de la veuve de Vander Meulen presque tous les desseins de son mary, mais, ayant été enveloppés dans son incendie, il ne s'en est conservé que quelques uns qui avoient même beaucoup souffert. J'en ay restitué plusieurs pour M. le comte de Sivry, qui les conserve précieusement, entr'autres une grande veüe du paysage de Sceaux, qui fait l'effet du plus beau tableau que je connoisse. Vandermeulen, aidé de si belles étudés, travailloit dans la suite et à sa commodité aux tableaux qui ornent les maisons royales.

— Avant que de peindre les conquêtes de Louis XIV, M. Vandermeulen alloit dessiner sur le lieu même les vûës des places dont le roi s'étoit emparé, et les campagnes où s'étoient données les batailles. Il faisoit ces desseins avec une grande précision, et l'on estime principalement ceux qu'il a colorés. La vérité y est amenée à un point qu'il semble qu'on ne peut rien désirer au delà. (*Cat. Crozat.*)

— Une suite de six paysages gravés par Ant. Fr. Baudouins, — disciple de Vandermeulen, — et dédiés à Philippe de Champagne, recteur de l'Académie de peinture établie à Paris, par Vandermeulen, son amy et son compatriote. Ils sont de son invention et représentent des veues de grands chemins.

— Quatre paysages representant des parties de chasse. Ils sont gravés par Ant. François Baudouins, et dédiés par Vandermeulen, qui en est l'inventeur, à Everard Jabach, celebre curieux de tableaux et de desseins des grands maistres.

VANDER MEULEN (PIERRE) étoit le frere cadet du fameux peintre de batailles. Il avoit commencé par exercer la sculpture; mais, étant passé en Angleterre vers l'an **1670**, il changea d'objet et se fit, comme son frere, peintre de sieges, de batailles et d'autres actions militaires. Le roi Guillaume exerça son pinceau, mais je n'ai jamais ouï dire qu'il eût marché, même de loin, sur les traces de son frere, qui, dans son genre, trouvera difficilement quelqu'un qui le surpasse. Il fut ami de Pierre Van Bloemen et de Nicolas de Largiliere, qui le trouverent etabli en Angleterre lorsqu'ils y vinrent, et le dernier peignit son portrait, qui a été gravé en maniere noire par Becket. *Anecdotes sur la peinture*, par Walpole, t. 3, p. 134.

VANDER MYN (HERMAN), d'Amsterdam, peint à l'huile d'une maniere extremement finie et léchée, dans le goût de

Vander-Verff; il a été pendant huit années au service de l'électeur palatin, à Dusseldorf, et en 1721 il est venu faire un voyage en France, ou j'ay eu occasion de voir à Paris trois de ses tableaux qu'il y avoit apporté : l'un représentoit la conversion de St Pierre; le 2e une Venus debout, accompagnée d'un Amour, et le 3e une autre Venus couchée et endormye sous une tente. Ils ne m'ont paru ny bien dessinés ny bien coloriés. J'y ai remarqué dans tout, mais surtout dans le nud, une imitation servile et sans choix de la nature la plus basse et la plus commune. Il semble que ce peintre la croit rendre dans toute sa vérité, en imitant jusqu'aux minuties ; cependant, quelque soin qu'il prenne pour terminer ses tableaux, il est toujours sec dans ses touches; au reste, comme il y employe un tems infiny, il n'est pas surprenant de le trouver si froid et si languissant dans ses ouvrages. Il a une sœur nommée Agathe, qui peint des fleurs et des fruicts dans le mesme goût que son frère. Celui ci nacquit à Amsterdam en 1684, et mourut à Londres en 9bre 1741. Ce peintre, persuadé qu'on ne pouvoit payer ses ouvrages assez cher, y mit un prix supérieur à celui que Vander Verff avoit eu des siens. C'est ce qui fit que les tableaux qu'il avoit apporté à Paris dans le dessein de les vendre au régent lui demeurèrent. Il fut plus heureux en Hollande et en Angleterre; il y trouva de ces curieux qui ne sont touchés que du fini et qui ont de l'argent de reste. Il travailla beaucoup pour eux, gagna beaucoup, dépensa encore davantage, et mourut pauvre. Quand je le vis à Paris, je le vis indigné contre la nation, et en particulier contre nos peintres qui ne l'avoient pas accueilli, comme il croyoit mériter de l'estre, comme le premier peintre du monde. Descamps a parlé de lui et donné sa vie dans son 4e vol., p. 245.

VAN MANDER. *Comme on lit dans le P. Orlandi : Carlo de*

Madranen. Mariette ajoute : Lisez Van Mander. Il est question de l'auteur des *Vies des peintres en flamand*, imprimées pour la première fois en 1604. L'édition de 1618 est augmentée de la vie de l'auteur.

VAN DE VELDE (ADRIEN), qui a peint la figure, les animaux et le paysage dans un grand degré de perfection, est fort supérieur aux peintres de marine que M. Walpole exalte tant. Ses tableaux occupent dans les cabinets une place bien autrement distinguée. J'en prends à témoin toute la Hollande qui sçait si bien apprécier les talens des peintres qui sont sortis de son école. (*Notes sur Walpole*, III, 65.)

VAN DE VELDE (GUILLAUME). La comparaison ridicule que fait M. Walpole des travaux de Van de Velde et de ceux de Raphaël, le prix énorme qui fut donné de ce tableau, dont on n'auroit peut-être pas trouvé le quart ailleurs, montrent combien les Anglois sont passionnés pour les ouvrages de leur Vandevelde, et en particulier pour des marines. Pendant tout le temps que Vernet est demeuré en Italie, il n'a presque travaillé que pour des personnes de cette nation, et encore aujourd'hui, s'il vouloit les croire, tout François qu'il est, ils prendroient tout ce qui sort de son pinceau. Il ne faut pas d'ailleurs être surpris des prix exhorbitans que les Anglois donnent de certains tableaux. Il suffit qu'ils soient de mode chez eux, et en Angleterre, peut-être encore plus qu'ailleurs, il est des maîtres pour lesquels on se passionne ; les Salvator Rosa, les Claude Lorrain, les Gaspres, etc., bons ou mauvais, ils se les arrachent et les couvrent d'or. (*Notes sur Walpole*.)

VANDER WERFF. « *Eglon Vander Neer a l'avantage d'avoir eu pour disciple le celebre Vander Werff,* » et celuy cy le malheur d'avoir eu pour maitre un peintre froid, qui luy a fait entendre que toute la perfection de la peinture consistoit dans le terminé. (*Catalogue Tallard*, n° 159.)

VAN DYCK (ANTOINE). Son père faisoit commerce de toilles (1). (*Notes sur Walpole.*)

— M. Walpole se trompe; Van Dyck n'etoit pas fils unique. Outre plusieurs sœurs, qui sont nommées dans le testament de ce peintre, comme on le verra à la fin de cette vie, il avoit un frère qui se fit prémontré à Anvers. Van Dyck lui a dédié une des estampes qui ont été gravées d'après lui. (*Notes sur Walpole.*)

— Susanne Van Dyck, sœur du peintre, étoit béguine à Anvers. La belle estampe du saint Augustin, qu'a gravée Pierre de Jode le jeune, d'après l'excellent tableau de Van Dyck dans l'eglise des Augustins d'Anvers, lui est dédiée. Une autre sœur de Van Dyck, nommée Anne, étoit religieuse chez les Façontines à Anvers, ainsi qu'on l'apprend de la dédicace que lui a fait le peintre, son frère, de l'estampe du Christ au tombeau, gravée par Paul Pontius. (*Notes sur Walpole.*)

— On debite un fait qui s'est conservé dans la mémoire des artistes des Pays Bas, qui y a été consigné depuis peu à l'impression, et que moi même j'ay ouï raconter dans ma jeunesse à des personnes qui le tenoient de Gerard Edelinck, graveur celebre, sorti d'Anvers il y a plus d'un siècle, ce qui, réuni, semble donner à ce fait une sorte d'evidence, et con-

---

(1) Il y a déjà eu dans le second volume, p. 174-209, un long article sur Van Dyck; il se complète par ces notes sur Walpole, que nous ne connaissions pas alors; en même temps, le parti que nous avons pris de réunir ensemble tous les *Van*, en faisant figurer ici par un renvoi ceux qui sont déjà imprimés, nous rend possible de mettre ici ces notes nouvelles sur Van Dyck sans attendre le supplément.

firmer ce qu'on avance ici, que Van Dyck sortoit à peinne de l'enfance lorsque Rubens trouva bon qu'il associât son pinceau avec le sien. On dit que, ce grand peintre ayant quitté l'ouvrage et étant sorti pour aller, selon sa coutume, à la promenade, ses eleves se mirent à folâtrer dans l'atelier, et qu'un d'entr'eux ayant fait voler en l'air le bonnet de Van Dyck, ce bonnet vint tomber sur le beau tableau qu'on voit placé au maître autel de l'eglise des Augustins à Anvers, et frapper precisement à l'endroit où Rubens venoit d'achever de peindre le torse du St Sebastien. La couleur disparut, et le jeune enfant confondu fut encore plus effrayé quand ses camarades le menacèrent de l'accuser d'avoir fait le mal, et qu'ils lui présentèrent la palette et les pinceaux pour le réparer. Van Dyck, contraint de leur obéir, rétablit promptement ce qui étoit effacé, et, ne pouvant s'empêcher d'y mettre de sa manière, les chairs en devinrent peut-être plus pures et plus fraîches. Cela sauta aux yeux du maître ; il menaça, il tonna, il voulut savoir qui étoit entré dans son atelier et avoit touché à son tableau. Van Dyck tombe à ses pieds, s'avoue coupable, demande grâce. Rubens le releve, laisse subsister ce qu'a fait son disciple, et de ce moment il le destine à des travaux plus importants que ceux qui l'avoient occupé jusqu'alors. Il le met à la tête de ses eleves et lui accorde toute sa confiance. (*Notes sur Walpole.*)

—On dit en Flandres que le voyage de Van Dyck en Italie eut lieu vers l'année 1621, et je le crois. (*Notes sur Walpole.*)

— J'ai trouvé écrit aux marges de mon exemplaire de l'Académie des sciences et des arts d'Isaac Bullart, à l'article de Van Dyck, que ce grand artiste, ayant quitté la Sicile sans avoir eu la précaution de se munir d'un bulletin de santé, fut arrêté sur les côtes du royaume de Naples et condamné aux galères, où, s'étant fait connoître pour ce qu'il étoit avant que d'être mis à la chaîne, il fit quelques portraits si beaux qu'ils lui valurent la liberté. Le vice roi de Naples se le fit amener, lui fit accueil, l'employa pendant quelque temps et lui permit de continuer sa route vers Gennes. Celui qui avoit écrit cette anecdote indiquoit qu'il la tenoit de Borzone, peintre de marines, dont le père, qui étoit pareillement peintre et contemporain de Van Dyck, avoit pu la connoître à Gennes. (*Notes de Walpole.*)

— Van Dyck étoit à Paris au mois de janvier 1641. J'ai un billet portant cette date que le peintre Claude Vignon écrivoit à Langlois, dit Ciartres, pour le prier de vouloir bien l'introduire auprès de Van Dyck, tout fraichement arrivé à Paris. Il ne pouvoit mieux s'adrèsser. Langlois, libraire et marchand d'estampes, étoit l'ami de Van Dyck. Ce peintre lui en avoit donné des preuves sensibles, lorsqu'après avoir fait son portrait et y avoir employé tout l'art dont il étoit capable, il ne se contenta pas de lui en faire présent, il repeta le portrait et voulut garder le second pour lui. Dans cet excellent tableau, que j'ai vu à Paris chez le feu présiden de Maisons, et dont M. le prince de Conty a fait depuis peu l'emplette, Langlois est représenté jouant de la musette; Il y en a l'estampe gravée par Pesne. (*Notes sur Walpole.*)

— *Comme Walpole, parlant du desir qu'a eu Van Dyck de faire à Paris quelque grand ouvrage, dit que Poussin, qui etoit en meme temps à Paris, attiroit toute l'attention de la cour, Mariette ajoute :* Ceci n'est point dans la vérité. Le Poussin n'éprouva en France que du dégoût. Simon Vouet, peintre du roi, étoit en possession de toute la faveur, et fit si bien par ses menées que le Poussin fut contraint de demander avec instance la permission de retourner à Rome. (*Notes sur Walpole.*)

— *Walpole disant que Van Dyck fut logé par le roi à Black-Fryars, et relevant assez aigrement Felibien, « qui d'accord « avec les François, qui tirent sur ce point vanité de leur*

« *ignorance, l'appelle l'hôtel de Blaifore* (1), » *Mariette
ajoute* : Felibien dit que c'etoit avant la reforme un monastère,
ce qui est vrai. C'etoit un couvent de moines noirs, qui fut
converti sous Henry VIII en une maison royale. L'auteur françois n'est donc pas si reprehensible que le fait M. Walpole,
et la nation, qui montre aujourd'hui tant d'empressement
pour les productions des Anglois, auroit dû, ce semble, être
mieux traitée par un écrivain qui est la politesse même. Mais
c'est que dans ce moment il étoit piqué contre M. de Vol-
taire, qui, dans ses livres, estropie presque partout les noms
anglois. L'on pourroit cependant objecter à M. Walpole que
les Anglois ne sont pas moins reprehensibles que nous sur
cet article, et l'on pourroit lui faire remarquer à lui même
plusieurs semblables inattentions dans lesquelles il n'a pas
pu se defendre de tomber par rapport à des noms françois.
(*Notes sur Walpole.*)

— Il est impossible que la femme de Van Dyck fût la fille
du comte de Gowry, qui eut la tête tranchée en 1584, pour
avoir trempé dans une conspiration entreprise contre la personne de Jacques, roi d'Ecosse. Elle ne pouvoit être que sa
petite fille. Son nom de famille étoit Ruthen, et l'on a son
portrait dans la suite des cent portraits de Van Dyck. Elle a
le port d'une femme vraiment née de condition. (*Notes sur
Walpole.*)

— M. Stapney, petit fils de Van Dyck, est celui qui, étant
envoyé extraordinaire de la Grande Bretagne à la cour de
Vienne, a composé l'inscription latine qui a été mise sur la
piramide que les alliés victorieux à Hochetet firent élever sur
la place où s'est donnée cette fameuse bataille. (*Notes sur
Walpole.*)

---

(1) Ed. in-12, III, 445.

— Buste de la Vierge qui tourne les yeux vers le ciel, dans une forme ovale ; au pied sont les armes de la famille Catinat et le nom de *M. Lasne in. et sculp.* Il est pourtant vrai que cette tête est d'après Van Dyck. C'est precisement celle de la Vierge dont M. de Vence avoit le tableau, et qu'a gravé Salvator Carmona. Lasne n'a pas si bien couvert son plagiat qu'on ne reconnût dans le caractère de la tête de quelle source elle venoit. — Mr le comte de Vence avoit fait la découverte de ce tableau chez Mr le Camus, premier president de la cour des aydes, où il etoit en quelque manière oublié. A sa mort, il est passé entre les mains de M. de Voyer, son ami, auquel il avoit legué le choix de deux tableaux de son cabinet. Je ne sçais qui le possède aujourd'hui que j'apprends que M. de Voyer s'est defait de ce qui lui restoit de tableaux. M. de Julienne en a un qui ne diffère point de l'estampe et qui passe encore pour être original.

— La sainte Famille avec des anges qui, se tenant par la main, forment entr'eux une danse, qui est dans la collection de lord Orford, a été achetée prodigieusement cher à la vente des tableaux provenant de la succession de Guillaume Ier, roi d'Angleterre, qui se fit au château de Loo en Hollande, en 1713. J'ai trouvé écrit qu'il fut porté à la somme de 12,050 florins de Hollande. C'est le même dont il y a une estampe gravée par Bolswert. M. Walpole en a déjà parlé dans le chapitre précédent, à l'endroit où il fait mention des principaux tableaux qui furent vendus après la mort du roi Charles. (*Notes sur Walpole.*

— Le St Martin d'après Van Dyck, dont il y a une très mauvaise gravure, est certainement le tableau d'autel de Saventhem, village près de Bruxelles (1). La planche de ce

_____

(1) Cf. ce volume même, p. 105, et la note.

St Martin, celle d'un S. François et d'un S. Antoine de Padoue, et plusieurs autres encore et aussi mauvaises, ont été vendues à Bruxelles, le 6 octobre 1755, apres la mort de Jean Verspecht, avocat au conseil souverain de Brabant, et, comme cela s'est divisé et a passé pour la plus grande partie en Angleterre, — ou entre les mains du prince Charles, — cela est devenu très rare.

— J'ai vu parmi les desseins de feu M. Coypel le fils, premier peintre du roi, de très belles études de Van Dyck pour ces peintures (*celles qu'il vouloit faire dans la salle des banquets dont Rubens avoit dejà peint le plafonds*). Elles sont décrites dans le catalogue de son cabinet, qui fut fait pour la vente de sa collection après sa mort, page 62. (*Notes sur Walpole.*)

— *Comme Walpole, parlant de l'envie que Rubens peut avoir eue de son eleve, juge le talent de Van Dyck fort eloigné de la connoissance de l'art des passions et de celle de l'expression, Mariette ajoute :* Convient-il, pour excuser Rubens d'une si fausse imputation, de deprimer ainsi et sans raison son eleve? A qui persuadera-t-on que ses compositions manquent de chaleur, et que Van Dyck ignoroit l'art de l'expression. Ce ne sera point à ceux qui connoissent ses tableaux d'histoire. Je n'en citerai que deux, le Samson trahi par sa maitresse et le St Augustin ravi en extase, et je demanderai s'il est possible de montrer plus de génie que le peintre en a mis dans ces deux ordonnances, et de rendre avec des traits plus frappans, dans l'un le dédain et un amour outragé qui s'éteint, et dans l'autre le sentiment sublime que doit produire sur une âme la contemplation de la gloire celeste. (*Notes de Walpole.*)

— L'empereur, que Van Dyck peignit par ordre de Charles Ier pour compléter les douze Cesars de Titien, dont l'un s'étoit égaré ou avoit péri au sac de Mantoue, étoit l'Othon, dont il y a une estampe séparée, que Robert van Voerst a gravée pour le roi Charles et de son exprès commandement. (*Notes sur Walpole.*)

— Je n'ai point vu ce tableau (*celui de Belisaire à Chiswich*), mais, à en juger par l'estampe gravée à Londres par G. Scotin et par la maniere dont il est composé, je n'ai pas de peine à me ranger au sentiment de M. Walpole. Je doute, comme lui, que Van Dyck en soit l'auteur. (*Notes sur Walpole.*)

— La seconde édition des cent portraits (1) fut publiée par Gilles Hendrick en 1645. Mais cette date ne se trouve que sur un très petit nombre d'exemplaires de son édition. Ce marchand la réforma presque sur le champ, sans qu'on en puisse donner la raison. Tous les exemplaires qui parurent dans la suite portent la date 1646. La derniere edition, publiée par Verdussen, ne mérite aucune considération; elle est généralement méprisée. (*Notes sur Walpole.*)

— Van Dyck, qui, comme on le verra bientôt, éloit passé à Londres en 1630, habitoit cette ville lorsqu'il faisoit graver cette suite de portraits par les meilleurs graveurs d'Anvers. Une lettre de ce peintre, adressée par lui à Fr. Junius, auteur du livre *De picturâ veterum*, laquelle se trouve à la tête de cet ouvrage et porte la date 1636, nous apprend que le portrait du chevalier Digby, l'un de ceux qui entrent dans la suite des cent portraits, venoit tout récemment d'être gravé; celui de Cachopin, de la même suite, n'a pu l'être avant 1634, puisque cette datte, écrite de la main même de Van Dyck, est sur le dessein que j'ai et qui a servi à la gravure. (*Notes sur Walpole.*)

---

(1) La première, publiée par Vanden Enden, n'en avoit que quatre-vingt-dix. Cf. II, 197.

— Plusieurs de ces portraits ne furent que dessinés d'après nature par Van Dyck. Je possède plusieurs de ces desseins qui sont d'une beauté ravissante, et sur lesquels les gravures ont été faites, entr'autres ceux du graveur Van Voerst, du jurisconsulte Tuldenus, de Cachopin, de Segers, de Sachtleven, etc. (*Notes sur Walpole.*)

— Il peignit le cardinal Bentivoglio en 1623, suivant qu'il est porté sur la planche qu'en a gravé Morin. — Ce beau portrait est actuellement à Florence, dans le palais du grand duc. Il y en a une estampe gravée d'après le tableau original, par J. Dom. Picchianti, et une autre du buste seul, qu'a gravé J. Morin, et que ne désavoueroit pas Van Dyck, tant elle est pleine de vie. (*Notes sur Walpole.*)

— M. Walpole ignore sans doute qu'il y a à Paris, à l'hôtel de Lassay, un merveilleux portrait du roi Charles Ier, par Van Dyck, qui, s'il ne les surpasse pas, va au moins de pair avec tous ceux qu'il fait passer en revue. Le roi, debout et descendu de cheval, y paroit accompagné d'un page. — Il est passé depuis peu entre les mains de la comtesse du Barry, qui l'a fait acheter (1); on m'a assuré qu'il y en avoit un semblable en Angleterre; mais je doute qu'il soit plus beau que celui-ci. (*Notes sur Walpole.*)

— *Walpole disant que le Charles Ier à cheval reprit son ancienne place dans la collection royale d'Angleterre, Mariette ajoute :* Graham dit que Remi van Leemput (peintre anglois) l'avoit eu à vil prix, et ce fut sans doute une des raisons qui déterminèrent les juges à en ordonner la restitution. (*Notes sur Walpole.*)

— Il y en a (du portrait de Charles Ier à coté de son cheval et accompagné de M. de St Antoine) l'estampe gravée par

---

(1) C'est celui qui est maintenant au Louvre.

Baron, et je remarquerai à cette occasion que c'est sans raison qu'on a donné sur cette estampe le nom de duc d'Epernon à celui qui tient le casque du roi. (*Notes sur Walpole.*)

— Le portrait de Charles Ier qu'on montre à Turin n'est point un ouvrage de Van Dyck; il est de la main de Daniel Mytens, ainsi que je l'ai fait remarquer (voir IV, 28) à l'article de ce dernier. (*Notes sur Walpole.*)

— M. Robert Strange, Ecossois de nation, a donné du portrait de Charles Ier, dans le costume de son couronnement, une estampe extremement terminée, qu'il a gravée d'après le tableau en petit, qui pour la composition ne diffère en rien du grand, et qu'il a trouvé à Rome, où il avoit été apporté par un domestique du Prétendant. (*Notes sur Walpole.*

— Le chevalier Philippe Mainwaring, à qui l'on donne le titre de secrétaire d'Etat, est celui qui dans ce portrait de Van Dyck (*le portrait du comte de Strafford*) prête une oreille attentive à ce que lui dicte le comte de Strafford et le met par écrit. On a l'estampe de ce beau tableau qu'a gravée en 1789 (*sic*, erreur de Mariette) G. Vertue, et, dans sa médiocrité, elle laisse entrevoir tout ce qu'on dit ici d'avantageux au sujet de l'ouvrage de Van Dyck, dont il est encore parlé dans la vie de Samuel Cooper, où M. Walpole le met en comparaison avec le portrait de Cromwell peint par Cooper. (*Notes sur Walpole.*)

— Il est fait mention de ce tableau (le portrait d'Endymion Porter, huissier de la chambre du roi, et de sa famille) dans la liste de ceux qui appartenoient au chevalier Pierre Lely, et qui furent vendus après sa mort. — On a le portrait de Porter sur une medaille gravée par le celebre Warin en 1635, et l'on y apprend le temps de sa naissance, qui fut en 1587. Voyez ci après à l'article de Warin. — Voyez aussi une note que j'ai ajoutée à l'article de Lanier (1) ; on y apprend que Porter avoit une collection de desseins. (*Notes sur Walpole.*)

— Le portrait de Van Dyck par lui même, qui est chez le duc de Grafton, et où il leve un bras et a une main baissée, est gravé par Pontius dans la suite des portraits des peintres des Pays Bas, publiée par Meyssens. (*Notes sur Walpole.*)

— Le portrait de Van Dyck, que j'ai vu à Vienne chez le prince Eugène de Savoye, qui en a fait l'acquisition dans son voyage à Londres, est de toute beauté, et c'est le même qu'a gravé Hollar en 1644. Dans ce tableau, Van Dyck non seulement montre du doigt la fleur de tournesol, mais il porte en même temps la main à une chaine d'or qui pend à son col, comme pour donner à entendre que, de même que le tournesol est toujours dirigé vers le soleil, de même il a résolu de consacrer ses talens et sa personne au prince qui lui a fait l'honneur de le créer chevalier et de le decorer d'une chaîne d'or. Il y a grande apparence que ce tableau a été peint peu de temps après que Van Dyck eût été fait chevalier. Son cœur nageoit dans la joye et l'ouvrage s'en ressent. (*Notes sur Walpole.*)

— Quant au portrait de Sophonisbe (2), peint par Van Dyck, supposé qu'il y en ait eu un, il n'a pu être fait en Sicile. Cette femme n'y étoit plus quand Van Dyck y vint. Ell demeuroit alors à Gennes, où elle s'étoit mariée en secondes nopces, et ce sera immanquablement dans cette dernière ville que Van Dyck l'aura connue et l'aura peinte. (*Notes sur Walpole.*)

— Bellori a donné dans la vie de Van Dyck une descriptio de ce tableau (*le portrait allégorique de lady Venetia Digby*

---

(1) Cet article figurera au supplément.
(2) Sofonisba Angusciola.

qui doit être d'autant plus exacte qu'elle lui a été fournie par le chevalier Digby même, dans le temps que ce dernier étoit à Rome. Il ajoute que le grand ainsi que le petit tableau étoient passés en France, lors des troubles qui ont agité l'Angleterre. Je crains qu'il n'ait été mal informé sur ce dernier point, et suis persuadé que ni l'un ni l'autre ne sont jamais sortis de la Grande Bretagne. (*Notes sur Walpole.*)

— Saccharina est le nom de guerre que les poëtes ont donné à Dorothée, comtesse du Sutherland, dont le portrait, peint par Van Dyck, a été gravé par Lombart. (*Notes sur Walpole.*)

— Une femme en demie figure, tenant un enfant entre ses bras et en ayant un autre assis sur ses genoux. Gravé à l'eau forte par Louis Matthioli, avec cette inscription au bas de la planche : La balia favorita di Ant° Van Dyck, in casa del Sig° co-senatore Orsi in Bologna. Si peu dans la manière de Van Dyck que, si son nom ne s'y trouvoit pas, on ne penseroit jamais qu'il en fut l'auteur. On prétend que le peintre lo Spagnuolo di Bologna y a mis la main; son fils le chanoine m'en assure, et il faut le croire.

VAN DYCK (DANIEL). Voir II, 209.

VAN DYCK (FLORIS). Voir II, 210.

VAN EVERDINGEN (ALLART). Voir II, 227-9.

VAN HELMONT (JACQUES). Voir II, 348.

VAN HEUVEL (ANTOINE). Voir II, 352.

VAN HEYDEN (JEAN). Voir II, 352.

VAN HUYSUM (JEAN). Voir II, 392.

VAN LINT (PIERRE). Voir II, 204.

VAN LOO (JACQUES), né à Lecluse, en Flandre, et peintre de portraits, avoit pris d'abord un etablissement à Amsterdam; mais lors des troubles des Pays-Bas il abandonna sa patrie et se retira en France, où l'Academie royale le reçut dans son corps. A en juger par le portrait de Corneille le père, qu'on voit dans les salles de l'Academie, Vanloo devoit avoir un tres beau pinceau (1). Mais ce qui perpetuera davantage sa memoire est d'avoir été le tronc d'une famille qui, dans la suite, s'est extremement distinguée en France, en y exerçant la peinture. Il est ayeul de J. B. et de Carle Vanloo. Il mourut à Paris en 1670, le 26 9bre, à l'âge de 56 ans.

VANLOO (JEAN). — Je trouve un Jean Vanloo qui a gravé une planche d'un sujet de vierge, d'après le cav. Mathias Preti, dit le chevalier calabrois; et, comme elle est dediée à un officier au service du grand maître de Malthe, Nicolas Coroner, et que la dedicace est en espagnol, qui etoit la langue de ce prince, j'en infere qu'elle a été gravée à Malthe, et que c'est de cet artiste que le Domenici fait mention, sans le nommer par son nom, dans la vie dudit cav. Mathias. Je soupçonne aussi que c'est un des oncles de Jean Baptiste Vanloo, et que son talent étoit le portrait, c'est à dire le même qu'avoit exercé Jacques Vanloo son pere.

---

(1) Ce portrait est au Louvre, mais on voit mieux toute la valeur flamande du beau pinceau de Jacques Vanloo dans la femme de grandeur naturelle, que possède M. de Montenart, et qui, bien qu'absente du livret, a figuré à la seconde exposition de l'association des artistes, celle qui s'est faite rue Saint-Lazare, à la fin de 1846. A cette époque, l'un de nous en a parlé en détail dans le *Moniteur des arts*. Porporati l'a gravée sous le nom du Coucher, mais sans donner idée de la fermeté de l'exécution, qui est vraiment belle.

VANLOO (LOUIS), fils de Jacques Vanloo, et peintre comme son pere, merite qu'on fasse mention de lui, ne fut-ce que parce qu'il est le pere et l'instituteur de Jean Baptiste Vanloo, et d'avoir aussi donné naissance à Carle. Du reste, ce n'étoit pas un peintre de grand mérite. Il s'etoit etabli en Provence, s'y étoit marié et y est mort à Aix en 1712, agé de 62 ans.

VANLOO (GIO. BATTISTA), né à Aix, en Provence, en 1684, le 11 janvier, a appris les premiers principes du dessein et de la peinture sous son pere nommé Louis, et après avoir demeuré dans cette école jusqu'à l'age de quatorze ans, il passa à Gennes, où il se mit à étudier avec une grande application. Il s'y occupa principalement à peindre des portraits, pour lesquels il se sentoit avoir un talent particulier, et il en fit un grand nombre dans l'espace de deux ans qu'il resta dans cette ville. Il passa ensuite à Turin, où il continua à peindre des portraits avec succès. Son merite ne tarda pas à être connu du prince de Carignan, qui, ayant vû un tableau d'histoire de sa composition, en conçut de si grandes espérances qu'il résolut de l'envoyer à Rome pour s'y perfectionner par l'étude des belles choses, et afin qu'il le put faire plus commodément, il lui accorda une pension de six cents écus par an, et le prit au nombre de ses domestiques. Vanloo, n'ayant donc resté qu'un an à Turin, vint à Rome et se mit sous la discipline du cavaliere Benedetto Luti. Il passa 3 années entieres dans une excellente ecole, continuellement occupé à dessiner d'après l'antique ou d'après les peintures de Raphaël, ce qui luy fit prendre cette excellente maniere qui luy a merité une si grande reputation. En effet, il dessine avec grace, compose avec facilité et a un coloris tres agreable. En 1748 il fit un tableau dans l'eglise de S. Marie in Monticelli, qui luy fit beaucoup d'honneur ; c'est la flagellation de N. S. Fatigué de ne trouver aucune occupation à

Paris, il passa en Angleterre en 1737, et ce qu'on luy avoit promis lui arriva. Pendant environ deux ans qu'il demeura à Londres, il fit un très grand nombre de portraits qui luy valurent beaucoup; car l'Angleterre est le pays où il se fait le plus de portraits et où ils sont mieux payés. Quelques années de plus, la fortune de M. Vanloo auroit été considerable; mais l'air du pays luy etoit contraire; il deperissoit à veüe d'œil, il fallut prendre le party de la retraite, et il revint à Paris en 9bre 1742, si languissant qu'il ne luy restoit de ressources pour le retablissement de sa santé que son air natal. Il alla donc le respirer à Aix; il y transféra sa famille et ses meubles, qui consistoient en plusieurs excellents tableaux, car M. Vanloo avoit la manie d'être curieux et d'employer à se satisfaire un argent qui devoit plutost servir à lui donner le nécessaire. On crut pendant quelque temps qu'il pourroit reprendre sa premiere santé; il put s'occuper et peindre, mais ces esperances ne durerent pas, il retomba et mourut à Aix, le 19 septembre 1745, âgé de 61 ans.

— *Enfans de Jean Baptiste Van Loo :*

Louis Michel, ci devant premier peintre du roi d'Espagne, ecuyer, chevalier de l'ordre de St Michel, ancien recteur de l'Académie.

François, qui mourut à Turin, à la fleur de l'age, par un accident qui rendit son sort semblable à celui d'Hippolite. Il donnoit les plus grandes esperances.

Charles Amédée Philippe, né à Turin, adjoint à professeur, peintre du roi de Prusse.

Claude; décédé à Londres, agé de dix sept ans.

Hippolyte, ancien officier au service du roy d'Espagne.

Et Marie Anne Van Loo, l'unique fille qu'il a laissée, épouse de M. Berger.

Elèves de J. B. Vanloo :

Joseph, l'un de ses frères, qui, ayant abandonné la peinture, dans laquelle il n'auroit certainement pas brillé, a pris le parti des armes et est mort en Lorraine, maréchal des logis dans la compagnie des gardes du roy Stanislas.

Charles André, son autre frère, écuyer, chevalier de St Michel, premier peintre du roi, directeur des élèves protégés, actuellement recteur de l'Academie.

Michel Brun, peintre en miniature pour les portraits de Sa Majesté dont le roy fait present aux ambassadeurs, époux de Catherine Van Loo, sœur de Jean Baptiste.

Et Michel François Dandré Bardon, professeur de l'Académie et des élèves protégés, etc.

Cette note est à la suite d'une copie faite par Mariette, de la vie de Jean Baptiste Vanloo, par Dandré Bardon, plus tard imprimée. En tête, Mariette a écrit : Lue par lui dans la séance du 5 mai 1753.

VANLOO (CHARLES ANDRÉ), frere et disciple de Jn Bte Vanloo. Il perd en mars 1762 une fille qu'il aimoit et qu'il avoit mariée à un employé dans les postes, nommé Bon. On a le portrait de cette fille, peint par son pere ; elle s'appelloit Marie Rosalie Vanloo. Lui-même meurt d'une attaque d'apoplexie, le 15 juillet 1765. Il etoit alors dans sa 62e année. Il laisse une grande reputation et elle est meritée. Son extrait baptistaire le fait naître à Nice, le 15 février 1705. Il avoit donc au jour de sa mort 60 ans et cinq mois. — C'étoit Carle qui se trompoit et se croyoit plus agé qu'il ne l'étoit en effet. — J'ay recueilli des mémoires sur sa vie et j'y renvoye (1).

VANLOO (JOSEPH), frere de Jean Baptiste et de Carle. Il se

---

(1) Nous ne les avons plus, et ce n'est pas la notice du Néérologe, d'ailleurs plus exacte, plus détaillée, plus compétente que toutes celles qui l'ont suivie. Elle est de J. Fontaine-Malherbe. Dandré Bardon en a aussi fait paraître une.

destinoit à exercer le même talent que ses deux freres, mais il s'en falloit beaucoup qu'il y apporta les mêmes dispositions; aussi s'en dégoûta-t-il. Il prit le parti des armes et y fit son devoir; il s'y avança; de soldat il parvint au grade de maréchal des logis des gardes du corps du duc de Lorraine. On a de lui les planches qu'il a gravé étant en Provence, d'après de très beaux desseins de Benédette, du cabinet de Mr de Ricard, et cet ouvrage ne depose pas en sa faveur, non plus que deux ou trois autres morceaux qu'il a pareillement gravés d'apres le cavallier Benedetto Lutti, Jean Miel et le Carrache.

— Une suite de six pièces, gravées à l'eau forte et assez mal, d'après des desseins de Benedette, qui étoient pour lors dans le cabinet de Mr de Ricart à Aix, et qu'on m'assure avoir été achetés par des Anglois et être passés en 'Angleterre, — ce qui n'est pas exactement vrai, car il en est resté quelques uns à Paris, que j'ai vus chez M. Lempereur; peut-être les planches y sont elles aussi, car il y est marqué au bas de quelques unes qu'elles ont été exécutées pour ledit sieur Ricart. Elles représentent :

Noé offrant à la sortie de l'arche un sacrifice d'actions de grâces au Seigneur. Le même sujet, traité avec quelques differences, a été gravé par Bartolozzi dans la manière du lavis.

Un vieillard appuyé sur son baton, ecoutant ce que lui dit un homme assis, qui tient une trompette, et qui, accompagné de chiens, paroit un chasseur. Une femme est dans le fonds et a sur ses genoux un enfant qui dort.

Une de ces compositions bizarres, telles qu'il en est souvent sorti des mains du Benedette. On y voit des moutons, des poules d'Inde, des armes, un chameau et un âne chargé de meubles de cuisine.

Une marche de bergers. Un enfant, monté sur son cheval, est précédé par un jeune pâtre, qui montre du doigt des moutons, lesquels s'arrêtent pour boire dans un ruisseau.

Un berger, qui a une flûte dans sa main, faisant marcher devant lui un troupeau de moutons et deux bœufs.

Une pastorale où l'on voit une femme et deux petits enfans montés sur un cheval, et un berger jouant de la flûte, précédés par un gros bœuf et par des moutons qui boivent en passant à une fontaine. J'en ai un dessein peu différent, et M. Lempereur en a encore un de la même composition un peu variée, ce qui vient sans doute de ce que Benedette, pressé par ceux qui lui demandoient de ses dessins, que leur ragoût faisoit rechercher, ne faisoit aucune difficulté de se copier; mais il faisoit à chaque fois de legers changemens pour ne pas paraitre tout à fait copiste de lui même. Il conservoit pour cet effet dans ses portefeuilles ses premières idées, souvent très arrêtées, et il s'en trouva nombre après sa mort, que son fils ou petit fils apporta à Venise, et que le bon Sagredo, ainsi que mon ami Zanetti, acheterent. Ceux du premier sont passés, avec tout le cabinet de Smith, entre les mains du roi d'Angleterre. Il faut attendre quel sort auront les autres, mais en attendant je me dois sçavoir gré d'être parvenu à en avoir quatre, dont j'ai lieu d'être satisfait. — Les deux desseins du sacrifice de Noë et d'une pastorale qu'a M. Lempereur sont entièrement conformes à ceux qui ont été gravés par Vanloo, et je gagerois que ce sont les mêmes, qui, étant sortis des mains de M. de Ricart, sont venus à Paris. Lempereur les a achetés d'Agar.

VANLOO (LOUIS MICHEL), fils de Jean Baptiste Vanloo, est né à Aix, le 2 mars 1707. Le roy d'Espagne ayant demandé un peintre à M. Rigaud, celui-ci nomma Louis Michel Vanloo, qui fit le voyage d'Espagne en 1736, où il alla remplacer Ranc, qui y étoit mort, et comme luy il devint premier peintre de Sa Majesté Catholique. Il quitta ce poste, et Paris le revit. Il a cru travailler plus lucrativement à Londres, et y est allé en 1764. J'entends dire que ses esperances n'ont pas été absolument remplies. Il y a trouvé des peintres de por-traits qui sont anglois et qui ont les vœux de la nation. Il est difficile de surmonter un si grand obstacle, surtout dans un pays où nos artistes ne jouissent pas d'une assez grande ré-putation, même ceux qui le meritent le plus. Il est revenu à Paris en 1765, et il n'a pas eu à s'en repentir, car il est très occupé. Il a succédé à son oncle Carle dans le poste de direc-teur des élèves protégés, Il est mort à Paris, le 20 mars 1771, emportant avec lui les regrets de tous ceux qui l'ont connu. C'est une vraye perte pour sa famille.

VANLOO (FRANÇOIS), fils de Jean Baptiste Vanloo, et disci-ple d'un père qui s'est acquis une si grande reputation dans la peinture, après avoir remporté plusieurs prix à l'Academie, avoit été jugé digne d'être envoyé à Rome par son père, pour y faire d'utiles études, et s'y étoit si bien comporté qu'il avoit merité, étant dans cette ville, d'être admis au nombre des pensionnaires que le roy y entretient. Apres cinq années de séjour dans cette capitale du monde chrétien, il en reve-noit pour se rendre en France, lorsque, par le plus grand de tous les malheurs, les chevaux de la chaise où étoit son oncle Carle Vanloo, et qu'il avoit voulu conduire par amusement, prirent le mords aux dents au sortir de Loretto, et traînant apres eux le jeune Francisque, dont le pied étoit demeuré dans l'étrier, ils en firent un second Hippolyte. Il continua sa route et arriva à Turin dans le plus pitoyable état, brisé, moulu, tout couvert de playes, sans avoir voulu y apporter aucun remede. Il paya bientost le prix de cette imprudence. Tous les soins qu'on prit pour le sauver furent inutiles. Il mourut à Paris en 1733, agé seulement de 22 ans. Il étoit né à Aix en Provence, en **1711**. On dût pleurer la mort d'un artiste qui, par sa facilité de dessiner et de peindre, faisoit concevoir de lui les plus grandes espérances. Il étoit né pour faire honneur à la famille des Vanloo, si fertile en grands peintres.

VANLOO (CARLE) le fils. Portrait de Guillaume Antoine Maupoint, peintre, l'un des principaux convulsionnaires de S. Medard, dessiné et gravé en **1731**, par Carle Vanloo le fils, celui qui est allé en Espagne. Vanloo rompit la planche sur le champ, et il n'y a eu que deux ou trois épreuves d'imprimées.

VAN LOON (THEODORE). Corn. de Bie, qui en dit deux mots, le loue pour avoir fait de bonnes études en Italie. Comme il peignoit avec facilité, W. Coeberger, qui, en sa double qualité de peintre et d'architecte, étoit surchargé d'ouvrage, se l'associa, ou pour mieux dire, il le prit à loyer. Il le logeoit, le nourrissoit, lui donnoit tant par an, et Van Loon ne peignoit que pour lui, qui pendant ce temps s'occupoit à construire des églises ; c'est ce qui fait que l'on trouve quantité de tableaux peints par Van Loon dans les églises de Bruxelles et des villes voisines. Van Dyck a fait graver son portrait, qu'il a inséré dans sa suite, et l'inscription qui est au bas nous apprend que Van Loon demeuroit alors à Louvain. Il s'y estoit apparemment établi depuis la mort de Coeberger, qui en **1645**, datte de la seconde édition des cent portraits de Van Dyck, ne vivoit plus. Je fais cette remarque, parce que dans l'inscription au bas du portrait de Coeberger, qui se trouve dans la même suite, on a employé le mot *quondam*, qui signifie en cet endroit que Coeberger étoit mort lorsque l'estampe paroissoit. Le portrait de Van Loon, peint par Van Dyck, est celui d'un homme de trente à quarante ans, et cela me fera avancer, sans trop craindre de me tromper, que le peintre Van Loon étoit né vers l'année 1600. On fait cas de ses ouvrages aux Pays Bas. Descamps a pretendu donner sa vie dans son second vol., p. 426. Mais il n'y faut pas compter; c'est un tissu de fautes et d'anachronismes. Il met sur le compte de Theodore Van Loon ce qui ne peut appartenir qu'à M^{rs} J^n B^{te} et Carle Vanlo. Ces deux peintres, qui font tant d'honneur à notre Ecole françoise, tirent leur origine des Pays-Bas et descendent de peintres flamands. Il se peut faire que le peintre Theod. Van Loon fût de la famille; mais ils n'ont sur cela rien de positif. Voyez le *Peintre amateur*, t. I, p. 14, et en plusieurs autres endroits du livre.

— Il est fait mention, dans mon catalogue de l'œuvre de Corneille Galle l'ancien, d'un titre de livre où Mercure et Pallas sont représentés debout aux côtés d'un cartouche. Gravé en 1628 par ledit Corn. Galle le père, d'après Theodore Van Loon, lequel a été fait pour une edition du Fred. de Marsalaar Legatus Antuerpiæ. Cela mérite d'être examiné à cause du titre, que l'on attribue à Rubens.

VAN LUICK (jean). Voir II, 227.

VAN MECKENEN (israel). Voir III, 309.

VAN MOUR (jean baptiste), de Valenciennes, passa à Constantinople en 1699, M. de Ferriol (1), ambassadeur de France en cette cour, l'y ayant attiré pour lui faire peindre

---

(1) Sur ce protecteur de mademoiselle Aïssé, voyez la notice de M. Sainte-Beuve à la tête de la nouvelle édition des lettres de mademoiselle Aïssé, donnée par M. Ravenel.

d'après nature. une suite de tableaux représentant les différentes manières dont s'habillent les nations du Levant, et
principalement les Turcs. Ces tableaux, que M. de Ferriol
avoit apportés à Paris, y furent gravés, et l'on en composa
une suite de cent estampes que tout le monde connoit. J. B.
Van Moor continua de travailler à Constantinople, et y mourut le 22 janvier 1737, âgé de 66 ans. Ses tableaux sont plus
curieux par les choses qu'ils représentent que par la manière
dont ils sont exécutés. Il dessinoit mal et avoit un pinceau
lourd. Il n'a pas laissé d'estre cependant beaucoup employé,
parce que tous les ministres ou seigneurs étrangers qui abor-
doient à Constantinople étoient bien aise d'en rapporter de
ses ouvrages, dans lesquels il représentoit les coutumes et les
cérémonies des peuples avec lesquels il vivoit. J'ay veu de
ses tableaux chez M. de la Morliere, et M. Calkoën, ambassadeur de Hollande à la Porte, en a, dit on, un grand nombre et des plus beaux. *Mercure*, juin 1737, p. 1173-1174.

VAN NIEULANDT (ADRIEN), né à Anvers. Il vint à Amsterdam en 1607, et y apprit à peindre chez Pierre Isaac et François Badens. Il reussissoit à peindre le paysage, et dans les
tableaux de ce genre qui sortoient de ses mains il y avoit
toujours quantité de petites figures qu'il faisoit lui même, et
qui souvent représentoient des sujets tirés de l'Ancien Testament. Corneille de Bie, qui a fait imprimer des vers flamands
à la louange de ce peintre, et qui y a joint son portrait gravé
par Corn. Waumaus, nous apprend qu'il demeuroit pour
lors à Amsterdam, et qu'il étoit âgé de 59 ans. Victor Nolpe
a gravé six de ses paysages, et W. V. Leuwe en a aussi gravé
six autres.

VAN NIEULANDT (GUILLAUME), né à Anvers en 1584, se
mit de bonne heure (en 1599), sous la discipline de Jacques

Savery, à Amsterdam pour y apprendre la peinture. Il voyagea ensuite en Italie, et, pendant un séjour de trois ans qu'il fit à Rome, il demeura chez Paul Bril; après avoir profité beaucoup dans cette école, il revint à Anvers, où il fut agrégé dans la compagnie des peintres de cette ville, en 1607. Il y resta depuis pendant un assez long temps, mais sur la fin de sa vie il retourna à Amsterdam, où il mourut en 1635. Il représentoit parfaitement bien des ruines; il en avoit dessiné plusieurs à Rome; il en grava quatre de retour à Anvers, et Nic. J. Visscher en exécuta une suite d'après ses desseins; ses paysages tenoient beaucoup de la manière de Paul Bril, d'après lequel il en grava une suite fort nombreuse; il y est très bien entré dans le caractère de ce maître. Il avoit la réputation de faire bien des vers. Inscription au bas de son portrait, gravé par J. Meyssens. Corn. de Bie, p. 64.

VAN OORT. Adam de Ort, ou, pour écrire plus correctement son nom, Van Oort. Il est nommé Van Noort dans la suite des cent portraits de Van Dyck; mais c'est une faute; on ne lui accorde aussi dans l'inscription qui a été mise au bas de la planche que la qualité de peintre de portraits. Je pense que ses talens s'étendoient plus loin, et en effet Corn. de Bie dit qu'il étoit renommé pour la magnificence de ses ordonnances. Ce qui lui fait le plus d'honneur est d'avoir été le maître de Jacques Jordans, qui dans la suite devint son gendre. Voir de Bie, p. 38, et Descamps, t. 1, p. 228.

VAN OOSTERWYCK (MARIE). Elle a possédé, comme beaucoup d'autres peintres de son pays, le talent de peindre admirablement les fleurs, et ce genre d'ouvrage, qui plait aux princes et aux gens riches, quand il est porté à un certain degré de perfection, a presque toujours fait la fortune des artistes qui y ont primé. Marie Van Oosterwyck peut être

apportée en preuve; elle fut honorée et caressée de tous les
potentats qui vivoient alors, et qui aimoient la peinture. Son
maitre avoit été le fameux Jean de Heem; elle a vecu longtemps et le pinceau n'est presque jamais sorti de ses mains,
mais, comme elle employoit beaucoup de tems à terminer ses
ouvrages, elle n'en a pas laissé un fort grand nombre. Elle avoit
pris naissance dans un bourg près de Delft, en 1630, et elle
mourut à Entdam, en Hollande, en 1693. L'amour de son
art l'empecha de se marier, et son bon esprit lui fit refuser
la main de Guillaume Van Aelst, celèbre peintre de fleurs,
uniquement parce qu'il manquoit de conduite. Elle sut s'af-
franchir habilement de ses poursuites. Elle lui avoit imposé
de travailler quatre heures par jour pendant une année. Il y
manqua, et elle le côngédia. Descamps, t. II, p. 427.

VAN OPSTAL (GIRARD) mourut en 1668, agé de 61 ans.
Ce fut en sa faveur que M. l'avocat général de Lamoignon
prononca ce beau plaidoyé, où il releva merveilleusement
la noblesse des beaux arts.

VAN ORLEY (BERNARD), de Bruxelles. Il se nommoit Van
Orley, et avoit été disciple de Raphael d'Urbin. De retour
dans sa patrie, il fut chargé de la direction des tapisseries
qui s'exécutèrent à Bruxelles d'après les cartons de Raphaël,
qui se conservent à Hamptoncourt. Lui même il donna des
desseins pour d'autres tentures de tapisseries, qui eurent un
très grand succès. On le fait auteur de cette tenture qu'on
connoit en France sous le nom de Guise, et qui représente
les diverses occupations des hommes pendant le cours de
l'année. Les compositions en sont riches et le peintre y a mis
beaucoup de naïveté. Les figures y sont vêtues selon la mode
du tems, et, quoy que cette mode soit passée, elles n'en paroissent pas moins agréables. Van Orley faisoit admirable-

ment bien le paysage ; j'ai quelques desseins de lui qui paroissent avoir été faits pour des tapisseries, et l'on y trouve des parties de paysages que le Titien ne désavoueroit pas. Il mourut à Bruxelles, et est enterré dans l'église de Sᵗ Gery, en une chapelle où l'on voit encore son épitaphe et un tableau qu'on dit être de sa main.

VAN ORLEY (JÉROME), religieux recollect de Bruxelles. On trouve son nom sur une estampe, gravée d'après son dessein par David Clouvet, représentant un Sᵗ Servais, évêque. Il étoit oncle de Jean et Richard Van Orley, et il fut leur maître. Voyez Richard Van Orley.

VAN ORLEY (RICHARD et JEAN), de Bruxelles, l'un et l'autre fils de P. Van Orley, peintre de paysages, et neveux de Jerôme Van Orley, religieux recollect, qui peignoit la figure ; ils eurent pour maître leur oncle, qui, sans être un grand peintre, a fait quelques tableaux à Bruxelles, qui ne sont pas méprisables. Les deux freres firent en peu de tems des progrès. Jean, le plus jeune, né le 4 janvier 1665, se consacra aux grands ouvrages, et, comme il inventoit facilement et qu'il executoit de même, il n'y a presque pas de lieu public à Bruxelles qui ne soit enrichi de ses peintures. Il aimoit la façon de composer de Paul Veronese, et, autant qu'il le pouvoit, il cherchoit à l'imiter. Infatigable au travail, il fut recherché par les entrepreneurs de manufactures de tapisserie de Bruxelles, pour faire les cartons de leurs tapisseries, ce qui lui fut extremement préjudiciable, car, voulant se conformer au goût des tapissiers qui ne cessoient de lui demander des couleurs hautes et brillantes, il prit une manière de peindre et un coloris tout à fait idéal, et où l'on ne retrouvoit plus ces tons doux et agréables qu'il avoit mis dans ses premiers tableaux. La fortune le dedomagea de ce qu'il perdoit du côté de l'art, car il jouissoit à sa mort d'un bien considerable. Il mourut garçon, le 22 fevrier 1735. Son frère ainé, nommé Richard, avec lequel il vivoit dans une grande union, naquit à Bruxelles en 1663, et passa toute sa vie à peindre en miniature et à gouaze et à faire des desseins lavés à l'encre de Chine sur du papier blanc, avec une extrême propreté. Il m'en fit voir plusieurs en 1718, dans le tems que j'etois à Bruxelles, entre autres une suite de près de cent desseins dont il avoit pris les sujets dans le roman de Télémaque. Ils étoient fort agréables, et je ne puis en donner une plus juste idée qu'en les comparant, pour les compositions à une suite de douze sujets que le même Richard Van Orley a gravé d'après ses propres desseins, et qu'il a tiré de la pastorale italienne, *il Pastor fido*. Ces compositions sont riches, mais elles ne tirent point au grand, et c'est le défaut qu'on peut reprocher à l'un et à l'autre frère. Tous deux ont travaillé tellement dans la même manière lorsqu'ils ont donné conjointement des suites d'estampes, telles, par exemple, que celle de la vie de J. C., qu'on auroit peinne à distinguer l'ouvrage de chacun. Ils n'avoient pas eu la précaution de mettre leur nom sur leur propre ouvrage. Richard est décédé à Bruxelles, le 6 juin 1732, et a été enterré à St Gery, où est aussi la sépulture de son frère Jean. Voyez le *Peintre amateur*, de Mensaert, t. I, p. 31.

VAN OSSANEN. Une suite de la passion de J. C., représentée en dix pièces de forme ronde, par un ancien-maître anonyme, qui a beaucoup de la manière de Lucas de Leyde. —(*Monog.* Voir Brulliot, 1re partie, no 19.) Le Comte, t. I, p. 166, rapporte une marque formée à peu près comme celle cy. Toute la différence consiste en ce qu'il a mis un H à la place de l'A gothique; mais c'est une faute qu'il a faite. C'est, à ce qu'il dit, la marque de Vuaer van Ossanen, qui a gravé 12 sujets de la passion en rond, et d'autres pièces, mais je ne vois pas quel rapport il y a de ce nom avec la marque qu'il cite et à laquelle il le rapporte. — Au reste, les 10 morceaux qui sont icy sont assez bien touchés ; ils ont beaucoup de la manière de Lucas, tant pour le dessein et la composition que pour la graveure.

— Il m'est passé par les mains un exemplaire de cette suite d'estampes, à la tête desquelles étoit un titre, dont voici copie : Hist. Christi patientis ac morientis, delineata per Jacobum Cornelisz, nunc primum e tenebris eruta et excusa. Bruxellæ, 1651. Il s'en faut bien cependant que ce soit la première edition.

— Ce maistre vivoit en 1521, à Amsterdam. Il y a dans les recueils de l'abbé de Villeloin une pièce de luy, avec cette date et la marque susdite. C'est d'après cet abbé que Le Comte le nomme Van Ossanen, mais je ne sçais trop sur quel fondement (1).

VAN OYE (SÉBASTIEN), ou ab Oya, étoit d'Utrecht, où il nacquit en 1523. Il étoit âgé de 34 ans lorsqu'il mourut, en 1557 à Landreci, d'où son corps fut porté à Bruxelles et inhumé dans l'église de Sᵗᵉ Gudule de cette ville. Il étoit habile architecte et avoit servi, en qualité d'ingénieur, l'empereur Charles V et le roi d'Espagne Philippe II, qui lui avoient

---

(1) L'explication demandée par Mariette se trouve dans Brulliot. L'artiste dont il est ici question est appelé par Van Mander Jacques Cornelisz, et il était né à Oostsanen, dans le Waterland. Ainsi, quand on l'appelle Van Ossanen, le nom est formé de son prénom et de son lieu de naissance. Maintenant, tout sûr que l'on soit de l'identité, la marque n'est pas encore complétement traduite. I est pour *Jacopus*, W pour *Van*, mais, comme Cornelisz, ce qui est la même chose que Corneliszoon, veut dire fils de Corneille, l'A final est l'initiale du nom de famille encore inconnu.

donné l'inspection générale de tous les édifices des Pays Bas dependans de leur domination. Mais ce qui lui a fait un plus grand nom est son ouvrage sur les *Thermes* de Diocletien, dont il leva avec beaucoup de soin et d'intelligence tous les plans et toutes les élévations pour le cardinal de Granvelle, qui les fit ensuite graver à ses dépens et publier à Anvers par Jerôme Cock, en 1558. Le livre est extremement rare et curieux. Le Vasari a nommé cet architecte dans le tom. III de ses *Vies de peintres*, p. 270.

FIN DU CINQUIÈME VOLUME.

Paris. — Imp. de PILLET fils aîné, rue des Grands-Augustins, 5.